O caldeirão sagrado

Dados Internacionais de Catalogação na Publicação (CIP)
(Câmara Brasileira do Livro, SP, Brasil)

Corbett, Lionel
  O caldeirão sagrado : psicoterapia como prática espiritual / Lionel Corbett ; tradução de Caesar Souza. – Petrópolis, RJ : Vozes, 2024.

Título original: The sacred cauldron

1ª reimpressão, 2024.

ISBN 978-85-326-6831-8

1. Psicoterapia 2. Psicoterapia – Aspectos religiosos I. Título.

24-209615   CDD-616.8914

Índices para catálogo sistemático:

1. Psicoterapia : Ciências médicas 616.8914

Cibele Maria Dias – Bibliotecária – CRB-8/9427

LIONEL CORBETT

O caldeirão sagrado

Psicoterapia como uma prática espiritual

Tradução de Caesar Souza

EDITORA VOZES

Petrópolis

© Chiron Publications 2011, 2015
Direitos de tradução ao português
intermediados por Chiron
Publications LLC – Asheville, N.C.

Tradução do original em inglês
intitulado *The Sacred Cauldron –
Psychotherapy as a Spiritual Practice*.

Direitos de publicação em língua
portuguesa:
2024, Editora Vozes Ltda.
Rua Frei Luís, 100
25689-900 Petrópolis, RJ
www.vozes.com.br
Brasil

Todos os direitos reservados. Nenhuma parte desta obra poderá ser reproduzida ou transmitida por qualquer forma e/ou quaisquer meios (eletrônico ou mecânico, incluindo fotocópia e gravação) ou arquivada em qualquer sistema ou banco de dados sem permissão escrita da editora.

CONSELHO EDITORIAL

Diretor
Volney J. Berkenbrock

Editores
Aline dos Santos Carneiro
Edrian Josué Pasini
Marilac Loraine Oleniki
Welder Lancieri Marchini

Conselheiros
Elói Dionísio Piva
Francisco Morás
Gilberto Gonçalves Garcia
Ludovico Garmus
Teobaldo Heidemann

Secretário executivo
Leonardo A.R.T. dos Santos

PRODUÇÃO EDITORIAL

Aline L.R. de Barros
Jailson Scota
Marcelo Telles
Mirela de Oliveira
Natália França
Otaviano M. Cunha
Priscilla A.F. Alves
Rafael de Oliveira
Samuel Rezende
Vanessa Luz
Verônica M. Guedes

Editoração: Piero Kanaan
Diagramação: Editora Vozes
Revisão gráfica: Alessandra Karl
Capa: Anna Ferreira

ISBN 978-85-326-6831-8 (Brasil)
ISBN 978-1-63051-275-0 (Estados Unidos)

Este livro foi composto e impresso pela Editora Vozes Ltda.

Para Raechel e Laura

Só por meio da psique podemos constatar que a divindade age em nós (OC 11/4, § 757).

Sumário

Prefácio. 11
Introdução 13
    Psicoterapia como uma atividade sagrada. 13
    Uma nota sobre terminologia. 27

1 – Psicoterapia como prática espiritual. 29
    O problema dos valores 45
    Falando sobre experiências espirituais. 54
    O problema de liberdade e determinismo em relação à psicoterapia. . 56

2 – A expressão do sagrado na psicoterapia. 58
    A experiência numinosa em psicoterapia 62
    A importância da comunidade. 89

3 – Fé, amor, perdão e esperança na psicoterapia 91
    Fé. 91
    Amor na relação terapêutica. 94
    O perdão na psicoterapia 100
    A esperança na psicoterapia 107

4 – Uma abordagem psicológica do desenvolvimento espiritual. 119
    Desenvolvimento de uma imagem de Deus: símbolos do si-mesmo. . 129
    As origens da espiritualidade humana. 141
    Teorias psicológicas 142
    A teoria de Jung. 149
    Psicodinâmicas entrelaçadas a crenças religiosas 151
    Espiritualidade como uma força motivacional 155

5 – Psicoterapia como cuidado da alma 157
O significado de alma na psicoterapia 157
Cuidado psicoterapêutico da alma 164
História pessoal como um texto sagrado..................... 174
Conselho espiritual e estrutura de caráter................... 175
Práticas curativas e o sagrado: a psicoterapia como processo ritual ..176
Elementos arquetípicos da psicoterapia 179
Terapeutas como curandeiros feridos 180
Uma abordagem da sombra dos auxiliares 182
Sacrifício 186

6 – Psicodinâmica e espiritualidade 190
Fé e desespero na vida de Søren Kierkegaard 190
A espiritualidade de Bertrand Russell....................... 192
A importância espiritual do espelhamento 197
As dimensões espirituais da idealização...................... 200
Encontrando o mal na psicoterapia 206

7 – Psicoterapia como uma forma de direção espiritual. 220
O nível transpessoal da relação terapêutica................... 227
Conexão com a dimensão transcendente na psicoterapia 229

8 – A perspectiva não dual em psicoterapia 232
As evidências para nossa conectividade...................... 233
A origem da sensação do si-mesmo......................... 239
Consciência como o fator unificador da experiência humana 245
As evidências da física quântica 246
O problema da teoria na psicoterapia....................... 246
Render-se a o-que-é: uma abordagem não dual ao sofrimento
na psicoterapia... 252

9 – O sofrimento e a descoberta do significado na psicoterapia . 257
    Significado e sofrimento. 257
    Variedades de sofrimento 270
    Os efeitos do sofrimento na personalidade 272
    As emoções que provocam sofrimento: o arquétipo no corpo. . . . 273
    A relevância espiritual do sofrimento 277
    Descrições míticas do sofrimento. 278
    Piorando as coisas 283
    Teorias de punições religiosas tradicionais vistas na psicoterapia. . 284
    Sofrimento como liminaridade. 286
    Coda 288

Referências 289
Índice. 307

Prefácio

O caldeirão sagrado do título se refere a várias analogias entre a psicoterapia e o hexagrama de número 50 do *I Ching*, "O caldeirão". Essa imagem é parte de um paradigma que lida com "remover o velho e aceitar ou fundar o novo". Esse texto nos diz que as antigas bases para a tristeza estão partindo e que temos que aceitar a renovação (Karcher, 2003, p. 350). Adequadamente, como este livro se baseia nos escritos de Jung sobre religião, esse é o hexagrama que ele descreve em seu preâmbulo à tradução, de Richard Wilhelm, do *I Ching*. O caldeirão é um recipiente sagrado, que significa uma conexão com a dimensão espiritual e com os nossos ancestrais. Na Antiguidade era usado ritualmente para submeter uma pergunta aos deuses, indagando sobre o momento certo para agir. Psicologicamente, o caldeirão simboliza o ato de examinar nossa situação de forma profunda, "girando lentamente e examinando as coisas" (Karcher, 2003, p. 357), um processo de cozimento que libera energia transformadora e renovação. A imagem do caldeirão também sugere um mandato ou um destino conferido pelos céus, "que é também um dever ou responsabilidade" (Karcher, 2003, p. 356). Se seguimos a sugestão de Dourley (1981) de que a psique é sacramental porque revela o numinoso, então a prática da psicoterapia é uma prática espiritual para ambos os participantes.

Introdução

Psicoterapia como uma atividade sagrada

Este livro defende a ideia de que o trabalho psicoterapêutico apresenta uma dimensão sagrada. Sugiro que compreender a psicoterapia como prática espiritual está de acordo com seu lugar em nossa história cultural e com a natureza desse trabalho. Aliás, essa não é uma ideia nova; Bion (1979) propôs que a psicanálise – e eu incluiria a psicoterapia em geral – está localizada na interseção de dois eixos, o médico e o religioso. O eixo médico é, sem dúvida, o mais comum na literatura psicoterapêutica, mas associar a psicoterapia exclusivamente à ciência natural não faz justiça à dimensão espiritual do processo terapêutico. A importância do eixo espiritual tem sido considerada com mais seriedade apenas por uma recente geração de terapeutas.

Ofereço este livro a serviço do que Maslow chama de "ressacralização" (1971, p. 284), ou seja, a noção de que podemos enxergar a pessoa por meio de uma perspectiva espiritual, bem como de um prisma desenvolvimental, genético, comportamental e psicodinâmico. Reconhecer que há um elemento divino dentro de nós, ou que cada pessoa é uma expressão do Absoluto, tem implicações para nossa atitude em relação à psicoterapia.

Muitos psicoterapeutas, e muitos pacientes experienciando terapia, gostariam de ser capazes de incorporar uma dimensão espiritual ao processo terapêutico, porém são limitados pela crença de que religiões tradicionais representam a única forma de espiritualidade disponível a elas. Essa atitude as vincula a ideias preconcebidas sobre espiritualidade e conspira com teorias teológicas sobre a forma que a espiritualidade da pessoa *deveria* assumir, em vez de tentar discernir a forma que *de fato* assume. É muito provável que psicoterapeutas tenham um sentido pessoal do sagrado que não pode ser contido dentro de instituições religiosas tradicionais[1]. Ainda que a pessoa em terapia pertença a uma tradição religiosa estabelecida, não é incomum para os terapeutas ouvirem que o que ocorre na igreja ou templo tenha pouca conexão com a vida cotidiana do analisando. Essa reclamação deve ser esperada; os terapeutas trabalham com pessoas que estão em sofrimento, e nossa espiritualidade não é apenas evocada, mas também desafiada em períodos de distresse emocional, exatamente as situações que levam as pessoas à psicoterapia. Nesses momentos da vida, nos vemos mais abertos a novas formas de espiritualidade.

Minha tese é que, sobretudo para as pessoas religiosamente não afiliadas, a psicoterapia é um recurso valioso para tratar das questões espirituais, que tendem a emergir quando sofremos. Nesses momentos, sugiro que não há necessidade de falar de psicoterapia e de espiritualidade tal qual disciplinas radicalmente separadas, porque o espírito se manifesta por meio da psique, produzindo experiência emotiva. Esse tipo de espiritualidade é baseado no corpo e na vida cotidiana, e pode ter pouco a ver com religião institucional.

Este livro faz a distinção, agora lugar-comum, entre religião como uma instituição ou uma entidade social, com crenças e práticas prescritas; e espiritualidade em um sentido maior. Isso pode significar uma relação subjetiva, pessoal, com o sagrado, entendido de uma forma individual, ou pode simplesmente reconhecer uma dimensão transpessoal além da realidade cotidiana e o si-mesmo pessoal (Zinnbauer et al., 1997). A natureza dessa dimensão pode não ser clara; a palavra *transpessoal* pode se referir ao divino em um sentido tradicional, ou pode reconhecer a presença de forças espirituais operando além da compreensão humana. Em seu sentido mais amplo, a espiritualidade de alguém pode apenas ser uma forma pessoal de lidar com as questões últimas da vida, ou o que quer que seja de valor mais elevado para a pessoa, que no caso pode não envolver qualquer intenção consciente de se conectar com o sagrado[2]. A espiritualidade pode também implicar uma certa qualidade de consciência em vez de um sistema de

---

1. Em várias pesquisas, cerca de 90% dos americanos dizem que acreditam na existência de Deus ou de um Espírito Universal. Cf. www.religioustolerance.org/godpoll.htm A religião em geral permanece uma força social potente nos Estados Unidos, embora muito menos na Europa. De um modo geral, a associação a denominações convencionais católicas e protestantes está declinando, mas a adesão às religiões batista, evangélica e orientais está aumentando.

2. Para uma discussão sobre os prós e contras dessas abordagens, ver Pargament, 1997.

crenças particular, talvez uma apreciação pela complexidade da vida e das conexões entre todos os seus aspectos. Em algumas tradições espirituais, considera-se que a qualidade da atenção de alguém indica o nível de sua realização espiritual. Dados esses significados, a espiritualidade, por sua natureza, não é algo que possa ser definido em termos rigorosos ou restritos.

O que é comum para essas abordagens divergentes é que a espiritualidade da pessoa é emocionalmente importante e lhe permite encontrar significado, profundidade, importância e propósito na vida. Contudo, devido ao fato de que espiritualidade é um assunto tão individual, a religião institucional pode não encorajar o indivíduo a praticar a espiritualidade que vem naturalmente, de modo que hoje muitas pessoas acham que sua espiritualidade é privada e muito distinta da religião organizada. A descoberta de uma tal espiritualidade individual não é incomum durante o processo de psicoterapia. Por vezes, isso envolve ajudar um paciente a se libertar de um condicionamento religioso anterior, que lhe fazia sentir culpa ou vergonha excessiva, e vez ou outra envolve a descoberta de um sentido do sagrado que pode ter pouco a ver com o modo como é tradicionalmente definido.

Embora alguns religiosos tradicionais se preocupem com a possibilidade de a psicoterapia desinibir o paciente a ponto de ele se comportar de um modo vergonhoso ou irresponsável, isso não parece ser um efeito colateral do processo terapêutico. Tampouco a descoberta de um sentido pessoal do sagrado significa que alguém esteja ausente do envolvimento e da responsabilidade social, nada deixando senão um recolhimento ao mundo interior, como alguns críticos de psicoterapia afirmam. Uma espiritualidade pessoal pode envolver a descoberta de um mito privado significativo, mas isso não implica necessariamente distanciamento social; de fato, uma descoberta assim poderia fazer uma grande diferença na forma como alguém se comporta no mundo. Muito menos há a preocupação de que a ênfase psicoterapêutica no desenvolvimento de uma sensação saudável do si-mesmo negará a importância espiritual do altruísmo. Na verdade, com uma sensação firme do si-mesmo, capaz de tolerar afetos dolorosos, uma pessoa tende a ser mais capaz de temporariamente se colocar a serviço de outras. De forma semelhante, embora a psicoterapia tenda a promover um sentido pessoal de agência, isso não impede a entrega espiritual. Uma vez mais, uma sensação firme do si-mesmo pode permitir que essa entrega ocorra mais facilmente.

Alguns terapeutas, que desejam atuar com sensibilidade espiritual, estão comprometidos com uma tradição religiosa teísta, tais quais o judaísmo ou o cristianismo, que envolve a crença em um ente supremo[3]. Outros, que acreditam na existência de uma dimensão espiritual, acham que o teísmo tradicional é insustentável; e, para eles, a palavra *Deus* é problemática por ter muitos significados vinculados a ela (assim como a palavra *espiritual*, porém não parece haver alternativa adequada). Felizmente, não é necessário importar noções teológicas ou teístas preexistentes. Por exemplo, o terapeuta pode apenas aderir a alguma versão de *A filosofia perene* (Huxley, 1945/1970), à noção ampla de que há uma realidade ou fundamento espiritual que afeta nossas vidas e consciências, que há algo do Absoluto em nós, e que podemos contatar ou ter conhecimento intuitivo desse nível de realidade. Com essa atitude, não há necessidade de aderir a imagens teístas tradicionais do divino como uma entidade, criador e legislador moral celestial que tem um plano para a salvação da humanidade. Os psicoterapeutas que não pertencem a uma tradição específica podem também ignorar argumentos teológicos entre as tradições. Para os psicólogos espiritualmente descomprometidos, esses argumentos parecem ser projeções humanas no desconhecido. Necessitamos levar crenças tradicionais em conta somente quando são importantes para o paciente em análise terapêutica.

Para alguns terapeutas, basta saber por experiência pessoal que a psique tem dimensões intrinsecamente espirituais, que podem produzir ou mediar experiências do sagrado. Tais experiências podem ou não corresponder aos modos como o sagrado se configura, segundo o que as religiões tradicionais nos dizem[4]. Um dilema de vida pode ser tratado pela atenção a esses níveis de psique como aparecem, por exemplo, em sonhos. Ao menos na tradição junguiana, considera-se que a psicoterapia se dá no campo maior da consciência do Si-mesmo transpessoal, o que afeta o resultado

---

[3]. A visão teísta da natureza humana e suas implicações psicoterapêuticas são bem descritas por Richards e Bergin (2005).

[4]. Estou assumindo aqui que, independentemente do que acreditamos saber sobre o divino, ou sobre o que nos disseram teólogos comprometidos com tradições particulares, qualquer lista de qualidades, tais como Deus como um, ou Deus como amor, é significativa apenas quando experienciamos o divino sob essas formas. Mestre Eckhart orava: "Deus, salve-me de Deus" porque queria evitar ideias preconcebidas de Deus. Para ele, Deus não é somente presença, mas ausência; não só ser, mas nada; não só chão, mas abismo, e assim por diante. Tampouco há necessidade de nos referirmos ao divino por qualquer nome particular.

do trabalho. Nessa tradição, nossa psicologia não pode ser radicalmente separada de nossa espiritualidade, porque a personalidade humana tem uma fundação espiritual ou arquetípica, bem como seus aspectos desenvolvimentais e humanos. Dessa forma, os terapeutas podem ao mesmo tempo trabalhar psicológica e espiritualmente.

Podem se sentir desconfortáveis quanto a reconhecer uma dimensão espiritual em seu trabalho, sobretudo se sua formação profissional foi limitada a uma abordagem materialista ou reducionista da psique, seja ela cognitivo-comportamental, biológica ou psicodinâmica. Todavia, sugerir que a psicoterapia é uma prática espiritual dificilmente é uma ideia nova. Por milênios, a cura física e psicológica havia sido competência de xamãs, curandeiros e curandeiras, sacerdotes e sacerdotisas (Bromberg, 1975; Ellenberger, 1970; Koenig, McCullough, & Larson, 2001). Muitos deles eram pessoas que por anos a fio lidaram com uma doença grave e incomum, fosse física ou mental, que enfim foram capazes de superar (Eliade, 1951/2004). Durante esse tempo, os futuros xamãs se preocupavam com uma busca pelo significado de sua doença. Com frequência eram capazes de cumprir obrigações sociais comuns, mas sofriam de um sentimento de extremo isolamento e se preocupavam com a doença. Por vezes, passavam por esse período sozinho; outras vezes, acompanhados por algum mentor. Por fim, de forma inesperada, essa "doença criativa" involuntária passava, e a pessoa desenvolvia, a partir disso, percepções sobre a natureza da realidade espiritual. Sua personalidade seria permanentemente transformada pela experiência, a qual, em retrospecto, era considerada uma crise espiritual prolongada que agia como uma iniciação à vocação de cura. Como resultado do sofrimento intenso, a evolução espiritual e psicológica dessas pessoas foi acelerada, e elas desenvolveram a capacidade de ajudar os outros – elas se tornaram afinal "médicos feridos" (OC 16/1, § 239). Sua doença era considerada um "dom divino" indesejado e, eventualmente, rejeitado, porém que lhes fora imposta (Lukoff, 1985). Em outras palavras, algumas doenças ou períodos de perturbação emocional podem funcionar como experiências de desenvolvimento que resultam em um bem-estar psicológico e espiritual muito maior. Muitas vezes, ocorre de os psicoterapeutas contemporâneos precisarem lutar contra as próprias dificuldades como uma preparação para desenvolver a capacidade de ajudar os outros. Nesse processo, eles se desenvolvem espiritualmente, quer isso ocorra de forma consciente ou não.

Dificuldades emocionais, ou uma vida cotidiana opressiva, podem seriamente colocar em questão nosso senso de significado e propósito da vida. Problemas como desespero, angústia e falta de conexão com outros são comumente expressados em psicoterapia, em que a dimensão espiritual dessas dificuldades pode ser discutida se ambos os participantes estiverem abertos a esse tópico (Josephson & Wiesner, 2004). Uma vida espiritual desenvolvida é de grande benefício para lidar com essas questões, que implícita ou explicitamente estão presentes quando sofremos. Embora algumas pessoas consigam sair de uma crise com suas crenças religiosas básicas intactas ou mesmo fortalecidas, outras são forçadas a reavaliar radicalmente suas crenças porque não têm sido úteis. Os psicoterapeutas constantemente veem as pessoas nessas crises, que nos fazem sentir vulneráveis e conscientes, de uma forma dolorosa, de nossas limitações. Esses momentos tendem a nos fazer pensar sobre preocupações fundamentais, sobre se vale a pena viver, se a vida é significativa, se o universo é "uma história contada por um idiota" ou o resultado de uma inteligência celestial. Acho que essas questões podem surgir a qualquer momento na psicoterapia; ocasionalmente, elas emergem na primeira sessão, embora tendam a aparecer mais adiante no processo, quando a pessoa descobre que é seguro discuti-las. Embora alguém assuma uma posição existencialista ateísta de que a vida tem um aspecto trágico e nenhum significado particular exceto o que escolhemos lhe dar, essa também é uma atitude que pode legitimamente ser tratada no contexto da psicoterapia. Aqui, vale notar que a abordagem terapêutica não tenta competir com tradições religiosas; em vez disso, a psicoterapia oferece uma perspectiva complementar ou alternativa ao sofrimento, quando as tradições religiosas estabelecidas não se mostram tão úteis. Pargament (1997) indica que uma reclamação comum sobre igrejas e sinagogas é que seus serviços religiosos e programas educacionais são muitas vezes irrelevantes aos problemas da vida cotidiana.

A despeito do fato de o sofrimento levantar questões espirituais, durante a maior parte da história moderna, os psicoterapeutas têm sido cautelosos quanto a falar sobre espiritualidade. Em uma tentativa de permanecer cientificamente respeitável, até anos recentes, o *zeitgeist* hegemônico na psicologia e psiquiatria convencionais era materialista, reducionista e positivista. Muitos psicólogos tentaram ignorar a espiritualidade, que era considerada algo embaraçoso ou muito difícil para estudar empiricamente. Contudo, nas últimas décadas, apareceu uma literatura que descreve a integração entre psicoterapia e espiritualidade, que está enfim se tornando um tópico respeitável de pesquisa (Miller, 1999; Richards & Bergin, 2005).

Embora os psicoterapeutas possam considerar dificuldades emocionais puramente em termos da psicologia individual, para muitos pacientes em terapia, eles também são crises espirituais importantes, indicando a conexão inextrincável entre a constituição psicológica e a espiritualidade de uma pessoa. Ao mesmo tempo que os psicoterapeutas trabalham com essas dificuldades com seu arsenal psicológico, é importante estar consciente das preocupações espirituais criadas por problemas emocionais, porque a descoberta de significado no sofrimento é de enorme ajuda (Wong & Fry, 1998). Nossos modelos atuais de tratamento, embora valiosos, estão longe de serem perfeitos. Os resultados do tratamento de dificuldades emocionais com psicoterapia psicodinâmica são apenas moderadamente bons (Roseborough, 2006), e os efeitos de abordagens cognitivo-comportamentais ou farmacológicas são também mistos. Usando essas últimas abordagens no tratamento da depressão profunda, bons resultados são obtidos em apenas 65% das pessoas que recebem tratamento ativo, enquanto até 45% de pacientes não tratados melhoram (Walsh et al., 2002). Muitos daqueles que inicialmente se beneficiam do tratamento têm uma recorrência de depressão nos três anos seguintes após o fim do processo terapêutico (Fava et al., 1998). Isso para não mencionar a persistência da distresse de nível baixo, satisfação inadequada com a vida e ausência de emoções positivas em muitos pacientes que receberam tratamento para dificuldades emocionais, todas correlacionadas à mortalidade e à morbidade aumentadas (Huppert & Whittington, 2003). O nível médio de satisfação de vida na população geral não melhorou em decorrência da introdução de medicações psicotrópicas na década de 1950 (Myers & Diener, 1996).

A suposição de que distresse emocional nada mais é do que um problema cerebral ou o resultado de distorções cognitivas aprendidas é uma promoção cultural sutil do materialismo, que ignora a dimensão espiritual da personalidade e as questões espirituais criadas por dificuldades emocionais. A descoberta de uma espiritualidade pessoal faz uma contribuição importante nessa área, e espero mostrar que essa descoberta pode ser continuamente incorporada na psicoterapia padrão.

Cada vez mais, terapeutas estão reconhecendo a importância da saúde e da felicidade e os aspectos positivos da experiência humana (Cloninger, 2004; Linley & Joseph, 2004; Seligman & Csikszentmihalyi, 2000), e claramente isso incluiria nossas vidas espirituais. Esse foco promete melhorar a qualidade de vida e prevenir o distresse emocional que ocorre quando a vida parece vazia e sem sentido. Reconhece-se cada vez mais que um foco exclusivo na psicopatologia nos dá uma visão distorcida da personalidade. Na psicoterapia, sentimentos positivos e atributos de personalidade como criatividade, esperança, sabedoria, coragem e vida espiritual não podem mais ser subestimados. Tampouco, podem ser dispensados como derivativos de dinâmicas emocionais "mais profundas", como alguns psicanalistas clássicos sugeriram. Um foco direto em emoções positivas e naqueles traços de caráter que promovem bem-estar melhora a felicidade na vida cotidiana (Emmons & McCullough, 2003) e reduz a incapacidade nas pessoas que sofrem de várias desordens emocionais (Fava et al, 1998, 2005; Seligman, 2002). De forma parecida, uma espiritualidade útil não só nos ajuda a lidar com a adversidade, como também promove uma sensação de paz, tolerância e bondade para consigo e para com os outros. A palavra operativa aqui é "útil", uma vez que a espiritualidade que é imposta às pessoas pela tradição ou por uma hierarquia, especialmente quando é prejudicial à estrutura do caráter, pode ser apenas fonte de culpa e de ressentimento. Para ser útil, a espiritualidade de alguém tem de ser autêntica, o que significa que tem de surgir organicamente da profundeza do seu ser; não pode ser imposta por uma tradição, quando os ensinamentos da tradição não combinam com a personalidade do sujeito. Esse problema pode entrar no processo psicoterapêutico quando se mostra difícil, para o paciente, renunciar a seu condicionamento religioso infantil, que ocorre porque várias tradições religiosas instilam a noção de que se desviar do ensinamento é pecaminoso e passível de punição. Como a tradição definiu o que é pecaminoso, ela oferece o remédio para uma doença que suas próprias doutrinas criaram, causando um sofrimento incomensurável, por exemplo, em torno da sexualidade. Há muitos pinos quadrados tentando se encaixar em buracos redondos.

Religiosos judaico-cristãos tradicionais podem objetar que uma espiritualidade pessoal em vez de uma coletiva é apenas subjetivamente construída, e não o resultado de revelação divina. Contudo, quem poderia dizer de onde vem nossa subjetividade? Uma espiritualidade que parece, na superfície, ser uma construção pode de fato surgir de uma sugestão mais profunda de conexão da alma com o sagrado. Independentemente de como surge, uma espiritualidade pessoal assim é muitas vezes mais útil do que um conjunto de crenças impostas. Os terapeutas podem estimular esse desenvolvimento encorajando as pessoas com que trabalham a valorizar suas vidas interiores. O aumento da consciência e autoconsciência, quase sempre induzido pelo tipo de sofrimento que é o processo diário da psicoterapia, estimula o desenvolvimento de uma relação com a dimensão transpessoal.

Há descrições universais de experiências místicas que nos permitem inferir a existência de uma realidade transcendente. Esses relatos de contato com o sagrado não provam sua existência satisfatoriamente para os céticos, mas a "hipótese de Deus" é uma abordagem razoável para esses fenômenos. Eles são tão consistentes ao longo do espaço e do tempo que devem ser levados em conta por quem estuda a psicologia humana. Como uma disciplina, a psicologia não pode negar atenção às experiências sagradas, embora os psicólogos não possam provar que sejam experiências de uma dimensão transpessoal. De qualquer modo, este livro adota a posição de que a experiência sagrada aparece às pessoas sob a forma de qualquer outra experiência, como algo dado. Pode apresentar uma qualidade sensorial, ou pode simplesmente ter a sensação de uma presença. O que importa no contexto é que o indivíduo considera a experiência sagrada. Os psicoterapeutas estão interessados na experiência subjetiva do paciente com quem trabalham. Para reiterar, não necessitamos nos comprometer com a imagem de Deus do teísmo tradicional. Além disso, quando levamos em conta a consciência, nenhuma afirmação teológica pode ser tomada literalmente; a doutrina, o dogma e a liturgia à qual somos atraídos pode ter implicações que nos dizem algo sobre a psicologia da pessoa religiosa.

Neste livro, ficará óbvio que não adoto noções de que a consciência ou a psique pode ser inteiramente reduzida ao funcionamento do cérebro (Chalmers, 1996; Kandel, Schwartz, & Jessell, 2008). Na psiquiatria e na psicologia convencionais, ainda há uma forte corrente de reducionismo materialista que tenta atribuir a causa de toda experiência humana ao mecanismo cerebral. Grande parte de nossa cultura acadêmica ainda insiste em que somente aquilo que pode ser fundado em explicação material é absolutamente real. Um ponto de vista estritamente materialista é particularmente comum entre pessoas com uma educação científica, que por vezes ficam embaraçadas em admitir que têm uma vida espiritual, como se fosse algo vergonhoso. Todavia, acreditar que as pessoas não são mais do que um acidente biológico em um universo indiferente e puramente material pode ser emocionalmente perturbador, mesmo para aqueles com uma constituição robusta. Para a maioria das pessoas nessa situação, cujas vidas se tornaram difíceis, o sentimento de que não há no que confiar, exceto uma combinação de sorte e recursos humanos, predispõe-nas à depressão, à ansiedade, à solidão ou ao desespero. Essas emoções arrasam o corpo e a mente. Mesmo a violência em uma situação assim se torna compreensível, porque a vida não tem valor particular e a raiva de uma pessoa para com a vida pode ser deslocada para os outros. Dada essa situação, não é por acaso que antidepressivos e tranquilizantes de todos os tipos sejam tão populares.

Uma pessoa assim pode entrar na psicoterapia, momento em que é muitas vezes um choque para o materialista comprometido experienciar conscientemente a dimensão espiritual sob a forma de uma experiência mística, um sonho poderoso ou um evento sincronístico que desafia a explicação racional e materialista. Descrevo alguns desses tipos de eventos no capítulo 2. Basta dizer aqui que uma experiência assim pode ser curativa, razão pela qual Jung escreve que "a abordagem do numinoso [a experiência da divindade] é a terapia real" (1976, p. 377). Com frequência, as pessoas não conseguem ver saída do materialismo até que tenham uma experiência assim, porque hoje ninguém tem necessidade alguma de argumentos que venham de autoridades. Embora não haja provas lógicas da existência de um domínio espiritual, uma experiência direta do sagrado ou do santo é convincente a quem o experiencia. Mesmo que a experiência não seja prova absoluta da existência desse domínio, essa experiência atua para umedecer uma alma seca e apresenta importantes benefícios psicológicos, de modo que reconhecer e afirmar o valor da experiência sagrada é uma parte relevante da prática psicoterapêutica. Essa atitude não satisfaria psicólogos comprometidos com uma abordagem positivista estritamente empírica da realidade nem convenceria psicanalistas tradicionais que estão persuadidos de que a religião é meramente defensiva. Contudo, estou comprometido com a ideia de que a experiência espiritual nos dá uma sugestão sobre uma dimensão real da realidade, embora consciente de que seja filtrada por nossas mentes e limitações.

Assim como as evidências de nossa experiência, descobertas com a não localidade e o princípio da incerteza na física quântica minam uma metafísica puramente racional e materialista[5]. Todavia, tal é o poder do mate-

---

5. Na física clássica, as partículas se influenciam entre si, porque são afetadas pelas informações que viajam entre elas. Essas informações devem viajar a uma velocidade que não pode ser mais rápida do que a velocidade da luz. Do mesmo modo, para a física clássica, uma causa deve sempre ocorrer antes de seus efeitos, de maneira que a realidade é local. A física quântica des-

rialismo na academia que somente agora, após anos sendo marginalizado, o inconsciente está retornando aos seus círculos – mas apenas porque foi adotado recentemente que o cérebro contém circuitos que operam de forma inconsciente para influenciar o comportamento. O fato de que se tornou possível correlacionar certos princípios psicodinâmicos aos estudos do funcionamento do cérebro provocou alguma excitação, como se a profissão necessitasse dessa descoberta para confirmar a existência do inconsciente ou para revitalizar nosso interesse nele (Mancia, 2006)[6]. De um ponto de vista neurobiológico, o inconsciente é simplesmente um desenvolvimento evolucionário no cérebro humano que ajuda o organismo a sobreviver ao permitir reações muito rápidas às mudanças ambientais, sem a necessidade da consciência, que reagiria mais lentamente. O principal valor da consciência é aumentar nosso repertório de respostas possíveis a um problema, especialmente quando esse é um problema novo que não é parte de nosso padrão inato de respostas. Nesse modelo do comportamento humano baseado apenas no cérebro, emoções evoluem para aumentar ou diminuir a probabilidade de certos comportamentos (Rolls, 2005). Como as emoções chamam a atenção da consciência, permitem que o processo inconsciente module o comportamento consciente em resposta a um desafio ambiental. Assim, se estamos com raiva de uma situação, tendemos a lidar com isso assertivamente; se estamos com medo, tendemos a ser cuidadosos, e assim por diante. Contraste essa abordagem do inconsciente e das emoções com a de Jung, para quem a consciência é um dos grandes mistérios naturais. Para ele, o inconsciente representa o desconhecido; apresenta dimensões espirituais, e as emoções são uma experiência do espírito no corpo.

---

creve um nível não local de realidade, no qual partículas quânticas conectadas mudam a todo momento, aparentemente sem tempo para as informações circularem entre elas, a menos que as informações viajem mais rápido do que a velocidade da luz. No nível da realidade quântica, o universo parece ser um todo indiviso. O princípio da incerteza na física quântica declara que é impossível medir ao mesmo tempo tanto a posição quanto o momento exato de uma partícula. Isso significa que o determinismo clássico – a noção de que o futuro pode ser previsto com base em condições passadas – é insustentável nesse nível de realidade.

6. Em 1996, um grupo de neurofisiologistas italianos descobriu os "neurônios-espelho", um conjunto de células nervosas cuja atividade se correlaciona à experiência de empatia por outras pessoas. Esses neurônios se ativam quando a pessoa está observando alguém executando uma ação particular, como se estivesse olhando para um espelho e se observando ao fazer essa ação (Gallese et al., 1996). Esse é obviamente um sistema cerebral muito importante para o comportamento social, porque se correlaciona à nossa habilidade de compreender outras pessoas empaticamente.

Mesmo entre escolas de psicoterapia, que outrora se baseavam em ciência empírica fundada em evidências, é cada vez mais reconhecido que a dimensão espiritual da pessoa deve ser levada em consideração (D'Souza & Rodrigo, 2004; Tan & Johnson, 2002). Há, agora, tentativas de reforçar a psicoterapia cognitivo-comportamental, ajudando as pessoas a se desenvolverem espiritualmente, usando uma abordagem que aplica intervenções baseadas nos princípios da psicobiologia (Cloninger, 2004). No outro extremo do espectro psicoterapêutico, uma análise psicológica puramente profunda da espiritualidade prefere deixar a psique transpessoal falar por si. Na tradição junguiana, isso significa prestar muita atenção a sonhos, eventos sincronísticos e experiências numinosas.

O judaísmo e o cristianismo convencionais focam muito mais nos serviços de culto, práticas rituais, leitura das escrituras e comportamento moral do que um exame da vida interior por meio de sonhos e da imaginação, que se tornou competência da psicologia profunda. Entre as tradições monoteístas contemporâneas, a falta de atenção à psique contribui para a atração de muitos ocidentais pelas abordagens meditativas orientais, que são métodos complexos de estudar a consciência. Esses métodos são baseados em uma visão de mundo muito diferente daquela encontrada no Ocidente. Tendem a lidar com a consciência como experienciada na meditação, em vez de prestar atenção aos seus conteúdos quando surgem sob a forma de sintomas, problemas emocionais, relacionamentos e imagens oníricas.

No modelo junguiano da psique, a consciência humana é permeada e estruturada por elementos espirituais (Corbett, 1996, 2007). Portanto, atentando à nossa psicologia, a psicologia profunda pode fornecer uma forma especificamente ocidental de ioga, um modo de se conectar com o divino. Todavia, as imagens espontâneas produzidas pela psique podem ou não assumir uma forma cristã, o que pode explicar algumas cautelas tradicionais sobre a experiência mística espontânea fundada nessa tradição. As igrejas estabelecidas não ficam inteiramente confortáveis com a possibilidade de uma experiência imediata do sagrado, uma vez que a experiência pode contradizer a doutrina recebida.

A desconsideração contemporânea das manifestações espontâneas da psique é também, em parte, resultado da adoção de alguns pensadores cristãos medievais influenciados pelas ideias de Aristóteles, que acreditava que não tínhamos contato direto com o domínio espiritual. Em vez disso, acreditavam que experienciávamos a realidade por meio dos cinco sentidos e da razão. O Iluminismo seguido pela Revolução Científica negou ainda mais a existência de um mundo não material. Uma visão de mundo racional e científica gradualmente ultrapassou explicações teológicas da realidade e, desde então, as religiões têm lutado na retaguarda – conforme testemunham os debates atuais sobre evolução.

Por todas essas razões, o cristianismo convencional tende a enfatizar o culto e a fé em vez do processo interior como a atenção aos sonhos. Ainda assim, o cristianismo inicial compreendia claramente os sonhos como mensagens do domínio espiritual – por exemplo, certo sonho de José, relatado no Evangelho segundo Mateus, o alertava para escapar de Herodes; já outro sonho lhe disse que Jesus fora concebido pelo Espírito Santo. Hoje, entretanto, especialmente a tradição fundamentalista prefere se basear em um exame da Bíblia em vez de em um exame dos sonhos da pessoa. Contudo, nada há de não cristão no processo onírico se aceitamos a ideia antiga dos "sonhos enviados por Deus" como uma forma de revelação (Sanford, 1951/1989).

Como nossas tradições religiosas ocidentais negligenciam a psique, não surpreende que tantas pessoas se voltem para a abordagem da psicologia profunda da vida interior. Na tradição junguiana, experiências do inconsciente são consideradas indicadores espirituais importantes. Em vez de situar o divino em algum domínio transcendente, Jung o situa profundamente em nossa subjetividade, como uma experiência interna ao menos mediada por – ou possivelmente idêntica a – níveis transpessoais da psique. Ao trabalhar nesse paradigma, as pessoas que prestam atenção ao material do inconsciente, sobretudo seus níveis transpessoais, estão trabalhando espiritualmente. Como a psique é um meio para a experiência do divino, conforme Dourley (1981) indica, a psique é sacramental. Para mim, isso significa que trabalhar psicoterapeuticamente com os sonhos e complexos de uma pessoa é trabalhar com um texto sagrado. A história de vida da pessoa é uma história sagrada.

Entendo que pensar a psicoterapia desse modo será problemático para aquelas pessoas que desejam manter essa disciplina separada da espiritualidade. Contudo, acredito que a tradição da psicologia profunda, agora com mais de um século, está madura o bastante para incorporar uma atitude espiritual. Acrescentar uma dimensão espiritual à psicoterapia é um desdobramento lógico de nossas experiências dos níveis transpessoais da psique que ocorrem no trabalho psicoterapêutico. Ao focar esse aspecto do trabalho, não estou defendendo uma nova religião, mas uma atitude espiritual articulada com uma linguagem psicológica.

Mesmo que algumas verdades sejam eternas, podemos falar delas de outras formas. Novas abordagens da dimensão espiritual aparecem regularmente na história humana, e sempre carregam o risco de insistir em que o novo modo é o único. Os psicoterapeutas se defendem contra o perigo dessa inflação ao deixar que a psique fale por si, ao seguir sua direção e não impor qualquer tipo de dogma preconcebido à nossa experiência. A única suposição que fazemos é que há uma dimensão espiritual da psique que se mostra no trabalho psicoterapêutico. Essa atitude parece ser um desenvolvimento razoável do esforço psicoterapêutico, e o desenvolvimento é essencial para impedir a estagnação. Se não permitirmos que o campo evolva organicamente, permaneceremos presos entre a necessidade de um receptáculo institucional para o trabalho, para os propósitos de formação e profissionalismo, e o risco de que, como todas as instituições, o receptáculo termine se tornando rígido e prejudicial ao espírito do trabalho. Isso ocorre quando a instituição passa a se preocupar com os detalhes de sua regulação em vez de com as qualidades emotivas de seus profissionais.

É óbvio que nossas tradições religiosas contêm uma grande quantidade de sabedoria espiritual e cada uma contribui para nossa compreensão da espiritualidade humana. O problema para qualquer nova abordagem da espiritualidade é discernir quais aspectos das visões tradicionais ainda são relevantes. As tradições alegam ter a verdade absoluta, e que sua perspectiva foi desenvolvida e refinada durante um longo período, enquanto uma interpretação psicológica da espiritualidade é muito recente para ser confiável. Contudo, a realidade é que nossas tradições religiosas ocidentais lidam sobretudo com a mente e o comportamento consciente. Elas simplesmente não estão equipadas para lidar com o inconsciente, que é uma nova descoberta em termos históricos. Nossos antepassados espirituais, que desenvolveram as tradições religiosas, não eram conscientes da existência do inconsciente no sentido que o entendemos hoje. Se é verdade que a experiência espiritual é mediada pelo inconsciente, um fato que foi reconhecido ao menos desde William James, uma abordagem psicológica profunda da espiritualidade só pode ser lógica. Tampouco os fundadores das tradições religiosas eram conscientes da realidade quântica, e os psicólogos mal tocaram nas implicações dessa descoberta para nossa compreensão da psique.

Uma das grandes contribuições de Jung é indicar a realidade da psique como um domínio em si. Sugiro que a psique e a dimensão espiritual da realidade não são duas coisas diferentes, exatamente como algumas das tradições religiosas orientais compreendem a consciência ou a mente transcendente como um princípio último e irredutível da realidade. Essa abordagem parece atraente porque a alternativa é que a psique e a realidade espiritual sejam dimensões diferentes da realidade, mas com uma relação consistente entre si. Nesse caso, encontramos o problema de explicar como interagem uma com a outra.

Como acredito que psicologia e espiritualidade sejam abordagens diferentes da mesma realidade, não há necessidade de sintetizá-las, assim, não uso termos como *psico-espiritual* ou *psicologia espiritual*, que são tentativas de unir os dois campos no nível da linguagem. Não há necessidade de reconciliar ou unir o que já é um todo. A distinção entre psicologia e espiritualidade é tão arbitrária quanto uma linha em um mapa dividindo dois países.

Este livro recomenda uma abordagem da espiritualidade baseada principalmente na experiência em vez de nos ensinamentos recebidos. Nossa espiritualidade, portanto, tem uma chance de respirar e evolver, e não está confinada a formas rígidas de expressão. Com certeza, é possível que interpretemos mal as experiências espirituais, mas todas as nossas tradições religiosas são baseadas em alguma forma de interpretação. Os psicoterapeutas que aceitam a noção de Jung, segundo a qual a psique tem uma função religiosa inata, assumem que a revelação continua, que o divino se manifesta por meio da psique, e que há elementos transpessoais ativos na sala de terapia. Os psicoterapeutas conscientes dessa presença escutam com uma sensibilidade diferente e enxergam a situação com olhos diferentes, porque o material que emerge tem valor tanto psicológico quanto espiritual.

Uma nota sobre terminologia

Ao longo deste livro, para evitar usar as palavras *paciente* ou *cliente*, usarei o termo *pessoa* como uma forma abreviada para me referir àquele em psicoterapia. Também adoto a posição de que não há diferença entre psique e alma, de modo que explorar a psique é uma forma de trabalho anímico.

Uso termos como *inconsciente, essência espiritual* e *Si-mesmo* por conveniência e porque são convencionais. Não uso essas palavras para implicar algum tipo de entidade, como se fossem termos divinos em roupagem psicológica, ou como uma forma disfarçada de importar o teísmo tradicional para a psicoterapia. Uso essa linguagem a fim de falar sobre o que os terapeutas experienciam. Similarmente, embora fale sobre o sagrado como se fosse de algum modo uma dimensão separada, faço isso somente pela clareza. Se tivermos olhos para ver, o sagrado não é separado do mundo cotidiano.

1
Psicoterapia como prática espiritual

> *A atitude dos psicoterapeutas é
> infinitamente mais importante que as
> teorias e métodos da psicoterapia*
> (C. G. Jung, OC 11/6, § 537).

Questões espirituais podem surgir durante a psicoterapia, porque sofrimento, perda, trauma e abuso de substâncias tendem a nos fazer examinar e questionar nossas crenças (Fallot & Heckman, 2005). Sofrimentos e outros problemas existenciais levantam hipóteses que não podem ser resolvidas por métodos da psicologia empírica; esses obstáculos levam os terapeutas para além dos manuais, e nos fazem responder a partir daquilo que somos. Confrontados com o sofrimento todos os dias, é útil que os terapeutas pensem sobre esse problema em seu contexto espiritual mais amplo. Podemos pensar o sofrimento como o resultado do carma, como um mistério divino ou como simples má sorte, parte do lado trágico da vida. Qualquer que seja nossa atitude em relação ao sofrimento, quando tentamos compreendê-lo, vamos além dos aspectos técnicos da psicoterapia, em direção à espiritualidade. As respostas dos terapeutas ao sofrimento são inevitavelmente influenciadas por seus compromissos metafísicos, de modo que é importante que estejam conscientes disso. Há suposições metafísicas por trás de nossa teoria pessoal de terapia, nossa percepção de indivíduo, de boa vida, de natureza do bem e do mal e nossa noção de saúde psicológica. Quer vejamos nossos problemas psicológicos em termos de química cerebral, comportamento aprendido, dinâmica desenvolvimental, pecado ou conflito emocional, nossa espiritualidade está implícita em nossa atitude em relação a essas questões (Albee, 2000)[7].

---

7. Por exemplo, o comportamentalismo clássico assume tipicamente o determinismo em vez do livre-arbítrio, assume que o si-mesmo é constituído por comportamentos aprendidos e que não tem espaço para a alma. Modelos cognitivos buscam sublinhar esquemas que produzem afetos disfóricos; um esquema é um conjunto organizado de reações e experiências que formam um corpo relativamente coeso e persistente de conhecimento que afeta a percepção e o comportamento. Essa é uma forma de descrever o que a psicologia junguiana se refere como a concha

Muitos lidam com situações de ameaça à própria vida recorrendo a uma forma de religião. Durante uma crise pessoal, é comum ouvir o sujeito declarar que tal situação tem algum valor ou significado espiritual. Então, devido a uma avaliação dessa ocasião, o que seria intolerável em outra circunstância, torna-se significativo. Religiosos tradicionais podem usar explicações dogmáticas padronizadas para a tragédia, como a noção de que o evento doloroso ocorreu como um teste de fé ou para algum propósito maior. Essas tentativas de reestruturação podem ser profundamente satisfatórias. Contudo, para muitas pessoas em psicoterapia, explicações tradicionais sobre o sofrimento são inadequadas. O que uma religião institucional nos leva a acreditar pode não ser útil quando o sofrimento irrompe. Sob estresse, muitas pessoas perdem, ou ao menos questionam, sua fé; na presença de uma doença grave, isso pode inclusive se tornar um fator de risco para a morte (Albaugh, 2003; Oxman, Freeman, & Manheimer, 1995). Assim, uma nova abordagem é necessária, especialmente porque sabemos da pesquisa empírica que uma atitude espiritual positiva tende a ter um efeito benéfico na saúde e na felicidade (Koenig, McCullough, & Larson, 2001), além de ajudar a pessoa a lidar com a adversidade, assim como esta pode aprofundar a espiritualidade da pessoa.

A espiritualidade se torna particularmente importante quando sofremos porque nos ajuda a enfrentar e a encontrar alguma significação no que estamos experienciando. No sentido mais amplo da palavra, todos têm algum tipo de espiritualidade, embora não necessariamente isso seja crença em uma imagem tradicional de Deus. Essencialmente, nossa espiritualidade é nosso mito pessoal, nosso modo de compreender a natureza das coisas. Nossa espiritualidade é refletida em nossos valores, nas formas como buscamos significação e, por vezes, em uma percepção de que há um domínio não visto e sutil da existência que ordena nossas vidas. Expressamos nossa espiritualidade em nossa relação com esse nível, em nosso senso de mistério, em nossa ponderação estética e em nossa atitude em relação à morte. Nossa espiritualidade também envolve nos conhecermos o mais profundamente possível. Em algumas tradições, a qualidade da atenção da pessoa é considerada um indicador de seu nível de realização espiritual. É desnecessário dizer que todos esses fatores estão intimamente conectados à

---

humana de um complexo. Na tradição junguiana, um complexo também apresenta um centro arquetípico ou espiritual, que não é reconhecido pelo comportamentalismo clássico.

estrutura de nosso caráter e aos modos pelos quais mantemos a coesão da personalidade e lidamos com a ansiedade de fragmentação.

A fronteira entre religião organizada e espiritualidade é confusa, mas tipicamente usamos o termo *espiritualidade* para significar um senso individual ou privado do sagrado, em vez de uma abordagem institucional que adota uma doutrina ou dogma particular, um sistema definido de teologia, rituais prescritos e assim por diante. Nesses tempos pós-modernos, há uma desconfiança em relação às verdades universais. Somos céticos em relação às figuras religiosas, que perderam sua autoridade moral. Alguns de nós não acreditam mais em padrões absolutos de moralidade e comportamento. Muitos de nós estão interessados em encontrar a própria verdade em vez de que nos digam o que a verdade é, e a psicoterapia é uma via para explorar essa questão.

Por vezes, rebate-se dizendo que uma espiritualidade pessoal apartada de uma instituição religiosa pode se tornar muito idiossincrática ou mesmo perigosa, não confiável para a comunidade, muito autocentrada e pouco resistente à prática espiritual consistente. Contudo, a religião institucional é uma benção mista; em seus aspectos positivos, satisfaz o que parece ser uma necessidade humana intrínseca de conexão a algo mais ou a um nível transcendente de realidade. Religiões respondem a questões profundas de significado e a nosso senso de finitude e mortalidade. Entretanto, também é verdadeiro que muitas pessoas se afastaram da religião institucionalizada porque a identificam como desagregadora, bastante alinhada à política, intolerante, às vezes indulgente com a violência, e pouco espiritual. Os escândalos sexuais e financeiros que com frequência emergem do clero nada fazem para convencer os céticos de que a religião é eficiente na mudança de comportamentos. A religião é legitimamente criticada com argumentos de que provoca guerras, marginaliza pessoas e, em alguns setores, promove homofobia, racismo e inferioridade religiosa das mulheres. Ironicamente, embora as religiões tenham oferecido soluções para dilemas existenciais da vida, elas agora criam esses impasses individuais para muitas pessoas. A pessoa que vê a religião sob essa luz, muitas vezes sente que não tem um meio institucional de canalizar sua sensibilidade espiritual, que para ela se torna uma busca pessoal.

Se reconhecermos a presença de uma realidade espiritual operando em nossas vidas, não há problemas que sejam puramente psicológicos ou puramente espirituais; todas as situações difíceis da vida são uma mistura de ambos. Questões como alienação, isolamento, dor crônica, apatia e incapacidade de se relacionar com outros ou de desenvolver seu potencial são simultaneamente entraves espirituais e psicológicos. Nossa espiritualidade é revelada por nossa atitude para com essas dificuldades existenciais e nosso sofrimento. Os terapeutas podem identificar exemplos extremos dessa combinação, tal qual no caso de uma pessoa severamente deprimida, que acredita que está sendo punida por Deus por um pecadilho cometido em um momento anterior de sua vida. Conforme discutirei no capítulo 2, as origens psicodinâmicas de uma imagem punitiva de Deus podem, muitas vezes, ser compreendidas em termos de relações iniciais, e pode se tornar matéria-prima para o trabalho terapêutico. Em uma situação assim, as dimensões espirituais e psicológicas da vida dessa pessoa estão inextricavelmente vinculadas em sua mente.

Quando as pessoas são solicitadas a articularem suas crenças espirituais, elas com frequência repetem elementos de doutrina e de dogmas que internalizaram por meio de seus pais, de lições dominicais e de textos sagrados. Essas crenças são principalmente cognitivas, sem muito conteúdo emocional, parte de nossa narrativa pessoal. Contudo, é axiomático que o sagrado não possa ser capturado por esse tipo de pensamento conceitual. Nossa espiritualidade real costuma ser baseada em um senso corporal sutil, um sentimento indefinível ou uma percepção de presença cujo conteúdo exato não é claro. Podemos ser incapazes de articular nossa espiritualidade autêntica e nossa conexão com o nível transcendente que está além do pensamento, ou podemos ser inconscientes delas.

A experiência espiritual é uma experiência emocional, e a emoção é incorporada. Embora as tradições monoteístas tenham basicamente subestimado a importância do corpo, muitas vezes sentimos uma presença espiritual sob a forma de energia corporal[8]. Durante o curso da terapia, por vezes ocorre que os terapeutas sintam essa presença sutil como um tipo de percepção somática ou conhecimento corporal. Essa é uma experiência bastante compartilhada, ou seja, quando cada pessoa sente a mesma sensação quando os dois corpos ressoam entre si. Essa ressonância pode ocorrer tanto com material psicológico quanto com material espiritual. A ressonância do sistema límbico ocorre o tempo inteiro entre as pessoas (Le-

---

8. De acordo com Lizelle Reymond (1972), o instrutor espiritual Sri Anirvan disse que toda experiência espiritual é percebida como sensações no corpo.

wis, Amini, & Lannon, 2000) e, no curso de relações importantes, nossos sistemas nervosos autonômicos e posturas corporais tendem a se coordenar. Expressão facial, postura corporal e tom de voz são relevantes e tão sutis que são diversas vezes registrados apenas inconscientemente. O discernimento da espiritualidade da outra pessoa é bastante mediado por esse nível do inconsciente somático e de um nível somático de empatia, que é facilitado se os terapeutas mantêm uma postura corporal de receptividade e uma consciência de quaisquer tensões musculares ou outras sensações que possam emergir enquanto a conversação prossegue.

Por vezes, a espiritualidade real da pessoa é um segredo profundamente guardado. Pode não ser articulado na terapia mesmo quando está presente, mas pode estar operando por trás das cenas. Os terapeutas com frequência encontram um tipo de espiritualidade que não está centrada em um Deus pessoal. Pode ocorrer em relacionamentos, na criatividade, em sonhos, no corpo, a serviço de outros, ou no mundo natural. Infelizmente, muitas pessoas reprimem sua espiritualidade quando ela não coincide com o que lhes disseram para esperar. Qualquer que seja a forma que a espiritualidade de uma pessoa assume, a noção de que o universo é significativo e que podemos confiar em uma inteligência maior pode ser útil em situações difíceis da vida. Para os psicoterapeutas, um conhecimento interno como esse, ou a memória de uma experiência pessoal do sagrado, é útil para nos permitir lidar com o sofrimento de uma pessoa sem nos afetarmos. Essa habilidade não assume levianamente que o sofrimento é algo "bom" para a pessoa. Ao contrário, sentimos seu sofrimento profundamente. Nessas situações, como Jung coloca, "a alma deve agir sobre a alma" (OC 11/6, 544). Uma orientação espiritual ajuda os terapeutas a tolerarem estar com alguém em grande sofrimento, e fazer isso se torna, em si, uma espiritualidade de presença.

Quando os terapeutas estão tratando uma pessoa em sofrimento, seus compromissos metafísicos afetam o que acreditam sobre o problema. Alguns assumirão que o sofrimento da pessoa é resultado de um infortúnio aleatório, enquanto outros acreditarão que o sofrimento é parte do destino dessa pessoa e deve ser como é porque há uma inteligência maior operando. Esse tipo de aceitação é uma forma de transcendência, mas não transcendência no sentido de evasão sobrenatural.

O potencial curativo do sofrimento pode se dar no contexto de uma relação terapêutica contida. O receptáculo é essencial, especialmente quando a pessoa com quem trabalhamos perdeu a fé na vida. Mesmo quando os terapeutas acreditam que um processo transpessoal está em curso, a busca pelo significado em meio a uma situação de vida dolorosa é muito exigente para ambos. A busca por significado está em total contraste com abordagens que simplesmente tentam se livrar dos sintomas o mais eficientemente possível. Talvez, aqui valha a pena lembrar que nossos modelos exemplares tradicionais, como Moisés, Jesus, Maomé e Buda, tiveram de experienciar grandes dificuldades antes de finalmente encontrarem um sentido claro de direção. Eles o fazem individualmente, muitas vezes nadando contra a maré convencional, guiados por seu senso espiritual em vez de por uma linha de crença estabelecida.

Todas as tradições religiosas oferecem alguma resposta ao problema do sofrimento e tentam oferecer um modo de ajudar as pessoas a encontrarem significado diante de situações difíceis. Muitos estudos empíricos mostraram que uma atitude espiritual em relação ao sofrimento pode ajudar os pacientes a lidarem melhor com este sentimento (Jenkins & Pargament, 1988). A religião permite aos religiosos tradicionais reestruturarem ou reavaliarem sua situação, dizendo coisas como "essa situação é um teste de fé" ou "tem intenção de me fortalecer; é parte do plano de Deus", e assim por diante. Para alguns cristãos, sofrer é participar do sofrimento de Jesus, ou é um desafio para crescer espiritualmente. Esses tipos de avaliações podem ser úteis, e agem como um amortecedor quando estamos angustiados. Todavia, avaliações religiosas podem ser uma benção mista. Algumas explicações religiosas para o sofrimento o compreendem como punição pelo pecado, acrescentando, assim, culpa ao sofrimento. Usualmente, essa avaliação se correlaciona com a introjeção de pais severos e críticos. Outras crenças religiosas, como a convicção de imoralidade pessoal, aumentam o nível de estresse do paciente. Nesse caso, o trabalho terapêutico tenta amenizar um superego severo projetado numa imagem punitiva de Deus, como em "Devo ter feito algo para merecer isso". A transformação psicoterapêutica de traços de caráter e crenças antigas, profundamente mantidas, valores e autoimagem podem levar a uma transformação concomitante da espiritualidade da pessoa. O sujeito em terapia se apercebe de que estava projetando imagos parentais em sua imagem do divino, e é capaz de retirar essas projeções. Contudo, a rigidez caracterológica, que é muitas vezes acompanhada por crenças teológicas rígidas, pode não ceder aos nossos melhores esforços. Vi um exemplo extremo dessa atitude no caso de uma mulher que estava tão convencida de que seu câncer fosse uma punição divina que recusou todo tratamento médico e se deixou morrer.

Felizmente, terapeutas não precisam se restringir a uma resposta tradicional específica ao problema do sofrimento. Podemos encontrar várias respostas na própria psicoterapia. Por vezes, a relação com os terapeutas é o bastante para manter o paciente durante um período doloroso da vida. Logo, ter uma testemunha empática para seu sofrimento é o suficiente para ajudá-lo a lidar com ele. Os terapeutas podem se unir à pessoa na busca pelo significado pessoal, atentando para o material que emerge do inconsciente, que é uma fonte importante da experiência espiritual. Como Jung indicou, a psique tem uma função religiosa intrínseca que pode produzir imagens que são independentes das tradições religiosas estabelecidas (OC 12, § 14). O significado pode surgir do contato direto com níveis transpessoais da psique, como uma experiência do sagrado, que é descrita no capítulo 4. Isso ocorre na forma de sonhos, eventos sincronísticos e visões que nos permitem ver que há uma inteligência guiando o processo.

Se examinados com suficiente profundidade, vê-se que problemas psicológicos cotidianos têm implicações espirituais profundas. O sagrado está aninhado no usual. Por exemplo, uma pessoa pode achar que alguém que consistentemente trabalha demais o faz como um modo de se desviar de um medo da morte ou porque acha a vida essencialmente sem propósito – essas são questões tanto espirituais quanto psicológicas. Uma mulher me diz que foi guiada pelo medo durante sua vida inteira. Sua mãe era extremamente ansiosa e, quando criança, seus pais lhe ensinaram que o mundo é um lugar perigoso, de modo que não se sentia protegida. O fato de que tivesse sido sexualmente abusada quando criança confirmou seus piores medos. Ao mesmo tempo que é tão apreensiva, é uma cristã dedicada e acredita que é cuidada por um Deus amoroso. O problema espiritual incrustado no material pessoal é o problema de compreender como pode sentir tanto medo enquanto também se sente protegida por Deus. Outra mulher, devido a uma criação religiosa estrita e objetos internos severos, sente que deve se sacrificar até à exaustão e não se permitir qualquer alegria. Acredita que se fizer algo para si, é egoísta. A virtude é conectada somente à privação. Ela teme que se não se sacrificar, ou se se permitir, será condenada a passar a eternidade em um estado de sofrimento. Esse tipo de material mostra a interação contínua entre dificuldades de desenvolvimento e a espiritualidade de uma pessoa. Quando tratamos desse tipo de crença espiritual na psicoterapia à luz da psicologia da pessoa, o trabalho se abre à prática espiritual.

As pessoas precisam se sentir seguras para serem capazes de falar sobre crenças espirituais na terapia, porque essas crenças parecem privadas, e as pessoas têm medo de serem humilhadas por terapeutas céticos. O material espiritual não emergirá se sentirem que os terapeutas não estão abertos ao diálogo. Por vezes, os pacientes sentem que é inapropriado mencionar crenças espirituais na terapia, mas podem dar pistas sobre suas crenças, que os terapeutas podem considerar ou ignorar; a pessoa pode dizer "rezei por isso" ou "mereço ser punida" ou "tudo isso está acontecendo por uma razão" ou "está nas mãos de Deus". Os terapeutas podem usar esse tipo de observação como uma abertura para discutir algum material espiritual – por exemplo, questionando: "O que significa para você estar nas mãos de Deus?" Se não houver uma abertura assim, podemos simplesmente perguntar o que ajuda a pessoa durante tempos de crise, ou se ela tem crenças espirituais. Com frequência, é um alívio para o paciente discutir esse tópico, por exemplo, quando alguém acredita que suas dificuldades são uma punição pelo pecado. Nessas situações, a espiritualidade da pessoa foi preenchida por um superego severo, e mitigar o crítico interior afetará o próprio sistema de crenças.

A espiritualidade aparece agora com uma frequência crescente na literatura psicoterápica (Cornett, 1998; Peteet, 1994; Sperry & Shafranske, 2005). Várias medidas de religiosidade, compromisso religioso e efeitos espirituais da psicoterapia têm surgido (Richards & Bergin, 2005), embora devamos observar que essas medidas tendem a ser enviesadas em favor de uma abordagem teísta da espiritualidade. Esse desenvolvimento não surpreende; não podemos lidar com temas como sexualidade, morte e envelhecimento sem incluir a perspectiva mais ampla de uma visão de mundo particular, que está frequentemente conectada à espiritualidade da pessoa. Mesmo terapeutas que não estão pessoalmente interessados em espiritualidade reconhecem que pode ser importante perguntar sobre as crenças religiosas da pessoa, uma vez que essas são aspectos da pessoa inteira. Vale a pena tentar entender as crenças centrais da tradição e das escrituras da pessoa, por várias razões. Essas crenças podem contribuir fortemente para conflitos morais, como aqueles sobre aborto ou casamento, e podem aumentar a vergonha ou culpa. O sistema de crenças da pessoa nos diz algo sobre ela e suas estruturas intrapsíquicas, porque o que acreditamos sobre a realidade muitas vezes reflete nosso mundo interno.

Alguns profissionais incluem uma avaliação espiritual formal em sua entrevista inicial; acreditam que necessitam elicitar essas informações, uma vez que podem não emergir espontaneamente[9]. Eles fazem perguntas diretas como: "Você tem crenças religiosas que o ajudam em uma crise?" "O que dá sentido à sua vida?" "Você acredita em um ente supremo?" "Pelo que você é grato?" "Você é parte de uma comunidade religiosa que apoia você?" É especialmente relevante perguntar se a espiritualidade é importante para a pessoa, se ela diz algo como: "Perdi toda a fé em Deus", o que pode indicar uma depressão. Os terapeutas poderiam indagar também sobre a imagem de Deus que era ensinada na escola dominical comparada ao modo pelo qual as pessoas de fato experienciam o divino – há muitas vezes uma grande discrepância entre essas duas imagens. Os terapeutas poderiam perguntar como a pessoa ora, qual parece ser a resposta, e como a pessoa sabe que a comunicação é de Deus. Podemos perguntar se a pessoa acredita que uma certa situação é vontade de Deus, qual parece ser a intenção de Deus, ou qual é a ideia da pessoa acerca do envolvimento de Deus na situação. A pessoa pensa que Deus está furioso com ela? Há fantasias de que Deus está testando a pessoa? A resposta a essas questões dá aos terapeutas alguma indicação do nível de maturidade espiritual da pessoa.

Alguns profissionais têm medo de que esse tipo de avaliação espiritual formal seja muito pessoal. Embora, por vezes, falar sobre suas crenças espirituais seja um alívio para as pessoas, é também verdadeiro que algumas fiquem mais desconfortáveis discutindo o modo como oram do que discutindo a própria sexualidade. Se a pessoa nega ter qualquer vida espiritual, poderíamos lhe perguntar sobre como aprecia a beleza ou como encontra algum significado na vida. Poderíamos perguntar pelas experiências culminantes ou sentimentos de reverência.

Embora possa ser útil adotar uma "história espiritual", geralmente é muito deselegante fazer essas perguntas de um modo formal durante uma avaliação inicial para psicoterapia. Uma lista de questões leva o paciente a sentir que está sendo examinado ou patologizado. Prefiro obter uma noção da espiritualidade da pessoa gradualmente, enquanto se desdobra no curso da conversação terapêutica ao longo do tempo, sobretudo quando se aplica ao problema psicológico em questão. Não acredito que possamos, em tão pouco tempo, pôr em palavras a espiritualidade profundamente sentida de uma pessoa, de modo

---

9. Há vários instrumentos para avaliar uma história espiritual; por exemplo, Anandarajah e Hight (2001).

que o tipo de avaliação por meio de perguntas prévias possa produzir respostas vazias em vez de significativas. Mas, não há dúvida de que a espiritualidade da pessoa pode estar operando por trás das cenas, para o bem ou para o mal. Por exemplo, a pessoa pode sentir que sua relação com Deus é um suporte importante; ou a convicção de que a imoralidade pode estar aumentando sua depressão. A pessoa pode acreditar que seu sofrimento é cármico, o que pode levar a uma atitude fatalista. Entender a espiritualidade da pessoa nos ajuda a entender sua visão de mundo e pode também permitir aos terapeutas alguma percepção da estrutura do caráter da pessoa.

A psicoterapia como uma disciplina não pode responder diretamente a questões controversas sobre a existência de Deus ou sobre a natureza da realidade divina, mas esses questionamentos podem surgir ao longo do processo terapêutico. Ao prestar atenção neles, os pacientes podem desenvolver suas respostas. Os terapeutas podem se preocupar por não serem uma autoridade espiritual. Não acredito que haja algo assim, se por autoridade significamos alguém que tem uma resposta final a essas questões. Idealmente, uma resposta criativa surge da experiência espiritual, do conhecimento interior da pessoa, ou do inconsciente, que é uma fonte de sabedoria mais profunda do que o ego.

O que os terapeutas podem fazer para ajudar alguém comprometido com uma religião tradicional que reclama ter perdido a fé ou que a vida simplesmente parece vazia? Essa pode ser uma experiência muito dolorosa para alguém que passou sua vida em meio a uma tradição particular. A pessoa pode dizer: "Rezei, meditei, pedi ajuda, mas ainda estou sofrendo muito. Não entendo essa doença, o que ela significa, por que está acontecendo comigo e o que devo aprender com ela. Pergunto a Deus, porém não obtenho respostas". Em uma situação de doença grave ou dor crônica, os indivíduos podem se sentir abandonados ou traídos por Deus. Podem se sentir isolados, impotentes e achar que a vida é sem sentido. Por vezes, as relações com os outros são a única salvação, contudo, ainda assim, pode ser difícil encontrar alguém que entenda o que a pessoa esteja experienciando. O indivíduo em sofrimento se cansa de conselhos bem-intencionados, muitas vezes inúteis, que recebe porque seus interlocutores não podem tolerar se sentir impotentes, tampouco conseguem lidar com o desespero induzido pela identificação projetiva com a pessoa em sofrimento, que se ressente por não ser compreendida, podendo alienar-se ainda mais com a situação. Ninguém consegue realmente saber o que é viver com uma doença crônica sem ter experienciado isso. Os terapeutas podem imaginar esse sofrimento de forma empática, ou podem ser capazes de concebê-lo apenas com base na própria experiência de dor. A doença torna o corpo um problema e um fardo em vez de um lugar de alegria e repouso. O corpo deixa de ser confiável; torna-se estranho e ameaçador, destruindo-se. Pode-se tornar impossível para a pessoa planejar sua vida, porque o próprio corpo passa a ser imprevisível, de modo que as atividades desse indivíduo se tornem cada vez mais restritas, e ele cada vez mais confinado. Como alguém pode manter a fé em uma providência benevolente nessas circunstâncias?

Dor e doenças crônicas em si não só são incapacitantes como também desmoralizantes. Elas prejudicam nossos usuais mecanismos de enfrentamento, como a conexão com outras pessoas, a habilidade para esperar por um futuro melhor e a sensação de estar no controle da própria vida e de que esta, portanto, é significativa. Dor crônica que não pode ser aliviada pode ter efeitos devastadores na personalidade. Pode levar ao desespero, à amargura e à autoabsorção. A dor é profundamente isoladora não só porque é a coisa mais real no mundo para quem sofre, mas porque não pode ser sentida pelos outros[10]. A dor crônica pode tirar o significado e a alegria da vida e tornar o futuro inimaginável. É muito importante, se nada mais pode ser feito, ser capaz de estar com alguém em um estado assim, sem abandoná-lo emocionalmente, sem julgá-lo, sem aconselhá-lo, sem evitá-lo – apenas como uma testemunha, uma companhia ou um auto-objeto. Por vezes, a única coisa que traz algum alívio a quem sofre é se sentir compreendido. Estar presente nesses papéis é uma prática espiritual para os terapeutas, porque fazer isso exige fé.

Esses estados de corpo e mente aproximam os limites da tenacidade humana; são crises existenciais severas. O problema é que se a pessoa se desespera e desiste, um estado mental de desesperança tem um efeito reciprocamente prejudicial para o sistema imunológico e pode piorar o estado subjacente da doença. Porém, a pesquisa empírica mostra que se uma pessoa puder manter relações e vínculos significativos com outras durante uma doença crônica, seu curso tende a ser mais favorável, enquanto o isolamento e a desesperança estimulam um prognóstico pior. Sabe-se que isolamento social e pessimismo aumentam a progressão do câncer. Espiritualidade e afiliação religiosa têm se mostrado benéficas à resiliência a doenças (Griffith & Griffith, 2002; Sperry & Shafranske, 2005), pro-

---

10. Sobre o problema da dor, ver Good (1992) e Scarry (1985).

vavelmente por modularem respostas emocionais e fisiológicas à doença, embora o mecanismo exato dessa ligação não seja claro.

Quando sofrem, algumas pessoas na tradição cristã são auxiliadas por apologistas, como C. S. Lewis (1940/1996), que argumenta que o sofrimento é um chamado de Deus para despertar-se. Para ele, o sofrimento é um sinal necessário para nos lembrarmos que somos finitos, e que devemos olhar para além do mundo físico. Contudo, essa atitude não leva em conta o fato de que muitas pessoas em sofrimento já estejam espiritualmente despertas, e na verdade esses argumentos não ajudaram Lewis anos mais tarde quando sua esposa estava morrendo de câncer. Então, pareceu-lhe que Deus era um torturador, alternadamente estimulando e destruindo sua esperança. Esse é o tipo de reação ao sofrimento que pode levar a uma reavaliação radical da imagem que uma pessoa tem de Deus. Com frequência, essa desilusão ocorre porque a prece era considerada uma importante modalidade de cura, mas a medicina tecnológica gradualmente a eliminou em favor de abordagens científicas. Em anos recentes, têm havido renovadas declarações sobre a importância da prece intercessora para a saúde, porém isso permanece controverso e provavelmente impossível de se analisar com mais rigor.

Algumas pessoas entram na terapia por aquilo que Griffith e Griffith (2002) descrevem como um dilema indizível, uma situação na qual a pessoa é confrontada por uma escolha entre duas opções igualmente aflitivas, sem possibilidade de fuga. Ao mesmo tempo, a pessoa não pode falar para os envolvidos na situação, precisando esconder seu distresse. Por exemplo, uma pessoa tem chefe abusivo, mas tem medo de ser despedida se falar sobre isso. Ou é forçada a trabalhar em um negócio familiar do qual não gosta. Ou um menino se sente forçado por seus pais a praticar esportes que ele odeia. Ou uma pessoa está numa situação de amor impossível que ninguém compreende. Esses dilemas podem produzir somatização – sintomas corporais de distresse como uma dor que não é decorrente de doença orgânica.

Nessas situações, as crenças espirituais da pessoa podem surgir durante a terapia, e os terapeutas podem explorar se elas desempenham um papel na atitude do paciente em relação à própria situação. Por exemplo, a pessoa pode achar que está sendo testada por Deus, ou pode haver outra história espiritual coerente, que confere sentido à situação, que sustenta a pessoa e que traz esperança. Pode ser importante discutir quaisquer momentos de felicidade, e o que os provê. Pode haver aspectos da vida da pessoa em sofrimento pelos quais ela é grata. A comunidade espiritual da pessoa pode ser útil ou crítica. Pode haver vergonha com relação a doenças, por exemplo a Aids, devido à crença religiosa. E crenças, como a vida após a morte, podem ser reconfortantes.

Contudo, muitas vezes, as crenças de uma pessoa sobre vida, morte e o significado do sofrimento – mitologia pessoal – não são exploradas na psicoterapia, mesmo quando isso representa grande influência no comportamento da pessoa e em sua atitude para com a vida. Por vezes, as pessoas suprimem essas informações dos terapeutas porque percebem indicações sutis de que tais apontamentos serão indesejados. Como é usual na terapia, essas indicações podem ser inteiramente inconscientes. Parte dessa contrarresistência ocorre porque poucos terapeutas se sentem preparados para lidar com questões espirituais. Psicólogos, como um grupo, não são particularmente pessoas religiosas; muitos deles enxergam a religião como incompatível com o naturalismo científico e com o empirismo. Alguns psicólogos acreditam que as religiões colocam ênfase demais na fé e não o bastante no questionamento da autoridade recebida. Consequentemente, a atmosfera de muitos departamentos acadêmicos acaba afastando a crença religiosa, que muitos psicólogos associam a asserções pregadas do púlpito e, nas quais se espera que as pessoas acreditem sem evidências. Mesmo quando o positivismo já não é tão academicamente respeitável como costumava ser, muitos psicólogos ainda aderem a um modelo científico positivista que argumenta que para que uma afirmação seja considerada factual, ela tem de ser verificada pela experiência sensível. Com base nisso, eles acreditam que afirmações sobre Deus são sem sentido. Psicoterapeutas dessa convicção confinam sua prática ao domínio do que é empiricamente refutável, mensurável e objetivo, e só consideram questões religiosas importantes se parecerem relevantes às dificuldades emocionais da pessoa. Alguns deles veem crenças espirituais como recursos puramente defensivos.

É comum encontrar psicoterapeutas que são ateístas declarados. Embora a maioria esmagadora de americanos acredite em Deus (95% na pesquisa Gallup de 1993), cerca de 21% de psiquiatras e 28% de psicólogos clínicos se consideram ateístas. Muitos desses ateístas tiveram formação psicanalítica (Bronheim, 1998), e explicam a espiritualidade em termos de psicodinâmica. Comportamentalistas tradicionais consideram espiritualidade nada mais do que conhecimento aprendido. Os primeiros comportamentalistas estavam comprometidos com o naturalismo, a doutrina segundo a qual não há necessidade de postular qualquer explicação espiritual ou sobrenatural para o universo e seus processos. Desses psicólogos contemporâneos que têm um interesse na espiritualidade, 51% preferem a espiritualidade alternativa à religião organizada (Shafranske & Malony, 1990).

A despeito da incidência de ateísmo ou agnosticismo entre psicoterapeutas, questões espirituais são comuns na prática psicoterápica. De acordo com um estudo, uma em seis pessoas em psicoterapia apresenta questões religiosas ou espirituais, e 29% dos psicoterapeutas concordam que elas são importantes no tratamento de ao menos alguns de seus pacientes (Bergin & Jensen, 1990). Entretanto, a formação profissional em psicoterapia conta com uma estrutura secular, e muitos terapeutas se sentem mal preparados para trabalhar na área da espiritualidade. Contudo, conscientemente ou não, muitos terapeutas têm algumas suposições metafísicas sobre a natureza da realidade última e da presença ou ausência de uma dimensão espiritual. Essas crenças podem ser não examinadas e podem ser o resíduo do próprio desenvolvimento dos terapeutas, de seu histórico religioso de infância e de fatores caracterológicos. É inevitável que influenciem suas respostas a dilemas existenciais sérios.

Muitos psicoterapeutas estão experienciando um tipo de fome espiritual, do mesmo tipo que as pessoas com quem trabalham. Psicoterapeutas também querem algum senso de propósito, significado e realização. Isso sugere uma reserva de interesse espiritual entre terapeutas, embora muitos deles sejam indiferentes em relação à religião organizada, com exceção óbvia aos psicoterapeutas pastorais. No extremo, terapeutas ateístas compreendem a religião organizada como pensamento mágico, superstição e dogmatismo, útil apenas para pessoas emocionalmente imaturas. Esses terapeutas veem "conversa sobre Deus" como defensiva, uma forma de resistência, e identificam as crenças judaico-cristãs como apenas uma reflexão sobre necessidades psicológicas. Alguns terapeutas sofrem com experiências dolorosas da infância em escolas paroquiais que deixaram um resíduo de raiva em relação à religião estabelecida. Quando crianças, muitos desses terapeutas foram maltratados por clérigos ou professores religiosos, ou ainda estão lidando com sua ambivalência em relação a pais religiosos ou à doutrinação inicial. Se abandonaram a tradição religiosa da infância, podem estar lidando com a culpa. Os terapeutas devem, então, estar conscientes de projetar suas dúvidas na outra pessoa. O ceticismo sobre as crenças de outras pessoas pode estar baseado no conflito pessoal dos terapeutas com o material espiritual. Esses fatores podem produzir reações desconfortáveis de contratransferência a questões espirituais que requerem trabalho autorreflexivo da parte dos terapeutas.

Mesmo quando são religiosos, muitos psicoterapeutas contemporâneos compartimentalizam sua espiritualidade e sua prática profissional porque se consideram "cientistas profissionais". É difícil para eles adotarem uma abordagem espiritual da psicoterapia se seu modelo de ciência está baseado na necessidade de replicar dados e refutar hipóteses. Uma breve digressão em uma filosofia alternativa de terapia é, portanto, necessária. Para a crítica positivista ou materialista, os terapeutas espiritualmente orientados podem responder que a espiritualidade envolve experiência subjetiva, paixão, amor, confiança, sentimentos de alegria e dor, e um senso de mistério e beleza na vida que leva a um tipo de conhecimento interior. Esses são elementos intangíveis que nos tornam humanos, mas não são necessariamente suscetíveis a métodos quantitativos de estudo emprestados das ciências físicas. A espiritualidade deve incluir pensamento, porém é mais do que um conjunto de ideias; e, no fim, o sagrado não pode ser capturado por uma rede de conceitos. Conforme Karl Barth indicou, citado na obra de Bromiley (1979), nosso conhecimento de Deus não é como os outros tipos de conhecimento. O senso de presença do divino é um tipo de conhecimento subjetivo, que é impossível de verificar por quaisquer meios públicos. Os terapeutas estão preocupados com o significado desse conhecimento para a pessoa, em vez da questão psicológica de se esse conhecimento pode ser justificado lógica ou empiricamente.

Terapeutas espiritualmente orientados reconhecem que há mais nos humanos que: pensamento racional, experiências aprendidas, conflitos intrapsíquicos etc. Sentimos que os indivíduos são expressões de uma dimensão transpessoal de realidade. Gostaríamos de levar esse nível em conta em nosso trabalho psicoterápico, embora psicologia e ciência em geral não possam nos explicar sua natureza. Tampouco essas disciplinas podem nos ajudar a compreender o significado de nossa existência. Embora para muitas pessoas a doutrina religiosa tradicional tenha sido irrevogavelmente minada pela ciência, a ciência não pode provar ou refutar a existência de um domínio espiritual. A partir da Renascença, a ciência foi separada da religião, uma distinção que era necessária para a investigação livre. Hoje, a ciência fornece muitas das respostas às perguntas que costumavam ser dirigidas à religião, e há um sentimento difuso de que a cultura ocidental vem perdendo continuamente sua noção do sagrado, sobretudo desde o

Iluminismo. Muitas pessoas acreditam que estejamos no fim do período cristão da civilização[11]. Costumava-se dizer, de uma forma simplificada demais, que a religião opera por meio da fé, ao passo que a ciência opera por meio da razão e das evidências, e que essas abordagens se contrapõem (Lindberg & Numbers, 1986). Agora, considera-se essa distinção rígida demais, porque a ciência tem suas afirmações de fé, suas doutrinas e dogmas, e suas suposições metafísicas, como o materialismo; enquanto teologia e fé também usam a razão, embora a razão sozinha não explique a noção do sagrado[12]. Argumentou-se também que ciência e espiritualidade lidam com dois domínios diferentes, embora, de fato, ambas tratem do mundo natural; só que de formas distintas.

Seria razoável ignorar os fundamentalistas de ambos os lados do debate da ciência e da religião. Chegamos a um ponto no qual ciência e espiritualidade podem ser vistas como complementares, por vezes tratando de questões diferentes e, com frequência, das mesmas, porém a partir de perspectivas diferentes. Elas não necessitam ser vistas como hostis entre si. Essa consciência é uma das razões pelas quais a espiritualidade está agora emergindo no discurso psicológico.

Karl Jaspers sugere que os terapeutas ideais combinam uma fé existencial profunda com uma atitude científica cética (1963). Eu combinaria fé e ceticismo, indicando que, embora haja uma dimensão transcendente à nossa existência que permite que a fé, a resposta teológica tradicional a essa dimensão, seja construída pelos indivíduos, o que provoca ceticismo a respeito de até que ponto podemos conhecê-la. Os terapeutas não podem decidir sobre a realidade ou falsidade das crenças religiosas de dentro da disciplina de psicologia. Para os terapeutas, o que importa é o significado de uma crença religiosa para a pessoa e os efeitos da crença em sua vida. Podemos explorar a religião em sua vida como qualquer outro aspecto das funções dessa pessoa no mundo. Pode ser útil ajudar a pessoa a articular crenças religiosas na terapia porque essas são uma mitologia pessoal que orienta a vida dessa pessoa, e podem ser úteis ou destrutivas. Pessoas como o Dr. Martin Luther King Jr. e Mohandas Gandhi eram capazes de estimular uma mudança social poderosa devido às suas convicções religiosas.

Algumas pesquisas sugerem que a similaridade de valores religiosos de pacientes e terapeutas é um dos indicadores de um resultado bem-

---

11. Há muitas revisões históricas do modo pelo qual isso ocorreu; ver, por exemplo, Smith (1995).
12. Para uma revisão da filosofia da ciência pós-positivista, ver Jones (1996).

-sucedido da terapia (Kelly & Strupp, 1992), embora em um caso assim ambos possam ter os mesmos pontos cegos sobre os aspectos problemáticos de uma tradição particular. Por outro lado, há ocasiões em que os compromissos espirituais dos terapeutas são tão diferentes dos da outra pessoa que pode não ser adequado trabalhá-los de forma conjunta. Idealmente, os terapeutas podem fazer concessões a essas diferenças, mesmo que tenham uma visão de mundo oposta. Se os terapeutas têm uma posição empática e imparcial, não necessitam compartilhar das crenças espirituais da pessoa para serem úteis na compreensão da influência religiosa na situação de vida do paciente. Podemos aprender sobre essas crenças como parte da terapia. Contudo, se são muito céticos sobre religião, essa atitude pode influenciar as respostas e tornar difícil o respeito e a empatia para com a visão de mundo da pessoa. Moshe Spero acredita que faz diferença se os terapeutas pensam que Deus seja de fato real, psicologicamente real ou apenas metaforicamente real (Spero, 1984, 1985, 1990). Muitas pessoas serão capazes de perceber as crenças reais de seus terapeutas nessa área, pois sua atitude é comunicada não verbalmente quando questões espirituais são levantadas.

Os terapeutas que têm um compromisso espiritual podem ter suas crenças questionadas por expressões de ateísmo da parte da pessoa com quem estão trabalhando. Contudo, podemos usualmente compreender esses sentimentos quando a pessoa está reagindo às dificuldades da condição humana ou do estado do mundo[13]. Por vezes, o ateísmo é o resultado de sérios questionamentos filosóficos; mas, em outras, resulta das tragédias pessoais ou de grandes desapontamentos na vida pessoal, que parecem excluir a possibilidade de um Deus. Assim, os terapeutas descobrem que o "ateísmo" do paciente é, na verdade, um repúdio à imagem judaico-cristã de Deus, e a pessoa de fato tem um tipo diferente de espiritualidade.

O problema dos valores

---

13. Religiões são comumente acusadas de praticarem violência – guerras religiosas, caça às bruxas e a Inquisição são tipicamente citados. Contudo, conforme Bruce Chilton indica, regimes ateístas, como o Terceiro Reich, a Revolução Bolchevique e o comunismo maoísta, foram muito mais destrutivos. Além disso, não houve "florescimento do pacifismo" desde o Iluminismo. Recomendo a crítica de Chilton (2008) ao ateísmo ingênuo contemporâneo e a demonstração de McGrath (2007) da abordagem dogmática e fundamentalista de Dawkins do ateísmo.

Os valores dos terapeutas estão sempre presentes, e é quase inevitável que tendam a influenciar o processo de psicoterapia, tácita embora não abertamente (Tjeltveit, 1986). Profissionais de saúde mental típicos têm valores como: a importância do autoconhecimento, boa autoestima, capacidade de estabelecer conexões, genuinidade, responsabilidade pessoal, comprometimento, habilidades de fazer um trabalho realizador, de expressar sentimentos e de perdoar quando possível[14]. Os terapeutas têm uma lista de comportamentos dos quais gostam e não gostam, e essa lista é baseada em valores que podem inconscientemente afetar suas respostas. É difícil ter certezas sobre a origem desses valores; Gordon (1973) sugere que alguns deles são intrínsecos à psique. Nessa categoria, ela lista: criatividade e imaginação; a necessidade de descobrir um si-mesmo verdadeiro e autenticamente experienciado; preocupação com as pessoas amadas e culpa se as fere ou as trai; busca por significado; integração; relações além do si-mesmo; experiência do maravilhamento e da reverência; e humor. Se esses são ou não valores inatos, parece que alguns são baseados na estrutura de caráter e história desenvolvimental dos terapeutas, enquanto outros são uma função de orientação teórica.

Não há consenso sobre quais valores são mais aptos para aliviar o sofrimento humano. Terapeutas de todas as convicções argumentam que seus valores promovem saúde mental e assim podem ser usados para guiar a terapia (Bergin, 1995). Por exemplo, kleinianos enfatizam a importância da reparação pelo dano feito a objetos antigos e o valor de lidar com o ódio, esperando que amor e gratidão emerjam vitoriosos. Adlerianos valorizam relações criativas com a realidade social, cooperação com outros, e a busca por significação. Junguianos valorizam a consciência da sombra, a relação com o Si-mesmo transpessoal, e o processo de individuação ou o desenvolvimento mais completo possível dos potenciais da personalidade. Como Bergin indica, poucos terapeutas contemporâneos acreditam no tipo de relativismo ético que caracterizava os antigos fundadores da profissão (Bergin, Payne, & Richards, 1996)[15].

Nossos valores são ocultos sob a forma de códigos profissionais de comportamento e ética, sem falar de nossas categorias diagnósticas e linguagem.

---

14. Os resultados de uma pesquisa nacional sobre os valores de profissionais de saúde mental são encontrados em Jensen e Bergin (1988).

15. O relativismo ético é a noção de que não há princípios morais universalmente válidos, e que todos eles dizem respeito ao que a cultura ou as pessoas acreditam ser certo. Alguns dos primeiros comportamentalistas acreditavam no hedonismo ético, a noção segundo a qual o bem mais elevado para a pessoa é aquele que lhe permite o maior prazer e o menor sofrimento.

Apenas dizer que alguém necessita de "tratamento" para uma "desordem" é implicar alguns valores sobre o que é saudável. Os céticos veem a psicoterapia como um modo de induzir as pessoas a se conformarem às mudanças que aprovamos ou, em casos extremos, veem-na como uma maneira de promover normas sociais, disfarçadas de um "plano de tratamento". Parte do problema ocorre quando os terapeutas inconscientemente promovem valores sociais que são prejudiciais a certas pessoas. Encorajamos a adaptação à sociedade mesmo que, ao fazer isso, seja antiético para o processo de individuação da pessoa com quem trabalhamos? Somos agentes de mudança social ou de estabilidade social? Os valores dos psicoterapeutas meramente refletem a ideologia política corrente? Qual é a relação entre nossos valores e nossas teorias de psicoterapia? Escritores como deMause (2002) e Samuels (2001) demonstraram convincentemente a relação entre o mundo interno de uma pessoa e suas crenças políticas, e os terapeutas não são imunes a essa conexão.

Muitos terapeutas não querem que seus valores pessoais interfiram na prática terapêutica e tentam não prescrever valores ou padrões morais, porém alguns sentimentos sobre questões importantes, tal qual o aborto, inevitavelmente estarão presentes e não poderão ser completamente ocultos. De fato, eles podem ser ainda mais potentes se os comunicarmos de forma indireta em vez de objetivamente. Os terapeutas que estão comprometidos com uma tradição religiosa particular podem acreditar em absolutos morais que consideram essenciais para o bem-estar daqueles com quem trabalham. Mas, embora tradições religiosas teístas importantes concordem com muitos valores, elas também diferem em algumas áreas consagradas, e não há bases psicológicas para decidir qual dos sistemas de crenças concorrentes é correto. Contudo, muitos terapeutas teoricamente orientados acreditam que sem os valores morais das tradições monoteístas do mundo não haveria base para autorregulação saudável do comportamento (Bergin & Payne, 1991). Essa é uma proposição muito dúbia. Humanistas éticos podem se comportar impecavelmente por razões que nada têm a ver com crenças teístas. Em certas situações, o julgamento moral de uma pessoa ateísta e de uma religiosa podem ser idênticos, assim como o par terapêutico pode ter crenças espirituais muito diferentes, mas não dificuldade em concordar sobre um problema moral que possa surgir. Exceto pelo desenvolvimento do superego e do condicionamento societal, há algumas evidências (inconclusivas) de que a moralidade é codificada no cérebro pela evolução, uma gramática moral universal no cérebro que nos permite decidir dilemas morais (Hauser, 2006)[16]. Esse processo pode não ser acessível à reflexão consciente – pode corresponder à noção de Jung segundo a qual a psique tem uma função moral intrínseca, não dependente da internalização de valores societais e familiares como descritos por Freud.

Alguns terapeutas, comprometidos com uma tradição particular, acreditam que é ético promover valores religiosos específicos em terapia (Peteet, 2004), mas muitos terapeutas acham que, desde que os valores pessoais da pessoa sejam razoavelmente saudáveis, promovendo crescimento, e não prejudiciais a outras, deveriam ser respeitados sem referência a qualquer religião particular. Dentro desses limites, podemos encorajar a autodeterminação e aceitar o fato de que alguns dos valores podem ser bastante pessoais em vez de coletivos.

Idealmente, os valores e estruturas do si-mesmo de uma pessoa são consistentes entre si, embora muitas vezes vemos pessoas lidando com um sistema de valores adquirido socialmente que é incompatível com sua personalidade. Por exemplo, competitividade e ganância são encorajadas pela cultura, e uma virada independente da mente é necessária para que uma pessoa decida que viverá de outra forma. O desenvolvimento de uma personalidade autêntica requer que uma pessoa nade contra a corrente da cultura. Contudo, pode ser difícil encorajar valores pessoais quando os terapeutas estão trabalhando com uma pessoa que tem valores que eles consideram prejudiciais ou perigosos. Em um caso assim, talvez o máximo que possamos fazer é respeitosamente sugerir o que consideramos ser valores saudáveis e explorar os fundamentos psicodinâmicos dos valores destrutivos (Bergin, 1991; Richards & Bergin, 2005).

Não estamos apenas preocupados com até que ponto os terapeutas podem deliberadamente tentar influenciar os outros, porém também com a possibilidade de que elas possam inconscientemente se identificar com os valores dos terapeutas. Talvez, como qualquer identificação, isso não seja questionável se for um degrau temporário na terapia. Mas e se as pessoas perguntam diretamente sobre os valores dos terapeutas? Os terapeutas só admitem seus valores após explorar primeiro os da pessoa? O que ocorre quando uma mulher está perturbada sobre fazer um aborto, e os terapeutas têm fortes sentimentos sobre esse problema, de cada lado do debate? Ou o problema pode ser a necessidade de uma transfusão de sangue para uma

---

16. A noção de moralidade inata é discutível; para uma contraposição, ver Prinz (2007).

testemunha de Jeová. Uma mulher muçulmana pode lidar com valores societais islâmicos e americanos concorrentes. Os terapeutas têm de ser conscientes da contratransferência na presença de uma crença que radicalmente se oponha aos seus valores, por exemplo, quando a pessoa acredita que a homossexualidade é um pecado, contudo os terapeutas acreditam que seja moralmente neutro, simplesmente uma parte da herança genética.

Um exemplo do confronto de valores religiosos e psicológicos pode ocorrer quando terapeutas religiosos trabalham com uma pessoa que é incapaz de deixar um casamento infeliz enquanto tem um caso extraconjugal. Exceto pelas conotações religiosas tradicionais dessa situação, terapeutas que trabalham com uma abordagem puramente psicodinâmica do casamento reconhecem que muitas das razões pelas quais nos casamos são inconscientes. Casamos com pessoas que incorporam algumas características de um pai ou mãe problemáticos, ou com alguém que é exatamente o tipo oposto de pessoa. Projetamos imagos parentais nos parceiros e lidamos com uma nova versão da mesma patologia que tivemos de lidar quando crianças. Trazemos nossas necessidades de auto-objeto e nossas relações de objetos internos para o casamento, de modo que trazemos um conjunto de expectativas conscientes e inconscientes para a relação. Os junguianos também indicariam a projeção da *anima* ou do *animus* nos parceiros, e a atração de diferentes tipos psicológicos. Portanto, dada a complexidade das relações maritais, não surpreende que ocorra fricção, que as pessoas abandonem a dinâmica que a princípio as aproximou, e que o casal possa simplesmente se desenvolver em direções incompatíveis. Mas, mesmo que os terapeutas entendam a situação, aqueles que aderem a valores religiosos e sociais tradicionais podem sutilmente, ou não, sugerir que o casal deva permanecer junto a todo custo. A ideia de dissolução matrimonial pode provocar a ansiedade de contratransferência nos terapeutas, que podem acabar se envolvendo além da conta.

Nessas situações, o terapeuta deve mencionar suas crenças ou se restringir a uma análise empática do mundo interno da pessoa? Uma possibilidade é argumentar que a tarefa do terapeuta é apenas tentar clarificar o fundamento psicológico do problema para a pessoa e deixar a decisão emergir organicamente. Essa é uma posição que muitos terapeutas adotam, porque acham que questões morais são decisões pessoais e não do âmbito da psicoterapia. Contudo, esse argumento evita a questão moral em favor de uma abordagem técnica, embora por vezes a pessoa necessite discutir urgentemente a moralidade de uma situação na qual está. A recusa dos

terapeutas em fazê-lo pode levar a uma interrupção do vínculo si-mesmo-
-auto-objeto, ao menos quando uma transferência idealizadora é predominante, porque as pessoas sentem que falta aos terapeutas coragem para se comprometerem com a própria razão pela qual as pessoas vieram à terapia. Não podemos lidar com material intrapsíquico ou relacional de um modo que ignore dilemas da vida real. Nessas situações, Richards e Bergin (2005) sugeriram o que chamam uma abordagem "minimizadora explícita"; os terapeutas minimizam a chance de impor valores à pessoa embora sejam explícitos sobre seus valores no momento apropriado. Prefiro explorar os valores da pessoa, incluindo seus fundamentos inconscientes e desenvolvimentais caso possam ser discernidos, discutir onde os terapeutas diferem, e olhar para os efeitos dessa diferença na relação terapêutica. Gostando ou não, sugere London, os psicoterapeutas não são técnicos neutros, mas agentes intrinsecamente morais. O autor acredita que os terapeutas sejam "sacerdotes seculares" (London, 1985, p. 156), o que pode parecer uma visão extrema para terapeutas com uma orientação secular.

O par terapêutico pode ter valores conflitantes particularmente quando as duas pessoas têm visões de mundo diferentes. Uma pessoa pode ter uma inclinação existencialista e assumir que a vida não tem significado particular, de modo que temos de lhe *dar* significado, enquanto a outra pessoa pode sentir que a vida é intrinsecamente significativa e temos de *descobrir* seu significado inerente. Quando há uma diferença assim, devemos apenas tentar compreender as crenças da pessoa, mesmo que pareçam prejudiciais para nós, ou devemos tentar influenciá-la na direção de nossas crenças? Não temos de concordar com as crenças da pessoa ou valorizá-las para empatizar com ela, e seria um erro criticar valores e crenças que os terapeutas não compartilham. É preferível explorar essas crenças, e os efeitos que a diferença de opinião tem sobre a relação, como matéria-prima para o trabalho terapêutico. Os terapeutas podem ser conscientes de sua atitude para com as crenças da outra pessoa, principalmente quando esse processo estiver afetando os tipos de intervenções feitas.

Como exemplo extremo de confronto de valores, o que devemos pensar sobre o "aconselhamento cristão" na forma proposta por escritores como Adams (1973)? Ele ataca muitas formas de psicoterapia porque acredita que as pessoas são basicamente pecadoras, e a terapia tende a aceitar comportamentos irresponsáveis ou promiscuidade sexual. Adams acredita que a terapia só é útil se enfatiza a dependência em Deus em vez da autoconfiança. Para ele, a solução para os problemas psicológicos são arrependimento, confissão e crença em Jesus. Muitos terapeutas oferecem uma abordagem muito diferente daquela proposta por Adams, e essa diferença pode contribuir para o fato de que muitas pessoas que sustentam crenças religiosas fundamentalistas desconfiem profundamente da psicoterapia. Elas temem que os terapeutas tentem minar crenças ou reduzi-las ao "meramente psicológico", sugerindo que não sejam reais. Alguns fundamentalistas literalmente compreendem a psicoterapia como o trabalho do demônio, posto lá para desencaminhar as pessoas. Podemos adotar um ponto de vista empático ao fundamentalismo (sem ser condescendente ou crítico), se lembrarmos que fundamentalistas são geralmente pessoas que necessitam de estruturas externas. Eles preferem certeza, dogma e ênfase em regras e regulações. Além disso, precisam de um sistema de pensamento que atue como um receptáculo para ansiedade em um mundo ameaçador. Contudo, pagam um preço, uma vez que fundamentalistas cristãos vivem em constante vergonha ou culpa em relação à própria raiva, que acreditam que não deveriam sentir. Crença em um claro conjunto de regras de comportamento reforça a sensação do si-mesmo da pessoa e reduz a ansiedade, mas não muda ou desenvolve necessariamente estruturas de personalidade.

Trabalhando com fundamentalistas cristãos, os terapeutas devem ter consciência de que muitos deles foram educados para acreditar que indivíduos são alienados de Deus devido ao pecado; e, portanto, necessitam de redenção a qual não pode ser obtida pelos próprios esforços. Por exemplo, Bobgan e Bobgan (1987) dizem que o sofrimento se deve à nossa separação de Deus devido à condição pecadora e à presença do pecado no mundo após a queda. Para esses autores, Jesus é o único modo de restabelecer uma relação com Deus; há somente um caminho para a redenção; e a psicoterapia é potencialmente destrutiva porque o portão é estreito (Bobgan & Bobgan, 1987). Essa atitude pode provocar severos sentimentos de culpa e medo. Ouvir que o sofrimento é resultado do pecado pode levar à noção de que quem sofre foi abandonado por Deus, ou que está sendo punido pelo pecado, o que aumenta o fardo da pessoa. Para muitos terapeutas, a noção de que o sofrimento é um "teste de fé" parece uma projeção antropomórfica no divino, mas para muitos fundamentalistas isso é considerado factual. Essa crença é particularmente problemática se a pessoa tem uma estrutura de caráter masoquista, de modo que está disposta a sofrer por algum bem maior (Glickauf-Hughes & Wells, 1991). Com uma pessoa assim, os terapeutas têm de lembrar que parte da história cristã envolve a noção de que sofrimento intenso e derrota aparentes são na verdade uma forma de vitória, o que sugere um grau de isomorfismo entre estrutura de caráter e doutrina religiosa.

A psicoterapia é particularmente ameaçadora aos fundamentalistas cristãos porque oferece uma linha de salvação (no sentido original da palavra, que significa ser curado) que não é dependente da crença em Jesus. Ela é um modo de desenvolver a estrutura interna, o que nos leva a depender menos de um conjunto de valores externamente impostos. Embora a psicoterapia exija que reconheçamos nosso material recôndito e que tentemos integrá-lo ao processo terapêutico, fundamentalistas muitas vezes tentam dividir e projetar essa sombra subjetiva, vendo-a como trabalho do demônio, ou compreendendo o indivíduo como pecador não redimido. A atração dos fundamentalistas cristãos pelo livro da Revelação, com suas imagens de anjos vingativos, sangue e destruição, invoca uma enorme fúria pelos não religiosos, talvez porque estimule as dúvidas inconscientes do religioso sobre a fé. Vemos nesse livro um pouco da compaixão e do amor que Jesus ensinou. Jung sugere que os escritores do Livro da Revelação estavam lidando com poderosos sentimentos negativos, que então irrompem na consciência sob a forma de revelação (OC 11/3, § 441).

Para os fundamentalistas, a escuridão deve ser superada; enquanto para os psicoterapeutas, a escuridão deve ser explorada, compreendida e conscientizada. Para os fundamentalistas cristãos, o caminho para a salvação e redenção é aceitar Jesus; para os psicoterapeutas, o caminho é por meio da compreensão de nossos sintomas e da mudança de estruturas do si-mesmo e de crenças patogênicas. Todavia, essa também é uma declaração de fé, não menos do que a fé dos fundamentalistas; os terapeutas têm fé na psique, ou na verdade na personalidade, ou no valor da relação. Temos fé em compreender a origem psicológica do comportamento mau e sua função na psicologia da pessoa, porque acreditamos que, com isso, o mal pode, por vezes, ser transformado.

A tensão entre as abordagens psicoterapêutica e fundamentalista levanta o problema do confronto de valores que surge sempre que crenças religiosas parecem negativas para o terapeuta, ou quando a doutrina religiosa é usada como uma forma de racionalizar a psicopatologia ou o preconceito. Exemplos contemporâneos desse processo incluem a homofobia justificada pela Bíblia e a noção de que homens são líderes familiares nomeados pela ordem divina; e que, portanto, as mulheres devem se submeter a eles.

A passagem bíblica que diz às mulheres para serem "submissas aos maridos" (Ef 5,21) pode ser usada para racionalizar a misoginia ou mesmo estruturas sadomasoquistas de caráter. Se uma pessoa cresce sendo criticada e violentada, interiorizando a ideia de que é má, é fácil crer na insistência de alguns clérigos de que todos os indivíduos são pecadores (Rm 5).

Quando uma crença religiosa é muito forte, ela organiza a experiência de vida de uma pessoa e influencia radicalmente em sua autoimagem. No caso daquilo que soa como ascetismo espiritualmente motivado, pode ser difícil discernir a linha entre autonegação e masoquismo. Os terapeutas tentarão examinar crenças que levam à alienação e ao desespero ou aquelas que são perigosas. É difícil saber como os terapeutas deveriam responder quando a pessoa acredita que Deus lhe disse para fazer algo violento, como colocar uma bomba em uma clínica de aborto. Arriscamos perder a pessoa se não somos empáticos com a origem psicodinâmica dessas crenças extremas, que tentaríamos interpretar e conter na terapia, mas também temos um dever de alertar aqueles que podem estar em perigo. O que quer que digamos quando uma pessoa propõe ações que são odiosas para os terapeutas, não importa quanto tato tenhamos, a pessoa muitas vezes será capaz de detectar o que de fato sentimos. Para os terapeutas, ser desonesto é contraproducente no longo prazo, embora não dizer nada pode implicar que concordamos com a ação. Felizmente, a maioria das pessoas que são preparadas para serem violentas a serviço de alguma crença estão fora da religião convencional. Por vezes, uma pessoa extremista assim não compreende realmente a teologia de sua tradição, ou a interpreta de uma maneira equivocada. Assim, uma consulta a ministros pode ser útil, embora sempre haja o risco de que os clérigos reforcem a tal crença.

É essencial ser empático com a função das crenças particulares na mente da pessoa, sobretudo no caso de crenças odiosas, destrutivas e violentas. Quando essas crenças são usadas para impedir fragmentação e ansiedade, e manter a autoestima são manifestações de patologia de caráter profundamente arraigadas. Seus fundamentos emocionais e desenvolvimentais têm de ser compreendidos antes que essas crenças possam ser questionadas diretamente. Em geral, isso não ocorre no início do processo terapêutico; se crenças perigosas são abordadas muito cedo, tendemos a tornar a pessoa resistente em relação a elas, de modo que são mais bem abordadas de uma forma cautelosa quando um nível de confiança for estabelecido. Mas, vale ressaltar que ocasionalmente, crenças religiosas podem ser parte da terapia, e isso é particularmente útil quando uma crença permaneceu contida, de modo que a pessoa dificilmente se apercebe do que acredita porque isso tem sido apenas um sentimento vago.

É comum para terapeutas, em tradições religiosas específicas, combinarem conscientemente os papéis de clínico e tutor espiritual. Ao lidarem com problemas como sofrimento e significado, terapeutas seculares podem ocasionalmente estar no papel de professores espirituais, concomitante ao trabalho psicoterapêutico. Este pode não ser um ofício que terapeutas seculares conscientemente escolhem e podem não se sentir qualificados para tal, mas o material que emerge na psicoterapia pode se impor aos terapeutas. Por vezes, um desejo consciente de ensinar material e espiritualmente emerge como um senso de vocação, um chamado interno que é confirmado simplesmente porque estudantes começam a aparecer. Com frequência, o Si-mesmo transpessoal inicia um processo pedagógico de despertar interior. Contudo, aquele que passa por essa dinâmica tem de ser brutalmente honesto sobre a própria motivação para ensinar; ser arrogante ou interessado no poder é totalmente incompatível com a autêntica espiritualidade. O papel de instrutores espirituais é repleto de perigos potenciais que se tornaram dolorosamente óbvios nas últimas décadas[17]. Abuso espiritual pode ser devastador para pessoas que foram traumatizadas por tutores inescrupulosos ou por terapeutas narcisistas. Portanto, é importante compreender as psicodinâmicas de idealização envolvidas, que são discutidas no capítulo 6.

O problema é exacerbado quando instrutores espirituais ou terapeutas estão narcisisticamente investidos em um sistema de prática. Os indicadores perigosos desse tipo de narcisismo em instrutores espirituais são a alegação de serem muito especiais, o desprezo pelas outras tradições ou o uso da espiritualidade para adquirir riqueza ou manipular outros. A possibilidade de abuso surge do mau uso do poder, usando a pessoa para satisfazer necessidades próprias, projetando sobre ela seus valores ou dúvidas, ou a controlando, anulando os sentimentos dela. Esse é um dos riscos de todas as organizações hierárquicas que alegam autoridade (divina) especial, assim como é um risco de estar abertamente investido em um sistema particular de psicoterapia.

Falando sobre experiências espirituais

---

17. Para uma discussão sobre as vicissitudes do aprendizado espiritual, ver Bogart, 1997.

Psicoterapeutas sutilmente treinam as pessoas com quem trabalham para falarem sobre algumas coisas mais do que outras, dependendo do material ao qual os terapeutas prestam particular atenção. A orientação teórica dos terapeutas, então, dissuade uma pessoa de falar sobre material que os terapeutas não consideram importante. Embora muitos estejam dispostos a falar sobre espiritualidade, se a pessoa abre a discussão, alguns sentem que não é sua área e evitam discutir o tema quando surge. A pessoa pode, então, ficar com medo de que sua espiritualidade seja tratada de forma redutiva ou descartada como defensiva. Por exemplo, alguns terapeutas aderem à ideia de que o sagrado não é realmente *sui generis*, algo que existe objetivamente, e sim um construto sociolinguístico. Se a pessoa sente que os terapeutas têm esse tipo de atitude, tende a não revelar as próprias experiências espirituais. Mas uma relação com o divino é tão importante quanto qualquer outro tipo de relação – é apenas mais difícil de descrever por apresentar características únicas. A relação costuma ser não verbal. A presença do divino é muitas vezes vaga, sentida no corpo por meio de uma sensação de calor, luz, paz ou um conhecimento interior que nem sempre pode ser colocado em palavras.

Se ignorarmos a espiritualidade da pessoa, conspiramos com a ideia de que a pessoa não deve mencionar espiritualidade na terapia. Se a pessoa tem uma percepção de realidade transcendente, é importante compreender de que modo isso a afeta. Quando a pessoa rejeita abertamente qualquer crença espiritual, é útil articular essa atitude porque as razões para a rejeição da religião organizada podem ser relevantes na medida em que nos dizem algo sobre a qualidade de identificações iniciais e necessidades de afiliação de grupo. A relação da pessoa com crenças tradicionais pode estar intimamente entrelaçada com sua psicodinâmica, com relações de objeto e com as atitudes para com a religião em sua família de origem. Vale a pena saber, por exemplo, que existem diferenças entre os efeitos de formação religiosa anterior em pessoas de diferentes antecedentes religiosos. Judeus tendem a estar sujeitos a pressões familiares e culpa sobre exogamia, ao passo que católicos tendem a ter raiva em relação ao controle de autoridades religiosas e são assolados por dúvidas sobre a doutrina. De acordo com Lovinger (1984), os protestantes tendem a se sentir culpados quanto a *agir* sob sentimentos egoístas, enquanto os católicos podem se sentir culpados por *terem* sentimentos egoístas.

O problema de liberdade e determinismo em relação à psicoterapia

A questão sobre a possibilidade do livre-arbítrio, ou até que ponto nosso comportamento é determinado, é um problema filosófico complexo, e nenhum lado do argumento é totalmente provável. A relevância desse debate para a psicoterapia surge quando o comportamento que é controlado por fatores inconscientes parece errado e vergonhoso ou viola padrões religiosos. As tradições religiosas teístas assumem que temos livre-arbítrio e definem como pecaminoso (em geral, deliberadamente) se comportar de um modo que ofenda a vontade de Deus. A posição da psicologia profunda assume que ao menos parte desse comportamento pode ser motivado por fatores inconscientes que impedem a escolha; um exemplo é a sexualidade compulsiva conduzida pelo vazio interno doloroso.

Um dos objetivos tradicionais da psicoterapia é libertar a pessoa de restrições internas patológicas em sua capacidade de fazer escolhas. Restrições típicas são proibições internalizadas sobre sexualidade, prazer em geral e qualquer princípio ou complexo organizador inconsciente que limita a autoexpressão de forma saudável e razoável. O desejo de aumentar a liberdade pessoal é um valor que levamos à prática psicoterápica, e esse valor pode conflitar com a formação religiosa da pessoa. Uma pessoa pode aplicar padrões coletivos de certo e errado ao seu comportamento, mas os terapeutas podem achar que, dentro dos limites do senso comum, o comportamento não tem de se conformar à opinião coletiva ou à opinião de uma hierarquia religiosa. Essa tensão se torna relevante quando uma pessoa está lidando com um problema como divórcio ou aborto, casos no qual os terapeutas precisam decidir até que ponto as escolhas são motivadas por uma desordem emocional ou se são feitas livremente. Em situações de conflito moral, os terapeutas podem achar que a pessoa não está fazendo uma escolha livre de influências patológicas. A tradição religiosa de uma pessoa pode considerar certo comportamento como deliberadamente intencional, ao passo que os terapeutas podem considerá-lo motivado por fatores psicológicos inconscientes.

Independentemente de como pensamos o problema da liberdade de escolha, está claro que podemos ter a experiência subjetiva de escolher o que fazemos, e esse é um resultado terapêutico razoável. Tornar-se consciente de complexos inconscientes e de configurações relacionais, e retrabalhá-los na relação terapêutica, diminui o controle do inconsciente sobre nós. Nossa tarefa terapêutica é ajudar a pessoa a, pelo menos, sentir-se *como se* fosse livre para escolher, de modo que possamos ser razoavelmente autoconfiantes enquanto equilibramos nossas necessidades com as necessidades dos outros, de um modo satisfatório e socialmente razoável. Liberdade também significa que nossa espiritualidade não é rigidamente governada por fatores inconscientes. A terapia com esses resultados é de profundo valor espiritual e psicológico.

2
A expressão do sagrado na psicoterapia

Este capítulo descreve algumas formas pelas quais uma experiência com o sagrado pode ser relatada na psicoterapia, e indica vários fatores que podem afetar a resposta dos psicoterapeutas a essa experiência[18]. Assumo que a experiência do sagrado é uma experiência de algo real; os terapeutas céticos ou ateístas sustentarão que essas experiências são meramente *acreditadas* pelas pessoas como sagradas[19]. Todavia, todos os terapeutas concordam com o fato de a psicoterapia se preocupar muito com as relações da pessoa, e para muitas pessoas a experiência da relação com o divino é de grande importância.

O termo *experiência sagrada* é extremamente amplo; cobre um espectro que inclui tudo, de uma sensação de presença a relatos sobre a união da alma com Deus ou revelações inequívocas sobre o divino. O fator comum é uma sensação de contato com uma consciência maior. Essa experiência pode variar em intensidade e pode parecer positiva, extraordinária ou aterrorizadora. Stark (1965) forneceu uma lista de tipos de experiência espiritual, que adaptei abaixo com breves modificações. Essas são comuns para pessoas de todas as tradições religiosas.

Uma sensação de reverência ou de santidade pode ocorrer durante ocasiões como: batismo ou casamento, nascimento ou morte, ou apenas observando um pôr de sol dramático. Uma experiência de consciência elevada pode ocorrer, como quando uma pessoa tem uma sensação repentina

---

18. Estritamente falando, a palavra *santo* se refere àquilo que o próprio divino revelou, embora chamar algo de sagrado seja uma atribuição humana; significa que os indivíduos veneram uma coisa, um lugar ou uma experiência. Assim, uma pessoa cristã fundamentalista poderia dizer que a Bíblia é sagrada, mas os livros sagrados do Oriente, ou os itens rituais dos nativos americanos, são sagrados somente para pessoas que os reverenciam. Neste texto, usei os termos *santo* e *sagrado* alternadamente, uma vez que estou interessado na experiência subjetiva.

19. Para uma discussão sobre os problemas envolvidos na percepção do divino, recomendo Alston (1991).

da presença de Deus, uma sensação de que o divino está muito próximo, diretamente no local em vez de presente em um sentido geral, em toda a parte. Essa sensação de presença é importante e comum aos místicos de todas as tradições, que descrevem uma sensação concomitante de elevação e paz, por vezes de alegria e êxtase. Algumas pessoas têm uma sensação muito contínua de uma presença espiritual guiando e sustentando suas vidas, ou uma sensação de afeição ou amizade mútua com o divino, ou um sentimento de orientação espiritual constante. De quando em quando, pode parecer que alguém recebeu uma mensagem pessoal sobre intenções divinas, o que pode ocorrer sob a forma de visões ou vozes que dão informações sobre o futuro, ou trazem um aviso de que se está em perigo. Essa experiência de "algo lá" pode também produzir uma sensação da presença do mal.

Uma sensação de mutualidade pode ocorrer na qual parece que o divino reconhece especificamente a presença do humano. Isso pode produzir um sentimento de gratidão ou uma sensação de ser "salvo". Isso ocorre durante um período de crise e pode parecer uma intervenção milagrosa, por exemplo, quando a doença é curada ou alguém é salvo de um perigo físico. Esse tipo de experiência pode também ser sentida como punição divina quando infortúnios ocorrem ou como se alguém estivesse sendo tentado a pecar.

Entre grupos de cristãos carismáticos, fenômenos como cura espiritual ou o estado de ser "morto pelo espírito" (na qual a pessoa perde o controle motor e cai no chão) ainda ocorrem frequentemente. Essas experiências extáticas são consideradas o resultado de ser "tocado pelo Espírito Santo", o que produz tremor, gritos e/ou a habilidade de falar outras línguas. Ao avaliarem uma experiência assim, os terapeutas têm de levar em conta o que é normal para o grupo ao qual a pessoa pertence, lembrando ao mesmo tempo que normas de grupo podem ser patológicas, como vemos em suicídios de massa ou ataques assassinos a pessoas com outras crenças por integrantes de um culto. A forma extática de experiência sagrada pode parecer erótica; há uma longa tradição que combina êxtase religioso com excitação sexual.

A forma negativa desse tipo de experiência é um encontro horrível com o demônio ou a sensação de estar sendo possuída pelo demônio – um problema comum na Idade Média e raro, mas não desconhecido, hoje. Estados de "possessão" por uma força má são ainda relatados e podem ser apresentados aos psicoterapeutas[20]. A antropóloga Vivian Garrison (1977) descreve a história de Maria, uma mulher porto-riquenha de 39 anos. Quando estava sentada em seu banco numa fábrica na cidade de Nova York, ela repentinamente começou a gritar e a arrancar suas roupas, e então, tentou se jogar por uma janela. Quando contida, caiu no chão inconsciente, com seu corpo se contorcendo. Por ter declarado estar possuída, uma ampla variedade de interpretações foi invocada, indo desde fingimento e histeria a esquizofrenia paranoide. Em sua subcultura, essa experiência é considerada pelo *espiritista* (praticante de uma religião de médiuns) o resultado da possessão por espíritos enviados contra ela por feitiçaria. Esse tipo de *ataque de nervios* [sic] é um mecanismo culturalmente aprovado para lidar com estresse, que a psiquiatria tradicional vê como defesa histérica ou dissociativa contra raiva e ansiedade. O problema foi desencadeado pela doença e morte de seu marido, junto de outras questões familiares e dificuldades sexuais. Considerarmos essas experiências de possessão como genuínas ou as reduzirmos a alguma forma de psicopatologia depende de nosso compromisso metafísico. Garrison observa que, em sua subcultura, os próprios médiuns não concordam quanto à existência ou à natureza exata dos espíritos. Para alguns desses praticantes, os espíritos não são mais concretos do que a crença dos psicanalistas no id, ego e superego, que são todos conceitos reificados. Ela adverte para o fato de ser uma supersimplificação etnocêntrica considerar a religião do médium como magia, enquanto a psicoterapia é mais científica, ou equiparar crença na possessão a categorias de nossa nomenclatura psiquiátrica.

Para alguns junguianos, "possessão espiritual" significa que uma pessoa está temporariamente subjugada por um complexo autônomo que controla o comportamento. Como a vida emocional da pessoa influencia a atmosfera e o comportamento daqueles à própria volta, von Franz assinalou que o complexo não é simplesmente intrapsíquico; ela o descreve como "flutuando" no ambiente circundante (1989, p. 282). Isso implica que a experiência de um complexo pode parecer a de um espírito autônomo, quando uma pessoa é, num sentido, "assombrada" por seus complexos.

---

20. Vale a pena notar que, como Anthony Stevens indica, a noção de possessão e seu tratamento pelo exorcismo é o "rizoma do qual a psiquiatria dinâmica e a análise brotaram" (1993, p. 110). As conferências de Barbara Hannah (2011) sobre o *animus* fornecem uma discussão detalhada sobre um caso bem documentado de possessão medieval.

Muitos tipos de experiência paranormal podem ser ouvidos em terapia[21]. Esses incluem fenômenos psi como percepção extrassensorial, clarividência ou telepatia, sonhos premonitórios, cura psíquica, experiências de quase-morte e encontros com uma pessoa morta, tipicamente parentes ou amigos próximos. Um encontro assim pode ocorrer como uma sensação de presença no estado desperto ou como um sonho. Quando sonhamos com uma pessoa morta, os terapeutas podem compreender a figura de várias formas. Pode ser vista como a personificação de alguma qualidade de quem sonha, como uma forma defensiva de lidar com a tristeza, ou como uma visita da alma da pessoa morta. Esses sonhos são muitas vezes relatados como tendo uma qualidade particular que parece muito diferente dos sonhos comuns. A percepção de uma figura que ninguém mais vê inclui experiências de crianças com amigos imaginários que são totalmente reais e muito importantes para a criança. A reação dos terapeutas a essas experiências depende de aceitarem a existência de uma dimensão espiritual da realidade que pode interagir com nossa realidade consensual.

Fenômenos parapsicológicos não podem ser prontamente explicados pela ciência corrente, de modo que cientistas materialistas os descrevem como o resultado de autoilusão ou manipulação. Acredito que simplesmente há evidências demais para descartá-los todos como irreais (Cardeña, Lynn, & Krippner, 2000; Radin, 1997). Menciono isso aqui porque o ceticismo dos terapeutas pode impedir uma pessoa de relatar um evento assim, mesmo quando é emocionalmente importante. Em um trabalho negligenciado, Jerome Frank descreve várias habilidades parapsicológicas dos terapeutas, como clarividência, telepatia e o que ele chamou de "poder curador" (1982, p. 7). Mais pesquisas são necessárias nessa área porque está claro que fenômenos psíquicos ocorrem na psicoterapia, por vezes envolvendo uma comunicação extrassensorial entre o par terapêutico. (Talvez, um mecanismo como a telepatia contribua para fenômenos como empatia e identificação projetiva.)

Caso uma experiência paranormal deva ser relatada, o que importa é a importância emocional dessa experiência para a pessoa. É potencialmente prejudicial ignorar ou descartar a experiência como ilusória. A tarefa dos terapeutas é explorar seu significado para a pessoa. Se o sistema de crenças dos terapeutas permite a existência de eventos paranormais, eles

---

21. Para uma discussão sobre eventos paranormais na psicoterapia, ver Mintz (1983).

podem afirmar a validade da experiência da pessoa caso lhes pareça crível. Terapeutas céticos podem simplesmente manter um respeito interessado, incluindo o evento no discurso terapêutico com uma mente aberta sobre sua realidade.

Experiências paranormais usualmente ocorrem durante períodos de distresse ou necessidade intensa, e podem ser muito poderosas para a pessoa. Para algumas pessoas, elas são interessantes, para outras, assustadoras. Em pessoas frágeis, podem estimular ansiedades paranoides. Pode, então, ser necessário normalizar a experiência, talvez, pondo-a em perspectiva pela indicação de que esses eventos são muito comuns e há uma grande quantidade de pesquisas que tendem a confirmar sua realidade, mesmo que não compreendamos seu mecanismo. Portanto, não necessitam tornar-se uma pessoa inflacionada, superestimulada ou amedrontada[22].

Eventos parapsicológicos confirmam nosso senso de um nível profundo de conexão entre pessoas. Eles questionam as suposições da física clássica sobre a natureza da realidade e fazem com que percebamos que há dimensões da realidade e da natureza humana que não são acessíveis à consciência cotidiana. Essas experiências reforçam nosso ceticismo sobre o materialismo e tornam bastante improvável que a consciência seja somente um produto do cérebro.

A experiência numinosa em psicoterapia

Em 1917, em *O sagrado*, Rudolf Otto, teólogo luterano, sugeriu que a característica verdadeiramente distintiva da experiência religiosa é uma qualidade particular que ele descreveu como numinosa. Exemplos da Bíblia são Moisés ouvindo a voz de Deus emergindo de um arbusto em chamas, mas que não é consumido por elas; ou Saul na estrada para Damasco ouvindo a voz de Jesus perguntando: "Por que você me persegue?" Otto acreditava que essas são experiências irredutíveis do sagrado, ou do *mysterium tremendum et fascinans*, um mistério que é tremendo e fascinante. Elas são horríveis, extraordinárias, fascinantes e misteriosas. Para além das palavras, penetram no centro de nosso ser, e somos incapazes de com-

---

22. Estou assumindo ao longo dessa discussão que a pessoa não é psicótica. Muitas pessoas psicóticas relatam experiências como vozes e visões que são profundamente importantes para elas, mas essas pessoas não são levadas a sério porque são desorganizadas demais. Ver Wapnick (1969).

preender o que ocorreu em termos da realidade cotidiana. Diante desse poder, a pessoa vive "a consciência da criatura", a sensação de estar na presença daquilo que é transcendente. Ao mesmo tempo, somos atraídos à experiência numinosa, porque ela oferece a promessa de amor e graça além de nossa compreensão. Somos transportados ou intoxicados em um momento de êxtase e podemos nos sentir abençoados, curados ou termos uma sensação de expiação. Outras vezes, a experiência é extraordinária, assustadora ou aterradora.

Vários escritores descreveram a fenomenologia característica da experiência mística. William James (1958) destacou quatro qualidades: a experiência é inefável – não pode ser descrita em linguagem ordinária; é noética – fornece informações ou conhecimentos que parecem portar sua autoridade; é transiente – muitas vezes se dá durante apenas alguns minutos e raramente mais do que uma hora; e ocorre por iniciativa própria, não com o resultado de nosso esforço. Durante a experiência, a pessoa é passiva; sua vontade está em suspenso. Por vezes, a experiência não tem conteúdo distinto, apenas um sentimento de amor, compaixão ou de fusão com o todo, quando o ego parece se fundir com o mundo, produzindo uma sensação de totalidade, êxtase ou de estar viva. Maslow (1970) observou que pessoas autorrealizadas comumente relatam esses eventos chamados de experiências de pico.

É importante notar que experiências desse tipo não são confinadas a santos, místicos ou personagens na Bíblia. Elas ocorrem entre pessoas comuns, em uma variedade de modalidades, e podem ser relatadas na psicoterapia. A experiência numinosa pode ocorrer em sonhos, visões, no mundo natural, no corpo, sob a forma de psicopatologia, pelo uso de enteógenos (agentes psicodélicos), e sob várias outras formas que podem parecer positivas ou negativas à pessoa (Corbett, 2006)[23]. Experiências positivas são como as de uma mulher cujo carro saiu do controle em uma estrada congelada. Quando o automóvel passou a correr descontroladamente em direção a uma árvore, convencida de que morreria, a mulher ouviu uma voz dizer: "Não é sua hora ainda; relaxe". Uma típica experiência de quase-morte ocorreu. Ela sobreviveu à colisão e recobrou a consciência com a convicção de que tinha uma razão para viver, e com valores radicalmente diferentes.

---

23. Para uma discussão mais detalhada sobre a experiência numinosa, ver Corbett (1996, 2007).

Experiências numinosas ocorrem com frequência durante momentos de grande turbulência pessoal. Uma mulher em conflito e dor devido a um caso amoroso proibido orava por orientação na igreja, quando repentinamente "o tempo parou; uma luz dourada inundou tudo ao redor, e sentiu-se conectada ao universo inteiro. Senti-me permeada por um amor indescritível, e estava fora do tempo e do espaço. Meu conflito evanesceu; eu sabia seguramente que nada estava errado". Eigen, que é um dos cada vez mais numerosos psicoterapeutas espiritualmente orientados, relata uma típica experiência numinosa que ocorreu em um ônibus durante um período de agonia emocional aos vinte anos.

> Eu me dobrei em minha dor e foquei nela com intensidade cega. Quando me sentei lá nesse estado miserável, fiquei surpreso quando a dor ficou vermelha, depois preta (um tipo de apagamento), então, luz, como se uma vagina se abrisse em minha alma, e havia luz radiante. A dor não desapareceu, mas minha atenção foi suspensa pela luz. Fiquei maravilhado, elevado, estupefato pela consciência da existência mais ampla [...] sobretudo havia reverência, respeito [...]. Foi um momento inesquecível. A vida nunca pode ser a mesma após essas experiências (Eigen, 1995, p. 386).

Experiências numinosas podem ter a qualidade emocional que Otto e James descrevem, mesmo que seu conteúdo não esteja relacionado às imagens judaico-cristãs tradicionais. O numinoso pode ocorrer em um sonho como o seguinte relato:

> Eu estava cercado por uma fina neblina. Senti uma presença, como se alguém estivesse vindo em minha direção. A neblina se dissipou para revelar o gigante olho azul, com cerca de 90 cm de largura. Senti-me penetrado por seu olhar enquanto permaneci ali em admiração e fascinação. Os contornos do olho se tornaram avermelhados, alaranjados e dourados. O olho se aproximou mais, até que estivesse consciente apenas da íris redonda, que se tornou quadrada, depois redonda, depois quadrada novamente, continuando a mudar desse modo. O olho agora parecia uma enorme janela ou porta, além da qual podia ver um mundo de luz, e no qual podia agora entrar. Estava excitado com essa paisagem, ainda que assustado pela sensação de infinitude, imensidão e eternidade que via. A luz além da porta era diferente de qualquer luz que jamais vira; era prateada e fria, mas também quente, leve e incolor. Senti como se estivesse caindo nela.

O olho é um antigo símbolo do divino, daquele que tudo vê. A pessoa do sonho sentiu que fora vista pelo olho de Deus, atuando aqui como um portal ou janela para o domínio transpessoal.

Já o próximo relato é típico de um sonho numinoso assustador:

> Subitamente, apercebi-me de uma enorme figura de pé ao lado de minha cama. A figura está obviamente viva, embora de cor cinza, como se esculpida em pedra. Para meu horror e terror, vejo que tinha uma cabeça, mas três faces. Uma face olha para baixo em minha direção, enquanto as outras duas emergem dos lados de sua cabeça. Temo que a figura seja má; tudo que consigo pensar em fazer é abençoá-la, e ela desaparece tão logo o faço.

Não seria útil descartar esse sonho como um pesadelo sem importância, ou; para alguns religiosos, como demoníaco. Esses relatos são de profunda importância. Para compreender esse material, uma abordagem junguiana é útil. Jung indica que o inconsciente pode produzir imagens numinosas de qualquer tradição mítica, não necessariamente da religião na qual a pessoa foi criada. Na Antiguidade, deidades com três cabeças ou três faces não eram incomuns[24]. A figura nesse sonho parece ser uma representação do mitológico Hermes (Mercúrio na mitologia romana), uma divindade pré-cristã muitas vezes representada como uma trindade. Ele era o deus que guiava as almas para o além-mundo e atuava como um mensageiro entre deuses e mortais, o deus do "nem uma coisa nem outra", ou seja, representante do arquétipo da transição entre as diferentes fases da vida. Com o advento do cristianismo, deuses pagãos como Hermes foram ignorados ou suprimidos, mas os processos psicológicos que os representam não desapareceram. Hoje, referimo-nos a eles como processos arquetípicos ou espirituais do inconsciente, que ainda aparecem nesse tipo de imagens oníricas.

Na psicologia junguiana, a fim de colocar o sonho em um contexto histórico-cultural maior, o onírico pode ser também amplificado pelo uso das imagens alquímicas. Os alquimistas tinham duas definições para a acepção da palavra *mercúrio*; na superfície estavam se referindo ao mercúrio metálico, porém também usavam a palavra *mercúrio* para descrever o espírito elusivo oculto na matéria, ou a alma da matéria, e também um

---

24. Exemplos incluem o deus celta Cernunnos, a deidade egípcia Serapis e o deus grego Hermes. De acordo com Jung, o caráter triádico é um atributo de deuses do além-mundo (OC 13, § 270). Ver também Miller (2005).

modo de falar sobre o processo pelo qual matéria e espírito são transformados um no outro. Mercúrio era, com efeito, uma metáfora apta para a qualidade evasiva do inconsciente, que é impossível de compreender, ou para as transformações misteriosas envolvidas no processo de individuação.

Jung indicou que os alquimistas estavam expressando temas e imagens reprimidas pela Igreja Católica. Por exemplo, alquimistas medievais levavam a sério a noção de que a matéria é dotada de alma, em vez de pensá-la como inerte e inferior ao espírito. A alquimia, portanto, representava um tipo de compensação clandestina aos processos psicológicos, que estavam sendo ignorados pela cultura maior da época. De acordo com Jung, a tentativa alquímica de criar ouro era uma busca disfarçada pelo ouro espiritual, ou pelo Si-mesmo. No processo, os alquimistas eram forçados a confrontar as forças obscuras do inconsciente que projetavam nas operações materiais do laboratório. A imagem cristã tradicional de Deus é somente luz, mas Jung indicou que essa atitude ignora o lado escuro do Si-mesmo, o lado do espírito que ou provoca ou conspira com a presença do mal e do sofrimento, como vemos no caso de Jó. Jung, portanto, sugere que o mercúrio alquímico seja uma figura ambivalente; pois apesar do lado transformador, representa a metade "escura, ctônica" desconhecida do divino (OC 13, § 271). A pessoa que sonha é forçada a enfrentar esse fato e se aperceber de que essa aparição provavelmente anuncia o começo de uma nova fase da vida. No caso do sonho relatado anteriormente, a aparição de três faces pressagiou o começo de uma doença grave.

Inúmeras escolas de psicoterapia não tratam os sonhos como espiritualmente importantes. Na tradição junguiana, contudo, o Si-mesmo transpessoal é o criador de sonhos; e estes, sendo assim, não se originam simplesmente dos níveis pessoais da mente. Essa atitude seria considerada sem sentido por psicólogos de orientação biológica, que aderem a explicações puramente neurológicas para sonhos. Alguns consideram sonhos como o resultado da tentativa do cérebro de eliminar de seus circuitos informações sem sentido coletadas durante o dia, como forma de aprender ou esquecer (Crick & Mitchison, 1983, 1986). Outros sugerem que sonhos se originam quando os lóbulos frontais tentam dar sentido a um bombardeio de dados aleatórios do tronco cerebral (McCarley & Hobson, 1977). Ou, então, os sonhos evoluíram de modo que pudéssemos processar informações durante o sono que não daríamos conta durante o dia, porque esses dados tinham de ser separados da locomoção e, durante o sono, os neurônios motores são inibidos (Winson, 1990). Menciono essas teorias neurofisiológicas do sonho para indicar a enorme lacuna entre a abordagem espiritualmente orientada da psicoterapia e a abordagem materialista. Mas muitos cristãos contemporâneos também ignoram a importância espiritual dos sonhos, mesmo que a Igreja Católica inicial compreendesse a ideia de sonhos como um importante meio de contato com o divino (Kelsey, 1974; Sanford, 1951/1989).

Muitos escritores indicam que não podem experienciar o divino sem algum tipo de meio. Para alguns, o sagrado é experienciado por meio do mundo natural. O respeito pela natureza como uma manifestação do divino é encontrado em todas as tradições. O monge beneditino, Bede Griffiths, por exemplo, lembra da admiração que experienciou quando menino durante uma caminhada noturna, ouvindo pássaros e vendo flores de espinheiro. "Senti-me inclinado a me ajoelhar no chão, como se estivesse na presença de um anjo; e dificilmente ousei olhar na face do céu, porque era como se fosse apenas um véu diante da face de Deus" (Griffiths, 1977, p. 27). Ele experienciou "uma emoção impressionante na presença da natureza [...]. Ela começou a ter um tipo de caráter sacramental para mim" (Griffiths, 1977, p. 28).

Mas, também houve uma tendência na tradição judaico-cristã para interpretar o Gênesis, um comando para subjugar a terra, como se ela não fosse, em si, sagrada. Religiosos tradicionais querem se afastar do culto à natureza (panteísmo) e, assim, no máximo, admitirão apenas que o divino está presente nela (panenteísmo), em que a natureza é um veículo para a experiência de um Deus que a transcende. É comum que as pessoas experienciem momentos de intensa consciência espiritual quando estão na natureza, embora alguns escritores conservadores sobre misticismo neguem que essas sejam experiências autênticas do próprio divino, que acreditam ser separado da natureza (Zaehner, 1961).

Para alguns, o corpo atua como um meio de conexão com o sagrado. As pessoas podem se surpreender se os terapeutas adotam uma posição ao afirmar a importância espiritual do corpo, porque algumas de nossas tradições religiosas ainda têm preconceito contra ele. O tratamento respeitoso do corpo encontrado nos túmulos de nossos primeiros ancestrais hominídeos é uma evidência de que eles tinham uma atitude religiosa, mas mais tarde a teologia passou a ver o corpo como um tipo de prisão da alma, e inclusive como algo pecaminoso. Essas atitudes estão evanescendo; contudo, terapeutas ainda atendem pessoas que têm vergonha de seus corpos e de sua sexualidade[25]. É difícil lidar com essa vergonha apenas com a razão. Líderes espirituais cristãos esclarecidos indicam que o corpo é o templo do espírito e que desvalorizá-lo é desvalorizar a criação e a noção da encarnação. Porém, esses argumentos do senso comum podem não ter efeito sobre a vergonha profundamente arraigada que não cederá a bons conselhos. O tratamento psicoterapêutico da vergonha leva tempo, e avanços ocorrem quando o paciente se sente seguro o bastante para ser capaz de expressar sentimentos de vergonha e memórias que são recepcionadas e tratadas respeitosamente em vez de julgadas. Quando bem-sucedido, esse processo é uma forma de redenção do corpo.

Outro tipo importante de experiência numinosa, descrito pelos místicos de todas as tradições, é a da unidade ou união com o divino, na qual não há sensação de um si-mesmo separado, nem distinção entre o sujeito e as outras pessoas ou entre a pessoa e o mundo. Stace descreve isso como "a apreensão de uma unidade última, não sensível, com todas as coisas, uma unicidade ou um Um que nem os sentidos nem a razão podem penetrar" (Stace, 1960, pp. 14-15). Durante a experiência, a percepção é muito clara e aberta, porém não há a sensação de uma pessoa percipiente separada, que esteja tendo a experiência. A natureza da experiência é identificada quando a pessoa a relembra retrospectivamente. Nas tradições religiosas orientais, essas experiências são descritas como unidade com o divino, mas a tradição cristã prefere chamá-las de união em vez de unidade, a fim de preservar uma distinção entre o humano e o divino.

Durante o século XX, alguns teólogos não aceitavam a noção de que a psicologia profunda pudesse descrever o nível transcendente da realidade. Havia a preocupação de que falar da experiência religiosa como psicológica, ou como um produto da psique, implicaria que essa não fosse a experiência de uma realidade objetiva fora da psique. A asserção de Jung de que o inconsciente ou intermedia ou pode inclusive ser a fonte da experiência religiosa levou os teólogos a o acusarem de psicologismo, como se estivesse sugerindo que a própria psique fosse o fundamento divino (Goldbrunner, 1966). Em resposta a essas acusações, Jung indicou que a psique é real, de

---

25. O preconceito cristão tradicional contra a sexualidade pode ser o resultado da crença de que Jesus não se casou e não expressou sua sexualidade, de modo que a sexualidade humana é um aspecto irredimível de nossa natureza e, portanto, é problemática.

modo que sugerir que experiências numinosas surgem na psique não é negar sua realidade (OC 11/2, § 2). Não podemos explicar sua origem ou dizer o que são. Elas são simplesmente fatos empíricos. Como ocorrem na psique, pertencem ao âmbito dos psicólogos, que podem estudá-las sem fazer afirmações metafísicas sobre sua fonte. O que quer que possa existir além da psique, não é parte da disciplina da psicologia. Jung nunca se comprometeu completamente com a ideia de que aquilo que chamamos Deus seja de fato *produzido* pelo inconsciente – ele usualmente disse que não podemos distinguir de forma empírica entre Deus e a experiência do inconsciente. De qualquer modo, para Jung, a própria noção do inconsciente é apenas algo que postulamos, uma maneira de falar sobre o que nos é desconhecido.

No fim do século XX, muitos teólogos acadêmicos e filósofos da religião se voltaram para o pensamento conceitual, ao passo que outros não tentaram mais justificar sua fé religiosa de forma lógica, mas em termos de sua experiência de amor divino (Morris, 1994). Para teólogos como Karl Barth, a teologia foi uma tentativa de compreender a fé, em vez de uma tentativa de provar logicamente a existência de Deus. Enquanto ministros de religião focavam em oração, pregação, moralidade e estudos bíblicos; profissionais da psicologia profunda se concentravam na experiência simbólica ou numinosa do sagrado. Esses apelos à experiência tendem a questionar conceitos institucionalizados de divindade porque a experiência sagrada espontânea pode não estar de acordo com a doutrina recebida. Aqueles que pertencem a uma igreja estabelecida, contudo não têm experiência pessoal do numinoso, devem tomar emprestado, ou concordar com o que quer que a igreja tenha a oferecer. Eles correm o risco de se tornarem complacentes, confiando em dogmas e, assim, ignorando a espiritualidade individual. Ao mesmo tempo, como Jung indica, dogmas – como as noções de trindade ou do nascimento virgem – não são elaborados intelectualmente, mas são produtos arquetípicos da psique que provavelmente se originaram há muito sob a forma de sonhos e visões. Podemos, portanto, estudar dogmas e mitos por sua verdade psicológica e simbólica, embora não literalmente. Por exemplo, há algo muito importante na ideia mítica da criança divina (o Menino Jesus ou o Buda), uma imagem que expressa a possibilidade de renovação e potencial espiritual. A noção de que o divino se encarna no humano, e que esse processo é doloroso para o ego, é um aspecto poderoso do mito cristão. Uma abordagem psicológica dessas histórias revela o que podem ser elementos essenciais nas tradições religiosas.

Se a tradição religiosa estabelecida provê contato vivo com o sagrado, não há necessidade urgente de uma perspectiva psicológica profunda da espiritualidade. Contudo, para muitas pessoas, símbolos tradicionais também se tornaram inefetivos porque são estereotipados e repetitivos. Rituais são baseados em dogmas, doutrinas e em uma mitologia à qual a pessoa pode não aderir. Logo, o ritual tradicional não só conduz à experiência religiosa espontânea, Jung sugeriu que pode também ser um substituto para a experiência direta do sagrado (OC 11/2, § 75).

Uma experiência numinosa pode parecer importante somente à pessoa, ou pode ser relevante para uma comunidade inteira. Uma pessoa pode receber uma nova revelação, que pode ser ortodoxa ou heterodoxa, caso em que pode questionar a teologia predominante. Consequentemente, instituições religiosas tendem a ver novas revelações com suspeita. Neumann indicou que o encontro do ego com o nível transpessoal da psique não só produz experiências numinosas, mas é inerentemente "revolucionário e herético", tentando "dissolver as formas tradicionais de religião e culto" (Neumann, 1968, p. 386). Uma autêntica experiência numinosa é sempre nova, e assim poderia ser antidogmática. Isso parece contrário à sugestão de Katz (1978) de que a experiência mística é definida de antemão pelas crenças socioculturais dos místicos, bem como pelo seu condicionamento e conceito preexistente de Deus. Contudo, pode ser que os místicos comprometidos com uma instituição religiosa não relatem experiências que não se enquadrem na própria tradição.

Se o instinto espiritual de uma pessoa permanece insatisfeito pelas formas religiosas tradicionais, ela tem de satisfazê-lo de um modo pessoal. Uma forma de o fazer é prestar atenção a experiências numinosas que surgem espontaneamente, o que desperta uma sensibilidade religiosa primordial e gera fé verdadeira. As pessoas nessa posição não podem mais buscar uma autoridade externa. Elas são as portadoras de uma nova espiritualidade que parece estar emergindo, que enfatiza a experiência direta da psique transpessoal. Se essa pessoa estiver envolvida com a psicoterapia, os terapeutas podem ajudá-la nesse processo. A assistência pode ser necessária porque aqueles nessa posição perderam a proteção da igreja organizada, e estão expostos ao material do inconsciente, que pode ser difícil de assimilá-lo – os tradicionais "perigos da alma".

A experiência do numinoso não pode ser ensinada ou transmitida pela tradição ou educação; sua ocorrência pode ser estimulada pela prática espiritual ou pode ocorrer espontaneamente. Ou a pessoa está aberta para isso ou não. Algumas atmosferas podem evocar uma sensação de numinoso, especialmente lugares de beleza ou poder natural, por exemplo o Stonehenge ou uma grande catedral. A arte também pode fazer isso – por isso, os ícones encontrados em várias tradições. A música é outro estímulo desse tipo, razão pela qual é proeminente em muitas formas de culto.

É importante para os terapeutas perguntarem sobre a qualidade da atmosfera ao redor da experiência numinosa – seja de amor e alegria, seja de tristeza e escuridão. A preocupação dos religiosos tradicionais tem sido se a experiência numinosa foi de Deus ou apenas de algo que surgiu da mente da pessoa. Se a experiência parece negativa, alguns religiosos tradicionais insistiriam que ela deve surgir de satã ou da psicodinâmica pessoal e, portanto, não pode ser autêntica do âmbito sagrado. Contudo, se a experiência satisfizer critérios como aqueles descritos por Otto e James, os terapeutas podem ainda considerá-la sagrada, ainda que negativa. Seria, então, considerada uma experiência daquilo que Jung chama de o lado escuro do Si-mesmo.

A consciência direta do sagrado é diferente do pensamento ou da imaginação. Como Alston (1991) indica, experiências numinosas parecem estar presentes em nossa consciência do mesmo modo que objetos comuns estão presentes na percepção sensível. Como experiências numinosas têm a mesma qualidade que qualquer outra percepção, não parecem experiências puramente internas que explicamos retrospectivamente como experiência do divino. Mesmo quando a experiência não apresenta qualquer das qualidades sensíveis usuais que associamos a objetos comuns, como cores ou sons, elas produzem uma sensação distinta de algo objetivo que se apresenta a nós. Consequentemente, quando as pessoas tentam descrever encontros numinosos, dizem coisas como: "Comecei a me aperceber de que não estava sozinha na sala. Alguém mais estava lá [...]. Não o via nem o ouvia [...]. Não tinha dúvida disso". Ou, então, "A sala foi preenchida por uma Presença [...]. Fiquei surpreendentemente possuída por alguém que não era eu" (Alston, 1991, p. 17). Alston prossegue indicando que, nesses casos, é razoável assumir que algo que não é detectável por nossos cinco sentidos possa estar presente, mas ainda assim ocorre como percepção mística. Esse algo é considerado uma consciência do divino pela pessoa. Se a pessoa está aberta para a possibilidade de que esses são fenômenos reais, tem de lidar com o conteúdo da experiência como alguém lidaria com qualquer outra fonte de informação sensível.

Nem sempre é claro por intermédio de que canal sensível a experiência numinosa surge. Corbin sugere que temos uma habilidade perceptiva psico-espiritual que não é dependente dos cinco sentidos; por meio disso pode aparecer o que ele chama de *mundo imaginário* (Bloom, 1996). Esse mundo é suprassensível; não é o mundo dos sentidos nem do intelecto, porém é tão real quanto eles. De acordo com Corbin (1969), no sufismo, o coração é o órgão que atinge o conhecimento de Deus e que percebe os mistérios divinos. Obviamente, esse não é o coração físico; os sufistas estão descrevendo um órgão sutil ou centro espiritual que pode corresponder ao chacra, coração das tradições religiosas orientais. É importante o fato de que o acesso ao mundo imagético dependa de um processo de iniciação de adeptos espirituais que seguiam uma disciplina rigorosa.

A experiência do numinoso pode não ser dramática. A Bíblia descreve a história de Elias, que está exausto após competir com os profetas de Baal para demonstrar a superioridade de seu deus (1Rs 19). Ele se esconde em uma caverna para fugir do ressentimento e da vingança do Rei Ahab e deseja morrer para encerrar seu sofrimento. Em resposta, Deus primeiro envia um vento forte; depois, um terremoto; depois, um incêndio, todos ignorados por Elias. O profeta só reage quando ouve Deus como uma voz serena (1Rs 19), que deve ter tido uma qualidade particularmente numinosa.

Eventos sincrônicos são uma importante variedade de experiências numinosas[26]. *Sincronicidade* era o termo de Jung para uma experiência na qual um evento no mundo físico corresponde, de modo significativo, ao estado psicológico da pessoa, mesmo que não haja conexão causal entre seu estado mental e o evento externo. De algum modo que não entendemos, o evento externo e a experiência interna se correspondem, vinculados por um significado comum. Para ser considerado sincrônico, o evento não necessita ser de fato simultâneo, mas deve estar estreitamente relacionado com o tempo. Por exemplo, uma pessoa sonha com uma amiga que não via ou na qual não pensava há anos, e então recebe uma carta dela no dia seguinte. Obviamente, sonhar com a amiga não faz a carta chegar, da mesma forma que a carta não faz o sonho ocorrer, contudo os dois eventos estão significativamente conectados (uma explicação possível aqui é uma comunicação telepática entre as duas pessoas). Os materialistas comprometidos desconsiderarão eventos assim como apenas coincidências aleatórias sem

---

26. Para uma discussão sobre sincronicidade, ver Aziz (1990).

qualquer significação mais profunda, uma vez que não há explicação racional para elas. Contudo, se admitimos a possibilidade de uma ordem ou padrão operando por trás das cenas que permeiam nossa realidade, eventos sincrônicos não devem ser descartados tão descuidadamente. Eles implicam um domínio de realidade que está fora do nosso entendimento de tempo e de espaço.

Jung acreditava que eventos sincrônicos ocorriam porque psique e matéria são contínuas entre si; são dois aspectos de um nível indiviso de realidade. Nesse nível do *unus mundus* ou um mundo, a psique e eventos materiais que parecem estar separados dela são de fato parte de um nível profundo de realidade. Como o exemplo do sonho e da carta mostram, o mesmo significado, ou o mesmo padrão arquetípico, expressa-se tanto física como psicologicamente[27]. É como se a aparência superficial de separação de fato pertencesse a um tecido subjacente contínuo. Nossos conceitos comuns de tempo, espaço e causalidade não se aplicam nesse nível de realidade, em que qualidades que usualmente consideramos opostas, como interno e externo ou matéria e espírito, são parte de um contínuo. Eventos sincrônicos parecem numinosos porque um nível mais profundo de ordem se revelou, no qual a psique e o mundo material se esboçam.

Nossa visão de objetos separados e nossas ideias do senso comum de espaço, tempo, causa e efeito foram suplantadas por desenvolvimentos na física quântica, que descrevem um nível unitário de realidade em termos de não localidade e não causalidade. O fato de que a consciência dos físicos não pode ser separada dos efeitos físicos observados em seus experimentos parece demonstrar que há uma conexão não visível entre consciência e matéria. Infelizmente, as implicações completas desse fenômeno, que suscita um campo psicofísico indiviso, ainda não foram incorporadas à nossa prática psicoterápica cotidiana, provavelmente porque é difícil imaginar como fazê-lo. Alguns desses encadeamentos são discutidos no capítulo 8.

---

27. *Unus mundus* é um termo medieval para a noção de que o mundo é uma unidade. No estado atual de nosso conhecimento, a noção do *unus mundus* é uma hipótese – alguns diriam metafísica, embora Jung dissesse evitar a metafísica. Similarmente, a noção de Jung de que o mesmo significado transcendental poderia se manifestar tanto intrapsiquicamente como no mundo exterior também bate de frente com a metafísica (OC 11/1). Contudo, é importante notar que a noção de um fundamento transcendente que se expressa tanto psicológica como fisicamente nos leva a superar a noção de que a psicologia de Jung é puramente intrapsíquica. A sincronicidade vincula a psique e o mundo material.

Eventos sincrônicos são emocionalmente poderosos, e nos tornam conscientes da conexão entre o ego e a dimensão arquetípica ou espiritual de nossas vidas, um contato que produz uma sensação de "*plenitude de sentido* [destaque do autor] até então considerada impossível" (OC 8/2, § 405). Uma pessoa fica maravilhada, vê significado novo, sente-se parte de um todo maior, e é como se experienciasse a graça ou uma benção.

Se é verdade que a realidade é indivisa, cada evento importante na realidade física está correlacionado a algum aspecto de nossa psique, mas não percebemos a conexão quando o conteúdo psicológico é inconsciente – o que Jung chama uma "sincronicidade inconsciente" (1976, p. 495). A existência desse fenômeno é impossível de provar, de modo que atua como um mito pessoal para terapeutas que acreditam nele, e influencia sua atitude na sala de terapia, porque implica que o que ocorre ao paciente, de algum modo, lhe "pertence". Poderíamos dizer que uma sincronicidade é uma maneira de encontrar o inconsciente sob a forma de um evento externo.

A interpretação do significado de um evento sincrônico costuma ser difícil, sobretudo quando não está obviamente relacionada à personalidade ou à situação de vida da pessoa. Eventos sincrônicos – muitas vezes de um tipo negativo – são muito comuns nas vidas de pessoas esquizofrênicas, que tendem a interpretá-los em termos de seu sistema ilusório[28]. Mesmo em pessoas normais, podemos nos perguntar se o significado que emerge é verdadeiramente *a priori*, dado a nós (o que Jung acreditava), ou se apenas projetamos um significado pessoal na situação. Em cada caso, entender a experiência é útil para olhar para o evento simbolicamente como se fosse um sonho. Por vezes, o evento externo compensa uma atitude de consciência parcial do mesmo modo que um sonho nos faz prestar atenção ao que estamos ignorando. Essa compensação é possível porque, em contraste com o ego, cujo conhecimento da realidade é muito limitado, Jung acreditava que o inconsciente transpessoal apresentava "conhecimento absoluto" (OC 8/3, § 938).

Parece impossível saber se a psique gera experiência numinosa; nesse caso, o que chamamos Deus é de fato uma manifestação da psique transpessoal, ou se a psique é simplesmente o meio essencial para a experiência de uma divindade que está além da psique. Independentemente do caso, para psicoterapeutas espiritualmente orientados, a psique é um meio de conexão com o sagrado. Não podemos fazer uma distinção precisa entre

---

28. Para um exemplo de uma interpretação ilusória de um evento sincrônico, ver von Franz (1980).

os níveis humanos e transpessoais da psique, ou entre a psicodinâmica de uma pessoa e seu núcleo arquetípico. Essa abordagem torna a experiência do sagrado imediata e interna, em contraste com as imagens de Deus do monoteísmo tradicional. A interpretação de Jung, portanto, provocou uma controvérsia considerável com teólogos como Buber, que preferem pensar o divino como radicalmente independente da psique[29]. Para Buber, Jung reduz a divindade a algo "meramente psicológico" e, dessa forma, não transcendente; enquanto para ele, o divino é um "outro absoluto", além da psique, e radicalmente independente dos indivíduos (1952, p. 68).

Como observei anteriormente, em resposta a esses teólogos, Jung indicou que dizer que uma experiência se origina na psique *não* é dizer que a experiência é irreal, porque a própria psique é real, e é um fato empírico que o mistério divino escolhe se manifestar por meio da psique (OC 18/2, § 1.503). Para muitos junguianos, o Outro é de fato o nível transpessoal da psique, com o que o ego está em diálogo. Podemos compreender por que essa atitude provocaria uma controvérsia considerável, uma vez que implica que as tradições monoteístas poderiam se originar intrapsiquicamente[30]. Contudo, para os terapeutas, abordar o sagrado em termos de experiência subjetiva evita o problema de decidir qual das afirmações metafísicas concorrentes das religiões tradicionais está correta. A afirmação de que o divino se manifesta por meio da psique não exclui a possibilidade de um nível transcendente de divindade – significa simplesmente que esse nível não é o âmbito da psicologia. De qualquer modo, a distinção entre transcendência e imanência só é relevante no nível do ego; no nível absoluto não faz sentido. A abordagem psicológica tem outras vantagens; nenhuma teologia elaborada (o que somente os especialistas compreendem) é necessária. A fé surge da experiência do numinoso que ocorre naturalmente e não é exigida por uma hierarquia.

---

29. Para uma discussão sobre essa controvérsia, ver Dourley (1994) e Stephens (2001).

30. Para não mencionar o fato de que cada tradição monoteísta alega que sua revelação é a final ou a única correta, de modo que sua comunidade é privilegiada, embora para os terapeutas espiritualmente orientados, a revelação seja contínua e não uma experiência do numinoso seja mais válida do que qualquer outra. Para muitos terapeutas junguianos, imagens de Deus monoteístas tradicionais são expressões de aspectos particulares do Si-mesmo. Assim, a noção de que Deus é um é uma tentativa de expressar a unidade subjacente do Si-mesmo, embora seja claro que o Si-mesmo ou o inconsciente tenha muitos centros de interesse e não possa ser considerado uma entidade ou um como o número matemático no sentido comum. Visto sob essa luz, não há necessidade de competição entre as tradições monoteístas.

A hipótese de trabalho de Jung é que o divino opera na psique como o Si-mesmo transpessoal, que é tanto a totalidade quanto o princípio organizador da psique (OC 12, § 44). O Si-mesmo é um diretor espiritual *a priori* que guia o desenvolvimento da personalidade na direção da totalidade. Jung reconhece que não podemos saber até que ponto isso corresponde a uma divindade transcendente, embora pessoalmente pressuponha a existência de Deus (Jung, 1976). Além disso, admite que "em todas as questões decisivas, eu [...] estava sozinho com Deus" (1961/1965, p. 48), de modo que acusações de que fosse ateísta não são razoáveis. Acredito que teria preferido afirmar categoricamente que a fonte do Si-mesmo fosse Deus, porém achou que não poderia fazer isso como psicólogo; ainda que não tenha dúvida de que seja um princípio espiritual. Na prática, a importância dessa ideia é que o Si-mesmo não é completamente transcendente, mas está em diálogo com o ego em sonhos e outras manifestações do inconsciente – pode-se pensar o Si-mesmo como aquilo a que Whitehead se referiu como a iniciativa divina que opera em cada criatura. Embora estivesse falando filosófica e não psicologicamente, a ideia é comparável[31].

Vários escritores argumentam que a experiência do numinoso parece intensamente real, de modo que, como Jung observa, a experiência produz "uma modificação especial na consciência" (OC 11/1, § 6). Uma experiência numinosa poderosa é muitas vezes o bastante para convencer a pessoa da existência de um nível espiritual de realidade. Contudo, para os terapeutas inflexivelmente materialistas, não é difícil reduzir esse tipo de experiência ao narcisismo primário residual, uma experiência regressiva, infantil de se fundir com a mãe ou um retorno à felicidade intrauterina. Prefiro a sugestão de Hunt (1995) de que, em contraste com pensar experiências numinosas como regressivas, deveriam ser pensadas como uma capacidade cognitiva emergente, uma linha separada de desenvolvimento de habilidades mentais mais elevadas. Somente o compromisso metafísico pessoal dos terapeutas decidirá como compreendem uma experiência assim. Os céticos indicarão que os terapeutas espiritualmente orientados são enviesados a favor de uma interpretação espiritual da experiência, que é intrinsecamente não repetível, não suscetível à verificação experimental ou à replicação, e não em concordar com as atitudes científicas materialistas. Uma resposta útil é indicar que todos os pesquisadores têm vieses implí-

---

31. Para uma comparação de Jung e Whitehead, ver Smith (1995).

citos que influenciam a análise de seus dados, o que necessariamente não invalida as conclusões. Muitos cientistas não aceitam uma visão puramente naturalista ou materialista da realidade (Griffin, 2000), e não há razão para que os terapeutas devessem se limitar por essa visão de mundo. Muitos fenômenos reais não estão sujeitos à replicação experimental; eles exigem um método diferente de abordagem. Dizer que uma experiência numinosa é uma experiência do divino é uma inferência, porém, razoável, para aqueles que aceitam a realidade de uma dimensão transcendente. Para emprestar a metáfora de Alston, seria como inferir que a presença de um rastro de fumaça no céu significa que um avião a jato passou por ali. Esse argumento não convenceria o materialista linha-dura, que sugeriria que a pessoa está simplesmente rotulando uma experiência emocionalmente poderosa como uma experiência do divino, baseada em suposições metafísicas ou crenças antecedentes preconcebidas. Todavia, nossos céticos, então, teriam de explicar como a pessoa pode distinguir outros tipos de experiências emocionalmente poderosas que *não* rotulam como experiências do sagrado. Eles podem ainda objetar que, diferente da percepção sensível comum, não há possibilidade de verificação independente da natureza da experiência numinosa. Contudo, muitas experiências subjetivas não podem ser confirmadas por observadores externos, e essa objeção não prova que não exista algo real gerando a experiência.

Para aqueles que aceitam que experiências numinosas pertencem à dimensão sagrada, o problema se torna o de integrá-las a um contexto maior em nossas vidas. Quando uma experiência numinosa ocorre a uma pessoa comprometida com uma tradição particular, ela tende a situar a experiência no contexto da teologia, doutrina e dogmas da tradição em questão. Os terapeutas tentarão relacionar a experiência à experiência geral da pessoa, à sua história desenvolvimental, ao processo de individuação e à vida emocional. Também tentamos discernir as implicações da experiência para o curso futuro da personalidade. Se os terapeutas tiverem passado por uma experiência numinosa pessoal, é mais fácil compreender a qualidade da experiência da outra pessoa. A memória dos terapeutas de um encontro pessoal com o numinoso os ajuda a atuar como receptáculos para uma grande quantidade de sofrimento emocional que poderiam, de outro modo, ser insuportáveis.

Aqui, eu deveria adicionar um aviso importante. Se uma experiência do numinoso é de fato uma experiência do divino, obviamente só a vivenciamos numa pequena medida, já que nossos órgãos sensíveis têm limitações intrínsecas. Por exemplo, experienciar o divino como amor é apenas dizer que efeito ele tem sobre nós, como é ter uma experiência assim. Embora possa nos dar uma mostra do divino, obviamente a parte não pode abarcar o todo. Uma metáfora pode ajudar: se imaginarmos uma luz branca refratada através de um prisma, a relação de fótons ou ondas de luz com a estrutura molecular do vidro pode ser uma analogia crua com a passagem do numinoso por meio dos indivíduos. Uma interação ocorre, e o prisma – o corpo-mente – afeta o modo que percebemos a luz.

Como muitas pessoas em terapia estão experienciando crises pessoais, é importante notar que experiências numinosas tendem a ocorrer com mais frequência quando a pessoa está sob sério estresse, especialmente quando sente que está nos limites de sua capacidade de lidar com uma situação. Muitas vezes, elas ocorrem quando a pessoa cede ao desespero e se sente completamente inadequada. Por vezes, isso é acompanhado por uma decisão consciente de "renunciar", o que é tradicionalmente referido como "morrer para o si-mesmo", embora em outros momentos a experiência simplesmente irrompa na vida cotidiana sem qualquer aviso[32].

É importante acrescentar aqui que, na literatura psicológica tradicional, experiências numinosas ou místicas são consideradas anômalas (Cardeña, Lynn, & Krippner, 2000). Talvez isso seja porque, no passado recente, a psiquiatria e a psicologia tradicionais associaram experiências religiosas à psicopatologia (Larson et al., 1986), embora haja de fato pouca relação entre elas (Berenbaum, Kerns, & Raghavan, 2000). De fato, via de regra, experiências numinosas produzem mudanças de vida positivas e benefícios psicológicos (Wulff, 2000); elas não produzem perturbações importantes na vida da pessoa. A exceção ocorre quando uma experiência numinosa desencadeia uma psicose. Não está claro até que ponto isso se deve à fragilidade do ego da pessoa combinado à má-compreensão e falta

---

32. Grande parte da conversão religiosa ocorre gradualmente, como observado em 1987 em uma descrição, agora clássica, de Edwin Starbuck. Ele descobriu que experiências de conversão em adolescente eram tipicamente precedidas de um sentimento de pecado e confusão, que era resolvido por meio da experiência de conversão. Pesquisas modernas confirmaram isso. Ullman (1989), por exemplo, descobriu que muitos convertidos estavam buscando significado antes de sua conversão. Muitos deles tinham experienciado privação séria na infância e um pai difícil, que os predispôs a um relacionamento poderosamente importante com um guru, rabi ou sacerdote liderando o grupo ao qual foram convertidos.

de apoio de amigos e família. Talvez, uma psicose seja mais provável se a experiência da pessoa é ridicularizada e desconsiderada.

Há, de fato, uma correlação positiva entre várias medidas de bem-estar e autorrelatos de relações com um ente divino como Deus ou Cristo (Pollner, 1989). Pessoas que relatam experiências míticas tendem a ter pontuações mais baixas em escalas de psicopatologia, e mais altas em indicadores de bem-estar psicológico do que grupos de controle (Caird, 1987; Hood, 1974; Spanos & Moretti, 1998). Experiências de quase-morte, por exemplo, usualmente produzem efeitos benéficos de longo prazo como uma apreciação maior da vida e ansiedade da morte (Greyson, 2000; Lommel et al., 2001). Contudo, pode ocorrer distresse se a experiência contradiz radicalmente o sistema de crenças da pessoa (Greyson, 1997) ou se ela é ridicularizada quando a relata a outras pessoas. Uma visão ou sensação numinosa de energia inusual pode produzir distresse emocional suficiente para perturbar o equilíbrio socioemocional da pessoa, especialmente se o ambiente não é de apoio. Grof e Grof (1989) se referem a esse tipo de experiência como uma "emergência espiritual". Como qualquer tipo de experiência numinosa, essas crises podem ocorrer espontaneamente ou podem ser induzidas por estresse severo ou por práticas espirituais como a meditação. Elas ocorrem quando o ego é inundado com material do inconsciente, que é demasiado para ser contido devido à intensidade afetiva.

A atitude mais útil para a experiência numinosa é os terapeutas se mostrarem curiosos e interessados enquanto exploram os detalhes e afirmam a importância desse processo. Se a pessoa não está certa da natureza da experiência, os terapeutas podem indicar que foi, ou pode ter sido, uma vivência do numinoso, dependendo do quão certo estejam, com base na descrição da pessoa. Mesmo pessoas que são razoavelmente normais podem desenvolver uma interpretação irrealista ou até paranoide da experiência, se não receberem uma explicação útil de sua natureza. Os terapeutas podem submeter uma experiência numinosa a um processo de discernimento, no qual tentamos separar o humano do nível verdadeiramente transpessoal. É desnecessário dizer que os terapeutas serão instintivamente conscientes de quaisquer evidências de psicose, desordem dissociativa ou histeria, mas essa avaliação pode ser complicada pelo fato de que pessoas perturbadas podem ter experiências numinosas autênticas.

Se o paciente descreve experiências numinosas, vozes ou visões, essas experiências têm de ser diferenciadas da psicose. Como os terapeutas respondem quando o analisando diz que ouve a voz de Deus, porém não consegue dizer exatamente como? Algumas pessoas ocasionalmente ouvem vozes, contudo não têm outros sinais de psicose, nesse caso, seria uma redução inconveniente assumir que essas vozes são invariavelmente patológicas e que não deveriam ser levadas a sério. Uma médica extremamente inteligente, sem quaisquer evidências de doença mental ou instabilidade emocional séria, disse-me que era ocasionalmente visitada à noite por uma energia ou ente espiritual invisível que fazia amor com ela. Para ela, essa era uma sensação real. Nesse tipo de situação, assumindo que os compromissos metafísicos dos terapeutas são similares àqueles da pessoa – aqui, por exemplo, que ambos compartilham uma crença no corpo sutil –, os terapeutas podem considerar literalmente a experiência e tentar dar sentido a ela no contexto da vida da pessoa. Podemos perguntar de onde a experiência parece vir, quais são seus efeitos, se é útil ou prejudicial à pessoa ou a outras, que resposta a pessoa pensa que seria apropriada à experiência, e assim por diante. Respostas normais a essas questões têm a ver com a ampliação da espiritualidade, a autocompreensão, relações melhoradas ou algum tipo de ação construtiva da pessoa (Barnhouse, 1986). Respostas psicóticas seriam idiossincráticas, bizarras ou obviamente ilusórias.

É um preconceito do pensamento científico materialista desconsiderar toda experiência numinosa como ilusória, se não francamente insana; mas de fato a ocorrência dessas experiências a pessoas saudáveis não é incomum. Contudo, uma grande dificuldade surge quando uma experiência genuinamente numinosa ocorre no contexto de uma psicopatologia severa preexistente. Pessoas emocionalmente frágeis experienciam o divino. De fato, se a barreira entre consciência e inconsciência é abertamente permeável, como é nos estados psicóticos ou limítrofes, pode ser que experiências transpessoais tendam a irromper mais do que quando essa barreira está fortalecida. O problema é que a pessoa psicótica que descreve uma experiência numinosa não tende a ser levada a sério devido à sua desorganização, desordem de pensamento, incongruência afetiva, mudanças perceptivas e outras evidências de teste de realidade comprometido. A pessoa emocionalmente saudável é capaz de conter a intensidade emocional de uma experiência numinosa e se relacionar com ela, em vez de ser subjugada. Há uma enorme diferença entre dizer "Tive uma visão de Jesus" e desenvolver a ideia ilusória: "Eu sou Jesus". No primeiro caso, o funcionamento comum do ego é preservado; no segundo, o ego da realidade é perdido (Wapnick,

1969). Contudo, pode ser útil tratar as imagens religiosas que aparecem durante uma psicose (Bradford, 1985), porque pode ser possível integrar seus aspectos espiritualmente importantes durante o período de recuperação (Lukoff, 1985, 1988).

Um problema particular surge quando os terapeutas não conhecem a cultura do paciente, de modo que ideias que são normais em uma sociedade particular podem ser equivocadamente consideradas ilusórias. Greenberg e Witztum (1991) sugerem vários critérios que distinguem um episódio psicótico de crenças religiosas habituais na comunidade religiosa do paciente. Esses autores indicam que episódios psicóticos são mais intensos do que experiências religiosas normativas para essas comunidades, e o restante delas reconhece as experiências como anormais. Tais episódios são aterradores, a pessoa está bastante preocupada com eles, uma vez que estão associados à deterioração das habilidades sociais e da higiene pessoal, e envolvem mensagens de figuras religiosas.

Quando o sujeito não é claramente psicótico, pode necessitar de afirmação e apoio para a realidade subjetiva de uma experiência numinosa, por vezes, uma experiência numinosa induz um medo de insanidade em uma pessoa saudável; nesse caso, os terapeutas podem reassegurar ao paciente de que experiências numinosas são bem conhecidas e não sinais de anormalidade. O indivíduo com frequência faz perguntas como: "Minha mente prega peças?" "Isso realmente aconteceu?" "Isso foi real?" "Estou perdendo o controle?" Explicação e reafirmação são, portanto, necessárias, e aqui o próprio sistema de crenças dos terapeutas influenciará na abordagem da experiência. O paciente muitas vezes detectará qualquer descrença da parte dos terapeutas. Se estes não estão convencidos da realidade objetiva da experiência numinosa, o melhor que podem fazer é tratar a experiência respeitosamente como um sonho com importância simbólica, subjetiva, para a pessoa. Nessa área, por ignorância profissional ou preconceito, resta um risco de que sujeitos normais, que passam por uma experiência numinosa poderosa, possam ser considerados psicologicamente doentes.

É importante perguntar sobre as associações do paciente com a experiência, uma vez que seu significado costuma emergir enquanto se fala sobre ela. Desse modo, o que pode ser um episódio assustador é gradualmente normalizado e posto em uma perspectiva maior. Em geral, leva algum tempo até que possa colocar a experiência no contexto de vida do paciente, mas usualmente se descobre que experiências numinosas tratam de um problema importante da vida ou de um complexo relevante, de um modo que é transformador (Corbett, 1996; Hastings, 1983). Há pouco risco de que o indivíduo possa se tornar arrogante com o resultado da experiência, porque o poder emocional da experiência numinosa costuma produzir reverência e humildade em vez de grandiosidade.

Grande parte da resposta a uma experiência anômala ou numinosa depende dos antecedentes culturais da pessoa e de seu sistema pessoal de crenças. Targ, Schlitz e Irwin (2000) relatam o caso de uma mulher mexicana profundamente religiosa que teve um sonho no qual seu marido foi atropelado por um ônibus. Logo após esse sonho pré-cognitivo, seu marido morreu exatamente dessa forma. Ela foi acometida por tristeza e culpa porque acreditava que seus "maus pensamentos" haviam provocado essa tragédia. Esse tipo de interpretação pessoal de um evento é parcialmente vinculado à cultura e parcialmente ao resultado da psicodinâmica pessoal. Contudo, sonhos pré-cognitivos desse tipo são bem conhecidos e podem ser vistos como um tipo de sincronicidade. No caso desse sonho profético, podemos reassegurar à pessoa de que eventos sincrônicos não são causais; o sonho não provoca o evento que prevê, mas o sonho e o evento estão ligados por um significado comum.

Grof e Grof (1989) fazem uma distinção útil entre emersão espiritual e emergência espiritual. Ambos são resultado da irrupção de níveis transpessoais de consciência na personalidade empírica, porém uma emersão espiritual é uma forma tratável de experiência numinosa, que produz o desdobramento do potencial espiritual sem afetar adversamente a capacidade da pessoa de funcionar na realidade consensual. Exemplos típicos são experiências fora do corpo transientes, o surgimento espontâneo de energia kundalini, uma experiência de quase morte, uma repentina e poderosa percepção da natureza da realidade, ou uma sensação momentânea de conexão com todas as coisas[33]. Essas experiências podem levar à melhoria do bem-estar, ou, se não se enquadram no sistema de crenças da pessoa, são rapidamente reprimidos ou desconsiderados como desimportantes. Em ca-

---

33. Uma experiência kundalini é aquela na qual um sentimento de formigamento, calor ou algo parecido sobe pela espinha, acompanhado por tremores ou outros movimentos involuntários, seguidos por fenômenos visuais complexos. Tradicionalmente, ocorre devido ao aumento de uma forma latente de energia espiritual, que usualmente se encontra dormente na base da espinha, mas que pode aumentar como resultado de prática espiritual. Pessoas que experienciaram espontaneamente esse aumento de um modo despreparado são muitas vezes diagnosticadas como psicóticas ou histéricas. Ver Sanella (1987).

sos em que a pessoa não está certa da natureza da experiência, a capacidade dos terapeutas de reconhecerem sua verdadeira natureza pode afetar o equilíbrio entre rejeitar a experiência e valorizá-la.

Uma emergência espiritual é uma crise emocional severa, que pode ser induzida pela meditação prolongada ou outras práticas espirituais, ou que pode ocorrer espontaneamente. Uma experiência numinosa que é emocionalmente incontrolável para a pessoa, ou que é intensa e prolongada, pode produzir um estado mental que se parece com uma psicose porque perturba a capacidade da pessoa de funcionar.

Vários escritores como Agosin (1992) e Perry (1974) sugeriram que a psicose é uma tentativa de autocura. Perry acreditava que a personalidade pré-psicótica da pessoa era o problema real. A psicose é o modo de a psique tentar curar o desenvolvimento emocional restringido, e é uma forma de despertar espiritual. Para Perry, a psicose é uma crise desenvolvimental, o modo de a psique dissolver antigos estados de ser e desmantelar antigas estruturas de personalidade. Durante o episódio, imagens arquetípicas do tipo encontrado nos mitos emergem em uma tentativa de reorganizar a personalidade. Infelizmente, a jornada costuma ser mal compreendida e patologizada, de modo que em vez de ser visto pelo que é, o processo é medicado e impedido de se completar.

Lukoff (1985) sugeriu que bons indicadores prognósticos ajudam a distinguir entre psicopatologia e emergência espiritual com características psicóticas. Esses indicadores são: bom funcionamento prévio; primeiros sintomas agudos durante um período inferior a três meses; precipitantes estressantes e uma atitude exploratória positiva. Esses são também os critérios usados por psiquiatras tradicionais para definir uma psicose aguda, induzida por estresse; uma condição que comumente se resolve sem tratamento. A avaliação dos clínicos, portanto, depende de seus sistemas de crenças.

A resposta terapêutica a uma emergência espiritual deriva em partes da capacidade do paciente de conter a intensidade emocional da experiência sem fragmentação. Se essa habilidade estiver fortalecida, o indivíduo pode necessitar apenas de reafirmação, compreensão e um ambiente apoiador que permita que o processo se expresse. Se possível, o paciente deve estar cercado pela família e pelos amigos, que recebem uma explicação do que está acontecendo. Temos de ajudá-lo nessa situação, muitas vezes usando modalidades expressivas como arte, dança ou escrita. Se isso tudo falhar e houver ameaça física ao paciente, ou a outras pessoas à sua volta, a internação hospitalar pode ser necessária. Com frequência, essas experiências são limitadas no tempo, mas podem ser aterradoras. Em um hospital psiquiátrico tradicional, elas são usualmente consideradas uma forma de psicose breve e são tratadas com medicação antipsicótica. Autores como Perry acreditam que essas medicações abortam a história natural do processo. Se consideramos uma experiência assim como uma emergência espiritual, uma forma de doença mental, ou ambos ao mesmo tempo, isso depende das lentes pelas quais vemos o episódio.

Por vezes, as pessoas dizem que nunca tiveram uma experiência numinosa; no entanto, podem admitir que ficaram profundamente comovidas pela natureza, por um trabalho criativo, pelo nascimento de uma criança, ou por outras situações que produzem paz profunda, completude, alegria, amor, admiração, mistério, aceitação, vigor, gratidão ou uma sensação de retidão das coisas. Todas estas são descrições típicas do numinoso. É importante para os terapeutas lembrarem que o instinto religioso pode se expressar de muitas formas, por exemplo, em nossa necessidade de nos relacionar, na sexualidade ou beleza. Pode aparecer sob uma forma patológica como um anseio ou uma dependência; ou o uso de substâncias como álcool ou marijuana pode ser considerado uma tentativa de fusão extática com a totalidade. Como cultura, estamos começando a repensar nossas formas de falar sobre o sagrado, mas nosso condicionamento cultural em torno do significado da palavra *Deus* é tão forte que parecemos necessitar de permissão para reconhecer que estamos experienciando o sagrado do nosso modo.

Embora raramente mencionado por ministros de religião contemporâneos, experiências numinosas são, de fato, muito difundidas. Em 1975, Greeley perguntou a 1.468 americanos se já haviam sentido algo próximo a uma força espiritual poderosa "que parecia tirar você de si" (1975, p. 140). Na ocasião, 35% por cento relatou que havia sentido uma força assim em algum momento de sua vida, 12% por cento disse tê-la sentido várias vezes, e 5% a sentiu com frequência. Em uma pesquisa britânica por volta da mesma época, números similares foram obtidos, e a pesquisa foi repetida nos Estados Unidos na década de 1990 (Hardy, 1979; Wulff, 2000).

De acordo com um levantamento feito por Allman e colaboradores, 4,5% das pessoas levam experiências místicas à terapia (1992). Dada a discrepância entre os números daqueles que relatam experiências numinosas e o número do que é de fato relatado aos terapeutas, parece possível que algumas pessoas sejam relutantes em falar sobre isso. Não é fácil para as pessoas falarem sobre suas experiências do sagrado porque percebem que são muito pessoais e, portanto, sentem timidez ao discuti-las.

Muitas religiões tradicionais enfatizam a crença em vez da experiência direta do sagrado, mas experiências são muito mais importantes do que crenças. Algumas crenças, como a ideia do céu, podem ser apenas concepções defensivas daquilo que o ego necessita para se apoiar ou lidar com a ansiedade da morte. Essas crenças são apaziguadoras, difíceis de mudar. Outras crenças, tal qual o divino como uma trindade, podem não ter base na experiência pessoal e são simplesmente fórmulas consideradas como dadas. Crenças como a noção do divino representado por um pai celestial benevolente podem desmoronar sob circunstâncias dolorosas. Outras ainda, por exemplo ideias sobre o que Deus "quer" de nós ou como devemos "agradá-lo", soam como a projeção antropomórfica das necessidades humanas no divino, como se Ele necessitasse de algo de nós – uma ideia que dificilmente é consistente com a noção da perfeição. Podemos estar razoavelmente certos de que quaisquer conceitos semelhantes que as pessoas tenham criado sobre o divino, tendem também a ser projeções, uma vez que o divino não é suscetível de pensamento conceitual. Do mesmo modo, na psicoterapia podemos explorar a necessidade espiritual de crenças que não têm base na experiência, bem como sua origem desenvolvimental, sem medo de estarmos minando alguma verdade essencial. Ao contrário, podemos então descobrir que liberamos uma imagem autêntica do divino da doutrina imposta que a estava obscurecendo.

Em todos os casos de experiência espiritual, o discernimento tradicionalmente inclui a avaliação dos frutos da experiência. A psicoterapia é um contexto ideal para esse discernimento, porque uma compreensão profunda da psicologia da pessoa nos ajuda a compreender o significado da experiência e sua relevância ao seu processo de individuação. Experiências numinosas muitas vezes tratam de um complexo particular que tem sido um problema importante na terapia da pessoa. Por exemplo, experiências numinosas tendem a dissolver estruturas narcisistas, como grandiosidade, uma vez que levam, com frequência, à humildade, a uma maior autoconsciência, a mais compaixão pelos outros, a uma capacidade mais profunda para amar e se relacionar, à sabedoria ampliada e aos benefícios semelhantes. Não é incomum que uma experiência numinosa sugira uma vocação ou uma etapa desenvolvimental para a pessoa.

Propriamente entendidas, experiências numinosas são úteis, porém apenas afirmações temporárias, apoios, indicadores ou pontos de partida; podem indicar, mas não são o próprio objetivo. Se o ego se torna abertamente vinculado à experiência e se identifica demasiadamente com ela em vez de se relacionar com gratidão e depois se desapegar, o resultado é a inflação. A pessoa se torna inflacionada caso considere a experiência como resultado de ser particularmente especial. Quando a experiência é usada para um realce narcisista assim, os terapeutas podem sentir que estão sendo usados defensivamente para apoiar uma sensação frágil do si-mesmo.

Experiências numinosas ou místicas podem ser explicadas de vários modos. Algumas pessoas acreditam que são reduzíveis a fenômenos cerebrais – recentemente um "módulo de Deus" foi descoberto no cérebro[34]. Se experiências numinosas têm na verdade um correlato neurológico, isso pode ser compreendido de dois modos. Ou são produzidas pelo cérebro e, portanto, não são realmente experiências do sagrado; ou o cérebro é especificamente estruturado para nos permitir experienciar o sagrado e o módulo de Deus é o órgão necessário. Foi sugerido que experiências inefáveis, místicas, surgem do lado direito do cérebro porque esse lado é especializado em respostas emocionais, sintéticas e holísticas, enquanto o lado esquerdo é linguístico, analítico, racional e lógico. Em 1963, o neurocirurgião Penfield relatou que estímulos elétricos suaves dos lóbulos temporais direitos poderiam produzir vozes vagas e desconhecidas (Schott, 1993). Em 1976, Jaynes (1990) sugeriu que milhares de anos atrás essas vozes eram comuns, uma vez que naquela época os dois hemisférios operavam de forma relativamente independente um do outro. Em momentos de crise, quando o lado esquerdo do cérebro não podia pensar em uma solução, a habilidade do lado direito do cérebro de resolver o problema seria experienciada como a voz de um deus. Jaynes sugeriu que, quando a consciência e a linguagem se desenvolveram, o lóbulo temporal direito se tornou mais quieto e mais inibido, mas conservamos uma habilidade neurológica vestigial para ter experiências místicas, consciência oracular e assim por diante[35].

---

34. Pesquisadores da Universidade da Califórnia, em San Diego, descobriram uma região do cérebro que, quando estimulada, cria efeitos que são interpretados como experiências místicas ou espirituais. Esse "módulo de Deus" é agora considerado a sede da crença (Ramachandran et al., 1997). Foi sugerido que essa área do cérebro evoluiu para produzir religiões a fim de reduzir o conflito e reforçar a estabilidade social e o parentesco.

35. Para uma revisão de outras explicações neurológicas da experiência mística, ver Wulff (2000).

Assim como essas explicações neurológicas, vários autores tentam reduzir a experiência do sagrado a fatores psicodinâmicos. Pruyser (1976) cita *The psychology of religious experiences*, de Erwin Goodenough, que sugere que poderíamos pensar o aspecto *tremendum* da experiência numinosa simplesmente como a experiência do inconsciente dinâmico, o id, uma fonte de terror que sentimos em nós mesmos. A religião é, portanto, um modo de domesticar o inconsciente externamente, enquanto a repressão o faz internamente. Em contraste com essas explicações redutivas, Jung acreditava que a experiência numinosa é uma experiência do Si-mesmo (OC 10/3)[36].

Na psiquiatria tradicional, o misticismo foi patologizado por um longo tempo. Em 1976, uma monografia do Grupo para o Avanço da Psiquiatria (GAP) considerava o misticismo uma regressão narcisista, uma resposta defensiva a exigências massivas e aos desapontamentos no mundo externo ou o resultado de uma tentativa de lidar com sentimentos de rejeição (Group for the Advancement of Psychiatry [GAP], 1976). O GAP sugeriu que relatos sobre a união mística com o divino de fato representam uma ligação com uma figura parental distanciada. A monografia da organização descreveu uma experiência mística que se tornou o foco do tratamento. Uma mulher de cerca de 30 anos estava em terapia devido a conflitos não resolvidos com seus pais e à culpa pela psicose de um irmão. Após dois anos, ela experienciou um período de êxtase, uma sensação de união com o universo, consciência elevada transcendendo tempo e espaço, e uma sensação ampliada de significado e propósito em sua vida. Sua disposição poderia ter sido extática ou eufórica, dependendo da linguagem espiritual ou psiquiátrica que optarmos por usar no caso em questão. Embora tenha levado algum tempo para integrar a experiência, ganhou com ela a convicção de que era uma pessoa que valia a pena e não a pessoa intrinsecamente má, "completamente corrompida", que sua mãe a havia convencido de que era. Devido à sua disposição usual, os autores inicialmente consideraram a possibilidade de que ela estivesse sofrendo de histeria, loucura ou esquizofrenia. Contudo, rejeitaram esses diagnósticos porque, sob muitos aspec-

---

36. Jung afirma ser empírico e, como tal, consegue demonstrar empiricamente a existência de uma totalidade superior à consciência. Para ele, essa totalidade superior é percebida pela consciência como algo numinoso, como "o tremendo e o fascinante" (OC 10/3, § 864). É discutível a noção de que, se o Si-mesmo é a totalidade da consciência, o ego não pode ser consciente do Si-mesmo, uma vez que é apenas um fragmento que não poderia compreender o todo. Todavia, o Si-mesmo é a fonte da experiência numinosa. Esse tipo de paradoxo é inevitável e insolúvel.

tos, seu funcionamento era "mais integrador do que desintegrador", e reconheceram que a experiência dessa mulher era semelhante àquelas descritas pelos místicos "que encontram uma nova vida por meio delas". Entretanto, para esses escritores, fenômenos místicos são "formas de comportamento intermediários entre normalidade e franca psicose" (GAP, 1976, p. 731). A monografia GAP concede que os místicos empregam disciplinas espirituais rigorosas enquanto mantêm relações sociais comuns, ao passo que esquizofrênicos são atônitos e pegos de surpresa por suas experiências, e não podem manter contato com a realidade consensual. De fato, a atitude do GAP perpetua um antigo preconceito psicanalítico que apenas recentemente começou a evanescer; embora seja verdade que a experiência mística pode ser perturbadora e a razão pela qual as pessoas entram na psicoterapia (Nobel, 1987). Místicos são, muitas vezes, pessoas capazes e socialmente adaptadas. Na verdade, pode ser que a experiência mística represente um estágio avançado da consciência humana, e mesmo uma fase anunciadora de um avanço evolucionário. Felizmente, psicanalistas contemporâneos estão, de forma considerável, mais dispostos a experiências místicas do que seus predecessores – tanto é assim que Eigen é capaz de escrever que "há momentos em que a psicanálise é uma forma de prece [...]. Analistas profissionais podem ser tocados por sugestões de algo sagrado no trabalho" (Eigen, 1998, p. 11).

Os psicoterapeutas podem estudar experiências numinosas de fora ou mesmo como ateístas. Ou, então, podem vê-las a partir de dentro do processo, como sujeitos; nesse caso, como alguém que não representa um objeto de estudo e pode não ser levado a sério por pesquisadores acadêmicos. Contudo, podemos nos basear em nossa experiência e ainda trabalhar com algum tipo de abordagem interpretativa, usando um paradigma que inclui tanto experiência pessoal quanto estudo sistemático. Porém, a análise da experiência numinosa permanece sempre um problema para os terapeutas; assim como reconhecer um evento como numinoso é, em si, uma interpretação. Muitas vezes, a experiência fala por si e não requer interpretação. Mas os terapeutas podem ser céticos quanto a um evento representar uma experiência autêntica do sagrado devido aos problemas conhecidos de ilusão, alucinação, autoengano e falsificação retrospectiva. No caso individual, isso é sempre uma questão de julgamento.

Ao trabalharmos com religiosos cristãos tradicionais, é importante lembrar que a Igreja desconfia de experiências numinosas, porque, ao longo da história, vários falsos messias, como alegações de revelação individual, mostraram-se errados, embora, por vezes, sejam apenas "errados" na medida em que discordam do ensinamento de uma igreja em particular. Por exemplo, Barry e Connolly acreditam que "nem todas as experiências espirituais são do Senhor" (1982, p. 103). Os autores sugerem que momentos de harmonia e tranquilidade podem distrair a pessoa de se concentrar em Jesus[37]. De acordo com esses autores, só podemos confiar na experiência "padrão" de Deus, e todas as outras deveriam ser comparadas a ela. Eles citam a afirmação de São Paulo (Gl 5,22-23) de que os frutos do espírito são qualidades positivas como amor, alegria, paz e assim por diante, implicando que experiências negativas ou dolorosas não são aquelas que advêm do espírito. Todavia, para a psicologia contemplativa, não há exigências de que uma experiência numinosa deva assumir uma forma tradicional e, como o Si-mesmo tem um lado escuro, a experiência pode ser subjetivamente sentida como positiva ou negativa.

É importante acrescentar a advertência de que encontrar o sagrado no comum é tão relevante quanto experiências numinosas dramáticas – talvez, mais ainda. Com uma sensibilidade espiritual, podemos ver qualquer criatura ou qualquer objeto que inspire admiração, senso de beleza, mistério, graça ou terror como uma expressão do divino. Com essa visão, podemos ressacralizar ou reencantar o mundo.

A importância da comunidade

Em discussões típicas sobre experiências místicas, a importância da comunidade não é usualmente considerada tão importante quanto a experiência subjetiva. Contudo, participar de uma visão compartilhada da realidade com outras pessoas é algo poderoso. Parte disso é devido à experiência de geminação (Kohut, 1984) – o sentimento de que não estamos sozinhos, de que somos como as outras pessoas. Como parte de uma comunidade, sentimo-nos seguros e apoiados, especialmente se também nos sentimos escolhidos ou salvos – a criança especial de uma deidade onipotente, em

---

37. Eles também citam o exemplo de Santo Inácio de Loyola, que muitas vezes viu uma bela imagem que o confortava enormemente. Quando se ajoelhou diante de um crucifixo, viu a imagem novamente sem sua bela cor usual, "com uma forte afirmação de sua vontade ele soube com muita clareza que vinha do demônio" (Barry & Connolly, 1982, p. 103). Observe que ele teve de exercer sua vontade, baseado em suas ideias preconcebidas, para desconsiderar a experiência.

contraste com aqueles que não são assim abençoados. É claro, há um lado obscuro desse pertencimento a uma comunidade religiosa. A autonomia individual pode ser desencorajada, e o preço de ser protegido pelo grupo é a submissão a uma hierarquia. O grupo tenta se preservar a todo custo, de modo que as pessoas se tornam menos importantes do que ele. Pessoas de fora são desconfiadas, a ponto inclusive da paranoia. O tribalismo fomenta exclusão e hostilidade, de modo que inclusive matar integrantes de outros grupos pode ser divinamente sancionado.

Pode ser difícil para aqueles interessados em uma espiritualidade pessoal encontrar um grupo de pessoas com o mesmo pensamento, isto é, pode ser necessário, então, que os terapeutas indiquem que a individuação requer que a pessoa não seja uma parte de um sistema organizado de pensamento. Idealmente, necessitamos de comunidades espirituais que sejam estruturadas para apoiar cada integrante na descoberta da própria espiritualidade pessoal.

3
Fé, amor, perdão e esperança na psicoterapia

Fé

Embora a fé seja pensada tradicionalmente em sua dimensão teológica, ela também tem considerável importância psicológica nas vidas de muitas pessoas. Sem fé, muitas pessoas colapsariam emocionalmente – para elas, a fé é mais importante do que a confiança na razão apenas, a despeito de muitas tentativas de insistência no primado da razão. A fé não é só uma fonte de força, mas também de violência religiosa. É também relevante para os psicoterapeutas porque no processo terapêutico é exigida de ambos os participantes. Os fundamentos psicodinâmicos da fé, e o que quer que possa miná-la, são, portanto, muito relevantes para os terapeutas.

A fé é comum aos seguidores de todas as tradições religiosas e, assim, vincula as pessoas de uma forma que transcende diferenças doutrinais. Todavia, é difícil defini-la com clareza porque está inextricavelmente conectada à confiança e à esperança. Algumas tentativas descrevem capacidades que se desenvolvem devido à fé, em vez de serem descrições de sua natureza. Panikkar (1979) destaca que a fé é um receptáculo para as crenças de uma pessoa em vez de um conteúdo intelectual particular, de modo que difere da crença em ideias religiosas específicas, que são somente um veículo para sua expressão. A fé é por vezes descrita como crença em uma dimensão espiritual na ausência de evidências incontroversas quanto à própria existência; isso produz uma definição muito fraca, uma vez que o que constitui evidência está aberto ao debate. Para naturalistas científicos, que acreditam que a matéria é a única realidade, evidências significam dados que são empiricamente testáveis – mas, essa definição insiste no fato de que a abordagem objetiva científica da realidade é a única significativa e, assim, desconsidera a importância da subjetividade humana. Especialmente, se experienciamos de forma direta um nível transcendental de realidade; explicações da fé em termos da biologia evolucionária parecem triviais. Em contraste, para muitas pessoas, fé significa sentir que o universo é inteligível, que há uma base profunda à qual podemos reagir e nos entregar. Além disso, a fé significa para essas pessoas a sensação de que somos sustentados por essa base. Não compreendemos realmente por que algumas pessoas têm fé em uma dimensão espiritual e outras não. Parece que alguns de nós somos tomados por algo que parece muito real, como se estivéssemos sendo atraídos a uma compreensão ou verdade cada vez mais profunda, o que Paul Tillich chamou de preocupação última.

Talvez, o mais próximo que chegamos de uma explicação psicológica da fé tenha a ver com o desenvolvimento da confiança e da esperança durante a primeira infância. Erikson (1950) acredita que nosso sentimento infantil de esperança, baseado em pais suficientemente confiáveis para que a criança desenvolva a ideia de confiança básica, termina se transformando na noção de fé madura. Influenciado por Erikson, Fowler (1981) sugere que a confiança básica é um estágio inicial da fé, que amadurece em paralelo à idade cronológica, culminando na fé universalizada na qual adotamos o mundo como nossa comunidade e nos tornamos altruístas. Conforme Fowler coloca, fé:

> Envolve um alinhamento da vontade, um repouso do coração, de acordo com uma visão de valor e poder transcendentes, a preocupação última de uma pessoa [...] uma orientação da pessoa total, que dá propósito e objetivo às suas esperanças e esforços, pensamentos e ações (1981, p. 14).

Como é comum para terapeutas e para pessoas com que trabalham experienciarem períodos de dúvida e incerteza durante o processo psicoterapêutico, é importante que tenhamos fé no curso terapêutico. A habilidade de ambos os participantes de permanecerem em uma situação difícil quando não há razão óbvia para esperar por melhoria é um ato de fé. Confiar em terapeutas e confiar que a relação evoluirá de modo necessário são ambos atos de fé. Assim como pessoas professam fé em diferentes sistemas religiosos, a fé permite aos terapeutas de diferentes orientações sentirem que suas abordagens terminarão sendo proveitosas se perseverarem. A confiança no processo de terapia é particularmente importante em momentos em que os terapeutas não podem dizer exatamente o que está acontecendo.

Se eles experienciaram esses períodos em suas terapias pessoais, desenvolveram fé no processo, e a pessoa perceberá esse movimento.

Profissionais com uma sensibilidade espiritual reconhecem e têm fé em uma presença transcendente na sala de terapia. Jung se refere a essa presença como o Si-mesmo transpessoal, que ele considera sinônimo da totalidade (incognoscível) da psique. Ter fé de que podemos confiar na psique significa se aperceber de que é um domínio real em si e que suas imagens são significativas e relevantes. Encontramos uma ideia análoga à noção de Jung do Si-mesmo no trabalho de Bion, para quem o mundo interno surge do que este psicanalista chama de *realidade última* ou *O*, que

> significa a verdade absoluta em e de qualquer objeto; assume-se que isso não pode ser conhecido por ente humano algum; pode-se ser consciente dela, sua presença pode ser reconhecida e sentida, mas não pode ser conhecida. É possível ser um com ela. Que ela existe é um postulado essencial da ciência, mas não pode ser cientificamente descoberta. Nenhuma descoberta psicanalítica é possível sem o reconhecimento de sua existência (1979, p. 30).

Um aspecto daquilo a que Bion está se referindo aqui é a sensação de algo misterioso ou extraordinário que, por vezes, parece ser parte do campo terapêutico. Podemos sentir essa dimensão, mas não a perceber com nossos órgãos sensíveis comuns. Sentimos uma agência dinâmica na sala que não é controlada por nossa vontade, conforme Jung sugere (OC 11/1, § 6). Bion insiste em que os terapeutas busquem pelo "O" da sessão ou pelo "O" do paciente, isto é, a essência ou "si-mesmo verdadeiro", mesmo que reconheçamos que não podemos obtê-lo. Abrimo-nos na fé de que encontraremos o "O". Como "não podemos conhecer o 'O', devemos sê-lo" (1979, p. 27). Isso quer dizer que há uma diferença entre apenas conhecer e de fato ser quem somos. Nessa busca, a fé opera assim como o faz na religião tradicional; fé nessa presença provê a coragem para lidar com as emoções dolorosas que afligem ambos os participantes da psicoterapia. Por outro lado, se tentamos nos apegar ao que sabemos, ao que a teoria nos diz, não haverá nova compreensão, contato verdadeiro, tampouco mistério.

De acordo com Bion, o "O" só pode ser apreendido quando não há memória, desejo, conhecimento ou compreensão, porque esses fatores impedem o ser ao tentarem mudar a realidade em vez de aceitá-la. Uma abertura radical assim ao desconhecido é um ato de fé que leva os terapeutas para além do conhecimento e da técnica. Idealmente, conforme Bion sugere, a atitude dos terapeutas para com o trabalho é um ato de fé que ele considera essencial (1979)[38]. Bion diz que os místicos religiosos provavelmente chegaram o mais perto da experiência do "O". John Milton, em *Paraíso perdido* (1667/2016), referiu-se a isso como o infinito amorfo, já Huxley (1945/1970) o chamou de fundamento divino do ser. Para Platão, era o nível das formas ideais, enquanto para Kant era o nível numenal da realidade. O "O" é a lacuna em nosso conhecimento, o vazio do qual toda existência surge. Bion se apercebeu de que, para algumas pessoas, esse estado pode parecer aterrador, caótico e aniquilador; mas, para ele, a fé é essa qualidade que nos permite enfrentar e trabalhar com a catástrofe. A fé nos permite renunciar ao controle, por vezes, e aceitar a ordem natural das coisas.

Eigen escreve sobre a importância de prestar atenção à verdade emocional de uma situação. Ele indica que nos ajustamos ao que a verdade revela; não podemos controlar para onde ela levará; temos de nos "relacionar com a verdade com fé" (Eigen, 1999, p. 32). O autor também sugere, de forma correta, que temos um impulso inato para entender a verdade de nossas vidas. Essa busca é uma suposição implícita ou tácita em muitas escolas de psicoterapia dinâmica, embora terapeutas com uma perspectiva pós-moderna possam sentir que essa verdade é apenas uma narrativa pessoal, e não é absoluta. Em contraste, meu mito terapêutico pessoal – que pode soar antiquado aos pós-modernos dedicados – me diz que cada personalidade apresenta uma verdade objetiva, e essa descoberta tem um efeito útil.

Amor na relação terapêutica

Tradições religiosas muitas vezes enfatizam o poder transformador do amor. Como os terapeutas estão interessados em qualquer coisa que contribua para a transformação, vale a pena considerar o papel do amor na psicoterapia, onde o amor com frequência surge. É verdade, como São Paulo diz, que o amor "tudo desculpa, tudo crê, tudo espera, tudo suporta" (1Cor 13,7), então, uma força poderosa assim tem de ser importante para os terapeutas espiritualmente orientados. Nossa tarefa é compreender um pouco de suas vicissitudes e discernir sua relevância psicológica e espiritual para a pessoa e para o processo terapêutico.

---

38. A atitude de Bion é reminiscente da ênfase de Krishnamurti na importância à atenção indiferente a o-que-é, ideia que será mais bem discutida no capítulo 8.

Houve muitas tentativas de definir o amor, mas nenhuma é satisfatória, parcialmente porque a palavra parece ter muitos significados. Usamos a mesma palavra para experiências que são pessoais e transpessoais[39]. Explicações para a existência do amor vão do neurológico ao comportamental e psicanalítico (Lewis, Amini, & Lannon, 2000; Sternberg & Barnes, 1988; Sternberg & Weis, 2006). Fromm, por exemplo, define a essência do amor humano como um tipo de doação correta que não cria dívida (1956, p. 36). Ele provavelmente está tentando chegar à função vinculadora do amor, que impede o isolamento e encoraja a participação e o serviço aos outros. Porém esse comportamento parece ser o resultado do amor, em vez do amor-próprio, e uma definição assim não explicaria experiências como a seguinte:

> Um dia, estava varrendo as escadas [...] quando, repentinamente, fui dominada, soterrada, preenchida [...] com uma sensação de um *amor* [destaque dos autores] mais sublime e vivo. Não somente me afetou, mas pareceu trazer tudo à minha volta à *vida* [destaque dos autores]. A vassoura em minha mão, minha pazinha de lixo, as escadas, pareciam se vivificar com amor. Eu não parecia mais eu, com meus problemas e inconveniências triviais, mas parte desse poder infinito de amor, tão completo e surpreendentemente maravilhoso que a gente sabe imediatamente o que os santos compreenderam. Pode ter sido apenas um minuto ou dois; ainda assim, essa breve partícula de tempo pareceu a eternidade (Cohen & Phipps 1979, p. 70).

Não seria possível dizermos o que possuiu essa pessoa, caso ela tivesse de descrever essa experiência numinosa na sala de terapia. O que quer que tenha sido, não foi simplesmente um produto de sua história desenvolvimental. Seria redutivo explicá-la inteiramente em termos da teoria psicodinâmica, como uma repetição de sentimentos que experienciou pela primeira vez em relação aos seus objetos iniciais. Na verdade, tentar uma explicação assim seria arriscar trivializar sua experiência. Sua descrição revela uma experiência

---

39. Os gregos distinguiam entre *epithemia*, desejo no sentido de sensualidade, a necessidade de contato, sustentação e toque; *philia*, amor ou amizade, do tipo que enche alguém de alegria; e *eros*, com conotações mais sexuais, envolvendo muitas vezes êxtase, sofrimento e uma necessidade de fusão em um nível emocional. *Ágape* é mais desconectado e, para os gregos, significava amor de um deus por um indivíduo, que não era necessariamente assexual, embora seu significado tenha mudado aos poucos para indicar um tipo espiritualizado de amor.

de paradoxos de amor: embora o amor seja uma experiência de dimensão transpessoal, ao mesmo tempo parece intensamente pessoal.

    A natureza do amor é um mistério, de modo que Krishnamurti (1984) está certamente correto quando diz que só podemos dizer o que o amor não é. Ele indica que o amor não é desejo, prazer, possessividade, desejo sexual, dependência, dor pela ausência ou quaisquer outros sentimentos que possam ser confundidos ou associados a ele, que são todos preocupações do ego. Está na moda dizer que há vários tipos de amor, de modo que o amor erótico é diferente do amor espiritual ou *ágape*; que, por sua vez, é diferente do amor da amizade, e assim por diante. Ou seja, quando descrevemos a ideia de amor em termos específicos, não estamos falando sobre essa forma misteriosa de amor transpessoal que elude toda definição – "o amor que", segundo Dante (1314/2017), "move o sol e outras estrelas". É por isso que Jung escreveu que o amor é primitivo, primevo e "mais espiritual do que qualquer coisa que possamos descrever [...]. É um segredo eterno" (1976, p. 298). Os psicoterapeutas podem ser capazes de ver o que fica no caminho do amor e descrever algumas das condições necessárias para que floresça, mas nada disso explicar a natureza desse sentimento. Como Jung indica, na Antiguidade, Eros era considerado um deus que não podia ser compreendido ou representado. Não há linguagem adequada para expressar o amor transpessoal, que é, nas palavras de Jung, "um *kosmogonos*, um criador e pai-mãe de toda consciência mais elevada" (1961/1965, p. 353)[40]. De acordo com Jung, somos as vítimas e os instrumentos do amor cosmogônico, que é algo superior à pessoa. Ele sugere que, como o amor é um todo indivisível, não podemos compreender sua natureza, uma vez que somos uma parte em vez do todo. Estamos à mercê do amor; podemos aceitá-lo ou nos rebelar contra, contudo somos sempre pegos e confinados a ele, dependentes e sustentados por ele. O amor é nossa luz e nossa escuridão, cujo fim não podemos ver. Deveríamos "nomear o desconhecido pelo mais desconhecido [...] ou seja, pelo nome de Deus" (Jung, 1961/1965, p. 354). O amor pode ser uma ponte para a experiência do divino, mas ao mesmo tempo apresenta um aspecto perigoso que pode ser destrutivo, de modo que, como qualquer processo espiritual, deve ser temperado o tanto quanto for possível por percepção, consciência e diferenciação. Ou seja, em prol do equilíbrio, o amor necessita ser combinado a um grau do *logos*; ou seja, da razão.

---

40. *Kosmogonos* se refere àquele princípio que criou o universo.

Se o amor vai ou não aparecer, isso está além de nosso controle; o melhor que podemos fazer é permitir as condições para que esse sentimento surja, e quando surgir, o melhor que podemos fazer é prestar atenção cuidadosa nele, esperando pelas suas exigências. Se não podemos dizer o que é o amor, sabemos das coisas que ele é capaz e reconhecemos a presença de seus efeitos. Walter Hilton, um sacerdote do século XIV, expressou isso bem quando disse que o "amor trabalha sábia e suavemente em uma alma quando quer, pois mata poderosamente a ira e a inveja e todas as paixões de raiva e melancolia, e traz para a alma as virtudes de paciência e moderação, sossego e amizade" (Cohen & Phipps, 1979, p. 60). Para os terapeutas, essas virtudes são importantes quando sentimos ambivalência, ódio ou raiva da pessoa com quem estamos trabalhando – o que às vezes acontece –; todavia, devido ao amor, somos capazes de ao menos tentar ser terapêuticos em vez de praticar a retaliação. Winnicott (1947) enfatizou a importância ou inevitabilidade do ódio, que por vezes tem de ocorrer antes que o amor possa ser tolerado. A teoria psicoterapêutica nos diz como nos comportar nessas circunstâncias, mas, a despeito de nosso conhecimento técnico, no nível do coração, somente o amor é poderoso o bastante para conter nossos sentimentos destrutivos. Quando esses surgem, a capacidade dos terapeutas para amar se torna uma preocupação consciente, porque a incapacidade de amar é um problema doloroso quando estamos trabalhando com pessoas que parecem indignas de amor. Mesmo sob circunstâncias comuns, a carga de sofrimento humano – a quantidade e intensidade de necessidade – muitas vezes parece sobrepujar a capacidade dos terapeutas de amar.

Poderíamos construir um bom argumento em favor da ideia de que embora o amor não seja suficiente em si, é um ingrediente essencial do processo de psicoterapia efetiva[41]. O campo da psicoterapia profunda começou com a descoberta de Freud de que a maior mudança na psique dos pacientes exige amor. Ele descreveu isso em termos de amor erótico na transferência, porém esse é somente um aspecto de um processo maior. É um evento importante quando o amor ocorre na psicoterapia, mas descrevê-lo somente em termos de uma repetição na transferência de relações de objeto iniciais, ou como a projeção da *anima* ou *animus*, ou como uma tentativa de reparação pelo dano de nossos objetos iniciais, não representa a história inteira

---

41. Aqui, não distingo amor de compaixão, que, como Lewin (1996) indicou, é um valor central que *anima* a psicoterapia.

(Racker, 1968). Esses construtos intelectuais não lhe fazem justiça. Reduzir o amor a um fenômeno intrapsíquico é ignorar a realidade da outra pessoa. Seria melhor pensar o amor como uma experiência autônoma e transpessoal. Quando surge na sala de terapia, é melhor reconhecê-lo como um convidado divino; temos, então, de ser anfitriões adequados para ele.

Apaixonar-se pelos terapeutas (ou por qualquer outra pessoa) leva a uma repetição das dinâmicas relacionais iniciais, com suas necessidades, anseios e frustrações. O amor romântico, ou amor na transferência, pode, portanto, estimular o processo de individuação, porque quando amamos, invariavelmente nos deparamos com problemas que são importantes matérias-primas para a jornada de individuação. Encontramos nossa sombra, ciúmes, solidão, o desejo de possuir outrem, qualidades sobre nós mesmos e sobre quem amamos que gostaríamos de mudar, e assim por diante. Consequentemente, a literatura psicanalítica tem uma visão ressentida do amor, e tende a focar sua dinâmica sexual e sua patologia em vez de seus aspectos positivos (Kernberg, 1995; Rubin, 2004). Psicanalistas clássicos são basicamente céticos sobre o poder curativo do amor, embora tenha havido importantes exceções, como Fromm, que enfatizou a importância do amor na psicoterapia; e Ferenczi, que acreditava que "os pacientes estão doentes porque não foram amados" (Thompson, 1943, p. 64), de modo que o amor é indispensável para o processo de cura. Ferenczi (1926/2000, 1995) apresenta o importante argumento segundo o qual os terapeutas não podem simplesmente decidir amar; o amor tem de emergir espontaneamente. Influenciado por Ferenczi, Suttie declarou que o amor parcial não pode ser curativo, e "o amor dos médicos cura os pacientes" (Suttie, 1935, p. 212).

Até recentemente, poucos autores reconheceriam que terapeutas muitas vezes amam seus pacientes, mas essa possibilidade está gradualmente se incorporando na literatura. Natterson (1996) sugere que a psicoterapia é um processo de amor mútuo no qual a capacidade dos terapeutas de subordinar sua subjetividade fomenta a realização do amor e o desenvolvimento do si-mesmo dos pacientes. Shaw (2003) diferencia amor analítico de amor romântico; sexual; e de contratransferência, ainda que ao mesmo tempo indique que a busca por amor e pelo sentido de ser amado esteja no centro da psicanálise; o que, de fato, motiva ambos os participantes, não apenas os analisandos. É quase desnecessário acrescentar que a presença do amor na sala de terapia não exclui a técnica psicoterapêutica padrão, a manutenção de uma estrutura e o comportamento responsável.

Reconhecer que esse amor é um processo transpessoal o torna sagrado. Clínicos têm sido tímidos em descrever isso desse modo, preferindo usar termos científicos, contribuindo, com isso, para um isolamento artificial entre psicoterapia e espiritualidade. Ao mesmo tempo, é importante reconhecer que só o amor não será suficiente para ajudar as pessoas com quem trabalhamos. Necessitamos também de uma base teórica consolidada quanto aos aspectos clínicos da psicoterapia, assim como a consciência de que os terapeutas não representam a fonte de amor, mas somente um veículo de expressão.

Em geral, apaixonar-se tem uma reputação mista, e o amor romântico é desfavoravelmente contrastado com outros tipos, mais duradouros ou sérios, de amor. Shideler faz uma descrição incisiva acerca da ampla gama de atitudes para com o amor romântico:

O evento é descrito como ridículo, sublime, um episódio transitório apropriado somente para adolescentes, uma forma de insanidade temporária, a única justificação para viver em qualquer idade, normativo, normal, anormal, patológico, e um bom prazer saudável e limpo. Sem dúvida, é todas essas coisas (Shideler, 1962, p. 29).

A experiência repentina do amor, uma queda involuntária no sentido verdadeiro da palavra, pode ser radicalmente transformadora. Quando estamos "apaixonados", somos despertados para o amor transpessoal que está dentro e em torno de nós, de modo que tudo parece um pouco diferente, mais inteiro. Diz-se, muitas vezes, que isso ocorre porque o amante está temporariamente vivendo em um mundo de ilusão, idealização e projeção, uma aberração perceptual temporária ou quase loucura. Mas, talvez, o amor remova as viseiras produzidas pela realidade mundana, e o amante esteja de fato vendo o mundo da forma como ele realmente é – vivificado pelo amor. Talvez, nosso estado mental comum sem amor seja a verdadeira ilusão, e o amor seja uma das fontes de transcendência autêntica. No nível mundano ou egoico, o ser amado é um indicador para o amor de Deus, ou, como as tradições espirituais não duais diriam, no nível absoluto. Em outras palavras, sugiro que estar apaixonado é um estado mental que reflete mais estreitamente a realidade que nossa consciência ordinária é capaz de produzir. Pode ser por isso que Platão reconheceu que o amor nos dá uma abertura ao conhecimento do mundo espiritual.

A noção de que a experiência do amor romântico é uma experiência do divino foi chamada de "teologia romântica" por Charles Williams (1990), que a descreveu de uma perspectiva especificamente cristã[42]. Um aspecto importante da história de Jesus é que o amor sempre leva a alguma forma de crucificação. Podemos ler a história dos evangelhos como uma metáfora para a forma pela qual o amor é cravado na cruz da realidade material. Todavia, o fato de que o amor parece falhar, ou falha em relação à sua permanência, não significa necessariamente que isso foi um simples fenômeno ilusório desde o início. Como todos os estados mentais espiritualmente importantes, o amor autêntico pode ser erodido pelas exigências do ego, por problemas narcisistas, pela repetição de relações de objetos iniciais patogênicos inconscientes, ou por necessidades imaturas de auto-objeto. Esses fatores atuam como barreiras para o amor, e seu avanço na psicoterapia ajuda o desenvolvimento espiritual e psicológico.

Na psicoterapia, temos de ter em mente a relação entre poder e amor. Em uma carta, Jung sugere que mesmo a vontade de ajudar pacientes pode não ser legítima se for motivada pelo poder. Ajudar, assim, pode ser uma intrusão na vontade de outros, de acordo com Jung: "Sua atitude deve ser aquela de alguém que oferece uma oportunidade que pode ser aceita ou rejeitada. De outro modo, você provavelmente vai se encrencar" (1976, p. 83). Vemos esse tipo de intrusão muito claramente entre religiosos que pensam que sabem o que é certo para as almas de outras pessoas. É fácil maltratar uma pessoa na mesma religião, insistindo que está agindo por amor, mas com uma completa falta de empatia. Vemos um tipo similar de violação quando os terapeutas têm um "plano de tratamento" ou um "objetivo" terapêutico que é baseado ou em uma suposição, dirigida pelo ego, de que os terapeutas podem compreender o destino próprio da pessoa; ou em uma noção teórica particular de saúde mental. A imposição de um plano de tratamento pode exigir uso de poder e submissão à agenda dos terapeutas, que pode repetir um cenário da infância. Uma abordagem mais respeitosa é seguirmos a direção que a alma quer indicar, sendo respeitosos para com a qualidade da relação terapêutica em desenvolvimento, que é guiada pelo Si-mesmo e não pelo ego.

O perdão na psicoterapia

---

42. Williams identificou amor com Jesus Cristo; para ele, a teologia romântica era uma cristologia.

O perdão é uma virtude espiritual tradicional cuja importância psicológica (McCullough, Pargament, & Thoreson, 2000; Worthington, 1998) e filosófica (Downie, 1965; Horsbrugh, 1974; Lewis, 1980) é cada vez mais reconhecida. Além de suas implicações espirituais, o perdão, ou a falta dele, tem efeitos importantes na saúde física e emocional. Contudo, é um bom exemplo das formas pelas quais obstáculos psicológicos poderosos podem dificultar ou impossibilitar um ensinamento espiritual. Quando somos magoados, raiva e ressentimento são reações humanas compreensíveis, e esses sentimentos são particularmente difíceis de renunciar quando alimentam nossa capacidade de resistir ao abuso e à injustiça, e permitem que lidemos com a situação em vez de colapsarmos. A raiva nos ajuda a manter a autoestima diante da humilhação, e, quando se torna crônica, transforma-se em ódio. Odiar os ofensores é um modo de impedir sentimentos de impotência e fraqueza, porque o ódio energiza a personalidade, tornando-se, portanto, viciante e difícil de abordar. Nosso ultraje ao sermos agredidos é um modo poderoso de comunicar ao agressor que fomos magoados, e isso costuma atrair o apoio da família e de amigos, embora a raiva persistente contra o algoz tenda a ter um efeito alienante, tornando o estabelecimento de novas relações mais difícil. Se permanecermos raivosos e ressentidos por um longo período, o estresse da sobre-excitação crônica contribui para doenças cardíacas, estados imunológicos prejudicados e outras doenças (Diamond, 1982). Perdoar não só melhora a saúde física, como também permite a paz de espírito e a autoeficiência.

Um modo de pensar sobre perdão é imaginar que uma ofensa provocou uma dívida interpessoal e que, a fim de perdoar, temos de cancelar a dívida, abrir mão da necessidade ou do direito de retaliar, renunciar ao ressentimento e ao desprezo pelo agressor, e não carregar um rancor contínuo (Baumeister, Exline, & Sommer, 1998). Esse problema surge na psicoterapia quando trabalhamos com memórias de abuso por pais de quem a pessoa ainda tem raiva ou durante a terapia com casais. Uma pessoa com um superego severo pode achar difícil se perdoar por uma falha pessoal, levando-a à autopunição, ao autorrespeito diminuído, à depressão, ou, por vezes, ao mecanismo de defesa de desfazer a tentativa inconsciente da pessoa de apagar algo que fez para tentar expiar sua culpa. Alguns rituais religiosos e alguns trabalhos voluntários e serviços a outros envolvem esse mecanismo.

Podemos tomar a decisão de perdoar ofensores e então sermos incapazes de fazê-lo, porque a raiva e o ressentimento persistem. Isso provoca problemas particulares quando a vítima de uma ofensa está comprometida com uma tradição como o cristianismo, que enfatiza o perdão – "Como o Senhor vos perdoou, assim perdoai também vós" (Cl 3,13). Nesse caso, a incapacidade de perdoar pode levar à manifestação da vergonha ou da culpa, que sobrecarregam a pessoa muito depois da ofensa original. Não só isso, os cristãos aprendem que se uma pessoa não perdoa as outras, suas transgressões não serão perdoadas por Deus (Mt 6), um ensinamento que coloca uma enorme carga emocional em religiosos sinceros. Tentar perdoar com base no mandamento de uma escritura pode levar uma pessoa à negação de sua raiva e mágoa.

Psicoterapia com uma pessoa ressentida significa que os terapeutas terão de caminhar numa linha tênue; perdoar prematuramente produziria uma negação artificial da tristeza e da raiva em ser magoado, o que deve ser explorado e trabalhado para que o perdão possa ser autêntico. Os terapeutas podem precisar indicar que o ato de perdoar é usualmente um processo gradual. Podemos desejar perdoar completamente alguém, mas, na prática, o perdão é por vezes hesitante, incompleto ou dependente de que novas ofensas não sejam infligidas. Quando a vítima se sente humilhada ou desvalorizada pela ofensa, o dano à sua autoestima deve ser reparado antes que o perdão seja sequer tentado. Além disso, a situação atual pode ser a de um padrão recorrente de abuso, que pode remontar à infância. Em um caso assim, uma nova ofensa se conecta a um reservatório de ressentimentos que nunca foram expressos, e a vítima pode acabar sentindo o que parece ser uma raiva irracional dos ofensores.

Mesmo que a pessoa queira perdoar, uma variedade de fatores conscientes ou inconscientes impedem o perdão, como os seguintes:

• O desejo de permanecer no papel de vítima, que dá à pessoa uma vantagem e pode levar a benefícios financeiros ou outros, como um senso de superioridade moral;

• Presença de sofrimento ou tristeza contínuos por uma perda importante provocada pelos agressores;

• Vergonha persistente da pessoa em ser abusada ou ofendida, porque seu senso de valor próprio foi prejudicado;

- Insistência em que a justiça é mais importante do que o perdão e a compaixão. Essa atitude é mais uma função da estrutura do caráter do que da lógica;
- Preocupação de que o perdão será visto como um sinal de fraqueza;
- Preocupação de que o perdão será equiparado a tolerar a ofensa;
- Preocupação de que o perdão será visto como falta de autorrespeito ou vulnerabilidade excessiva;
- Tentativa de perdoar prematuramente, antes que a ofensa tenha sido reparada. Isso costuma ser uma forma de negação;
- Medo de que o perdão levará a mais abusos;
- Incapacidade da vítima de ser empática com o algoz, ou de ver quaisquer circunstâncias mitigadoras, de tal modo que impossibilita a compreensão do motivo pelo qual a ofensa ocorreu;
- Necessidade persistente de fazer o agressor perceber o quanto a pessoa está magoada;
- Necessidade persistente de forçar os ofensores a reconhecerem a culpa e assumirem a responsabilidade;
- Necessidade persistente de algum tipo de reparação por parte do algoz;
- Raiva narcisista persistente com relação ao agressor, com fantasias de vingança e retaliação;
- Abuso ou traição que despertou novamente uma dinâmica infantil similar;
- Ausência de sinais de arrependimento e explicações por parte dos ofensores;
- Projeção das dificuldades de caráter da própria vítima sobre o algoz.

O perdão é encorajado pela conscientização de que a sensação do si-mesmo ferido é, na verdade, um ferimento da imagem que temos de nós, ou seja, de que o que foi atingido foi a forma como gostamos de pensar sobre nós, o que é uma narrativa condicionada social e psicologicamente. Enquanto não perdoamos, estamos muitas vezes nos apegando a essa imagem em uma tentativa de fortalecê-la ou sustentá-la, às vezes porque um senso ressentido de superioridade moral em relação ao agressor faz a pessoa se sentir melhor sobre si. Essa percepção permite uma mudança de consciência – ou talvez uma mudança de consciência permita que ela ocorra; é difícil dizer o que vem primeiro, ou se ocorrem juntas. De qualquer modo, se lembrarmos que nosso nível mais profundo de identidade não é essa imagem, fica mais fácil perdoar. Quando vemos que somente nossa autoimagem foi afetada, é mais provável que lembremos que nossa essência espiritual – quer a chamemos consciência-testemunha, Si-mesmo, natureza-Buda, consciência de Cristo, Purusha, Átma ou divino interior – permanece inviolável. Ter isso em mente enquanto lidamos com o problema do perdão nos leva a uma interface de prática psicoterápica e espiritual. Para os terapeutas, trabalhar raiva e mágoa usualmente é mais importante do que discutir nossa essência espiritual, de modo que o momento oportuno de uma discussão sobre imagem em vez de essência requer tato e sensibilidade com relação ao estado mental da pessoa. Se a pessoa foi ofendida, pode saber cognitivamente que é "apenas" sua autoimagem que está ferida, mas compreender essa realidade pode não interromper o sofrimento. Diante de turbulência emocional severa ou grandes problemas caracterológicos é inútil indicar que a essência espiritual da pessoa não é seu corpo, mente ou personalidade. É difícil traduzir esse *conhecimento* em uma *experiência* dessa verdade.

Alguns tipos de patologia de caráter tornam o ato de perdoar mais difícil. Uma estrutura de natureza narcisista atua como um sério obstáculo ao perdão porque preclude a empatia para com os ofensores e impede a humildade que o ato de perdoar exige. Quando os agressores têm um caráter narcisista, pode ser muito vergonhoso reconhecer a ofensa. A necessidade dos narcisistas em manter a autoestima, desviar a culpa e evitar a vergonha é mais importante do que manter uma relação com a vítima. A patologia de caráter masoquista pode fazer a vítima negar a gravidade do abuso, inclusive defender o seu algoz. Em um caso assim, os terapeutas podem ter de ajudar o paciente a reconhecer a severidade da violência sofrida e as dinâmicas interpessoais envolvidas, antes que o processo do perdão esteja sequer no horizonte terapêutico. Inversamente, algumas pessoas paranoides são tão sensíveis a insultos interpessoais que identificam ofensas onde não houve. Psicopatas são notoriamente inflexíveis, assim como obsessivos com um superego severo. Há muitos indivíduos que são capazes de perdoar os outros, mas não a si. Em todas essas situações, é útil lembrar que, para os terapeutas, o perdão, ou a falta dele, é um problema psicológico, não moral, da forma como é para teólogos e filósofos. É inútil para os terapeutas falarem sobre a importância do *ágape* aos pacientes-limite, com raiva por terem sofrido recentemente alguma injúria, manifestando uma sensação fragilizada do si-mesmo.

Trabalhos um pouco mais recentes nessa área (McCullough, Worthington, & Rachal, 1997) sugerem que o grau de sinceridade do pedido de desculpas que uma pessoa recebe afeta a probabilidade do perdão. De fato, algumas retêm o perdão, a menos que os ofensores estejam obviamente arrependidos, embora outros teóricos insistam que perdoar é um estado mental da vítima e nada tem a ver com o comportamento do algoz. Entretanto, o comportamento conciliatório e as tentativas de reparação por parte do agressor aumentam a probabilidade do perdão, da mesma maneira que uma atitude razoável por parte da vítima tem uma tendência maior de levar o algoz ao arrependimento. Ao considerarmos o comportamento prejudicial ou abusivo, ajuda se pudermos empaticamente nos imaginar na posição dos ofensores e entender por que se comportaram de uma forma prejudicial. Poderíamos inclusive ser capazes de nos imaginar comportando-nos de um modo similar sob certas circunstâncias, o que tende a amenizar nossa sensação de ultraje ao sermos ofendidos. Contudo, a preocupação com o próprio sofrimento e a necessidade de se apegar a um sentimento de ressentimento para fortalecer a autoestima torna difícil levar em consideração os motivos daquele que praticou a agressão.

O problema para os terapeutas surge com uma resposta de contratransferência em que eles se *sobreidentificam* com a dor da vítima. É difícil encorajar o perdão nos outros, se os terapeutas têm problemas em perdoar seus algozes. A necessidade pessoal de perdoar pode surgir no contexto de uma transferência negativa, na qual quem analisa a situação passa a representar o alvo da raiva, ódio e inveja.

Por vezes, é importante que os terapeutas ressaltem que perdão não é o mesmo que reconciliação. Perdoar não significa aceitar o comportamento dos agressores ou considerar a ofensa irrelevante. Tampouco, o fato de perdoar o agressor significa que é preciso manter uma relação, ou mesmo ser capaz de confiar nele no futuro. Por exemplo, uma esposa abusada pode perdoar seu marido porque compreende que ele foi abusado durante a infância, porém ainda assim pode decidir pelo divórcio. Predadores sexuais, de maneira geral, foram abusados sexualmente quando crianças, e, embora isso não escuse seu comportamento ou impeça consequências legais, permite um certo grau de compreensão. Conforme Holmgren (1993) indica, podemos perdoar aos agressores como indivíduos; entretanto, não incluí-los em tipo algum de relação próxima; podemos perdoar, mas não esquecer. Perdão, portanto, não é absolvição; os agressores podem ainda ter de sofrer uma penalidade legal. No fim, não depende de os terapeutas decidir se alguém "deveria" perdoar, ou não, uma ofensa; algumas pessoas assumem a posição de que nunca o farão. Qualquer que seja sua decisão, há um elemento de graça envolvido; o perdão pode acontecer espontaneamente, sem qualquer razão óbvia.

Em um contexto cultural mais amplo, o problema do perdão tem implicações importantes para a questão da existência de possíveis ofensas imperdoáveis contra a humanidade. Se realmente compreendemos todos os fatores sociais, arquetípicos e desenvolvimentais que produziram sujeitos como Hitler, Saddam Hussein ou um assassino cruel comum, e dada a noção de destino individual, alguém assim poderia ser verdadeiramente perdoado? Para reiterar: perdoar não significa absolver, e não impede penalidade legais. A despeito de nosso ultraje e repulsa para com indivíduos assim, é questionável que a resposta tenha de ser afirmativa por várias razões. Primeiro, porque reconhecemos que esses sujeitos estão na posse de forças emocionais que não podem controlar. Do mesmo modo, se tratamos um indivíduo de forma desumana, tornamo-nos um pouco como ele, e tendemos a perpetuar sua patologia. Em última análise, devemos lembrar que mesmo essas pessoas são expressões do Si-mesmo.

As feridas no ego ou em nossa sensação do si-mesmo podem ser uma ponte para o desenvolvimento espiritual, por exemplo, quando o luto ou a dor levam à autêntica entrega espiritual. Alguns autores compreendem o crescimento psicológico e espiritual como linhas diferentes de desenvolvimento que ora se cruzam e ora são distintas. Sugiro que a necessidade de perdoar ilustra o fato de que muitas vezes não há diferença entre a espiritualidade de uma pessoa e a sua psicologia. Nesses momentos, lidar com a vida emocional de alguém se torna uma prática espiritual em si.

Nesse contexto, temos de ser cuidadosos em relação ao que Welwood (2002) chamou de "desvio espiritual". Isso significa que um sujeito usa ensinamentos e técnicas espirituais para evitar dificuldades psicológicas e problemas da vida cotidiana. Por exemplo, alguém pode viver em um monastério que exige castidade como parte da prática espiritual da tradição. Mas, a razão inconsciente de estar lá é evitar ou conter um ímpeto sexual. Outra pessoa não se permitirá sentir raiva porque isso significaria um sentimento "não cristão" da parte dela; porém, na realidade, enfatiza o perdão basicamente porque tem medo da própria raiva. Desapego pode ocultar distanciamento e ausência de capacidade para intimidade, enquanto "renunciar" ou perdoar pode ser um disfarce para submissão masoquista. Alguns religiosos são intolerantes para com sua carência ou egoísmo, interpretando-os como falhas morais ou espirituais. Para negar esses sentimentos, eles se tornam ajudantes compulsivos de outras pessoas. Elas racionalizam seu autossacrifício como uma obrigação espiritual, muitas vezes ao ponto de ignorarem suas necessidades legítimas. Para outras, a prática espiritual é usada narcisisticamente para ampliar a sensação do si-mesmo, para permitir a sensação de superioridade em relação àquelas não praticantes. Em outras palavras, a busca espiritual tem motivações inconscientes, e nossa espiritualidade pode de fato ser um disfarce para dificuldades emocionais. Na terapia, podemos lidar com essa situação da mesma forma como lidamos com qualquer outra operação defensiva: com tato e sensibilidade, e no momento adequado. Os terapeutas têm de esperar até que o vínculo entre si-mesmo e auto-objeto seja seguro o bastante para tratar dessa defesa.

A esperança na psicoterapia

A importância espiritual e psicológica da esperança dificilmente pode ser exagerada. Todas as tradições teístas do mundo enfatizam essa relevância, uma vez que a capacidade de ter esperança está intimamente conectada à fé no divino. Contudo, embora tradições religiosas a recomendem sem reservas; para os psicoterapeutas, a situação é mais complexa porque esperança e desesperança estão intimamente conectadas à psicodinâmica da pessoa. Se os terapeutas simplesmente recomendarem esperança, isso poderia significar uma preterição dessa dinâmica, que deve ser compreendida para que a fala acerca dela possa ser útil.

É comum para os psicoterapeutas serem confrontados com uma pessoa que desistiu completamente da esperança. Quando trabalham com uma pessoa em desespero, é difícil saber como responder. Tentar instilá-la em uma pessoa assim pode parecer grosseiramente não empático, fazendo com que a pessoa sinta que os terapeutas não compreendem realmente o quanto as coisas estão mal. Tentativas de encorajamento podem levar à sensação de que os terapeutas não podem tolerar estar com a pessoa, o que só piora a situação. Todavia, qualquer que seja sua atitude consciente, o fato de que a pessoa veio à terapia implica que a esperança não está morta. Para elucidar esse dilema, vale a pena discutir a natureza desse sentimento, embora seja difícil fazer uma descrição sobre isso que satisfaça todos os profissionais.

Parte da complicação é que nosso estado afetivo influencia radicalmente nossa capacidade de ter esperança, e não temos uma abordagem consensual a adotar[43]. Contudo, muitos terapeutas concordariam que um grau de esperança parece ser um aspecto de uma disposição normal e de um sentido saudável do si-mesmo, enquanto a desesperança é um traço comum da depressão e de uma sensação do si-mesmo em colapso. Muitas vezes, vemos desesperança combinada a um vazio interno doloroso.

A esperança implica o futuro; é um estado mental que nos permite buscar algo que está faltando, acompanhado pela sensação de que podemos encontrá-lo. Ela nos permite tolerar a incerteza sem colapsar. No nível consciente, surge de uma avaliação ou apreciação da realidade que está vinculada às nossas intenções e ao nosso desejo e vontade, parte de um espectro que inclui anseio e expectativa. Outra fonte de esperança reside no inconsciente, que resulta de um repositório de experiências desenvolvimentais anteriores nas quais a ajuda chegou quando necessitávamos dela. Consequentemente, não decidimos ter esperança; ela pode emergir à consciência, tal qual um ato de graça, e então concordamos com ela ou não. A perda total de esperança dá origem ao desespero, que poderia ser considerado a antecipação de que perda, fracasso e derrota são certos, combinada à ausência da capacidade de aceitar ajuda quando oferecida. A esperança nem sempre é positiva, uma vez que podemos ter esperança de morrer, por exemplo. Paradoxalmente, a desesperança pode estimular a raiva que motiva a ação, o que pode revitalizar uma sensação do si-mesmo.

Para os psicoterapeutas, as questões importantes são os efeitos da esperança e da desesperança na terapia, e o problema de por que algumas pessoas são capazes de lidar com estresse severo, permanecendo esperançosas, e outras não. Esse problema é importante porque sabemos que a capacidade de manter a esperança é uma das variáveis positivas em situações perigosas. Desesperança e desespero persistentes estão associados a prognóstico deficiente em pessoas com tumores malignos. Constatou-se que a esperança aumenta a sobrevivência em guerras, campos de concentração, desastres naturais e

---

43. Há abordagens evolucionárias do afeto, abordagens psicofisiológicas, visões psicodinâmicas, teorias cognitivas e motivacionais do afeto. Muitos pesquisadores concordam que a emoção é um mecanismo sinalizador que evoluiu de modo que o bebê pode evocar a resposta necessária de seus cuidadores. A emoção é parte da tentativa da pessoa de lidar com seu ambiente e está relacionada ao significado que atribuímos aos eventos.

entre pessoas com deficiências severas (Jacoby, 1993)[44]. Frankl (2006) registrou uma incidência maior de morte entre vítimas de campos de concentração cuja libertação era esperada, mas que demorou tempo o bastante para destruir sua esperança. Nas últimas mensagens de presos de campos de concentração nazistas, várias pessoas falaram de estarem surpresas de se encontrarem esperançosas durante seus dias finais (Gollwitzer, 1956). Frank (1963) indicou que quando os norte-coreanos manipularam a avaliação de prisioneiros americanos quanto à situação destes, o efeito no sentimento de esperança dos prisioneiros foi devastador. Claramente, fatores como este são relevantes nessas situações. Desesperança – a sensação de que não temos controle sobre nosso destino – é muito debilitante.

Antropólogos descrevem culturas tribais nas quais pessoas morrem logo após serem condenadas por um curandeiro e expulsas da comunidade – a assim chamada "morte vodu", que pode se dever ao terror e à desesperança (Cannon, 1932). Em contraste, muitos médicos conhecem casos de pacientes terminais que sobrevivem enquanto esperam por um evento familiar importante como um casamento, após o qual morrem rapidamente. Kübler-Ross (1969) indica que não importa em qual estágio os pacientes estão no processo de morte, a esperança é a única coisa que está presente em todos eles. Susan Bach (1966) encontra esperança nas pinturas de crianças terminalmente doentes.

A despeito de seus efeitos aparentemente positivos, na literatura sobre esperança podemos detectar duas tendências distintas. De um lado, a esperança é exaltada como inspiradora, energizante, capaz de manter as pessoas vivas em diferentes situações e indispensável para nosso bem-estar. São Paulo elogiava a fé, a esperança e o amor. Santo Tomás de Aquino acreditava que fé, esperança e caridade eram virtudes sobrenaturais "infundidas" que nos dirigem ao divino. A esperança é central à escatologia cristã devido à promessa divina de um futuro melhor. Bloch, conforme a obra de Meissner (1987), diz que "onde há esperança, há religião" (Meissner, 1987, p. 174). Até teóricos marxistas acreditavam na esperança, embora fosse considerada puramente humana, que é criativa e não utópica, dirigida para transformação do mundo, para o melhor, e visando à libertação das pessoas da alienação. Todavia, escritores de inclinação existencialista

---

44. Conforme ato 3, cena 1 de *Medida por medida*: "O miserável não tem outro remédio, mas apenas esperança" (Shakespeare, 1604/2019).

indicam que a esperança também pode ser impraticável, ilusória e falsa, e mesmo destrutiva, quando nos impede de focar no presente. Ela pode nos desviar de nossas responsabilidades e preparar o caminho para desapontamentos. Albert Camus descreve o herói absurdo, Sísifo, condenado a empurrar pela eternidade uma rocha montanha acima, apenas para vê-la descer novamente. Para Camus, Sísifo é maior do que seu destino, porque mesmo consciente de que não tem esperança de ser bem-sucedido, não se desespera. O autor propõe que enfrentemos a desesperança da finitude em vez de aceitar o salto de fé irracional dos religiosos. Kast, contudo, sugere não só que o comportamento de Sísifo revela uma esperança oculta, como também considera Sísifo o "herói supremo do ego" (Kast, 1991, p. 142). Para ela, embora os existencialistas franceses alertassem contra os perigos da falsa esperança, a atitude de Camus é parcial porque a paisagem de Sísifo é solitária, sem relações, para não mencionar o fato de que a vida pode ser muito significativa mesmo quando empurramos nossas rochas sobre montanhas pessoais. A tarefa de Sísifo foi uma punição pelo crime de tentar trapacear a morte, de modo que o mito pode se referir mais ao absurdo dessa tarefa particular do que ao absurdo da vida em si.

Os gregos por vezes condenavam a esperança como uma ilusão e uma maldição, porque o destino era determinado e imutável. Para Ésquilo, ela é "o alimento de exilados" e "uma flor que nunca frutifica" (Zieger, 1946, p. 41). Alguns poetas do século XIX desaprovavam a esperança: Shelley escreveu: "pior do que o desespero, pior do que a amargura da morte, é a esperança" (Reading, 2004, p. 176). Nietzsche disse que "a esperança é o pior de todos os males, porque prolonga o tormento humano" (1878/1996, p. 45). Emily Dickinson escreveu enigmaticamente: "Esperança é a coisa com penas / Que pousa na alma, / E canta a melodia sem as palavras, / E jamais cessa" (1976, p. 116).

Muitos psicoterapeutas contemporâneos enfatizam os benefícios curativos da esperança e tentam evocá-la nas pessoas com quem trabalham (Yahine & Miller, 2006). Historicamente, psicanalistas deram à esperança as mesmas críticas mistas que os poetas e filósofos, embora, de um modo geral, psicanalistas contemporâneos pareçam aprová-la. Para alguns escritores psicanalíticos, tudo depende da presença ou ausência de esperança. Todas as nossas atividades pressupõem a expectativa de atingir um fim, logo, se a esperança está morta, o que quer que façamos se torna sem sentido. Meissner, por sua vez, a compreende como "o princípio que dirige o processo do crescimento psicológico para o aumento da estabilidade interna e para a interação e integração mais adequadas aos objetos reais" (1987, p. 187). A esperança possibilita que uma criança renuncie às gratificações de seu atual nível de desenvolvimento e alcance novas possibilidades desenvolvimentais. Ela também é um aspecto de nossa capacidade de emergir da perda e do desapontamento, e de integrá-los; ela é restitutiva (Rochlin, 1965).

Alguns dos primeiros psicanalistas (Shand, 1920) acreditavam que a esperança aumentaria a atividade do desejo e nos ajudaria a enfrentar infortúnios e emoções dolorosas. Contudo, para outros freudianos clássicos, seguindo Freud, ela está muitas vezes ligada à ilusão e à fantasia; é considerada regressiva, derivada do processo primário e do pensamento mágico. Talvez, isso seja verdadeiro quando as pessoas vão à terapia com a ideia de que os terapeutas podem magicamente resolver aquilo que as aflige. Alguns psicólogos do ego posteriores consideravam que a esperança tivesse a tarefa de ajudar a função integrativa do ego. Acreditavam que a esperança de que nossos planos dessem certo fosse a fonte dinâmica essencial da capacidade integrativa do ego, uma vez que o possibilita fazer um esforço a serviço do comportamento racional (French, 1952).

William Alanson White (1916) entendia que esperança e medo produziam uma dialética que subjaz a todo desenvolvimento humano. George Engel (1962) sugeriu que ela é derivada da confiança, e pode inclusive substituí-la quando uma pessoa não está certa de suas capacidades. Fromm (1968) pensava que ela era uma qualidade essencial da vida, e Menninger (1959) acreditava que embora otimismo e pessimismo possam ser irrealistas e autocentrados, a esperança representa o funcionamento do instinto de vida contra as tendências do instinto de morte. Winnicott (1971b) distinguia entre a esperança do verdadeiro si-mesmo e a do falso si-mesmo; a esperança do primeiro pode produzir atuação (*acting out*) para tentar se afirmar, enquanto a esperança do segundo é caracterizada pela aquiescência (*compliance*). Winnicott (1955) também sugeria que o si-mesmo se defende contra a falha ambiental, gerando uma suposição inconsciente sobre a realidade – o que poderíamos chamar agora de crença patogênica inconsciente. Essa suposição pode estimular a esperança consciente a uma experiência na qual a falha relacional original pode ser descongelada e trabalhada com sucesso. Bollas (1989) sugeriu que esse material congelado é armazenado em um tipo de "biblioteca de referência interna", na qual experiências patogênicas iniciais permanecem relativamente inalteradas e sem modificação, na esperança de que algum dia possam ser mitigadas na presença de um objeto mais transformador. Casement (1985) indicou que pacientes buscam inconscientemente ou esperam obter o que é indispensável para satisfazer suas necessidades inconscientes, e é importante que os terapeutas estejam sintonizados a esses momentos em que os pacientes abordam sua esperança inconsciente.

Horney (1945) acreditava que o fator comum em toda neurose é a pessoa estar desesperançada. Ela achava que a falta deste sentimento se baseava no fato de não ser aceita como pessoa e no desespero de se tornar completa. Para Horney (1942), a desesperança é a causa e a essência da doença. Uma atitude esperançosa nos pacientes fornece um incentivo para a melhora, e isso forma a pedra angular do processo curativo. Ela acreditava que, sem esse sentimento, a mudança necessária de atitude seria uma tarefa terapêutica quase impossível. A esperança é o fator indispensável que deve estar presente nos três constituintes da terapia: paciente, terapeuta e meio. Com efeito, os terapeutas devem ter esperança no desenvolvimento terapêutico e em seus pacientes. Se a perdem, a cura se torna impossível, porque a falta dela é contagiosa e prejudicial, sobretudo se os pacientes se apercebem de que isso aconteceu. A autora, em razão disso, considerava a esperança uma precondição para o contrato terapêutico – ou seja, os pacientes devem acreditar que podem mudar. Logo, reconhecimento e manutenção deste sentimento nos pacientes são aliados importantes para lidar com a neurose. Em *Our inner conflicts* (1945), Horney descreve a análise como um processo dinâmico que intermedia esperança e falta dela. Os pacientes estão paralisados pela desesperança e os analistas devem reconhecer e combater isso.

Erikson está também do lado da esperança, que ele acreditava ser "a virtude mais inicial e a mais indispensável inerente à condição do estar vivo [...] para que a vida seja mantida, a esperança deve permanecer, mesmo quando a convicção é ferida e a confiança, prejudicada" (Erikson, 1964, p. 115). O autor pensava que a esperança guiava o ego em seu desenvolvimento, e que ela é uma qualidade humana fundamental produzida nas primeiras experiências com uma mãe confiável e responsiva. A confiança básica no mundo se desenvolve no início da vida quando os cuidadores da criança são razoavelmente confiáveis na satisfação das necessidades da criança e a ajuda chega quando é necessária. A criança, então, desenvolve a convicção de que as coisas darão certo a maior parte do tempo. As necessidades e os desejos do bebê são, portanto, protegidos, e a esperança é instilada pelo modo como o bebê experiencia o mundo. Lynch (1965) também acreditava que a esperança fosse fundamental para a saúde humana, inclusive para a vida; e a recuperação deste sentimento é um dos principais objetivos da psicoterapia. Não apenas os pacientes entram na terapia esperando ser ajudados, como também os terapeutas esperam ser capazes de prover essa ajuda. Frank (1968) concordava que o pensamento psiquiátrico moderno tivesse restaurado a esperança a uma posição de respeitabilidade. Ele ressaltou que a restauração do moral e da esperança em uma pessoa enfraquecida é muito importante, e esse resultado é comum a todas as formas de psicoterapia (Frank, 1974). Alguns psicoterapeutas contemporâneos preferem focar naquilo que é esperado, em vez de na esperança em si, e sugerem que os terapeutas devem ajudar os pacientes a se livrarem de esperanças impossíveis ou irrealistas e a lamentarem suas perdas (Betz, 1968).

Muito relevante ao processo da psicoterapia é a ideia de Marcel (1962) de que a esperança está sempre associada à comunhão. A presença de outra pessoa é muitas vezes crucial para o desenvolvimento deste sentimento. Muitos psicólogos do si-mesmo psicanalítico acreditam que as pessoas que abandonaram completamente a esperança de que as necessidades de seu auto-objeto serão algum dia satisfeitas nunca entrarão em terapia. Esses teóricos ressaltam que a falha de auto-objeto efetiva ou percebida dos terapeutas permitem acesso às falhas de auto-objeto infantil do paciente, momento em que podem tratar a esperança inconsciente para uma resposta adequada de auto-objeto. À medida que vínculo entre si-mesmo e o auto-objeto é reforçado, e o material patogênico é trabalhado, a esperança parece surgir espontaneamente, mesmo que não a foquemos nela em particular.

Um breve exemplo ilustra a relevância da esperança para a situação terapêutica. Um homem me mostrou um poema de sua autoria que continha imagens míticas complexas. Tive o sentimento imediato de que queria que eu comentasse sobre as imagens e falasse sobre os significados, de modo que após alguma resistência interna fiz algumas sugestões sobre o conteúdo do poema. Para minha surpresa e perplexidade, ele ficou magoado e desapontado com a minha reação. Eu me equivoquei completamente em relação ao significado de seu ato de me oferecer o poema, e, de fato, o traumatizei outra vez. Enquanto trabalhávamos essa ruptura em nossa conexão, contou-me que havia esperado uma reação diferente. Ele não queria minhas sugestões sobre o significado de sua poesia; queria, sim, meu orgulho e alegria para com ele e seu trabalho (pois naquele momento não estavam separados), que, consequentemente, expressariam meu amor incondicional por ele. Com alguma dificuldade, contou-me que mantivera viva a esperança por uma resposta assim desde a infância, mas se envergonhava dela. Após reconhecer e discutir como minha falha o havia magoado, disse-lhe que a esperança por aceitação incondicional é certamente o apanágio de toda criança. O fato de que ela tivesse permanecido viva nele era um sinal importante de saúde psicológica, uma vez que, se essa esperança tivesse morrido, ele estaria psicologicamente mal. Minha reação desapontadora foi típica da reação de seus pais ao seu desejo de ser aceito e amado incondicionalmente – uma esperança da qual não tinha consciência na infância, porque teria pouca chance de ser satisfeita por sua família. Obviamente, minha responsividade em nosso trabalho até então havia reativado essa esperança primal e a tornado consciente. Fiquei envolvido inconscientemente em meu material – senti-me exposto, testado, como se houvesse uma exigência por um comentário imediato e inteligente. Essa reação de contratransferência me impediu de compreender empaticamente sua necessidade.

Ornstein (1991) descreve um dilema importante da pessoa em psicoterapia. Ela consciente ou inconscientemente leva para a terapia a esperança de que suas necessidades de auto-objeto serão satisfeitas, mas também teme que sejam novamente rejeitadas – o "medo de repetir", que pode levar a uma rejeição da esperança porque seria muito doloroso se este sentimento fosse frustrado outra vez. A pessoa espera por uma qualidade particular de responsividade que nunca foi iminente na infância, o que levou a consequências desastrosas quando essa esperança era recorrentemente destruída. Quando tal sentimento reemerge na terapia e não é recebido com interesse ou sintonia suficiente, o trauma inicial é reativado, levando a uma reação defensiva. Para algumas pessoas, a desesperança é conhecida e é um estado mental confiável, enquanto conceber a restauração da esperança é assumir o risco de ser magoada outra vez. Infelizmente, contudo, a recusa em reconhecer qualquer esperança na terapia pode atuar como uma resistência séria. Qualquer que seja a razão para a desesperança, ao encontrar uma pessoa que constantemente repudia qualquer esperança que surja, os terapeutas também podem perder a esperança de que o trabalho seja proveitoso.

Quando a desesperança é crônica, torna-se parte da autorrepresentação da pessoa e tende a mantê-la distante de aspectos positivos do si-mesmo. A pessoa masoquista pode sentir que expressar esperança em vez de sofrimento levará os terapeutas a abandoná-la. Algumas pessoas depressivas crônicas e limítrofes destroem qualquer sentido de esperança na terapia, e os terapeutas têm de conter a falta dela e o sentimento de impotência que isso lhes causa. A desesperança dos próprios terapeutas pode ser induzida por identificação projetiva devido a uma combinação das dinâmicas depressivas dos terapeutas ao material da pessoa. A desesperança pode também ser iatrogênica, o resultado do uso incessante por parte dos terapeutas de uma técnica que a pessoa experiencia como inútil.

Paradoxalmente, o reconhecimento de uma sensação de desesperança na sala pode beneficiar a terapia e capacitar a pessoa a se reconectar com sua esperança congelada. Essa intervenção é útil quando é experienciada como uma validação da capacidade dos pacientes de evocar uma resposta humana em relação a uma área isolada da personalidade que a pessoa não acreditava que pudesse ser compartilhada. Os pacientes, então, sentem que sua profunda sensação de isolamento pode ser compartilhada e compreendida por outrem. Essa contenção da desesperança permite que os pacientes reconheçam e discutam o problema, sem que os pacientes se sintam rejeitados e sem que os terapeutas se sintam afetados pelo distresse dos pacientes.

Quando tratamos uma pessoa desesperançada, Ogden (1979) sugere que os terapeutas devem conter o desespero da pessoa, mas ao mesmo tempo não desejar encerrar o tratamento. Os terapeutas têm de viver com o sentimento de que estão trabalhando em uma terapia desesperançada, que é aquela na qual os pacientes acreditam. Na prática, isso é difícil e exaustivo para os terapeutas, que só podem pré-conscientemente sustentar a possibilidade de esperança para a pessoa até que ela se sinta conectada e segura o bastante para recuperá-la e, assim, tenha a oportunidade de tentar novamente. Boris (1976) sugeriu que nessas situações os terapeutas devem invocar a própria esperança e se reconectar com períodos passados de desespero a que tenham sobrevivido. Boris distingue esperança de desejo. Para ele, desejo é o que queremos que aconteça, ao passo que esperança é o que acreditamos que deveria acontecer. Ele sugere que o desejo exige gratificação imediata, um objeto e uma satisfação real, enquanto a esperança está no domínio do potencial puro, e perde seu significado quando seu objeto é alcançado. Para o autor, este sentimento surge de um conjunto de ideais preconcebidas e filogeneticamente derivadas que comparamos à experiência presente. Ela é, portanto, uma estrutura profunda na psique, um processo *a priori* ou arquetípico no sentido junguiano.

Para uma pessoa estar aberta à esperança, ela deve ter tido experiências infantis que resultaram em uma sensação de domínio do seu ambiente e da responsividade adequada de seus auto-objetos. Presumivelmente, a esperança surge quando uma criança distressada experienciou ser sustentada e confortada, ou amada e valorizada. Essas experiências úteis lhe permitem desenvolver a sensação de que quando está distressada, as coisas podem melhorar, razão pela qual, sob estresse, as pessoas podem se confortar com palavras, canções e memórias da infância.

É desnecessário dizer que é irrealista esperar encontrar terapeutas consoladores e todo-poderosos, que possam fazer tudo ficar melhor. Mitchell se refere a esse tipo de esperança de uma solução onipotente e mágica aos problemas de uma pessoa como "esperança da posição paranoide-esquizoide" (Mitchell, 1993, p. 212), em contraste com a esperança na posição depressiva que envolve coragem e anseio por um objeto demasiadamente humano insubstituível que está fora do controle da pessoa. Presumivelmente, isso significa que um tipo de esperança é adaptativo e tem fundações desenvolvimentais que o permitem ser realista, enquanto outro tipo de esperança não, levando à falsa esperança. Ou seja, somente alguns tipos de esperança estão ancorados na realidade.

Acredito que algumas das diferenças de opinião sobre o valor da esperança ocorrem porque esses autores não estão falando sobre o mesmo estado mental. Alguns estão confundindo esperança com otimismo, que pode ser ingênuo, egocêntrico ou irrealista. Ou a esperança é confundida com expectativa, que é mais específica, que tem uma qualidade de abertura. A esperança madura envolve a tolerância de um grau de sofrimento e ambivalência, uma vez que nossa esperança privada pode conflitar com as dos outros, embora a esperança narcisisticamente motivada seja autocentrada e usada para fortalecer um si-mesmo fragmentado. A esperança madura não nega a realidade e é baseada em uma avaliação razoável de uma situação. Conforme Lynch diz, segundo a obra de Meissner (1987): "nada é mais forte do que a esperança quando sabe se limitar" (1987, p. 182). Como devemos nos limitar ao domínio do possível, o problema para os terapeutas é distinguir entre a esperança realista e a fantasiosa, ou um modo de lidar com a ansiedade sobre o futuro. Mas, Allan Watts (1964) nos lembra que não deveríamos desconsiderar muito rapidamente o pensamento desejoso, que é um aspecto da imaginação criativa.

Seria provavelmente impossível obter qualquer coisa sem a esperança de que um objetivo pudesse ser atingido. Para tê-la, efetivamente, devemos entremear a realidade da situação presente com uma realidade potencial que podemos imaginar. Como Bachelard ressaltou, a imaginação é "a verdadeira fonte de produção psíquica. Psiquicamente, somos criados por nosso devaneio" (1938/1964, pp. 110-111). Aqui, Jung faz uma distinção útil entre devanear, quando inventamos conscientemente imagens em nossas mentes, e prestar atenção ao fluxo espontâneo de imagens que emergem do inconsciente, imagens que têm vida própria e não são dirigidas pelo ego (1970, p. 192). Esse tipo de imaginação criativa, que pode nos estimular a agir, é importante para a humanidade, porque sem ela somos prisioneiros de nossa situação presente e temos uma probabilidade maior de nos tornarmos desesperançosos. Certamente, ainda temos de lidar com a factibilidade e a implementação, mas sem a habilidade de imaginar, ficamos paralisados.

A relevância dessa discussão sobre a imaginação para a psicoterapia é óbvia. Em muitos estados mentais depressivos, a imaginação está paralisada ou está crônica e irrealisticamente pessimista. Nesse caso, somente os terapeutas podem imaginar que os pacientes podem se recuperar, porém, aqui, os terapeutas se aproximam perigosamente de ter uma agenda pessoal para os analisandos, embora de forma positiva. A esperança dos psicoterapeutas em relação aos pacientes pode ser irrealista, talvez com base na fé do terapeuta em uma filosofia particular de terapia, que é por vezes imposta à pessoa como uma forma de afastar o desespero dos analistas. Dada essa ressalva, quando lidam com alguém em desespero, a fantasia implícita e não dita que o terapeuta mantém para a recuperação do outro parece ser útil. Essa fantasia, ainda que ajude apenas os terapeutas, permite que eles mantenham a relação com uma pessoa desesperançada. Se é verdade que a identificação projetiva funciona em ambas direções, a fantasia esperançosa dos terapeutas pode ativar um setor correspondente nos pacientes e, então, abrir uma nova possibilidade. Talvez, esperança e expectativa sejam necessidades desenvolvimentais que movem a personalidade adiante. Embora a expectativa não seja diretamente causal, de quando em quando parece haver uma relação misteriosa entre a expectativa e o que de fato ocorre. Isso pode soar como uma forma de pensamento mágico, mas parece ser verdade que eventos no mundo muitas vezes refletem nosso estado psicológico.

Quando a vida é insuportável porque não se pode ter qualquer esperança razoável e não se pode esperar qualquer mudança na situação da pessoa, seria útil para os terapeutas tentarem mudar a interpretação da pessoa sobre sua situação, o que Boris chama de "a experiência do que alguém experiencia" (Boris, 1976, p. 147). Fazer isso tornaria a vida mais tolerável mesmo que significasse usar uma operação defensiva como a negação? Se os terapeutas não podem tolerar o desespero, e a terapia não parece estar ajudando, os terapeutas poderiam, por exemplo, sugerir que a pessoa focasse outras áreas da vida que são razoavelmente satisfatórias. Alternativamente, assumir que uma situação de vida de fato sem esperança está sendo discutida, é razoável os terapeutas sugerirem uma abordagem espiritual, ou isso excederia os limites da terapia? Situações de vida desesperadoras como uma doença terminal foram outrora competência de religiões, que oferecem conforto e esperança nessas situações, ainda que somente esperança por uma vida futura.

Todavia, quando a pessoa acha a religião tradicional inútil, ela ainda pode necessitar de ajuda espiritual e pode buscá-la na terapia. Aqui, entre os terapeutas, as atitudes variam desde a insistência para que a pessoa enfrente a realidade como ela é até a noção de que a maturidade emocional geral inclui o desenvolvimento espiritual, o que então se torna uma preocupação terapêutica legítima e muitas vezes ocorre naturalmente à medida que a terapia progride.

4
Uma abordagem psicológica do desenvolvimento espiritual

Este capítulo discute modos pelos quais a psicoterapia estimula o desenvolvimento espiritual. É desnecessário dizer que as abordagens psicológica e tradicional do desenvolvimento espiritual não são mutuamente excludentes, e podem complementar uma à outra. Tradicionalmente, práticas espirituais tentam "afinar" a consciência humana, de modo a se tornar cada vez mais transparente aos níveis transcendentes de realidade. Isso pode ser atingido, por exemplo, pela prática da meditação na qual a capacidade de atenção dos praticantes é cada vez mais refinada. Os meditadores são, então, capazes de experienciar a consciência pura sem se preocuparem com o significado dos pensamentos e sentimentos que inevitavelmente surgem. À primeira vista, a abordagem psicológica parece radicalmente diferente, uma vez que os terapeutas estão particularmente interessados em seu significado. De forma breve, isso parece implicar que a meditação só afeta processos de consciência como a atenção, enquanto a psicologia profunda se concentra nos conteúdos da consciência, mas isso seria simplificar demais a diferença.

A meditação tem benefícios psicológicos (Murphy & Donovan, 1994). Como Rubin (1996) apontou, o próprio trabalho psicoterapêutico é, em si, uma forma de meditação, e ela estimula a prática psicoterapêutica ao melhorar a capacidade dos terapeutas para a atenção uniformemente flutuante. À medida que lidamos com os conteúdos da consciência na terapia, tolerância ao afeto e autocompreensão melhoram. Gradualmente, identificamo-nos menos com esses conteúdos, e nossa capacidade de atenção e de entrega aumentam. Como a psique é um veículo para a experiência do numinoso, e a personalidade é profundamente afetada por processos arquetípicos, o desenvolvimento consciente da personalidade se torna uma jornada espiritual em si.

Conforme vimos no capítulo 2, a abordagem psicológica da espiritualidade valoriza e amplia as experiências individuais do sagrado que podem ter pouca ou nenhuma conexão com imagens tradicionais do divino. Essas experiências surgem das profundezas da alma. São autônomas, e estão muitas vezes conectadas à psicologia da pessoa e não necessariamente relacionadas a qualquer teologia, doutrina ou dogma preexistente. Nesse modelo, o divino não é personificado em qualquer forma específica, e focamos aqueles aspectos do sagrado que podemos experienciar em vez de seus aspectos transcendentes. O desenvolvimento espiritual prossegue enquanto gradualmente integramos os efeitos dessas experiências, que simultaneamente expandem a consciência do ego e o colocam em uma perspectiva maior em relação ao Si-mesmo.

Há várias linhas de desenvolvimento psicológico, cada uma com seu conjunto de funções, de modo que um domínio da mente pode ser maduro, enquanto outros podem permanecer imaturos. Aqui, assumo que o desenvolvimento espiritual pode ser considerado uma linha de desenvolvimento em si, com suas crises específicas, análogas àquelas que ocorrem durante o desenvolvimento emocional, social e cognitivo. Mesmo que todas essas linhas de desenvolvimento estejam ocorrendo concomitantemente, e que se interpenetrem, o crescimento espiritual não é inteiramente sinônimo de crescimento psicológico. Podemos ser emocionalmente estáveis e adaptáveis à sociedade sem muito desenvolvimento espiritual, enquanto muitas pessoas espiritualmente desenvolvidas não são psicologicamente estáveis.

May (1992) ofereceu uma descrição valiosa de alguns correlatos psicológicos de amadurecimento espiritual, que menciono aqui pois podem ser observados em pessoas em psicoterapia. Vale a pena reconhecer esses fenômenos porque podem ser parte de um processo espiritual e não necessariamente resultantes da transferência ou relacionados a outras linhas de desenvolvimento. Ainda assim, os terapeutas notarão que os seguintes desenvolvimentos são similares às pessoas em psicoterapia, quer a terapia seja ou não espiritualmente orientada.

Quando um interesse por espiritualidade inicia, o ambiente da pessoa pode ou não ser apoiador. Alguns familiares e amigos afirmarão o processo, enquanto outros desdenharão ou desconfiarão da mudança que está ocorrendo. Familiares e amigos do paciente podem ter medo de perdê-lo em decorrência de sua mudança de valores e vínculos. Devido a um aumento na sensação de conexão com o divino, pode ocorrer um aumento na autoconfiança, com uma necessidade menor de afirmação dos outros. Isso pode ser o suficiente para perturbar as relações da pessoa com familiares e amigos, que podem sentir um grau de afastamento e acusá-la de escapismo espiritual.

Um exemplo do problema do conflito entre um estilo de vida anterior e um novo estilo de vida com crenças religiosas foi dado por Spero (1987), que descreve uma garota de 16 anos de uma família judaica reformista que se tornou religiosamente ortodoxa. Ela começou a passar muitas horas estudando textos judaicos, evitando seus amigos e se incomodando com as refeições por não serem suficientemente kosher. Isso levou ao seu encaminhamento à psicanálise, em que nenhuma desordem emocional havia sido descoberta. Sua terapia lidou com o impacto de sua transformação religiosa sobre sua identidade e suas relações. Inversamente, a perda da tradição religiosa de uma pessoa, talvez como parte da busca por uma espiritualidade pessoal, pode engendrar uma tristeza considerável. Barra e colaboradores registraram o caso de uma estudante que desistiu da tradição religiosa de sua infância e então experienciou alienação, medo, ansiedade, raiva, desesperança, tristeza e ideação suicida (Barra et al., 1993). Esse tipo de perda pode ocorrer quando uma pessoa se casa em uma tradição religiosa diferente ou se muda para uma área em que não há outros integrantes de sua denominação religiosa.

Quando o desenvolvimento espiritual começa, a raiva pode se manifestar devido à ressurgência de memórias infantis dolorosas da escola religiosa e de atitudes familiares para com a religião. Frustração na vida de oração da pessoa é comum. Entusiasmo evangelista pode emergir, o que pode ser expresso de um modo que questiona ou irrita os outros. A pessoa pode perder o interesse por atividades que eram importantes para ela. Suposições consolidadas sobre a vida podem ser questionadas ou descartadas, o que pode ter um efeito desconcertante na autoconfiança da pessoa e uma sensação de que sua identidade está mudando. Os terapeutas podem ser requisitados para apoiar a pessoa durante um período de reavaliação de seus valores ou um período de desconhecimento, em parte pela clarificação do fato de que esses são aspectos de um processo de desenvolvimento importante.

May (1992) alerta para os perigos do uso da espiritualidade para evitar a responsabilidade como, por exemplo, o uso da meditação como um escape. Outro perigo é o do "narcisismo espiritual", o uso da espiritualidade para aumentar a autoimportância – uma atitude de superioridade moral ou de sentimentos sutis de orgulho em relação à própria humildade. Parte do que parece prática espiritual é, na verdade, empregada para o propósito de ampliação do ego.

É útil para os terapeutas estarem conscientes dos estágios tradicionalmente reconhecidos de desenvolvimento espiritual. Quando os observamos durante a psicoterapia, isso ajuda compreender o processo que está ocorrendo de modo que não o interpretemos como um tipo de patologia. Essa é uma área na qual os terapeutas podem recorrer à sabedoria acumulada de milênios de tradição espiritual. A advertência, aqui, é que todas as teorias dos estágios só podem ser aplicadas em um sentido muito geral. Por exemplo, embora seja verdade que a fé madura frequentemente ocorre na vida adulta, não é sempre assim. Os estágios de desenvolvimento espiritual são cíclicos e não lineares; podemos passar pelo mesmo processo muitas vezes, em diferentes níveis.

O desenvolvimento espiritual pode começar quando uma pessoa amplia gradualmente um anseio espiritual; apercebemo-nos de que há algo mais em nós, algo mais de que necessitamos, para além de nossas vidas usuais, uma fonte profunda de significado mesmo quando a vida parece prosseguir bem na superfície. As distrações usuais não nos satisfazem mais. Não podemos produzir esse anseio; ele sobrevém a nós autonomamente. Por vezes, um despertar assim parece ocorrer sem qualquer razão aparente, ou pode ser desencadeado por uma experiência numinosa que nos torna conscientes da realidade espiritual, ou uma séria crise de vida que requer uma perspectiva transcendente. Essas experiências podem ser vistas como um chamado do Si-mesmo transpessoal. Podemos nos afastar do chamado inicial, após o qual podemos ser chamados repetidamente por Ele, ou podemos jamais ser chamados novamente. Religiosos ortodoxos me dizem que forças demoníacas podem tentar se opor ao despertar espiritual, porém vejo essa oposição como o resultado de fatores psicodinâmicos na personalidade. A resistência ao despertar espiritual está baseada na ansiedade em relação às próprias implicações desses religiosos. Temos de abrir mão de nossa autoimagem existente e enfrentar algumas verdades duras. Um sacrifício de tempo, dinheiro e energia pode ser necessário. Pode ser difícil aceitar que a hegemonia do ego terminou. Pode ser difícil renunciar se a pessoa sofre de ansiedade de fragmentação ou se as ideias de *status* e de sucesso foram usadas para fortalecer uma sensação frágil do si-mesmo. É difícil ser responsivo aos estímulos do Si-mesmo se a pessoa está preocupada com a sobrevivência.

Se aceitamos o chamado, temos de desenvolver uma relação com ele. Segue-se o que era tradicionalmente denominado "purgação", que significa a necessidade de enfrentar a sombra ou os traços de personalidade problemáticos, tais como autoimportância, possessividade, ganância, medo e inveja. É útil explorarmos gentilmente essas dificuldades com compaixão por si ou pelo paciente com quem estamos trabalhando terapeuticamente. Sentimentos dolorosos não são obstáculos ao desenvolvimento espiritual, mas indicações que mostram onde necessitamos trabalhar, são as portas de entrada para os lugares mais profundos da alma. Após o despertar, o período de purgação é muitas vezes experienciado como um momento de escuridão; ocasionalmente, o indivíduo sente que não tem forças para prosseguir. Esse estágio pode durar anos, durante os quais o paciente pode estar em terapia. Nesse período, ele reavalia seus valores e crenças e pode se comprometer outra vez com uma tradição religiosa ou abandoná-la inteiramente.

Gradualmente, nossas vidas emocionais passam a ser menos governadas por ressentimentos e mágoas passadas, paramos de responder automaticamente, e há menos necessidade de defender uma sensação frágil do si-mesmo. Esse estágio pode levar à consciência de que a imagem que tínhamos de nós não é nossa identidade real. Havíamos desenvolvido um "falso si-mesmo" para satisfazer a família e a cultura – tínhamos de fingir ser alguém que não éramos para sobreviver. Talvez, devido ao condicionamento familiar e social inicial, pensávamos que tínhamos de nos tornar ricos e famosos. Terminamos não nos esforçando tanto para sustentar a imagem de quem pensávamos que éramos.

Mesmo quando gostaríamos de nos conectar conscientemente com o Si-mesmo, talvez consigamos apenas nos contentar com imagens do divino que carregamos conosco desde a educação religiosa da infância. Ocasionalmente, essas imagens são úteis, mas muitas vezes nosso desenvolvimento pessoal as superou. Aqui, é onde devemos depender de nossa experiência do numinoso, nossa intuição sobre o sagrado, o testemunho de instrutores espirituais experienciados nos quais sentimos que podemos confiar ou em escritos espirituais com os quais temos afinidade.

O próximo estágio, tradicionalmente conhecido como "iluminação", produz uma revolução na consciência. Aqui, uma luz surge, e uma sensação de presença é sentida com mais frequência. A pessoa vê seus complexos, sua falta de amor, seu narcisismo, sua sombra com mais clareza. Há mais silêncio e calma. Esse estágio é referido como iluminativo porque a pessoa sente a presença de uma luz espiritual ou uma revelação que é recebida pela prática da contemplação, uma virada da mente na direção de Deus, sem nenhum conteúdo particular. O divino é revelado por meio de um processo de compreensão e percepção. A pessoa está inesperadamente proferindo palavras de sabedoria, e pode aprender diretamente por meio de uma experiência numinosa. Começamos a apreender a realidade que estávamos buscando quando vemos tudo como uma manifestação do divino, e temos mais experiências de companhia e amor sagrados. Nesse estágio, podemos aceitar as desarmonias aparentes da vida com alguma equanimidade, e sentimos que nos encontramos no extremo de outro plano do ser. Esse é um estágio relativamente passageiro, no qual nos tornamos cada vez mais receptivos, e nosso anseio pela presença do divino se torna uma preocupação.

Com frequência, ao longo desse processo, ocorre uma "noite escura da alma"[45]. Esse termo foi originalmente utilizado por São João da Cruz, um monge carmelita do século XVI, para descrever uma crise espiritual. Ele usou especificamente a linguagem cristã, porém o processo psicológico que descreve é relevante para as pessoas de todas as tradições. "Noite escura da alma" é o título de um poema e de um comentário sobre o poema que descreve vários estágios da jornada espiritual de São João da Cruz. Durante uma noite escura, a pessoa não tem esperança, nenhuma sensação de presença, um sentimento de solidão ou de fracasso. O ego sofre, contudo a pessoa ainda tem de executar os deveres cotidianos. Somos muitas vezes capazes de ajudar os outros, mas não nós mesmos. A noite escura é um período doloroso no qual, idealmente, o ego se entrega, permitindo a mudança que transforma o modo como pensamos sobre nós e nossa relação com Deus. Na tradição mística cristã, a pessoa descobre que orar se torna muito difícil e não compensador, como se tivesse sido abandonada por Deus. Ela não tira prazer ou consolo da oração e das práticas tradicionais.

---

45. Há pessoas que, como as almas "outrora nascidas" de William James (1958), não experienciam noites escuras, mas, ao contrário, uma espiritualidade mais cheia de alegria. Penso que são menos propensas a estar em psicoterapia do que aquelas que experienciam períodos de escuridão espiritual.

Esse período é difícil, porém é tradicionalmente considerado uma benção disfarçada, um teste severo de fé no qual a pessoa é treinada a progredir da oração vocal e mental a uma oração contemplativa mais profunda que a leva além do pensamento conceitual. O propósito parece ser nos afastar das preocupações pessoais na direção de uma sensação mais profunda de comunhão com o divino. Diz-se que esse período resulta em uma purificação espiritual da alma que só é experienciada por pessoas avançadas na vida espiritual, durante a qual a pessoa é muito consciente de suas imperfeições em relação ao divino. Sua vontade é purificada, resultando no amor de Deus e numa visão da realidade como cheia de presença divina.

É desnecessário dizer que esses estados mentais não ocorrem apenas a pessoas na tradição cristã, e podem ser descritos sem o uso de imagens especificamente cristãs. Ocorrem a todos nós na forma de períodos existencialmente dolorosos, e que produzem uma crise de fé na vida. Assim, da mesma forma que os místicos cristãos os compreendem como um período divinamente ordenado para os propósitos do desenvolvimento espiritual, os terapeutas podem compreendê-los como uma experiência estimulada pelo Si-mesmo, necessários para o processo de individuação da pessoa. Se os terapeutas compreendem que esse é um processo arquetípico ou transpessoal, a situação não será compreendida simplesmente como uma depressão no sentido clínico da palavra. A distinção é importante, mas não absoluta, porque a pessoa não pode separar radicalmente sua psicologia de sua espiritualidade. Na descrição que segue, deliberadamente traço uma nítida distinção em nome da clareza. Na prática, esses estados se sobrepõem e se misturam, e podemos usar uma visão binocular para ver ambos os processos ocorrendo ao mesmo tempo. Uma disposição triste é parte da imagem da noite escura, porém tristeza compreendida como o resultado de uma crise espiritual não é algo a ser "tratado" no sentido clínico.

Em uma depressão típica, o estado mental da pessoa é primariamente caracterizado por sentimentos como abandono, perda, inadequação, autodesprezo, maldade pessoal, desesperança, indignidade, pessimismo, raiva, vazio, e assim por diante. Uma depressão é usualmente desencadeada por perdas, por fracassos relacionais ou ocupacionais, por um sério dilema de vida ou por uma tristeza irresolvida que está exigindo atenção. Se essas são as principais características da situação, sem qualquer possibilidade de abertura para suas possibilidades espirituais, a pessoa está lidando com uma depressão no sentido clínico comum da palavra. Em contraste, durante a noite escura, embora muitas características sintomáticas da depressão possam estar presentes, uma preocupação maior da pessoa é que ela se sente espiritualmente empobrecida ou desolada, desconectada do domínio transpessoal, e é incapaz de orar ou de encontrar significado nas próprias práticas espirituais. Parece não haver luz disponível, e a morte pode parecer uma opção atrativa. Diferentemente da situação de uma depressão inequívoca, a pessoa experienciando uma noite escura é muitas vezes capaz de manter uma aparência externa de efetividade no trabalho e nas relações com outras pessoas – de fato, a empatia por outras pessoas é aumentada. Ela pode inclusive reter um grau de humor. Sente que há um propósito por trás dos sentimentos dolorosos, quer saber o que isso tudo significa, o que está sendo pedido, e está preparada para esperar e para ver. Ela não luta contra o desespero, mas se rende ao imperativo do Si-mesmo e tenta tirar do caminho as preocupações do ego. Se ela se apercebe que está em uma noite escura, está mais inclinada a pensar que seu estado mental é parte de um processo de desenvolvimento. Ou seja, o Si-mesmo não está ausente ou escondido, e sim presente como a disposição dolorosa. Essa é uma resposta possível da psicologia profunda à noção do *deus absconditus*, o Deus oculto ou ausente[46]. Essa frase se refere à tradição bíblica e teológica que sugere que o divino pode deliberadamente se ausentar de um modo misterioso. Em vez de ver essa retirada como uma punição por desobediência, a abordagem psicológica considera esses estados afetivos dolorosos um chamado para a ampliação da consciência. Para não ser Poliana, é importante reconhecer aqui que muitas pessoas sofrem uma noite escura prolongada e nunca atingem a luz que se diz estar no fim dela.

A compreensão de que a pessoa está experienciando uma noite escura da alma leva, na sala de terapia, a uma atmosfera diferente da que experienciamos no caso de uma depressão inequívoca[47]. Se os terapeutas não

---

46. Is 45,15 fala de Deus como oculto. A Bíblia Hebraica muitas vezes descreve Deus se escondendo ou se retirando quando as pessoas desobedecem a seus comandos. O Sl 86 e especialmente o Sl 88 são bons exemplos da experiência da ausência divina. Para uma revisão das origens bíblicas e do desenvolvimento teológico dessa ideia em Lutero e Barth, ver a discussão de Hanna Hadon (1995).

47. May faz uma distinção radical entre direção espiritual e psicoterapia que não considero inteiramente válida. Ele considera que uma atmosfera diferente prevalece quando ele realiza direção espiritual em vez da atmosfera na sala quando está envolvido em psicoterapia. No primeiro caso, a atmosfera é espaçosa, tranquila, aberta e receptiva; um "tipo de claridade quieta na qual é mais fácil permitir e deixar ser" (May, 1992, p. 113). Contudo, não acho que uma

estão conscientes da distinção entre esses estados mentais, é fácil reduzir a infelicidade da pessoa a uma crise existencial, a fatores no inconsciente, ou a uma desordem depressiva maior de base biológica. Fazer isso seria ignorar a importância espiritual desses episódios. Mesmo quando lidamos com esses fatores contribuintes que podem ser discernidos, é importante lembrar que uma verdadeira noite escura da alma é mediada pelo Si-mesmo, usando aparentemente situações difíceis de modo que a pessoa possa descobrir seu significado na vida ou sua experiência do sagrado, pois esses são os momentos em que contatamos os mistérios da existência. Ou seja, a noite escura tem seu propósito para o *telos* da personalidade. Os terapeutas, portanto, trabalham com esse material com uma sensibilidade diferente da que uma pessoa teria se a situação fosse vista como uma depressão inequívoca. As abordagens usuais à depressão não são suficientemente úteis se o problema fundamental é uma crise espiritual. A noite escura é uma iniciação a um novo nível de consciência espiritual, arquetipicamente expressa em mitos de descida ao mundo subterrâneo como o de Inanna, descrito no capítulo 9. Os terapeutas não necessitam acender velas metaforicamente para explorar essa escuridão. Podem permanecer na escuridão – um lugar de desconhecimento do que está acontecendo –, agindo como receptáculos, auxiliando o nascimento de novas compreensões, atuando como testemunhas, consciências reflexivas ou companhias enquanto o processo segue seu curso, não dirigido por qualquer teoria de psicoterapia ou tratamento, mas permitindo que a escuridão se revele.

Parenteticamente, São João da Cruz compôs seu poema enquanto estava sendo torturado e aprisionado por uma disputa teológica. A despeito dessas circunstâncias terríveis, foi capaz de abraçar a situação e escrever sobre a experiência dele de amor divino. Antes de sua prisão, ele praticava mortificação física como um caminho para a purificação espiritual, uma prática que sempre leva à suspeita de masoquismo disfarçado de espiritualidade. Porém há uma aparência de verdade na poesia dele, e seria uma redução incorreta apontar para sua estrutura de caráter como um modo de desconsiderar sua descoberta do amor divino como um resultado da experiência vivenciada.

---

pessoa tem de se considerar uma diretora espiritual para essa atmosfera predominar. Ela tende a ocorrer espontaneamente sempre que estamos lidando com material abertamente espiritual, seja na psicoterapia ou em qualquer outro contexto.

Os místicos já mapearam algumas das características da noite escura de um modo que pode ser útil aos terapeutas contemporâneos que trabalham com uma pessoa que experiencia uma fase assim. Os místicos nos contam que durante a noite escura é como se a graça fosse suspensa, mas, de fato, Deus ilumina a alma com luz divina, que é descrita como um raio de escuridão porque não pode ser percebida pela mente ordinária. Essa luz divina desliga as faculdades comuns da pessoa de forma que possa desenvolver uma nova maneira de compreender, que é de natureza espiritual. Do modo purgativo, a pessoa estava lendo e pensando com a mente ordinária, porém agora deve ir mais fundo para que toda luz comum seja levada. Então, não confiamos mais no ego e no intelecto, de modo que temos de estar totalmente dependentes de Deus. Deixamos para trás tudo o que sabemos, sem saber o que acontecerá. Poderíamos tentar as práticas tradicionais de oração e meditação, entretanto elas não funcionam. Poderíamos tentar uma prática que não tentamos antes, mas isso também será um erro. Ou, então, poderíamos ceder ao desespero, sentindo que somos abandonados por Deus. A pessoa se sente completamente alienada de Deus, totalmente desolada e desorientada. Contudo, esse período não é um abandono, e sim o prelúdio de uma revelação mais profunda. O conselho tradicional é que se a pessoa não pode ler nem pensar, não deveria tentar fazer isso, mas apenas ficar em paz sabendo que o divino está lá. Ela pode perguntar pelo que é necessário, com humildade e confiança. É importante manter a quietude interior, apercebendo-se de que nada se pode fazer sem Deus. Ela tem de abandonar a ideia de que o que fez até agora se deve aos esforços dela. Não há necessidade de ser crítica em relação a si ou aos outros. Um desejo pelo divino aumenta, porém sem autointeresse. Ela pode terminar dizendo sim, pode somente se render e aceitar. Esse é o começo do estágio de união com o divino, no qual o rio simplesmente flui para o oceano.

O estágio final desse processo, o estágio de união ou unidade, é raramente visto. De acordo com a literatura, esse estágio permite uma sensação estável de um contato direto com o Absoluto, ou de absorção nele, assim como a consciência da unidade de si com os outros e com a terra. Não se pode dizer muito sobre essa experiência porque transcende a descrição verbal e envolve uma perda da sensação de um si-mesmo separado, pessoal, embora essa pessoa funcione normalmente na realidade consensual[48]. Ten-

---

48. Esse estágio foi bem descrito por Bernadette Roberts (1984).

do chegado a esse estágio, místicos desenvolvidos participam da vida social comum com uma consciência renovada, muitas vezes ensinando ou se envolvendo em movimentos socialmente úteis, e outras tantas criticando o *status quo*. Outras pessoas assim podem estar bastante envolvidas, embora vivendo em total obscuridade, simplesmente porque não sentem necessidade de fazer qualquer outra coisa.

Independentemente de como uma pessoa vê a jornada espiritual, existem apenas dois resultados. Um leva à experiência não dual da união com o divino, de modo que não resta preocupação alguma com a singularidade individual, assim como uma gota de água se perde em um copo de vinho. A personalidade cotidiana persiste, mas não é particularmente importante. Alternativamente, o objetivo pode ser o da relação com o divino, experienciado como um amante ou um amigo. Isso requer o desenvolvimento completo da personalidade autêntica em uma relação consciente com o sagrado.

Desenvolvimento de uma imagem de Deus: símbolos do si-mesmo

O desenvolvimento de uma conexão pessoal com o divino é um aspecto do desenvolvimento espiritual. Aqui, considero a abordagem de Jung útil, embora seja controversa e muitas vezes inaceitável para teólogos[49]. Para Jung, os indivíduos têm uma capacidade inata ou *a priori* de experienciar o divino. Esse potencial arquetípico na psique, que Jung cunha como Si-mesmo, é projetado a figuras particulares como Cristo ou qualquer que seja a imagem local de divindade presente em uma cultura. Jung diz que tem de falar sobre a imagem de Deus em vez de Deus em si, porque "está muito além de mim dizer qualquer coisa sobre Deus" (1976, p. 260). Nas palavras de Jung,

> Encontramos muitas representações de Deus, mas o original ninguém consegue encontrar. Para mim não há dúvida de que o original se esconde atrás de nossas representações, mas ele nos é inacessível. Jamais estaríamos em condições de perceber o original, porque deveria ser antes de mais nada traduzido em

---

49. Teólogos têm várias objeções à ideia do Si-mesmo como uma imagem de Deus intrapsíquica. Eles acusam Jung de reduzir o divino transcendente a algo que é puramente intrapsíquico, o que torna o divino algo somente subjetivo e muito imanente, situado na personalidade humana e não em um domínio além dos indivíduos. Todavia, não há razão para que uma divindade transcendente não devesse se expressar psicologicamente ou para que a psique não devesse conter uma qualidade supraindividual. A psique é real, de modo que dizer que o Si-mesmo é experienciado psicologicamente, tornando-o uma realidade viva.

categorias psíquicas para tornar-se de alguma forma perceptível (OC 18/2, § 1.589).

O Si-mesmo transpessoal é muitas vezes considerado o "Deus interior", mas ao contrário, nós estamos contidos nele, uma vez que "se comporta como uma atmosfera que envolve o homem e cujos limites é difícil de ser fixado [sic] com certeza, tanto espacial quanto temporalmente" (OC 9/2, § 257). O Si-mesmo não é simplesmente uma imagem; é uma força ativa (OC 9/2, § 411), um poder na alma que dirige a evolução da personalidade e também se expressa simbolicamente em imagens numinosas.

Não conhecemos a relação do Si-mesmo com o nível transcendente do divino. Parece haver uma relação psicológica consistente entre eles, porém não sabemos se são idênticos. Insistir em equipará-los seria metafísica prática e não psicologia. Tudo que sabemos é que a presença de um potencial assim é sugerida pela ubiquidade das imagens de Deus histórica e geograficamente, e na experiência da pessoa. O Si-mesmo é um fato psicológico, mas não conhecemos sua natureza ou como se origina.

A imagem de Deus de uma pessoa pode ser bastante particular e costuma ser privada e difícil de expressar. A imagem de Deus que experienciamos pode não corresponder às imagens ou metáforas da teologia tradicional. Imagens como um pai, rei, mãe, juiz celestial etc. podem nos deixar indiferentes se não experienciamos o divino desses modos. Uma das razões para o declínio na crença em organizações religiosas tradicionais é que para muitas pessoas as imagens tradicionais de Deus não são mais símbolos vivos – não funcionam para nos conectar com o sagrado. Esse é um dos significados da expressão de Nietzsche de que "Deus está morto". Algumas tentativas importantes têm sido feitas para reinterpretar imagens bíblicas tradicionais de Deus de modos mais aceitáveis. Por exemplo, como uma alternativa às imagens saturadas de poder de um Deus que é um governante ou rei, a teóloga Sallie McFague, em *Models of God*, sugeriu que podemos pensar o divino como aquele que ama o mundo (1987). Para ela, o mundo pode ser compreendido como o corpo de Deus. Essas metáforas são uma grande melhoria em relação às velhas imagens imperialistas porque enfatizam a relação, uma sensibilidade holística e ecológica, a interdependência de todos os entes, uma ética de justiça e cuidado, e a aceitação da responsabilidade humana pelo destino da terra. Os modelos de McFague (1987) são alternativas saudáveis àqueles modelos tradicionais de Deus que oscilam entre os extremos de dizer que

Ele é tão onipotente, que não temos poder nenhum, e dizer que Ele tomará conta de nós porque somos crianças impotentes, ou seja, os modelos de dominação tradicional ou de escapismo fundamentados na figura de Deus. Mas, os profissionais da psicologia profunda regularmente identificam pessoas para as quais nenhuma dessas metáforas se aplicam. Muitas pessoas experienciam o divino de modos pessoais e novos.

Quando a pessoa abandona as imagens tradicionais, um vácuo espiritual sucede com uma necessidade concomitante de um novo modo de descrever nossa experiência do divino. Essa é a situação de muitas pessoas hoje em dia, e uma abordagem psicológica profunda à espiritualidade pode ajudar na descoberta de uma nova imagem de Deus. Essas novas imagens não são criadas pelo ego, e não podemos determinar a forma que assumirão; elas surgem espontaneamente dos níveis autônomos da psique (Edinger, Cordic, & Yates, 1996).

Um dos modos pelos quais chegamos a experienciar nossas imagens pessoais de Deus é por meio do sonho. Isso abre uma área controversa na psicologia profunda. Teóricos personalistas tradicionais do inconsciente apenas identificam seus níveis humanos, enquanto a tradição junguiana descreve um nível transpessoal do inconsciente. Para Jung, o Si-mesmo é o criador dos sonhos, que devem, portanto, ser levados a sério como a voz de uma sabedoria maior – uma noção consistente com a antiga tradição de sonhos enviados por Deus (Sanford, 1951/1989). James Hall (1993) indica que, quando nossa espiritualidade autêntica é reprimida, talvez por ser muito inusual ou idiossincrática, ela pode emergir em imagens oníricas em uma forma que é radicalmente diferente de nossas expectativas. Sonhos podem produzir imagens numinosas que retratam uma experiência do sagrado, ou podem nos dizer diretamente o que cultuamos.

Ulanov (1986) relata que um homem sonhou que:

> Estava escuro e esfumaçado, e que havia um som sibilante. Ele se via (e todavia era o si-mesmo que via) ardente, sincera e profundamente envolvido em um ato de culto, mas o culto era a um porco gigante. Ele acordou assustado; mais ainda, atônito (1986, p. 164).

Ulanov não menciona as associações do sonhador a essa imagem, mas talvez este cultuasse a ganância. Assim como o nível de sonho pessoal, os terapeutas junguianos também levam em conta uma visão objetiva da imagem; o porco era um antigo símbolo mitológico da grande mãe ou da deusa em várias culturas da Antiguidade. No ambiente psicoterapêutico, esse sonho daria aos terapeutas uma indicação sobre o que é realmente sagrado para quem sonha. Essas imagens nos são dadas por uma fonte além do ego, muitas vezes interferindo em nossa complacência.

O inconsciente se recusa a ser cristianizado e insiste em produzir suas manifestações do Si-mesmo. Se essas não são reconhecidas, a conexão interna da pessoa com o Si-mesmo é então ignorada. Isso ocorre quando as manifestações da psique objetiva são consideradas demoníacas ou pagãs, por exemplo, quando o numinoso aparece na forma de um animal magnificente, o que ocorre porque o Si-mesmo tem aspectos não humanos – assim como a totalidade, ele representa todas as coisas naturais. Era comum nas primeiras religiões que o divino aparecesse na forma de um animal, e traços dessa ideia são encontrados na imagem cristã de Jesus como o Cordeiro de Deus ou nas representações medievais do Espírito Santo engravidando Maria na forma de um pombo. O Si-mesmo ainda aparece em sonhos modernos na forma animal, aparentemente para enfatizar o nível pré-humano ou instintivo da psique, talvez para lembrar quem sonha a confiar na natureza ou instinto em vez de no ego. Usualmente, um animal onírico é considerado uma imagem do Si-mesmo quando o animal é numinoso ou inusual de alguma forma surpreendente, como em virtude de seu tamanho enorme ou de sua cor dourada. Por exemplo, uma mulher sonhou com um imenso leopardo e um tigre, cada um cerca de três vezes maior do que um elefante. Na personalidade dessa mulher há qualidades não desenvolvidas desses animais que ainda não foram humanizadas, e esses potenciais requerem atenção. Associamos animais sagrados a sociedades pré-judaico-cristãs, mas imagens numinosas ainda assumem essa forma nas psiques de pessoas modernas. Diferentemente de seus ancestrais pagãos, essa mulher não *cultua* essas imagens oníricas – ela prestará cuidadosa atenção a elas e tentará ouvir o significado para ela. Do ponto de vista centrado na psique, atenção a esse tipo de imagem onírica é uma prática religiosa, uma vez que as imagens revelam um aspecto da psique transpessoal que fala a quem sonha.

A Bíblia está cheia de referências ao poder do divino manifestado em locais de fenômenos naturais como árvores, rochas, montanhas, rios e mares. Em sonhos modernos o Si-mesmo se expressa nessas formas naturais, cada uma enfatizando um aspecto diferente do divino na natureza. Por exemplo, o Si-mesmo enfatiza seu aspecto vegetativo quando aparece em um sonho na forma de uma árvore espetacular, que lembra quem sonha que o Si-mesmo é expresso no ciclo sem fim de crescimento, decadência e regeneração na natureza. Não é por acaso que as árvores fossem consideradas sagradas em muitas culturas antigas, para as quais a árvore parecia ser um receptáculo para a essência divina. A árvore manifesta um princípio de vida que é expresso em sua folheação e florescimento recorrentes. Devido aos três níveis: raízes subterrâneas, tronco no nível terreno e galhos apontando para cima; a árvore lembrava aos antigos, e ainda simboliza para nós, a conexão entre diferentes dimensões do ser. Similarmente, montanhas em sonhos têm ligações com o sagrado. Porque sugerem ascensão e esforço, o topo de uma montanha costuma ser um símbolo do objetivo de uma busca espiritual. A montanha parece ligar céu e terra, razão pela qual há muitas montanhas sagradas, como o Monte Sinai ou o Monte Olimpo, no mundo mitológico. Esses são muitas vezes lugares onde os deuses encontram a humanidade.

Em qualquer personalidade, há conflitos produzidos por tendências e desejos que puxam a pessoa em direções contrárias. Jung pensava que as tensões entre aspectos opostos do si-mesmo seriam resolvidas em uma síntese mais elevada no interior do Si-mesmo. Consequentemente, símbolos oníricos que mostram a unificação de opostos aparentes são com frequência símbolos do Si-mesmo. Exemplos disso são imagens de um labirinto com uma única saída, uma cobra com asas, o símbolo taoísta yin-yang, uma rosa branca e vermelha, ou uma figura masculina e feminina ou jovem e velha. Esses símbolos sugerem que qualidades que anteriormente pareciam em oposição entre si podem de fato ser compreendidas como complementares.

Outro tipo importante de imagem do Si-mesmo ocorre em forma de mandalas. A palavra *mandala* significa círculo em sânscrito, ou seja, são figuras geométricas simétricas, consistindo usualmente de alguma combinação de quadrados, círculos, cruzes e triângulos. São sempre ordenadas e concêntricas; e, nas tradições religiosas orientais, são usadas como um auxílio para a concentração durante a meditação. Mandalas muitas vezes têm uma simetria quádrupla; o número quatro é um símbolo antigo para a ideia do todo em si, da estabilidade e da organização. Em sonhos, mandalas podem assumir a forma de uma cidade simétrica, com ruas irradiando de uma praça central, um jardim com quatro rios fluindo a partir do centro, ou formas de templos, rodas, espirais, flores, labirintos e relógios. Jung observou que essas imagens tendem a ocorrer em sonhos durante tempos de desordem e caos, porque a psique tem uma tendência inata a se corrigir quando as coisas se desequilibram. Ele acreditava que o Si-mesmo produzia símbolos ordenados em uma tentativa de compensar pela desordem aquilo que o ego sentia, como que para lembrá-lo que, embora as coisas pareçam caóticas, um padrão não reconhecido está em operação, que inclui todas as contradições aparentes. Essa tendência do Si-mesmo para produzir símbolos ordenados levou à descrição do arquétipo da ordem por Jung, mas devemos lembrar que o Si-mesmo também é responsável por períodos de desordem e crises na vida, de modo geral numa tentativa de agitar as coisas para sobrepor um novo tipo de ordem.

De acordo com Jung, a psique tem uma função religiosa inata que opera consciente ou inconscientemente (OC 12, §14)[50]. Essa função religiosa não se preocupa em produzir nos sonhos imagens que correspondem à tradição religiosa – ela produz o material que for necessário. Não é incomum que as imagens oníricas se originem em uma tradição religiosa diferente daquela na qual a pessoa que sonha foi criada. Obviamente, essas imagens não representam o divino; são expressões simbólicas de uma realidade transcendente. Não sabemos que relação podem ter com o próprio divino. Teólogos judeus ou cristãos tradicionais objetariam vigorosamente essa possibilidade – cultuar um porco onírico soa extremamente pagão. Contudo essas imagens nos dizem muito sobre nossa psicologia e sobre o que realmente valorizamos. Imagens oníricas, como o relato a seguir, nos falam sobre as projeções de uma mulher em sua imagem de Deus, que é visivelmente influenciada por suposições patriarcais tradicionais e seu complexo paterno:

> Estou suspensa no céu por um gancho que perpassa meu peito. No chão abaixo de mim, há um ancião com uma barba branca, vestindo um robe branco. Ele está disparando com um canhão bolas de softbol contra mim.

Essas imagens nos dizem o que temos que superar e o que podemos abrir mão para nos aproximarmos da realidade que está além de qualquer imagem específica.

---

50. Acredito que essa função religiosa existe de modo que possamos experienciar a dimensão sagrada da existência. Obviamente, essa crença não é receptiva a uma forma de verificação positivista.

Rizzuto (1979) nos diz que a qualidade de nossa imagem sobre Deus é formada por meio da experiência das relações objetais. Com o tempo, a imagem de Deus formada, como resultado das primeiras experiências familiares, passa a ser combinada e influenciada pelas formulações particulares de credo às quais a pessoa é exposta, resultando em uma imagem mais elaborada de Deus, que é condicionada pela história particular da pessoa. Assim, uma imagem punitiva e exigente pode representar a projeção de traços parentais, já uma imagem de Deus incondicionalmente amoroso e perdoador pode indicar uma necessidade dessas qualidades, uma vez que não estiveram presentes em um dos pais.

A imagem de Deus concebida por uma criança, conforme sugere Rizzuto (1979), é constituída da combinação de suas experiências com os pais e do modo como ela compreende o comportamento dos outros familiares, documentando a sugestão de pesquisadores anteriores que haviam indicado a relação estreita entre as estruturas da religião e as da família (Vergote, 1969). Grande parte dessas dinâmicas familiares iniciais são inconscientes; uma mulher com quem trabalhei costumava ter indigestão após receber a comunhão todo domingo, um problema que terminou relacionado a uma inveja de Jesus por Ele estar especialmente próximo de Deus.

Ilustrando a importância das imagens iniciais de Deus, May (1992) descreve como se manteve com uma imagem de Deus como pai por muitos anos após perder o pai com nove anos. Apegar-se a essa imagem lhe permitiu uma sensação contínua de conexão com o próprio pai. Quando finalmente renunciou à imagem paternalista de Deus, May experienciou novamente parte da tristeza que sentiu na morte do pai. Assim, ao apegar-se a uma imagem de Deus como pai, recusou-se a deixar o pai morrer psicologicamente, o que suspendeu a relação dela com Deus. Isso é um exemplo em que a dinâmica particular da pessoa foi radicalmente entremeada com a imagem de Deus elaborada por ela. Do mesmo modo, especialmente se o pai da pessoa era difícil, as imagens judaico-cristãs de Deus-Pai podem contribuir para a rejeição dessa tradição – ou ao menos gerar uma ambivalência para com ela. Perceber que projetamos nossas imagos parentais em nossa imagem de Deus nos ajuda a compreender por que as pessoas desenvolvem essas imagens ambivalentes de Deus. Algumas famílias disciplinam seus filhos os ameaçando com imagens punitivas de Deus, que instilam o medo. Para muitos fundamentalistas, de um modo curiosamente compartimentalizado, Deus é não somente amoroso, mas também disposto a punir certos comportamentos por toda eternidade. Mesmo para religiosos tradicionais que não são fundamentalistas, a noção de Deus como um pai celestial está profundamente arraigada nas tradições monoteístas, embora muitos concordem que essa é uma imagem antropomórfica.

Atitudes pessoais e familiares não são a única fonte de uma imagem de Deus; a criança é também exposta a essas imagens culturalmente prevalentes. Em lares em que a religião é importante, a criança ouve noções preconcebidas sobre Deus nas quais se espera que ela acredite. Por vezes, a rejeição da religião é baseada na raiva dos pais que lhe tentaram impô-la. Quando essa raiva é trabalhada na terapia, a espiritualidade de uma pessoa pode emergir.

Rizzuto (1979) elabora a explicação de Winnicott para a religião, que está relacionada à noção de objeto transicional. Desde uma idade muito precoce, a criança investe em um brinquedo ou um cobertor de uma capacidade confortante; esse objeto substitui a presença da mãe. Winnicott (1971a) acreditava que a criança pequena perdia a sensação de controle onipotente que tinha quando era bebê, que era ilusória; e para auxiliar a transição da onipotência ilusória para a realidade objetiva, ela recorria a objetos do mundo externo sobre os quais poderia exercer algum controle[51]. O objeto transicional é um tipo de protossímbolo; a imaginação lhe dá significado, de modo que objetos transicionais existem em um "espaço" intermediário entre seu mundo subjetivo e o mundo baseado na realidade. O objeto, portanto, existe em uma área intermediária da experiência à qual tanto a vida interior da criança como o mundo exterior contribuem – ainda não é inteiramente interno nem totalmente externo; não é uma alucinação nem objetivamente real. Essa é inicialmente a área do brincar da criança; mas, então, experiências culturais e produtos criativos como arte, literatura, teatro, religião e a imagem de Deus se desenvolvem nesse espaço. Para Rizzuto (1979), a representação de Deus é um tipo de objeto transicional. Ao longo da vida, essa representação é continuamente reimaginada enquanto é afetada pela imagem oficial de Deus da tradição religiosa da pessoa e por suas experiências de vida, mas permanece um objeto transicional. A imagem de Deus de uma pessoa é, portanto, muito privada, consistindo de uma mistura de teologia sofisticada e resíduos infantis, al-

---

51. Um exemplo da onipotência ilusória do bebê é que o bebê faminto sente como se tivesse feito o peito aparecer. O que o bebê necessita internamente é fornecido pela sintonia da mãe, de modo que os mundos interno e externo se unem.

guns dos quais inconscientes. Independentemente dos elementos que lhe dão forma, a imagem de Deus da criança começa como uma representação rudimentar e continua a ser elaborada ao longo da vida.

Há diferenças importantes entre as teorias de Rizzuto e Jung, e também formas pelas quais suas ideias se complementam. Ao passo que Rizzuto acredita que a imagem de Deus adulta começa como um objeto transicional da infância, para Jung, o Si-mesmo transpessoal está presente no nascimento; é uma *imago Dei* inata ou *a priori* que nada tem a ver com o Deus da teologia dogmática e sua pretensão à verdade. O Si-mesmo é um objeto original autônomo, um potencial arquetípico para a experiência do divino que é substituído pelas experiências de vida, como descrito por Rizzuto. Enquanto este autor não lida com experiências numinosas do Si-mesmo que surgem espontaneamente, Jung presta pouca atenção à influência de fatores de desenvolvimento infantil em nossa experiência do Si-mesmo. Em vez disso, ele presta muita atenção ao Si-mesmo na forma de símbolos e ao Si-mesmo como o princípio organizador superior da personalidade. Claramente, ambas as abordagens são importantes. Vale a pena indicar que, embora Rizzuto tenha descrito a influência das relações iniciais na representação de Deus de uma pessoa, isso nada nos diz sobre o divino; como Jung indicou, não podemos conhecer a relação entre a representação e a realidade.

Um psicanalista (Stein, 1981) que analisou o livro de Rizzuto não gostou da obra por parecer um breviário para religião e por ser "cripto-junguiano" (o que não é), ambos grandes pecados na tradição psicanalítica daquela época. De acordo com essa análise, Rizzuto ignora a ideia de maturidade de Freud como a renúncia de todas as ilusões a favor do amor e do trabalho pós-edípico. Ela insinua que Rizzuto não é completamente analisado. Rizzuto também tem sido criticado por tornar Deus nada mais do que a soma de relações de objeto iniciais, sem deixar espaço para a realidade do próprio divino como um contribuinte do processo representacional (Leavy, 1990). Contudo, sua abordagem é valiosa porque nos permite estudar as origens psicológicas da imagem de Deus nas pessoas. Quando vemos os modos pelos quais relações de objeto iniciais afetam nossa imagem de Deus, vemos nossas projeções nessa imagem. Nenhuma delas pode refletir a realidade. Quando retiramos nossas projeções parentais de nossa imagem de Deus, podemos desenvolver uma espiritualidade mais madura, menos contaminada por relações de objeto iniciais. Jung se refere a esse processo como a transformação de Deus[52].

Pesquisas sugerem que a imagem de Deus de uma pessoa também está relacionada à autoestima. Uma imagem amorosa e benevolente tende a estar associada à autoestima elevada (Benson & Spilka, 1973), presumivelmente porque a pessoa então se sente digna da benção de Deus. A imagem que temos de nós mesmos afeta radicalmente o modo como nos relacionamos com os outros e com o divino. Pessoas que se desprezam são mais inclinadas a imaginar que são inaceitáveis para Deus, e podem se preocupar muito com a necessidade do perdão e da reconciliação divina. Não surpreende, portanto, que a terapia, que melhora a maneira como a pessoa pensa sobre si, também modifique sua imagem de Deus. Aqui, temos de lembrar que nosso autoconceito é uma imagem ou representação intrapsíquica e não nossa verdadeira natureza, que, em última instância, é um mistério. Similarmente, a imagem de Deus de uma pessoa é apenas isso; e, assim, não pode refletir o próprio divino, embora possa ter algum valor simbólico ou metafórico útil. Um encontro com o sagrado pode assumir a forma de uma imagem, mas a experiência aponta para além dela.

Cornett (1998) descreve várias projeções típicas em nossa imagem de Deus. A imagem narcisista de Deus, talvez expressa no mandamento: "não terás outros deuses além de mim" (Ex 20,3), surge da projeção de pais narcisistas que exigem demais de seus filhos; espera-se que a criança satisfaça as necessidades dos pais por afirmação. A imagem resultante de Deus exige a perfeição de seus adeptos e está constantemente descontente com eles. Ele nunca está satisfeito e ordena obediência absoluta. Inspira medo e quer que seus suplicantes reconheçam a todo momento que são indignos de seu amor. A imagem de Deus punitiva, baseada na experiência de pais repressores, cujo amor é bastante condicional, leva a pessoa a acreditar que será punida ou recompensada por certos comportamentos, e que irá para o céu ou inferno. É desnecessário dizer que a sensação do si-mesmo de uma pessoa é radicalmente afetada por essas representações de Deus – a pessoa está tentando satisfazer a imagem de Deus, desejada ou não, e a culpa e a vergonha acompanham o fracasso nesse sentido. Quando amadurecemos psicologicamente, ou quando a intensidade de nossas dificuldades emocionais diminui, nossas imagens de Deus também amadurecem. Somos,

---

52. Para uma discussão completa, ver Edinger (1992).

então, menos propensos a influenciar nossa compreensão do divino com fatores psicodinâmicos pessoais tal qual a busca por um protetor celestial como uma solução para a ansiedade crônica. Esse desenvolvimento é muitas vezes um efeito colateral não intencional da psicoterapia.

Incidentalmente, não deveríamos assumir que a imagem de Deus de uma pessoa se baseará na tradição em que ela foi criada; essas imagens são imprevisíveis. Pessoas pertencentes a tradições conservadoras podem ter uma imagem de Deus muito benevolente, e pessoas de tradições liberais podem ter uma imagem punitiva dele. Incidentalmente, judeus ortodoxos são proibidos de ter imagens pictóricas de Deus, de modo que não faz sentido lhes perguntar sobre a noção deles de Deus, de tal maneira que pressuponha algum tipo de imagem visual. Contudo, a liturgia e a psicologia individual contêm muitas imagens metafóricas do divino como pai, rei etc.

Embora essas explicações desenvolvimentais para a origem de nossa imagem de Deus sejam convincentes, provavelmente não são completas. Como Bowker (1973) indicou, nossa sensação de Deus pode vir de Deus, assim como de fatores sociais e psicológicos. No jargão junguiano, isso significaria que somos arquetípica ou inatamente dispostos a experienciar o Si-mesmo de formas particulares, e o ambiente no qual nos desenvolvemos fornece as influências necessárias. Assim, ocorre de a espiritualidade de uma pessoa, ou o modo como é predisposta a experienciar o sagrado, não se basear apenas em relações com pais ou em fatores inatos; o ambiente infantil de uma pessoa e sua disposição arquetípica se correspondem sincronisticamente. A relação de uma pessoa com o Si-mesmo não é modelada apenas pelas dinâmicas interpessoais; essa relação é muito diferente de outras relações de objeto, e tem sua lógica única e seus princípios organizadores.

As pessoas são atraídas a imagens de Deus tradicionais e à teologia que corresponde à própria constituição psicológica, de modo que uma pessoa sofrendo de culpa e vergonha por razões desenvolvimentais está propensa a se preocupar com noções tradicionais de julgamento divino. A crença em um dia do julgamento pode estar relacionada a uma mãe ou um pai crítico. A crença em uma vida após a morte pode surgir da ansiedade da morte. Ou seja, uma pessoa pode usar um sistema de crenças para propósitos defensivos. Psicólogos materialistas sentem que esses sistemas de crença são baseados na psicodinâmica pessoal, porém isso permanece uma questão de opinião. Não há como verificar ou refutar essas alegações, que são uma matéria de fé ou crença, e são ininteligíveis de um ponto de vista positivista.

Quando as pessoas usam a crença religiosa para propósitos patológicos, como vimos nos massacres entre seitas ao longo da história, podemos razoavelmente assumir que a religião tem sido cooptada a serviço do narcisismo patológico e da raiva narcisista. Mas mesmo isso é suposição nossa, baseada em nossos valores. Talvez as pessoas que atacaram o World Trade Center pensassem que estavam fazendo a vontade de Deus e não seriam consideradas patológicas em sua subcultura. Contudo, não podemos simplesmente usar normas socioculturais para avaliar a saúde mental, porque uma sociedade inteira pode sustentar crenças patológicas ou superstições como a crença em bruxas. Essa é obviamente uma área nebulosa[53]. O que podemos sugerir é que, quando um sistema de crenças religiosas é sustentado muito dogmática ou rigidamente, é provável que esteja sendo usado de forma narcisista ou defensiva. Os terapeutas também têm de distinguir entre uma ilusão paranoide e uma crença religiosa que é sustentada por um grupo inteiro. No segundo caso, a crença é compartilhada por muitas outras pessoas e é parte de uma instituição tradicional antiga, enquanto a primeira é bastante idiossincrática e acompanhada por outros sinais de teste de realidade comprometido.

Assim como na terapia, o si-mesmo e as representações de objeto da pessoa mudam, a imagem dela de Deus também pode mudar junto a crenças inconscientes sobre realidades transcendentes. No contexto da relação com os terapeutas, pode emergir uma nova narrativa espiritual que ajude a sustentar a pessoa. No momento apropriado, os terapeutas podem de forma polida indicar os modos pelos quais as imagos dos pais da pessoa estão afetando sua imagem de Deus. Aqui, os terapeutas têm de estar conscientes dos modos pelos quais a imagem deles de Deus afeta a própria habilidade para responder a esse problema quando ele emerge na terapia.

Espiritualmente a psicoterapia orientada está preocupada apenas com as imagens da religião tradicional de Deus na medida em que essas imagens afetam as atitudes, comportamento e sentimentos das pessoas. Já a psicoterapia contemplativa está preocupada sobretudo com a experiência pessoal do sagrado que ocorre espontaneamente. Essa ênfase, e a noção de que a verdade é encontrada na pessoa, é uma parte antiga da tradição esotérica ocidental, embora seja a abordagem de uma minoria. A religião tradicional é muito mais coletiva, de modo que a pessoa que procura fontes internas

---

53. Para uma revisão, ver Meissner (1996).

da verdade muitas vezes se sente isolada. O risco de funcionar de um modo solitário é que ela pode se tornar desconectada das restrições e da sabedoria coletiva, que normalmente seriam aplicadas por uma comunidade.

As origens da espiritualidade humana

A questão do desenvolvimento espiritual da pessoa é estreitamente ligada ao problema maior da origem da espiritualidade em geral. A visão de nossa profissão sobre esse problema evoluiu nas últimas décadas. Por muitos anos, a psiquiatria e a psicologia tradicionais foram dominadas por uma visão de mundo materialista e rígida. A religião era um tópico impopular de pesquisa porque considerava-se que era impossível estudar fenômenos espirituais usando as abordagens da ciência empírica (Slife, Hope, & Nebeker, 1999). A suposição era que, se algo existe, deveríamos ser capazes de medi-lo e, por fim, explicar seus mecanismos em termos físicos e naturalistas sem referência a recursos sobrenaturais. Psicólogos se sentiam obrigados a usar a física como um paradigma para estudar a psique e assim enfatizavam métodos quantitativos e estatísticos. Isso levou a metáforas da mente como máquina e um "culto ao empirismo" (Ash, 1992). Recentemente, essa atitude começou a ser suavizada, e o reducionismo e determinismo contínuos que costumavam dominar a profissão cederam a um novo interesse em espiritualidade[54]. Isso pode ter acontecido porque o positivismo científico se tornou menos popular em círculos intelectuais[55]. Compreende-se agora que nosso método de abordagem limita o que podemos descobrir, que diferentes abordagens são aplicáveis a diferentes tipos de problemas, e que percepções criativas e intuitivas contribuem para a descoberta científica, embora devam, então, estar sujeitos ao próprio escrutínio. Mesmo diante de dados empíricos, tendemos

---

54. Para um sumário acadêmico desses desenvolvimentos, ver capítulos 2 e 3 de Richards e Bergin (2005).

55. O positivismo é uma filosofia da ciência que rejeita a metafísica e acredita que, a fim de serem levados a sério, afirmações sobre a realidade devem ser observáveis; testáveis; sujeitas à verificação empírica; mostrarem-se verdadeiras, com base em evidências; e não dependerem do viés dos observadores. Muitos dos primeiros comportamentalistas e alguns psicanalistas adotaram essa atitude, o que sugere que a psicoterapia pode ser executada por terapeutas objetivos e imparciais. Para eles, valores não têm lugar na psicoterapia. Parte da ironia dessa situação era que esses terapeutas tinham crenças metafísicas sobre a natureza do universo, como ateísmo, materialismo e naturalismo científico, crenças que não eram empíricas. Enquanto isso, a física se afastou de noções simplistas de objetividade independentemente da consciência dos observadores.

a aceitar ou rejeitar teorias baseadas em sua correspondência ou não aos nossos preconceitos. Teorias nos parecem particularmente convincentes quando correspondem à nossa visão de mundo e nossas necessidades e sentimentos. Compreende-se agora que afirmações empíricas devem ser vistas no contexto de observadores particulares (Hesse, 1980).

Dadas essas limitações, não há método específico, objetivo, que nos diga a origem da espiritualidade e da religião humana, que significam uma série de coisas para muitas pessoas. Para mim, parece que não há explicação adequada para a sensação de Deus ou para a busca espiritual humana, o que é diferente de dizer que são um aspecto intrínseco da natureza humana que corresponde à realidade. Com certeza, há muitas outras abordagens para essa questão, o que deu origem a muita controvérsia na comunidade científica. Para muitos cientistas, espiritualidade e religião parecem se opor à racionalidade, de modo que há tentativas para reduzi-la psicológica, sociológica e biologicamente.

Biólogos materialistas ressaltam que a religião se transformou com a evolução das estruturas do cérebro, embora haja desacordo sobre se a religião foi diretamente adaptativa para nossa evolução ou se é apenas um subproduto dela. Biólogos que são religiosos simplesmente indicam que a ausência de uma explicação científica para um fenômeno não significa que ele não seja real.

Alguns cientistas acreditam que a religião é um modo de legitimar e manter a ordem social e as instituições. Papéis e instituições terrenos, como reis, são considerados cópias de padrões divinos, de modo que os governantes falam pelos deuses ou os representam. Para Berger (1990), o sagrado é um cosmo, uma fonte de ordem, uma liteira ou escudo contra o que de outro modo seria um caos terrível. Para Durkheim, Deus é a sociedade se cultuando, e o principal papel da religião é unir pessoas em uma sociedade comum (Pickering, 1975). Outros teóricos culturais acreditam que a religião surge porque as pessoas precisam encontrar significados diante de problemas como sofrimento e injustiça (Geertz, 1966). A religião satisfaz nossas necessidades de intimidade e autorrealização. Ou ainda, a função da religião é permitir que a pessoa transcenda e se sinta parte da ordem maior do universo.

Teorias psicológicas

Como uma regra geral, teorias psicológicas reducionistas sugerem que a espiritualidade esteja baseada em nossa necessidade de reduzir aflições, dá-nos uma sensação de ordem e sentido ao invés de caos, e nos ajuda com a nossa ansiedade pelo fato da morte. Psicólogos religiosos argumentam que nossa espiritualidade corresponde a uma dimensão espiritual real, à qual somos atraídos porque é um nível profundo de nosso ser, assim como a sede não teria evoluído se não tivéssemos necessidade de água.

Visões reducionistas surgiram em todas as escolas de psicologia. No começo do século XX, Leuba (1925) escreveu que a experiência mística se deve a fatores patológicos como epilepsia, histeria ou intoxicação. Muitos comportamentalistas clássicos reduziam a religião ao comportamento socialmente reforçado e aprendido, ou a consideravam um comportamento supersticioso, produzido por reforço aleatório e pela ameaça de punição. Há uma longa tradição psicanalítica que vê a religião como uma defesa contra a dura realidade, uma visão que não surpreende, dado que a religião tende a se tornar importante durante tempos de crise. Freud a interpretou em termos de anseios infantis. Ele pensava que ela representava uma recusa da pessoa em se tornar completamente adulta devido à necessidade de um pai celestial; e, assim, sugere uma condição regressiva. Para Freud, o aspecto ilusório da religião é baseado no fato de que ela é derivada de um desejo; ele não diz claramente que crenças religiosas são falsas, mas que são satisfações de desejos derivados do sentimento de impotência, de modo que a religião é uma defesa contra enfrentar a realidade dolorosa. O autossacrifício, a insistência em padrões de comportamento, a compaixão, o ascetismo e a humildade exigida por religiões dificilmente são boas evidências de pensamento desejoso ou de adesão ao princípio do prazer. Além disso, mesmo que projetemos esperanças, medos e necessidades humanas em nossa espiritualidade, isso não prova que não haja algo como uma realidade espiritual; essas projeções só significam que fatores de personalidade influenciarão na nossa relação com ela[56]. Incidentalmente, pesquisas posteriores descobriram que a ênfase de Freud em Deus como uma representação de um pai celestial não é sempre acurada; o progenitor (pai ou mãe) preferido influencia a imagem do divino da pessoa (Vergote & Tamayo,

---

56. Em uma carta de 26 de novembro de 1927, enviada ao ministro luterano Oskar Pfister, Freud reconheceu que a teoria dele sobre a religião era somente uma opinião pessoal, e era possível utilizar a teoria psicanalítica para argumentar a visão oposta. Ver Meng e Freud (1963).

1981); e, na maioria das vezes, isso significa a mãe. Muitas tradições hindus enfatizam o divino como mãe ao invés de pai. De qualquer modo, não há razão para assumir que estejamos lidando com projeções; uma pessoa poderia simplesmente apreciar os mesmos atributos de um pai ou mãe que ela valoriza na imagem dela de Deus.

Como rituais religiosos têm de ser feitos com atenção aos detalhes e enfatizar pureza e limpeza, Freud também observou que esses rituais partilham com o comportamento obsessivo-compulsivo algumas características, como se esse distúrbio fosse uma caricatura de uma religião privada. Em sua mente, portanto, a neurose é uma forma de religiosidade individual e a religião é uma "neurose obsessiva universal" (Freud, 1907/1959, p. 119). Greenberg e Witztum (1991) relatam o caso de um homem que passava nove horas por dia fazendo suas preces porque se preocupava muito em não cometer erros. Contudo, Freud não indicou as diferenças entre prática religiosa e estados obsessivos, o que, por sua vez, esses autores deixam claro. O comportamento compulsivo vai além do que é requerido; é focado numa área de prática religiosa, ao passo que ignora outras. Tipicamente, está preocupado com limpeza e pensamentos de blasfêmia. Freud também ignora o fato de que muitas pessoas que fazem rituais religiosos o fazem voluntariamente e não são levadas ao ritual por uma ansiedade insuportável (Lewis, 1994, p. 189).

Acredito que o argumento real de Freud seja com a imagem de Deus antropomórfica judaico-cristã. Como vários autores sugeriram, parece que ele tinha uma espiritualidade. Por exemplo, em *A interpretação dos sonhos* (1900), Freud diz que há um mistério fundamental subjacente a cada sonho, um ponto no qual não pode ser canalizado, seu ponto de contato com o desconhecido (Freud, 1900/1913, p. 111). Aqui, ele revela uma sensibilidade espiritual – seu senso de mistério[57]. Bettelheim (1982) indicou que, quando Freud falava sobre a psique, ele usava a palavra alemã *Seele*, que significa propriamente alma, embora seja muitas vezes erroneamente traduzida por ego. De acordo com Bettelheim, Freud via a alma como a sede da identidade e singularidade humanas, e tinha consciência da natureza espiritual de seu trabalho, mas essa consciência foi suprimida por seus tradutores e alunos no interesse de tornar seu trabalho

---

57. Einstein (1949/2001) expressou uma espiritualidade similar quando ficou impressionado com a complexidade, ordem e mistério do universo.

mais aceitável. A aceitação pela comunidade científica era uma grande preocupação de Freud, especialmente dada a imersão inicial dele na ciência empírica, positivista, em uma época em que parecia que a física newtoniana explicaria toda a realidade. Além da preocupação de Freud em tornar seu trabalho científico, ele não queria que a psicanálise fosse considerada um processo particularmente judaico (Gay, 1988). Devido a esses sentimentos conflitantes, e porque em sua época religião e ciência eram consideradas irreconciliáveis, ele pode ter suprimido ou reprimido o aspecto espiritual de seu trabalho. Contudo, como Fromm (1950) indicou, o interesse de Freud nos deuses e deusas da Antiguidade é uma evidência de seu respeito pela dimensão espiritual. Vários autores comentaram sobre as superstições de Freud e seu interesse no oculto, na parapsicologia e no espiritualismo[58]. Jung acreditava que a sexualidade fosse numinosa para Freud, implicando que a sexualidade fosse uma forma privada de espiritualidade para ele. De um modo geral, como Kaiser (1988) sugeriu, Freud pode ter protestado sobre a religião manifesta enquanto aderia à religião latente. Talvez Masson (1990) estivesse indicando uma verdade irônica quando observou que a própria psicanálise se tornara um tipo de religião para seus seguidores, com uma noção de salvação, dogma, sacerdócio e rejeição de outras tradições.

Muitos dos primeiros seguidores de Freud aderiram à sua visão de religião como evidência de imaturidade ou neurose. Alguns dos primeiros psicanalistas acreditavam que a persistência da crença religiosa em analisandos indicava uma análise incompleta. Cornett (1998) sugeriu que parte dessa desaprovação pode ter sido motivada por fatores econômicos; era importante manter a psicanálise no âmbito da ciência médica racionalista para propósitos de reembolso. Em contraste, muitos psicanalistas contemporâneos têm a mente aberta sobre a religião, ou, ao menos, tratam-na com cuidado quando ela emerge em seus analisandos, porque sua disciplina não pode comentar sobre a veracidade das crenças religiosas.

No começo da tradição psicanalítica, em contraste com Freud, outros eram simpáticos à religião. Muitos desses escritores compreendiam a religião em termos dos efeitos residuais das experiências desenvolvimentais. Erikson (1950) encontrou as raízes da religião na relação inicial do sujeito

---

58. Para uma revisão desse aspecto de Freud, e para uma discussão sobre as origens psicodinâmicas da atitude de Freud para com a religião, ver capítulo 2 de Meissner (1984).

com a mãe, que ele acreditava ser a fonte das imagens religiosas de nutrição e cuidado[59]. Para ele, a importância da religião é que ela confirma a importância universal da confiança e da esperança, que se desenvolvem com a resolução do primeiro estágio de desenvolvimento infantil. A religião também oferece apoio social para o desenvolvimento da sabedoria e integridade, que são os produtos do estágio final de desenvolvimento na idade avançada – a sensação de ordem cósmica e significado espiritual, a aceitação da vida como foi e a inevitabilidade da morte. De um modo geral, Erikson pensava que a religião era importante para atingir a maturidade.

Suttie (1935) indicou que pessoas neuróticas são particularmente atraídas pela religião, porque esta se preocupa com as relações estabelecidas com os outros e com o cuidado e, assim, atua como um sistema de psicoterapia. Contudo, ele observa que quando a religião não funciona para pessoas com dificuldades neuróticas, elas usam a tradição cada vez mais defensivamente, razão pela qual ele acredita que a tradição cristã foi desviada do amor e da justiça social na direção da divisão e da intolerância. Guntrip (1956) também observou o vínculo entre relações iniciais problemáticas e distorções da religião. Além disso, o autor indicou que pessoas esquizoides podem negar a religião, justamente porque ela trata de necessidades e relacionamentos emocionais; ou podem reduzi-la a uma filosofia de vida sem afeto. Ou, caso tenha havido uma perda inicial que levou à depressão, a pessoa pode se sentir pecadora e culpada, e pode necessitar da salvação pelo arrependimento. Em contraste, pessoas mais maduras usarão a religião para comunhão com outros indivíduos e com o fundamental. Guntrip acreditava que a religião pode produzir um tipo de segurança e um contexto de autorrealização não disponível em qualquer outro lugar.

Tipicamente, psicólogos psicanalíticos do si-mesmo veem crença e prática religiosas em termos da busca por uma experiência de auto-objeto que faltou na infância[60]. Normalmente, a experiência infantil de fusão com um adulto idealizado, poderoso, permite a experiência de apaziguamento e regulação de tensão interna – habilidades que a criança não pode

---

59. Para uma revisão da abordagem de Erikson sobre a religião, ver Zock (1990).

60. O termo auto-objeto foi cunhado por Kohut para descrever outra pessoa que é experienciada intrapsiquicamente como uma parte da pessoa. O auto-objeto apoia ou aumenta a sensação do si-mesmo de uma pessoa ao executar funções como espelhamento e validação; sintonia emocional; ou relaxamento, e fornece uma sensação de objetivos e de valores direcionados a um propósito.

atingir sozinha. Quando uma figura assim não é suficientemente disponível, desenvolve-se a necessidade de encontrar uma figura sábia, forte, que a pessoa possa idealizar e com quem possa se fundir psicologicamente. Se a pessoa nunca experienciou uma figura parental dessa forma, isso pode ser fornecido por uma imagem de Deus idealizada. A pessoa então atribui qualidades de força, amor e perfeição à imagem dela de Deus. Similarmente, a criança necessita ser espelhada, vista e valorizada. Para os psicólogos do si-mesmo, ter uma relação com Deus é ser especial, ser afirmado e cuidado de formas que podem ter sido ausentes na infância. Igualmente, pertencer a uma comunidade religiosa permite à pessoa satisfazer a necessidade de auto-objeto por geminação, o sentimento de que a pessoa é como as outras, o que também fortalece sua sensação do si-mesmo.

Algumas evidências para esses aspectos de afiliação religiosa são encontradas no fato de que, como Ullman (1989) indicou em seu estudo sobre convertidos religiosos; antes da experiência de conversão, muitas pessoas lidam com sentimentos de infelicidade, indignidade e baixa autoestima. Muitas delas estavam buscando amor, proteção e aceitação incondicional, em vez de verdade ideológica. Todavia, o ponto de vista da psicologia do si-mesmo, embora plausível, pode ser apenas uma explicação parcial para a necessidade de espiritualidade; não explica por que outros que crescem com defasagens em relação a essas linhas desenvolvimentais não se tornam religiosos, e não tratam anseios de pessoas que não tinham essa dificuldade desenvolvimental. Acredito que esse tipo de teoria explica somente o tipo de espiritualidade que se desenvolve, não a necessidade da espiritualidade em si.

De acordo com os psicólogos do si-mesmo, a necessidade de se fundir com uma figura perfeita explica por que "o objeto de experiência mística é muitas vezes descrito com referência a poder e perfeição" (Rector, 2001, p. 182). Deus é um auto-objeto confiável idealizado com quem os místicos se fundem. A experiência de união com o divino, comum a todas as tradições místicas, é então uma forma de lidar com a vulnerabilidade narcísica dos místicos, originada em sua infância, na falha ao tentar encontrar uma figura adequadamente idealizável. Nessa visão, a experiência mística é ao menos parcialmente regressiva ou defensiva, embora não necessariamente patológica, e ajuda a manter a integridade do si-mesmo. Contudo, mesmo que a visão da psicologia do si-mesmo explique a busca dos místicos por um auto-objeto idealizado, isso não nega a realidade do próprio divino ou a experiência de união com o divino. Talvez um estado assim de união de fato reflita uma realidade mais elevada, nesse caso, nossa sensação de separação é ilusória. A experiência de união com o divino, em vez de ser um retorno regressivo a um estado de fusão feliz com a mãe, pode, de fato, representar um nível elevado de realização espiritual.

De um modo geral, a resistência à espiritualidade na comunidade psicanalítica é agora muito menor do que costumava ser. Inclusive se reconhece que essa resistência pode ser uma defesa contra a espiritualidade e que a teoria psicanalítica pode, de fato, ser usada para reprimir material religioso (Kung, 1990).

Há também tentativas de explicar a religião em termos da teoria do apego, que é baseada na noção de que os bebês têm um sistema comportamental inerente que evoluiu para manter sua proximidade aos cuidadores, para proteger o bebê de predadores e outros perigos. O bebê emite sinais como choro, aos quais a mãe é mais ou menos responsiva, levando a graus diferentes de apego, seja ele seguro ou menos seguro. Desse ponto de vista, Deus, ou Jesus, ou os santos são considerados figuras de apego que parecem estar disponíveis para proteção em caso de perigo (Kirkpatrick, 1997). Ou, então, o conhecimento da presença de Deus permite à pessoa enfrentar a vida com mais confiança porque Deus é uma figura de apego perfeitamente confiável. Deus imaginado como uma figura distante no céu corresponderia ao apego inseguro – aqui, a criança não mostra preferência por um dos pais ou por estranhos. Há evidências empíricas (Kirkpatrick & Shaver, 1990) para apoiar a ideia de que crianças com relações inseguras de apego aos seus pais podem compensar na vida adulta se voltando para um "Deus amoroso, pessoal e disponível" como um substituto. Compreensivelmente, adultos que descrevem suas mães como frias, distantes e irresponsivas na infância são mais propensos a se atraírem a uma imagem amorosa de Deus. Muitas pessoas nesse grupo que têm uma experiência de conversão religiosa acreditam que essa foi desencadeada por uma crise de relação.

Pesquisas sugerem que crianças com apego seguro aos pais são mais propensas a ser influenciadas pelas crenças religiosas paternas do que crianças com apegos inseguros, porque aquela é mais receptiva a padrões parentais (Kirkpatrick, 1997). Parece plausível que se uma pessoa não desenvolve apego seguro a um dos pais, pode tentar encontrá-lo se conectando a Deus. Inversamente, um padrão de apego evitante pode ser um dos fatores que levam ao ateísmo. Obviamente, há mais em relação à religião do que o apego – ela também provê significado, propósito, respostas a questões existenciais e valores.

A teoria do apego implica que a religião está arraigada em uma falta de segurança ou medo, o que nos leva de volta a Freud e à noção de que a experiência religiosa é marcada por sentimentos de dependência. A ideia de que a religião é somente sobre defesa e proteção representa um modelo deficitário, que implica que a religião é imatura, embora modelos de apego tornem a religião uma necessidade evolucionária e tendem a normalizar nossa necessidade de uma figura divina. Para teóricos do apego, não surpreende que as pessoas se voltem a Deus sob condições estressantes. A fé e a sensação da presença de Deus oferecem segurança emocional, ao que a teoria do apego se refere como uma base segura, um lugar de segurança durante momentos difíceis.

Psicólogos humanistas são geralmente simpáticos para com a religião. Fromm (1950) pensava que a religião surgiu enquanto as pessoas tentavam lidar com o isolamento e o medo da morte, para os quais necessitamos de uma estrutura de orientação e um objeto de devoção. Maslow (1964), influenciado por Fromm, descobriu que não era inusual para pessoas autorrealizadas terem experiências culminantes caracterizadas pela completude, integração, autoesquecimento e um sentimento de estarem completamente vivas de um modo satisfatório. Este teórico percebeu que essas experiências se perdem nas fórmulas verbais, nos rituais e nas organizações de religião institucional, que podem ser uma defesa contra a experiência espiritual direta. Ele acreditava que a autorrealização é de fato obstaculizada pela crença e prática religiosas ortodoxas. Maslow é um bom exemplo de alguém que rejeitou sua tradição (judaica ortodoxa), mas era profundamente afetado pela arte, música e natureza.

A teoria de Jung

A contribuição de Jung para esse debate é postular a existência na psique de um elemento *a priori* do divino, um objeto original que não é um introjeto nem o resultado de fatores desenvolvimentais. Como Jung situa essa dimensão espiritual na psique e não em um domínio transcendente além da pessoa, a espiritualidade tem implicações importantes para os terapeutas[61]. Muitas vezes, essa ideia não é aceitável para os teólogos que preferem que o divino seja o Outro, ou que têm a preocupação de que o divino não seja reduzido a algo "meramente" psicológico. Em sua resposta a essa crítica, Jung indicou que a psique é real; de modo que, o que quer que seja psicológico, existe de fato, e não menos que algo físico. A imagem de Deus é um fato psicológico. Outra preocupação levantada pelos teólogos é que se o divino de algum modo existe na psique, Deus seria dependente da psique e, portanto, não seria absoluto. A posição de Jung aqui é que as pessoas e Deus devem existir em relação entre si, ou Deus seria sem importância alguma. Um Deus totalmente absoluto ou separado seria sem sentido para nós, enquanto um Deus que existe na psique é real para nós (OC 7/2, § 394)[62]. Aqui, vemos a relevância da distinção de Eckhart entre a divindade e Deus. A divindade, ou o absoluto, não pode ser experienciada, embora possamos experienciar Deus como uma função da divindade na psique.

Jung nunca é definitivo sobre se os níveis transpessoais da psique (os níveis objetivos e autônomos do inconsciente) são a fonte primária de nossa experiência de Deus, ou se mediam a experiência de um nível transcendente de divindade. Embora encontremos imagens de Deus na psique, Jung não se compromete quanto à questão de se há uma divindade independente dessas imagens de Deus. Ele acha que seria uma questão metafísica e não psicológica.

Não só os teólogos, mas também muitos psicólogos objetam a abordagem de Jung. Fromm (1950) argumenta que Jung eleva o inconsciente ao *status* de um fenômeno religioso e reduz a religião a um fenômeno psicológico. Minha visão é que Jung não é redutivo, uma vez que não faz afirmações ontológicas sobre a fonte da experiência religiosa e simplesmente se concentra em nossa experiência do sagrado, que é inextricavelmente psicológica.

A visão de Jung de que a psique tem uma função religiosa intrínseca significa que, em vez de ser uma defesa contra a ansiedade, a espiritualidade é inerente a nossa estrutura. Tanto Jung quanto William James (1958) reconhecem que a religião desempenha uma função que nenhum outro

---

61. Vários textos descrevem a abordagem de Jung da religião. Ver, por exemplo, Heisig (1979) ou Schaer (1950).

62. Para encontrar apoio para essa ideia, Jung cita Mestre Eckhart: "Por sua vez, entendemos por Reino de Deus *a alma*, pois *a alma é da mesma natureza que a divindade* [destaque do autor]" (OC 6, § 462).

aspecto da natureza humana desempenharia. Em vez de patológica ou infantil, a espiritualidade é importante para a saúde mental. Para Jung, em vez de assumir que necessitamos ser curados da religião, a experiência da função religiosa da psique apresenta um efeito curativo. Talvez seja por isso que uma conexão com o sagrado esteja associada a benefícios da saúde mental, independentemente de como o formulamos.

Historicamente, qualquer que fosse a opinião do paciente, psiquiatras e psicólogos tendiam a ignorar a espiritualidade dos analisandos, a menos que se tornasse um fator psicopatológico. Em anos recentes, essa atitude mudou, talvez porque tenha se tornado claro que a religião é importante para muitas pessoas (Gallup, 1995; Hoge, 1996). Consequentemente, na quarta edição do *Diagnostic and statistical manual* (4. ed.; DSM-4), da Associação Psiquiátrica Americana (APA, 2000), problemas religiosos ou espirituais têm recebido uma categoria diagnóstica (V62.89) aplicável para casos nos quais a pessoa perde ou questiona sua crença religiosa ou se converte a uma nova religião. Do mesmo modo, agora, é claro que envolvimento em religião ajuda as pessoas a lidarem com a adversidade e é protetiva durante momentos de estresse, levando à redução do risco de suicídio, uso de drogas, violência, delinquência e depressão. Considera-se que a prática religiosa ajude nas doenças cardíacas e na pressão sanguínea (Larson & Larson, 1994). Contudo, a religião também é mal utilizada a serviço da psicopatologia para racionalizar a misoginia, a violência e a intolerância. O abuso parental de crianças, seja físico ou emocional, é por vezes apoiado por citações bíblicas (Josephson, 1993; Pruyser, 1997; Meissner, 1992).

Psicodinâmicas entrelaçadas a crenças religiosas

Os terapeutas em certas circunstâncias encontram pessoas cronicamente infelizes cuja infelicidade é constituída pela crença em ensinamentos religiosos e por padrões de comportamento que não podem satisfazê-las. Essas pessoas sofrem com um superego punitivo, ou seja, um crítico ou juiz interno que as faz sofrer de vários modos[63]. Ele tipicamente as acusa

---

63. É importante para terapeutas da psicologia profunda não agruparem todas as formas de depressão na mesma categoria de "desordens de humor", presente no *Manual de diagnóstico e estatística das perturbações mentais* (DSM, em inglês: *Diagnostic and statistical manual of mental disorders*). O DSM (4. ed.; DSM-4) mistura diferentes tipos de problemas depressivos na mesma categoria, ignorando a relevante estrutura do caráter depressivo, e não distinguindo

de serem más e imorais. Elas sofrem de culpa em relação à sexualidade devido à doutrinação infantil sobre os males do corpo; ou porque lhes disseram que a raiva é imoral. Outras pessoas são cronicamente infelizes não somente por causa da culpa, mas também por causa do vazio generalizado. Por exemplo, uma mulher sente uma culpa intensa porque regularmente faz sexo com um homem de quem realmente não gosta; porém, por outro lado, sente-se desprovida, solitária e não atraente. Ela sente que há algo errado consigo porque esse comportamento contradiz a educação religiosa inicial dela. A psicologia do si-mesmo compreende a sexualidade compulsiva dessa mulher em termos de uma tentativa desesperada para obter necessidades pré-edípicas de afirmação e espelhamento, um modo pelo qual ela se vivifica e, assim, afasta o vazio. A orientação para a sexualidade também reflete o anseio por união com outrem, que é também uma expressão do Outro divino; e, dessa forma, expressa um anseio espiritual inconsciente. A sexualidade, então, torna-se um veículo para processos além da sexualidade genital, de modo que os terapeutas possam ouvir as dificuldades dessa mulher simultaneamente nos níveis psicodinâmico e espiritual. Embora a tradição na qual ela cresceu compreenda sua expressão sexual como pecaminosa ou imoral, os terapeutas veem ambas as possibilidades como um modo de lidar com a falha radical de espelhamento experienciada durante sua infância, e também como uma ação propositada, dirigida pelo Si-mesmo, apontando para uma tentativa de redenção da infância ao lhe permitir dar e receber amor do único modo presentemente possível. Argumentos sobre se isso é ou não amor "real" são irrelevantes e condescendentes, ninguém sabe o que o amor realmente é; e, seja o que for, não podemos qualificá-lo ditando onde, como e para quem deveria ser expresso.

Algumas pessoas usam doutrina e dogma religiosos para tentar conter uma dificuldade emocional; o exemplo típico é o dos pregadores moralistas e fundamentalistas, esbravejando sobre pecado em uma tentativa de controlar e projetar seu medo, ganância ou sexualidade. Integrantes de tradições fundamentalistas costumam ter dificuldades de entender o próprio corpo, no qual não se pode confiar por medo de que este comece a fazer exigências sexuais proibidas. Eles, portanto, tentam impor um conjunto

---

depressões introjetivas ou de culpa das depressões vazias, encontradas em personalidades narcisistas e limítrofes. Ver, por exemplo, Blatt (1998). Em razão disso, é mais adequado o recente *Psychodynamic diagnostic manual* (PDM Task Force, 2006).

de regras que regulam a expressão sexual. Essas regras, internalizadas na infância, tornam-se um problema terapêutico quando a pessoa está tentando escapar do fundamentalismo. Mesmo que ela não acredite mais nos dogmas da tradição, a tensão somática persistente e a culpa ou a vergonha inconsciente podem impedi-la de desfrutar os desejos do corpo.

As pessoas que cresceram em lares que enfatizavam a ética de trabalho puritana ou calvinista (o dever de trabalhar para o benefício da sociedade e da salvação da pessoa) podem ter um superego severo que as leva a trabalhar excessivamente[64]. Isso muitas vezes produz um medo do fracasso, além de uma necessidade de provar seu valor a pais críticos e introjetados no inconsciente. Elas também podem usar o excesso de trabalho para se distraírem do vazio interno doloroso. Outras foram condicionadas a acreditarem que o lazer é vagamente pecaminoso, ou sentem que devem justificar sua existência porque foram crianças indesejadas, ou que apenas conquistas por meio do trabalho lhes permitem se sentir amadas. O corpo, então, torna-se cronicamente rígido, a pessoa está em um estado constante de sobre-excitação, e é impossível encontrar paz interna. É desnecessário dizer que é comum essas pessoas se voltarem para substâncias ou outras atividades compulsivas em uma tentativa de obter uma libertação temporária dessas pressões.

Algumas pessoas nessa situação sofrem com a tensão entre exortações ao trabalho e orientações religiosas para não controlar as coisas e confiar em uma providência benevolente. Disseram-lhes para lembrarem que o "Senhor é meu Pastor" (Sl 23,1), ou que podemos ser como os lírios do campo ou os pássaros do céu que não necessitam trabalhar. Disseram-lhes para "entregarem a Deus", um ensinamento que, quando autêntico e não apenas o resultado da negação ou evasão, tem um poderoso efeito calmante. Entretanto, para alguns, uma atitude de entrega espiritual é muito reminiscente da subjugação à autoridade que experienciaram na infância. Outras não podem renunciar a uma necessidade orientada para o trabalho devido à identificação com um pai ou mãe que trabalhava demais. No outro extremo, aquilo que é racionalizado como entrega espiritual pode se tornar uma desculpa para passividade, resignação ou evasão de responsa-

---

64. Fundamentalistas cristãos muitas vezes acreditam que sofrimento e trabalho árduo redimem o pecado. Seu trabalho árduo é motivado pela culpa. Muitos deles têm uma atitude antiprazer perante a vida, devido a versos bíblicos que sugerem que a alegria não é boa para a alma, como Lc 6,25 e Gl 5,21.

bilidade. Em sua forma madura, a fé ou o conhecimento de que as coisas são do modo como deveriam ser permite renunciar ao controle com base na confiança em vez de em uma dependência regressiva. William James denominava a verdadeira renúncia "regeneração por relaxamento [...]. É somente dar um descanso para seu pequeno si-mesmo convulsivo particular, e descobrir que há um Si-Mesmo maior" (James, 1958, p. 107). Ele descreveu acuradamente a autorrendição como "a virada vital da vida religiosa" (James, 1958, p. 195). De outro modo, as pessoas sentem que tudo depende delas, o que produz uma atitude de tensão crônica e revela uma profunda falta de fé. Contudo, a autorrendição, a renúncia, que é um ensinamento tão valioso da espiritualidade tradicional, não é uma tarefa fácil devido a nossa necessidade de controlar o que nos ocorre, baseada na ansiedade de fragmentação, na necessidade de domínio e na necessidade de manter a autoestima[65]. Quando o si-mesmo é fortalecido na psicoterapia, o renunciar se torna mais possível. Com isso em mente, os terapeutas não podem distinguir entre as necessidades psicológicas e espirituais da pessoa, e o processo de psicoterapia envolve simultaneamente ambas.

Muitas pessoas que foram emocional ou fisicamente abusadas na infância têm uma profunda sensação de serem "não escolhidas"; seu nível de autodesprezo é tão grande que sentem como se o universo tivesse cometido um erro, pois não deveriam estar aqui. Tarefas terapêuticas típicas nessas situações são suavizar o superego, reduzir o vazio doloroso, aumentar a autoestima e fortalecer uma sensação enfraquecida do si-mesmo. Há também uma importante dimensão espiritual nessas situações. Para os terapeutas espiritualmente orientados, a pessoa tem um direito divino de estar no planeta. Se isso é articulado ou não, é uma questão de julgamento, mas está implícito em nossas respostas à pessoa.

É desnecessário dizer que os terapeutas podem não ser poupados da necessidade de desenvolvimento pessoal nessa área. Isso é particularmente verdadeiro entre aqueles que são os filhos mais velhos, "representando o lugar de pais" aos seus irmãos. Esses terapeutas se sentem excessivamente responsáveis pelas pessoas com quem trabalham na terapia (em vez de serem responsáveis por elas). Trabalhar com uma sensibilidade espiritual significa afrouxar o aperto dessas injunções internas de modo que nosso trabalho possa surgir da compaixão mais autêntica.

---

65. Para uma discussão mais completa do deixar ir, ver Corbett (1996).

Espiritualidade como uma força motivacional

Todas as teorias de psicoterapia incluem alguma ideia do que motiva o comportamento humano. Para Freud, a sexualidade e a agressão eram muito importantes, enquanto a teoria contemporânea acrescentou mais tipos de motivação (Lichtenberg, Lachmann, & Fosshage, 1992) baseadas em nossa compreensão das necessidades fundamentais, por exemplo a necessidade de regular nossa fisiologia, as necessidades de apego e afiliação, de nos explorarmos e afirmarmos, e de prazer sensual e sexual. Alguns autores pensam em termos de uma hierarquia de motivações e necessidades, indo da mais básica, como alimento, abrigo, segurança e uma firme sensação do si-mesmo; até as mais elevadas, como trabalho significativo, amor e a realização dos potenciais da pessoa. Sugiro que a busca espiritual possa ser acrescentada à lista de fatores motivadores que são importantes para a autorregulação, a auto-organização e a relação com os outros. Não acredito que progredimos do nível psicológico ao espiritual, com a implicação de que o espiritual é de algum modo mais elevado, porque a dimensão espiritual está presente em todos os níveis da psique.

Todas essas necessidades motivacionais estão operando o tempo todo; entretanto, em diferentes momentos da terapia, distintos sistemas estão em ação, e os terapeutas precisam sentir empaticamente qual sistema motivacional se faz predominante em determinada circunstância. Quando uma questão espiritual surge e está motivando as pessoas, se os terapeutas não acham que a espiritualidade é importante, elas podem sentir essa falta de interesse e parar de falar sobre isso a fim de permanecerem conectadas com os terapeutas. Ou, então, essa situação pode produzir um conflito de valores na terapia. Isso é verdade especialmente se os terapeutas compreendem a conversa sobre espiritualidade como uma defesa contra a dependência e o desamparo, ou se os terapeutas simplesmente acham que essa conversa é uma perda de tempo e estão esperando que algo "mais importante" emerja. Nesse caso, os terapeutas estão guiando as associações da pessoa para que se ajustem à teoria deles acerca do que deveria estar acontecendo. Contudo, não sabemos o que *deveria* estar acontecendo com a alma, portanto a fé em um processo maior é essencial para os terapeutas espiritualmente orientados. Vale a pena reiterar que a etimologia da palavra *terapeuta* vem da palavra grega para servo ou atendente, de modo que os psicoterapeutas atendem ou servem a alma. Aqui, o sentido psicológico da palavra *alma* não acarreta implicações teológicas. A palavra *alma* é um modo metafórico de indicar a dimensão espiritual da personalidade ou do nível mais profundo e importante da subjetividade da pessoa[66].

Não considero a psique como "uma abertura para o reino do espírito", como se fossem de algum modo diferentes dimensões da realidade, porque acredito que a psique não pode ser separada do espírito. Quando trabalhamos com material psicologicamente importante, estamos fazendo trabalho espiritual. Outro modo de dizer isso é que tanto a dimensão pessoal quanto a transpessoal da consciência estão inextricavelmente entrelaçadas. Por exemplo, para Jung, um complexo consiste de um núcleo arquetípico ou transpessoal cercado por material pessoal; não podemos ter um sem o outro. Isso significa que a teoria da relação de objeto, a psicologia psicanalítica do si-mesmo ou os paradigmas comportamentais cognitivos descrevem o nível pessoal do complexo, mas há sempre um núcleo transpessoal para nossa psicopatologia. Logo, é certamente um erro dizer que sentimentos negativos como raiva e ódio são puramente psicológicos, enquanto sentimentos positivos como amor e compaixão são espirituais. Qualquer sentimento estimulado por um complexo tem em si um componente espiritual; e, como nossas emoções são incorporadas, elas indicam a presença do espírito encarnado no corpo. A menos que isso seja verdade, teríamos de dizer que o sagrado é somente doçura e luz, mas se Jung estiver correto ao dizer que o Si-mesmo tem um lado escuro, o que se encaixa em nossas experiências, as emoções dolorosas são, portanto, também manifestações do Si-mesmo.

---

66. Para uma discussão mais completa sobre a alma na psicoterapia, ver capítulo 5.

5
Psicoterapia como cuidado da alma

O significado de alma na psicoterapia

Este capítulo sugere que a psicoterapia é uma forma contemporânea de cuidado da alma, com a compreensão de que a abordagem psicoterapêutica sobre ela difere radicalmente das conotações religiosas tradicionais dessa palavra[67]. Profissionais da psicologia profunda têm usado muito a palavra *alma* em anos recentes – de fato, ela corre o risco de ser usada excessivamente – de modo que vale a pena clarificar a variedade de formas pelas quais usamos essa ideia. Embora tenha se tornado muito popular, não há uniformidade de significado na literatura psicológica. De fato, há tanta variação no uso da palavra que só podemos compreender seu significado pelo contexto particular no qual é usada.

O uso tradicional da palavra *alma* se refere a uma realidade suprassensível, um princípio supremo ou uma qualidade divina na pessoa. Profissionais da psicologia profunda se apropriaram dessa palavra como um modo de se distinguirem de outras escolas de psicologia. Alguns deles usam a noção de alma para implicar deliberadamente uma sobreposição entre psicologia e espiritualidade ou para sugerir uma profundidade particular da experiência ou uma sensibilidade romântica. Para os psicoterapeutas, a principal importância dessa palavra é que ela se distingue entre preocupações cotidianas do ego e níveis mais profundos de significado. A palavra *alma* é também um termo útil para essa misteriosa, muitas vezes extraordi-

---

[67]. No cristianismo tradicional, a *cura animarum*, a cura ou cuidado da alma, referia-se ao exercício do ofício de sacerdote. A noção de que psicoterapeutas estão continuando essa prática antiga não é uma ideia nova; em 1978, Thomas Szasz indicou que psicoterapia é uma versão moderna dessa tradição. Podemos concordar com esse ponto sem subscrever à sua iconoclastia geral.

nária, sensação de presença, familiar a todos os terapeutas, que ocasionalmente permeia a sala de terapia.

Parte da atração da psicologia de Jung é que é uma psicologia da alma e não da mente ou do cérebro. Em 1933, enquanto muitos psicólogos estavam tentando extirpar palavras com conotação religiosa do campo da psicologia, Jung sugeriu que a recuperação da alma fosse uma tarefa essencial para nós. Ele insistia na realidade da alma como um princípio em si, mas usava o termo em mais de uma acepção. Vez ou outra, usa a palavra *alma* como sinônimo de psique. Esse uso tem a vantagem de não separar o sujeito em compartimentos que pertencem a duas disciplinas: a espiritualidade e a psicologia. Para Jung, a psique é um domínio primário em si, que cria a realidade na qual vivemos. Sua posição ontológica é, portanto, o que ele chama *esse in anima*, ou ser na alma, que significa que a maneira como experienciamos o mundo é uma combinação do modo que o mundo é em algum sentido objetivo e o modo como a psique ou a alma imagina ou fantasia sobre isso (OC 6, § 77). Essa é uma terceira posição entre uma perspectiva puramente materialista (*esse in re*) e uma puramente intelectual (*esse in intellectu*).

Em outros momentos, Jung usa o termo *alma* como se fosse um complexo funcional na psique, um tipo de órgão psicológico que produz imagens e símbolos, como imagens oníricas que agem como pontes ou tradutoras entre consciente e inconsciente. Quando sonhamos ou temos uma experiência numinosa, níveis transpessoais da psique interagem com níveis humanos de consciência. Nesse sentido, a alma é aquilo que permite vincularmo-nos ao espírito e perceber o sagrado – o que sabemos sobre o espírito chega a nós por meio da alma. Nessa função, a alma é uma ponte que transforma a experiência do espírito em emoções e imagens que são transmitidas à consciência pessoal e ao corpo.

Figuras oníricas desconhecidas do sexo oposto são, por vezes, referidas como "figuras da alma". Jung acreditava que uma figura feminina no sonho de um homem ou uma figura masculina no sonho de uma mulher descreve partes da psique que são particularmente inconscientes a quem sonha. Ele pensava que figuras do sexo oposto em um sonho se conectam a níveis mais profundos da psique do que figuras do mesmo sexo, porque figuras contrassexuais nos são mais desconhecidas. A alma é, portanto, um vínculo para o inconsciente.

Hillman escreveu sobre a alma como "uma perspectiva em vez de uma posição, um ponto de vista em relação às coisas em vez de uma coisa em si" (1975, p. xvi). Para ele, a alma é a capacidade para imaginação, reflexão, fantasia e "aquele fator humano desconhecido que torna o sentido possível, que transforma eventos em experiências, que é comunicado no amor e que tem uma preocupação religiosa" (Hillman, 1972, p. 23)[68]. Hillman gosta da noção de Keats de que o mundo é um "vale de criação de almas"[69]. Muitos profissionais da psicologia profunda compreendem essa frase como o trabalho de processar psicologicamente nossa experiência, transformando nossa experiência de uma situação em palavras e imagens, vendo a situação metaforicamente, inclusive miticamente, e desenvolvendo interioridade. Contudo, chamar isso de criação de almas pode ser considerado uma inversão da ordem natural, uma perspectiva ao contrário, porque é ela que nos permite fazer essas coisas. Se pensamos a alma como um princípio primário, não podemos "criá-la"; fazer isso implicaria algo além da alma que está realizando a criação. É mais provável que ela nos crie, ou que nos faça humanos. Nosso problema é experienciar a vida diária com ela. Nossas atividades diárias são então uma ponte para a alma, o que torna o mundo e o corpo necessários.

Hillman destaca a distinção entre alma e espírito, sugerindo que a alma é feminina, profunda, úmida e escura, enquanto o espírito é masculino, ardente, leve, impessoal e ascendente. Todavia, a alma, que é claramente sem gênero, pode também decolar e se sentir seca, e há formas de espiritualidade que são baseadas na terra e que enfatizam a descida ao invés da subida. Este autor está, portanto, descrevendo diferentes aspectos da alma, em vez de distinguir entre ela e o espírito. Para ele, o espírito é ativo, criando forma, ordem e distinção, enquanto a alma consiste em experiências metafóricas da vida, urgências naturais, memórias, imaginação, fantasias e sofrimento. Ele faz essa distinção de modo que não confundamos a psicoterapia (centrada na alma) com disciplinas como ioga e meditação.

---

68. Hillman sumarizou seu escrito sobre a alma em Gibson, Lathrop e Stern (1986).

69. O contexto dessa frase é uma carta que Keats escreveu em 1819: "O codinome comum desse mundo entre o equivocado e o supersticioso é 'um vale de lágrimas' do qual temos de ser resgatados por uma certa interposição arbitrária de Deus e levados ao céu – que noçãozinha alinhada e circunscrita! Se você quiser, chame o mundo 'O vale da criação de almas'". Como uma alternativa ao pensamento cristão tradicional, Keats sugere que chegamos ao mundo como pura potencialidade, contendo centelhas do divino que ele chama "inteligência". O que o autor quer dizer com alma é individualidade, o que ele chama uma "sensação de Identidade", que é adquirida pelo sofrimento, que ele chama "Circunstâncias" (Keats, 1958).

O autor acredita que somente a alma, e não o espírito, sofre psicopatologia, de modo que ela é de competência própria e a metáfora original da psicoterapia (Hillman, 1989). Hillman (1975) indica que é importante distinguir alma e espírito quando tentamos compreender a lógica daquela, seu sofrimento, fantasias e medos, que é um projeto diferente de uma abordagem metafísica do espírito e seus fundamentos. Contudo, parece excessivamente dualista separar alma e espírito de forma tão rígida; já que tradicionalmente, o espírito inclui a alma.

Outros escritores usam o termo *alma* quando se referem à subjetividade mais profunda da pessoa, sobretudo a experiências emocionalmente importantes. Com frequência, experiências são referidas como emotivas porque provocam intensos sentimentos, especialmente entre terapeutas com uma forte função de pensamento para quem sentimentos são numinosos. Esse é um sentido útil da palavra; emoções da alma como amor, ódio, terror, tristeza e alegria – o pão com manteiga da psicoterapia – se tornam santificadas se as abordamos espiritualmente[70].

Alguns terapeutas consideram de forma operacional a alma como uma essência espiritual ontologicamente *a priori* ou mesmo uma substância sutil na pessoa, o que se aproxima do sentido tradicional dessa ideia. Essa atitude nos recorda sobre a conotação da alma como transcendente e que pessoas são mais do que máquinas biológicas. Como Jung coloca, podemos pensar a psique como contendo um poder divino ou como um princípio metafísico em si (OC 11/5, § 836). O problema do dualismo surge aqui: como essa essência interage com o corpo, ou como o corpo atua como um instrumento da alma. Talvez, para evitar esse problema, William Blake sugeriu que o que chamamos corpo "é uma porção da alma discernida pelos cinco sentidos" (1975, p. xvi). Essa atitude é preferível à ideia de que a alma está presa no corpo. Na psicoterapia, podemos pensar alma e corpo como dois aspectos da mesma realidade, experienciada de forma diferente devido às limitações de nosso aparato perceptivo. Podemos usar um modelo ou metáfora pessoalmente atraente para evitar pensar em termos do dualismo corpo-alma. Por exemplo, poderíamos pensar psique e corpo como existindo em um gradiente de diferentes densidades de emanação de

---

70. Na psicologia junguiana, complexos são emocionalmente matizados. O núcleo do complexo é um processo arquetípico, e o arquétipo é um princípio espiritual. Consequentemente, a emoção produzida por um complexo pode ser considerada a experiência da incorporação do espírito.

uma fonte unitária. O corpo físico está em um extremo desse espectro, enquanto a psique está situada em um nível mais sutil do mesmo contínuo.

Para os terapeutas, reconhecer a realidade da alma e sua continuidade com a dimensão transpessoal da consciência é praticar uma sensibilidade espiritual. Outros psicoterapeutas contemporâneos da psicologia profunda expressam sua orientação espiritual por meio do campo emergente da ecopsicologia. Eles sentem que a alma individual é na verdade contínua à alma do mundo, conhecida desde a Antiguidade como *anima mundi*. Essa é a consciência da natureza, ou psique como indistinguível da própria natureza. O que dividimos no funcionamento do ego, alma, espírito e corpo são diferentes processos ou manifestações dessa consciência maior.

Em seu trabalho seminal sobre a alma, Christou (1976) indica que o campo próprio da psicoterapia é a experiência subjetiva, que não é o mesmo que o cérebro, o corpo ou a mente. A alma é a pessoa que experiencia, não a mente ou o corpo que é experienciado. Assim como há uma diferença entre um objeto físico e nossos dados sensíveis sobre ela; para Christou, há uma distinção entre estados da mente, como disposição, percepção, pensamento e sentimento, e nossa *experiência* desses estados, o que fazemos com eles, o que significam para nós subjetivamente. A alma é aquilo que experiencia tudo isso.

Christou indica que há uma diferença entre estados mentais comuns e experiências profundamente significativas, que são a competência da alma. A mente é o nome que damos para ideias e pensamentos, e a alma é o nome que damos para nossa habilidade de transformar essas ideias em nossa imaginação. Usamos nossa imaginação para elaborar nossos estados corporais e nossos sentimentos, e o resultado é muito mais do que a simples compreensão conceitual de uma experiência original. "Alma", portanto, implica não apenas compreensão intelectual ou estética de uma experiência, mas nossa relação de nível intuitivo com ela, seus efeitos em nossa sensação do si-mesmo, e as exigências éticas da experiência na personalidade. Quando uma experiência é cheia de alma, participamos dela, não apenas a observamos imparcialmente.

De acordo com Christou, a mente, o corpo e nossas emoções são *fontes* de experiência psicológica, entretanto não são a própria experiência – falhar em fazer essa distinção é confundir níveis diferentes. Comportamento e ideias são de uma espécie diferente da ordem da alma. Há uma distinção entre a ciência da mente e a realidade da alma. O domínio da alma é o domínio do sentido que é descoberto quando olhamos para nós, quando estamos inspirados ou profundamente afetados pela música, arte, ritual, uma pessoa, mundo natural, amor ou beleza. A alma tem a ver com o que fazemos com nossos estados mentais e físicos em nossa imaginação e nossas fantasias, o que significam para nós subjetivamente, isto é, com o que de fato importa para nós.

"A alma permanece a grande desconhecida [...]. Sabemos que a alma é uma experiência diária, embora não tenhamos linguagem para falar sobre ela que não esteja viciada por abusos da linguagem da razão ou da percepção sensível" (Christou, 1976, p. 25). A alma é uma realidade em si, não simplesmente transcendental ou biológica; "tem a ver com a vida, como as pessoas pensam, sentem, comportam-se, seus problemas e suas práticas [...] também tem a ver com o espírito e o sentido da vida para a pessoa" (Christou, 1976, p. 30). Assim como o corpo e a mente se desenvolvem de seus modos, "a alma tem seus processos desenvolvimentais que levam à maturidade e plenitude psíquicas" (Christou, 1976, p. 37). Essas são as preocupações da psicoterapia, que não se referem apenas à "mente" ou ao "comportamento".

Até o século XIX, a psicologia (então conhecida como filosofia moral) era considerada o estudo da alma, mas, ao final desse século, passou a ser considerada a ciência da mente (Reed, 1997). Em seu sentido teológico original, é impossível estudar a alma usando abordagens empíricas que são efetivas nas ciências físicas, e mesmo no sentido psicológico descrito anteriormente, a alma necessita de seus métodos de estudo. Muitos sonhos e experiências espirituais não têm explicação racional, ou têm uma lógica própria – eles desafiam a abordagem científica indutiva porque sempre produzem algo totalmente novo, inesperado e impossível de replicar, de modo que são um anátema para abordagens positivistas. Uma orientação materialista pode tentar forçar a alma ao leito procustiano de suas abordagens da realidade ao chamá-la de mente; entretanto, se Christou está correto, esses não são termos sinônimos.

A física quântica reconhece que observar certos experimentos é afetar seu resultado; quão igualmente verdade isso é para a situação na psicoterapia, quando a alma se observa. A noção de terapeutas objetivos é uma coisa do passado. A atitude com que os terapeutas se sentam na sala é crucial. Como Christou coloca: "nunca podemos chegar ao espírito se não incluímos espírito desde o começo" (1976, p. 6). Se estamos conscientes de uma presença transcendente na sala de terapia, abordaremos o trabalho com reverência e com respeito pelo mistério envolvido, quer chamemos isso uma sensibilidade emotiva ou espiritual. Para os terapeutas espiritualmente inclinados, essa atitude não pode ser desconsiderada como uma projeção; é a percepção de uma realidade. Jung sugere que o espiritual aparece na psique como um instinto, "uma verdadeira paixão [...] como um fogo devorador" (OC 8/1, § 108), e assim como a fome necessita de uma refeição real, "brota logicamente uma fome insaciável pelo extraordinário" (OC 18/2, § 1.442). Para a psicoterapia, ignorar nosso instinto espiritual seria ignorar um dos principais fatores motivacionais na personalidade.

Profissionais da psicologia profunda enfatizam a perspectiva da alma porque essa abordagem nos liberta da sensação de que a vida consiste simplesmente da realidade material cotidiana sem qualquer outro sentido ligado a ela. Não queremos registrar eventos mecanicamente; queremos nos permitir nos aprofundar em nosso mundo tanto quanto possível. Jung observou que muitos de seus pacientes estavam infelizes, apesar do sucesso material deles, porque estavam ignorando preocupações emotivas como a descoberta de sentido e o propósito em suas vidas não vividas. O sucesso permanecia no nível do ego, enquanto uma importante distinção entre ego e alma é que, embora aquele seja a voz da consciência, esta tem muitas vozes, nem todas conscientes. A perspectiva da alma não é, portanto, a mesma do ego. Este último está preocupado com a orientação para a realidade e com as questões práticas cotidianas que podem não ser de grande importância emocional ou de significado profundo. Já a alma pode tratar uma questão de significado para o ego, porém as preocupações deste podem obscurecer as preocupações da alma. Por vezes, o ego tem medo de responder aos questionamentos da alma, mesmo quando se apercebe do que são. Então, o chamado à consciência que pode ser produzido pelo sofrimento é ignorado. Contudo, o ideal é que o ego assuma a preocupação da alma e a lacuna entre suas preocupações diminua.

Uma abordagem da psicopatologia baseada somente no alívio dos sintomas pode ajudar pessoas a lidarem melhor com seu ambiente sem se preocuparem com o significado de seu sofrimento, mas Christou indicou que uma cura assim pode ser obtida às custas de ignorar os valores da alma. Dessa forma, ele sugere que a "prova das curas psicoterapêuticas assume a forma de 'testemunho', uma 'testemunha', em vez das conclusões lógicas ou observações empíricas de um evento objetivo" (Christou, 1976, p. 3). Essa é uma visão radicalmente diferente da psicoterapia daquela orientada para o alívio do sintoma, porém, na seção seguinte, espero mostrar como isso é efetivo.

Cuidado psicoterapêutico da alma

Além de seus aspectos técnicos, a psicoterapia envolve compaixão, atenção e atenção plena, que são qualidades enfatizadas por todas as tradições espirituais (Germer, Siegel, & Fulton, 2005)[71]. Atenção cuidadosa à pessoa pode ser transformadora sem invocar qualquer teoria metapsicológica, talvez porque essa atenção exija interesse, cuidado e valorização do paciente. Esses fatores, junto à escuta empática sem julgamento, são alguns dos ingredientes-chave comuns a todas as escolas de psicoterapia. Ao cuidar de outra pessoa, os terapeutas se abrem para o sofrimento do outro, o que pode ser feito autenticamente apenas por amor ou compaixão. Esses fatores não são uma função da formação técnica, mas sem eles nenhuma formação capacitaria pessoas para se tornarem bons terapeutas. Portanto, uma das funções da formação técnica em psicoterapia é permitir aos profissionais empregarem amor ou compaixão de uma forma útil. Sem uma boa compreensão das habilidades necessárias da psicoterapia, o amor dos terapeutas permaneceria muito desfocado para serem úteis à maioria das pessoas que chegam à terapia.

A verdadeira empatia exige que a pessoa se coloque de lado tanto quanto possível a fim de estar presente para o outro – uma prática espiritual, segundo qualquer definição. Para os terapeutas verem a essência divina no outro – o nível espiritual de espelhamento – não só é útil psicologicamente como também é uma forma profunda de conexão espiritual. Reconhecer que no nível mais profundo não há separação entre mim e outra pessoa, ou que ambos participamos do mesmo campo transpessoal de consciência, é outra forma de consciência espiritual. Esses aspectos do trabalho não necessitam ser articulados pelos terapeutas; estão implícitos em seu comportamento, e essa consciência afeta a qualidade do campo terapêutico.

Todos os terapeutas prestam atenção à história de vida do paciente, com interesse especial às dificuldades desenvolvimentais de quem fala. Jun-

---

71. Para uma discussão mais completa, ver Corbett (2007).

guianos acrescentam a noção de que os sintomas da pessoa também têm importância teleológica para o curso futuro da personalidade. Ao mesmo tempo que ouvimos a partir desses pontos de vista, os terapeutas podem ouvir a história da pessoa como uma biografia espiritual. Dessa perspectiva, o Si-mesmo transpessoal, que está presente no nascimento, fornece um esquema (o que Kohut (1984) denomina o programa nuclear do si-mesmo) para o desenvolvimento da personalidade, que tem, então, uma fonte mais profunda do que a interação de genes e do ambiente. Como o Si-mesmo é um aspecto do divino na personalidade, esta é espiritualmente determinada. Para os propósitos de uma abordagem espiritual da psicoterapia, o desenvolvimento inclui a encarnação de potenciais espirituais da pessoa. Esses potenciais incluem o desenvolvimento de psicopatologia, ou de complexos emocionalmente dolorosos. O pensamento junguiano descreve um núcleo arquetípico de nossos complexos e considera os arquétipos princípios espirituais na psique[72]. Nossos complexos são emocionalmente matizados, e a emoção é sentida no corpo. Portanto, prestar atenção às emoções da pessoa é prestar atenção à incorporação do espírito, ou da alma. Complexos importantes atuam como um tipo de eixo espiritual em nossas vidas; por exemplo, quando uma infância abusiva leva a um conflito duradouro contra o ódio, a raiva e a necessidade de perdão.

Estimular o processo de desenvolvimento da personalidade é uma prática de cuidado da alma, especialmente quando a terapia encoraja a encarnação de potenciais arquetípicos ou espirituais que, de outro modo permaneceriam, dormentes. Além disso, a psicoterapia lida com relações, que são de profunda experiência espiritual, e isso inclui nossa relação com a dimensão sagrada e seus efeitos em nossas vidas.

Se questões espirituais como o significado e o propósito da vida da pessoa são abordadas diretamente na terapia, então, os terapeutas estão atuando como instrutores ou guias espirituais? Esses são papéis diferentes do papel tradicional dos terapeutas, mas o vácuo espiritual em nossa cultura é tão grande que uma combinação desses papéis pode ser necessária às vezes. Todavia, os questionamentos permanecem. É justificável que os terapeutas

---

[72]. Ver também Rubin (1996), especialmente o capítulo 6, "Meditation and Psychoanalytic listening". Nesse contexto, terapeutas espiritualmente orientados poderiam considerar a ideia encontrada na filosofia da ioga segundo a qual a atenção não surge na mente ordinária ou no ego; ocorre por meio da mente, que é um instrumento; é Purusha, o Si-mesmo, ou espírito puro que atenta.

os abordem? Isso tenderia a promover artificialmente ou inclusive explorar uma transferência idealizadora? Os terapeutas estão assumindo um papel para o qual não estão qualificados, e arriscam impor sua espiritualidade aos pacientes? Além dessas dificuldades, vários autores alertaram sobre os problemas éticos e legais que podem surgir se os terapeutas trabalham espiritual e terapeuticamente[73]. A despeito desses perigos potenciais, há terapeutas que acreditam que seu papel é ajudar diretamente a pessoa a identificar a própria espiritualidade, porque fazer isso ajuda na cura (Gersten, 1997). Por exemplo, Matthews sugere uma combinação de "oração e Prozac" (Matthews & Clark, 1998, p. 88). Contudo, não podemos assumir que os terapeutas são mais espiritualmente avançados do que os pacientes.

Os valores e as crenças pessoais dos terapeutas estão usualmente implícitos e não são discutidos com a pessoa a menos que ela levante o tema da espiritualidade. Um uso religioso implícito da espiritualidade poderia incluir uma oração silente em prol do paciente. Alguns terapeutas têm uma sensação de comunhão espiritual profunda com a pessoa e uma sensação de que o que está sendo dito é verdadeiramente sagrado. Eles pressentem uma presença espiritual na sala ou até mesmo uma orientação espiritual (West, 2000). Essas experiências, em geral, permanecem tipicamente privadas. Mas os terapeutas deveriam sugerir explicitamente práticas como meditação, oração ou leitura das Escrituras? Se esse fosse o caso, em que ponto na terapia isso deveria ser feito? Isso afetaria a transferência? Especialmente, em meio a uma transferência idealizadora, algumas pessoas aceitariam a sugestão dos terapeutas como um modo de manter a conexão. Uma sugestão assim implicaria que os terapeutas sentem que a situação é por outro lado sem esperança, e que a relação terapêutica não é o bastante para ser útil? Ou ela ampliaria o processo se a pessoa sentisse que Deus está ajudando? Pode-se pensar que sugerir orações a um indivíduo religioso seria útil, embora de fato o paciente possa estar lidando com a dúvida e a perda da fé ou sentindo raiva de Deus, de modo que tal sugestão possa ser inadequada. Além disso, o resultado da oração é imprevisível, e, se os terapeutas a recomendam explicitamente, seu fracasso aparente pode afetar de forma adversa a relação terapêutica. Os terapeutas poderiam ser

---

73. Para discussões sobre problemas éticos envolvidos, ver Tan (2003) e Richards e Bergin (2005).

identificados como parte do *establishment* religioso, contaminando, assim, a situação de transferência[74].

Podemos argumentar a favor da ideia de que algumas abordagens que profissionais da psicologia profunda usam para contatar e ativar o inconsciente são análogas à oração; por exemplo, a visualização, a imaginação ativa (*vide infra*), a bandeja de areia e as terapias expressivas e corporais de todos os tipos. Essas modalidades têm o potencial de liberar material inconsciente, e o mesmo vale para a oração. Quando oramos, expressamos o que é mais importante para nós e, nesse processo, materiais podem espontaneamente surgir do inconsciente, de modo que a oração é, perfeitamente, o oposto da repressão.

Se problemas espirituais ocorrem e os terapeutas não se sentem qualificados para lidar com eles, poderiam sugerir um encaminhamento a ministros, pastores ou rabis. Contudo, tal sugestão pode encontrar resistência se a pessoa é incapaz de discutir seu problema por medo de julgamento. Clérigos muitas vezes não são conscientes da conexão entre uma imagem de Deus particular e a psicodinâmica e história desenvolvimental da pessoa. Em um caso assim, recebem as questões espirituais de uma forma muito literal, como se fossem do âmbito da fé ou da doutrina, sem se aperceber de que problemas espirituais estão inextricavelmente conectados às estruturas psicológicas. Além disso, os terapeutas podem estar trabalhando com um paciente cuja dificuldade foi desencadeada pelo contato com clérigos.

Os terapeutas podem sugerir uma intervenção espiritual particular se eles se identificam com o mesmo sistema de crença do seu paciente, contanto que não lhe imponham crenças pessoais. Por exemplo, alguns terapeutas-pastores que trabalham com uma pessoa cristã sugerem imagens guiadas em que Jesus aparece e cura os traumas – mas o tipo de imagens tem de ser escolhido muito cuidadosamente ou pode exacerbar o problema, assim como qualquer falha de uma prática espiritual pode fazer a pessoa se sentir um fracasso. Richards e Bergin listaram várias intervenções espirituais usadas por psicoterapeutas teístas, como oração, referência às Escrituras e encorajamento ao perdão (2005, p. 281). Terapeutas transpessoais podem sugerir meditação ou técnicas que alteram a consciência, como jornada xamânica, trabalho de respiração holotrópica, uso de enteógenos ou regressões

---

74. O problema da integração explícita da prática espiritual como uma oração na terapia é discutido por Tan (Shafranske, 1996); ver tb. Benner (1988).

a vidas passadas. Tipicamente, essas práticas são recomendadas para pessoas que são de certa forma saudáveis psicologicamente devido à preocupação de que práticas transpessoais possam ser muito perigosas para elas, embora Boorstein (1996) tenha relatado que a meditação pode ser útil inclusive para personalidades muito frágeis. Essas práticas por vezes permitem a emersão de material na consciência que pode de outro modo permanecer inacessível à psicoterapia comum. Esse material pode subsequentemente ser processado com a ajuda de um terapeuta.

A despeito dos benefícios da prática espiritual, muitos profissionais da psicologia profunda sentem que encorajar ativamente técnicas espirituais é muito similar a introduzir uma forma institucional de espiritualidade na terapia, em vez de esperar para ver o que ocorre organicamente na relação terapêutica. A recomendação de técnicas específicas pode implicar que os terapeutas sabem o que é melhor para a pessoa em uma dada situação e podem refletir a agenda dos terapeutas ou um uso inesperado de poder, distorcendo, assim, a relação estabelecida. Além de questões óbvias de compatibilidade ao sistema de crenças e de temperamento do paciente, talvez, o principal problema em sugerir uma prática espiritual seja o fato de que isso possa ser um modo de evitar um problema de transferência-contratransferência ou um impasse terapêutico. Uma recomendação assim pode ser uma maneira de estimular uma transferência idealizadora de um modo artificial. Devemos também estar conscientes de que práticas espirituais podem ser usadas defensivamente, como um modo de evitar material pessoal[75].

Durante uma crise pessoal, um dos propósitos de intervenções espirituais tradicionais, como orar, é obter orientação a partir do domínio transpessoal. Podemos também alcançar isso prestando atenção aos sonhos e as outras manifestações espontâneas da psique. Quando trabalhamos com sonhos, estamos buscando a visão do inconsciente sobre uma situação, e isso pode levar a uma perspectiva inteiramente nova. De forma parecida, a prática da imaginação ativa é como um sonho lúcido no qual a pessoa permite que imagens espontâneas emerjam do inconsciente, como se estivesse observando uma tela interna (Hannah, 2001). Esse processo não é o mesmo que o uso de visualização, as imagens guiadas, ou sonharmos acordados; a imaginação ativa é um processo que primeiro recebe imagens

---

75. Para uma discussão desses problemas, ver Richards e Bergin (2005, pp. 229-257).

e depois responde a elas. Permitimos que as imagens surjam sem interferir; o que emerge é involuntário e não produzido pelo ego. Neste trabalho, a imaginação não é compreendida em seu sentido coloquial, como fantasia, uma criação puramente subjetiva da mente que pode ter nada a ver com a realidade objetiva. A imaginação é considerada uma forma de percepção, de tal modo que, consoante Corbin (1972) sugere, o *mundus imaginalis* ou o mundo imagético nos dá informações que são tão reais como as fornecidas pelos sentidos e pelo intelecto. Como essas imagens surgem da psique autônoma, a imaginação ativa está de acordo com a visão de poetas românticos que viam a imaginação tal qual uma faculdade divina na pessoa. Nas palavras de William Blake: "O corpo eterno dos humanos é a imaginação, ou seja, o próprio Deus" (Frye, 1990, p. 30).

Os terapeutas operam espiritualmente quando ajudam as pessoas a encontrarem significado em sua história de vida, sobretudo em seu sofrimento. Sofrer pode ser o resultado da ativação de material no inconsciente, como um medo de abandono que estava dormitando desde a infância e agora é liberado por uma experiência atual de abandono. Jung indica que quando o inconsciente se abre, o resultado é o sofrimento espiritual, e esperamos que "do fundo da alma, de onde provêm todos os elementos destruidores, nasçam igualmente os fatores de salvação" (OC 11/6, § 532). Por exemplo, alguns temas que aparecem em sonhos são curativos e atuam como uma revelação. Essa abordagem psicológica contrasta com abordagens religiosas tradicionais do sofrimento, mas hoje terapeutas são muitas vezes requisitados para ajudar pessoas com problemas que costumavam ser competência dos clérigos. No ensaio de Jung sobre esse desenvolvimento cultural, adequadamente intitulado *Psicoterapeutas ou clero*, ele sugere que um problema emocional pode ser compreendido como o sofrimento de uma alma que não descobriu o próprio significado (OC 11/6, § 497). O sofrimento pode resultar de estagnação espiritual ou esterilidade psíquica. Então, o problema terapêutico é encontrar o "significado que ativa", algo que dará significado e forma para nossa confusão quando não tivermos esperança, amor, fé e nenhuma compreensão de nossa existência. Essas qualidades são dons de graça que não podem ser ensinados ou aprendidos. Não podem ser dados por método algum; só podem ser baseados na experiência. Jung indica que, de forma ideal, as pessoas que sofrem espiritualmente consultariam clérigos, mas muitas nessa situação se recusam a fazê-lo porque os preceitos do cristianismo perderam sua autoridade para elas. Admoestações para acreditar não funcionam. Como último recurso, ele descobriu que o que funciona é encontrar uma perspectiva religiosa sobre a vida, embora "religiosa" não no sentido de uma crença em um credo particular.

Os terapeutas têm de suportar a tensão entre o sofrimento e a dor que ouvem e precisam ter consciência dessas possibilidades espirituais. Mencionar de forma precoce esses fatores ao paciente é um desastre terapêutico potencial, porque espiritualizar o problema prematuramente oferece o risco de a pessoa sentir que os terapeutas não registraram de fato a severidade do sofrimento, ou que estão minimizando-o ao sugerir que é de algum modo "bom para o paciente". Uma atitude espiritual pode ser usada defensivamente para evitar um sofrimento disfarçado de "transcendência". Portanto, devemos tratar a dificuldade da pessoa com o trabalho terapêutico usual, além – e usualmente bem antes – de discutir as implicações espirituais.

Quando perguntamos se lidar com questões espirituais é legítimo para os terapeutas, lembramos o vínculo histórico entre sacerdotes e curandeiros. Desde a Antiguidade até o surgimento da psicoterapia como uma disciplina separada, conselho sobre dilemas existenciais era tipicamente uma competência dos sacerdotes[76]. Mas, agora, a abordagem psicológica dessas questões e a abordagem das tradições religiosas são baseadas em suposições inteiramente diferentes sobre a natureza humana. As tradições espirituais nos dizem que somos entes espirituais, enquanto a psicologia tradicional nos diz que somos um si-mesmo pessoal. Uma interpretação espiritualmente orientada da psicoterapia compreende essas ideias como verdadeiras em diferentes níveis. A psicologia desenvolvimental e nossa psicodinâmica só descreve uma parte de nossa natureza, porque a base de nosso ser está além disso. Os terapeutas com uma sensibilidade espiritual se sentam na sala com uma atitude particular de abertura para essa base, vendo-a operar em cada área da vida particular, mesmo que eles não articulem essa atitude, como é usualmente o caso. Essa atitude permeia nossa prática – é uma suposição de fundo para os terapeutas. Se a terapia é conduzida com uma sensibilidade espiritual, a fé na base atua como um receptáculo para o trabalho, que tem uma qualidade espiritual se o problema psicológico é visto como um chamado do Si-mesmo para aumentar a consciência. Com essa atitude, a psicoterapia é uma atividade confessional – uma versão contemporânea da antiga tradição da cura de almas, parte da tradição dos curandeiros ouvintes cuja origem está perdida

---

[76]. O Livro do Levítico contém leis que são sacerdotais e curativas; na Grécia Antiga, os sacerdotes do Templo de Asclépio combinavam ambas as funções; e os apóstolos curavam e pregavam.

no tempo (Jackson, 1992). Parenteticamente, vale a pena observar a distinção de Frankl (1986) entre a tentativa da psicoterapia de *curar* a alma e a da religião de *salvar* a alma. Esses são dois projetos muito diferentes; o trabalho terapêutico não requer adesão a uma teologia particular da salvação.

Em um ensaio debatendo os respectivos papéis de clérigos e psicoterapeutas, Jung pergunta o que teria acontecido se Saul tivesse sido dissuadido de sua viagem a Damasco, conforme descrito no Livro dos Atos[77]. Jung sugere que Saul tinha de tomar a estrada para Damasco porque era seu destino fazê-lo. A questão do destino, ou a noção segundo a qual a personalidade tem um *telos* ou objetivo específico, é controversa. Se a ideia é correta, significa que nosso sofrimento é de algum modo necessário, e deveríamos ser cuidadosos ao tentar compreender sua intenção mesmo quando tentamos aliviá-lo. Nessa visão, o desdobramento da personalidade tem um propósito definido, e a vida prové as experiências de que necessitamos para nosso processo de individuação, ainda que dolorosas.

Junguianos clássicos como Whitmont (2007) acreditam que eventos dolorosos são manifestações do destino da pessoa e que o sofrimento nos guia a uma direção particular que de outro modo não tomaríamos. Whitmont invoca a noção de *amor fati*, ou o amor pelo destino, que executa a parte designada da pessoa, apercebendo-se de que não controlamos o resultado. Para ele, a cooperação do ego, levando em consideração os limites de sua capacidade, é necessária para a conscientização do destino da pessoa, e devemos acolher o que nos ocorre porque isso é parte de nosso propósito arquetípico. Ele emprega a analogia de usarmos o vento enquanto velejamos. O vento, como a pressão do espírito, é impessoal; move o barco, mas os marinheiros devem se alinhar adequadamente a ele. Usando essa metáfora, um modo pelo qual os terapeutas podem ajudar na descoberta de significado é perguntando para onde uma situação particular está levando a pessoa, como está mudando o curso da vida dela. Por vezes, os terapeutas devem participar do que pode ser uma "busca ousada e incerta" (OC 11/6, § 530), sem qualquer ideia determinada sobre o que é certo para a pessoa.

---

77. Saul estava a caminho da perseguição dos seguidores de Jesus. Ele foi cegado por uma luz brilhante e ouviu a voz de Jesus dizendo: "Por que me persegues?" (At 22,7). Como resultado dessa experiência, Saul se tornou um apóstolo, e sua pregação afetou radicalmente o curso da civilização ocidental.

A noção segundo a qual o sofrimento é necessário para mover a personalidade a um objetivo particular é problemática por muitas razões, das quais a mais importante é a do problema do livre-arbítrio *versus* determinismo que isso implica, sem mencionar o fato de que uma pessoa não pode necessariamente aceitar a realidade de um trauma terrível. Ver o abuso infantil como "necessário" para o desenvolvimento da personalidade em uma direção particular traz difíceis questões éticas – para não falar das metafísicas. A ideia de que a personalidade tem um destino ou objetivo específico implica que somos não apenas impulsionados do passado por fatores desenvolvimentais; é também como se fôssemos puxados para um futuro que ainda não ocorreu, mas que existe como um potencial, talvez em algum outro nível de realidade. Isso significaria que causa e efeito comum não é o único processo operando em nossas vidas. Whitmont aponta para o problema da temporalidade no nível quântico para justificar esse argumento. Embora seja verdade que há um debate entre físicos quânticos sobre a possibilidade de causação retroativa, e é possível que no nível não local eventos no passado, presente e futuro estejam correlacionados entre si, é um erro conceitual, conforme Hogenson (2007) indica, assumir que descrições desses fenômenos quânticos podem ser aplicadas a eventos no nível macro[78]. Ainda assim, a psicologia profunda ainda não chegou a um acordo quanto ao teorema de Bell da física quântica, que declara que não há causas locais no universo, de modo que possa ser necessário revisar a teorização linear, causa e efeito, da psicologia desenvolvimental tradicional. Enquanto isso, a noção segundo a qual a pessoa tem um destino essencial opera como uma crença que alguns terapeutas sustentam, um tipo de mito pessoal que os ajuda a lidar com o sofrimento, assumindo que deve ser como é. A oportunidade única de uma pessoa então reside na forma como ela suporta a carga. Faz diferença se olharmos em retrospecto para uma infância difícil com a sensação de que tinha de ser desse modo para que o restante da vida se desenvolvesse da forma como foi.

Os profissionais da psicologia profunda podem por vezes discernir conexões entre dificuldades emocionais e vida espiritual, porque experiências desenvolvimentais iniciais são formadoras não apenas da personalidade da pessoa, como também de sua espiritualidade. Capps (1997) sugeriu uma

---

78. Causação retroativa é um modo de compreender um experimento conhecido como o experimento de escolha retardada, descrito por Wheeler (1983).

relação possível entre experiências da infância, psicopatologia e espiritualidade no caso da depressão crônica que afligiu William James, Carl Jung, Rudolph Otto e Erik Erikson. O autor observa que durante a infância cada um deles experienciou a perda de uma relação estreita com a mãe, ou ao menos a perda do amor incondicional e, consequentemente, a perda da sensação de que era um filho amado. Isso levou à melancolia, que forneceu um ímpeto para que eles se voltassem à religião na busca por reafirmação e conforto. Por exemplo, devido a um rompimento inicial com a mãe, Jung (1961/1965) diz que sempre se sentia desconfiado quando a palavra *amor* era proferida, e as mulheres, por um longo tempo, pareciam não confiáveis. Capps acredita que essa perda inicial, que predispõe um indivíduo a se tornar melancólico, leva a uma disposição religiosa, como se ele passasse o resto da vida procurando pelo objeto original perdido. A mãe é um objeto perdido no sentido original desenvolvido por Freud em "Luto e melancolia", e a pessoa religiosa busca por esse objeto perdido na forma de Deus. Capps sugere que a experiência de ser abandonado por Deus, que costumava ser chamada melancolia religiosa, origina-se no sentimento de separação da mãe, especialmente quando isso ocorre de um modo cruel ou insensível. Para o autor, a moralidade se desenvolve como uma forma de reconquistar a mãe por meio da bondade. Devido ao abandono, o sujeito estimula uma profunda sensação interna de maldade, e, então, acaba dando uma ênfase religiosa ao pecado. O problema com esse argumento é que muitas pessoas experienciam uma perda inicial assim sem se tornar religiosas, e algumas pessoas religiosas têm relações maternas normais. Poderíamos argumentar também que a conexão do bebê com o divino existe antes da conexão com a mãe, porque o Si-mesmo é um objeto interno original. A mãe então é uma substituta para o Si-mesmo; logo a perda da conexão com a mãe reativa a perda da conexão com o Si-mesmo, que é aquilo que estamos realmente procurando.

Capps prossegue dizendo que a experiência adulta numinosa do *mysterium tremendum* se deve de fato à experiência de ser aterrorizado pela mãe quando criança. Para ele, isso explica o temor e o tremor na experiência religiosa, o sentimento de ser subjugado, a sensação de aniquilação do si--mesmo, e a sensação de infamiliaridade e estupefação produzida pelo numinoso. De acordo com Capps (1997), não surpreende que proclamemos o amor por Deus devido ao fato de que crianças muitas vezes amem os adultos que também as enchem de terror. Em outras palavras, a experiência do numinoso é o retorno de um complexo infantil reprimido; não é *sui generis*, mas sim o resultado de trauma infantil. Capps nega que essa seja uma abordagem redutiva, porque não questiona afirmações acerca da existência de Deus. Contudo, a tentativa de vincular a busca pelo divino à busca pelo objeto perdido da infância ignora o fato de que a experiência do sagrado pode ser uma relação de objeto inteiramente nova, teleologicamente orientada e não necessariamente baseada na perda inicial.

Ao olhar para as conexões entre psicopatologia e espiritualidade, a interpretação de Jung da estrutura do complexo é útil, porque representa um núcleo arquetípico ou transpessoal coberto por um invólucro de experiências desenvolvimentais, memórias e imagens. Como o nível arquétipo é, de acordo com Jung, um "órgão (ou instrumento) de Deus" na psique, a implicação é que vidas emocionais contêm um elemento transpessoal (1976, p. 130). A psicopatologia de uma pessoa parece canalizar sua espiritualidade em uma direção particular, por exemplo, quando um sério problema com a mãe está correlacionado a um interesse pela deusa ou pelos aspectos femininos do divino. Não podemos *reduzir* nossa espiritualidade à psicopatologia, mas está claro que nossa psicopatologia influencia nossa espiritualidade e contribui para seu conteúdo particular. Assim como não escolhemos nossos complexos, não escolhemos nossa espiritualidade; ambos surgem do inconsciente, que tem um aspecto objetivo.

História pessoal como um texto sagrado

Cada teoria de psicoterapia tem suas ideias a respeito das influências importantes sobre o desenvolvimento de uma sensação do si-mesmo. Na tradição junguiana, o desenvolvimento da personalidade, ou individuação, é considerado uma encarnação – a incorporação gradual, durante uma vida, de um conjunto de potenciais espirituais dados pelo Si-mesmo. Portanto, a personalidade tem uma base espiritual; seu destino é determinado pelo Si-mesmo, que encarna para formar uma personalidade empírica que tem uma trajetória particular. Isso significa que a história de vida da pessoa pode ser considerada um texto sagrado. Para os terapeutas espiritualmente orientados, a história de uma pessoa é análoga às histórias contadas pelas tradições espirituais em seus textos sagrados, que dão sentidos à vida e revelam as intenções do divino para a humanidade.

Muitas escolas psicoterapêuticas de pensamento sugerem que, pelo escrutínio de nossa história desenvolvimental, podemos elaborar uma narrativa coerente sobre o que de outro modo parece ser um conjunto de sintomas sem sentido. Todavia, a descoberta de uma história assim (ao que Hillman se referia como uma ficção curativa) não é o suficiente para lidar com traços problemáticos de caráter de uma vida inteira[79]. Mais importante é o desenvolvimento da tolerância a estados afetivos dolorosos como ansiedade de fragmentação, vulnerabilidade narcisista, e assim por diante. O si-mesmo é fortalecido e novas estruturas psicológicas são construídas no contexto da relação terapêutica. Somente com isso como um receptáculo é que a descoberta de significado na história de uma pessoa se torna um efeito valioso da psicoterapia. Esse significado não pode ser imposto; tem de ser descoberto. A orientação teórica dos terapeutas é apenas um modo de explicar e ordenar o que ocorreu ao paciente. Idealmente, terapeutas evitariam formular suas explicações em termos de uma descrição ideológica particular da psicologia humana, mas não podem atingir essa objetividade. Tampouco, podemos evitar influenciar o material que emerge na psicoterapia, uma vez que se sabe que as indicações não verbais dos terapeutas afetam aquilo sobre o qual a pessoa fala. Para evitar se tornar uma fonte de doutrina, os terapeutas devem estar conscientes de que uma pessoa pode se sentir pressionada a entender o significado da própria história de vida de um modo particular, a fim de se manter conectada a eles.

Conselho espiritual e estrutura de caráter

Nossas tradições religiosas fornecem uma boa quantidade de conselhos espirituais úteis, mas que por vezes não são aplicáveis devido à dinâmica da personalidade individual. É necessário, então, o desenvolvimento de uma prática espiritual que surja organicamente no indivíduo. Por exemplo, uma freira foi indicada à psicoterapia devido ao seu temperamento explosivo, o que dificultava sua vida na comunidade. A paciente em questão havia sido aconselhada a lidar com sua raiva persistente lembrando-se de Cristo crucificado como exemplo de perdão amoroso,

---

[79]. Em *Healing fiction* (1991), Hillman sugere que para curar a pessoa devemos curar a história na qual ela se encontra. Contudo, a sensação do si-mesmo é mais do que uma história – é um conjunto incorporado de experiências que consistem de inumeráveis transações relacionais de tom afetivo que são em grande parte inconscientes.

a fim de suprimir tal rompante, porém foi em vão. Ela não podia usar uma abordagem espiritual para sua raiva devido à sua psicodinâmica particular. Como sua família a humilhava e atacava constantemente, cresceu cheia de vergonha e raiva narcisista. Magoava-se com facilidade e ficava bastante vulnerável a qualquer comentário que parecesse remotamente crítico. Pedir-lhe que perdoasse aqueles que a ofenderam era lhe pedir que ignorasse um enorme reservatório de sofrimento. Em princípio, o perdão era um bom conselho espiritual, entretanto não era útil devido à estrutura de seu caráter.

Esse problema foi reproduzido durante a terapia. Após cada acesso de raiva, a ruptura resultante na relação seria discutida e compreendida até que ela e sua terapeuta pudessem perdoar uma à outra. Gradualmente, sua sensação vulnerável do si-mesmo se fortaleceu e ela se tornou menos sensível à percepção de ataque. O perdão surgiu organicamente como um desenvolvimento em sua personalidade. Independentemente do quanto esclarecido fosse o conselho dado por seus conselheiros espirituais, o perdão não poderia ser imposto. A freira teve de se tornar consciente o bastante para reduzir a intensidade emocional de seu complexo, e esse trabalho era sua prática espiritual.

Essa situação é um exemplo da forma pela qual tradições religiosas não levam em conta o inconsciente do sujeito ou a natureza autônoma de seus complexos, separando, então, a psicologia do indivíduo de sua espiritualidade oficial. Os ensinamentos de uma tradição assim correm o risco de ser muito difíceis de implementar, e, portanto, tornam-se ou uma fonte de culpa ou emocionalmente irrelevantes. Em contraste, se nossa espiritualidade leva em conta nossas dificuldades emocionais ao reconhecer o núcleo arquetípico do complexo, descobrimos como o numinoso desempenha um papel em nosso sofrimento. Podemos falar, por conseguinte, da dimensão transpessoal que desempenha um papel tanto na psicologia normal quanto na anormal.

Práticas curativas e o sagrado: a psicoterapia como processo ritual

Parece haver um padrão arquetípico na cura que é refletido nas práticas curativas das sociedades pré-tecnológicas. Esse padrão também opera como uma estrutura profunda alojada em nossos sistemas de psicoterapia. Talvez possamos clarificar alguns de seus elementos essenciais.

Em muitas culturas, a saúde é associada à ordem e à doença, ao caos ou à destruição. Vivendo em um cosmos sagrado, culturas tribais tradicionais mantêm a saúde pela relação própria com o sagrado, observando tabus e rituais. Isso significa atenção ao mundo dos espíritos, demônios ou deuses como definidos pela mitologia da cultura, assim como qualquer terapia deve se encaixar na visão de mundo dos pacientes (Ellenberger, 1970). Mitos tradicionais são histórias sagradas, uma revelação da realidade transcendental. Assim, práticas xamânicas curativas ocorrem dentro de uma orientação mítica particular, uma cosmologia, uma visão da realidade que é compartilhada pela tribo; a vida é saturada de significado quando é vivida de acordo com um mito. Nesses rituais, o mito cosmogônico ou da criação, ou o mito das origens da doença e da cura, é muitas vezes entoado sobre o doente. Isso coloca os pacientes em um contexto mítico, estabelece significado e ordem; e é, portanto, confortante, dando esperança de auxílio transcendente e expectativa, que ajudam a curar. Observe o quanto é similar nosso ritual de cura; acreditamos no mito da psicoterapia, especialmente na tradição particular na qual fomos formados. Temos nossas práticas e técnicas rituais que acreditamos restaurar a ordem na vida das pessoas, e trabalhamos dentro de um mito cultural e de um sistema de crenças compartilhadas[80]. Não está claro até que ponto os efeitos úteis da psicoterapia são baseados em técnicas terapêuticas específicas, e o quanto os elementos operativos são: a intenção de ajudar, a provisão de uma intervenção tangível e a sensação de que algo está sendo feito por uma pessoa atenta e gentil (Shapiro, 1978). Algumas tradições xamânicas descrevem os xamãs entrando no mundo do espírito para combater forças espirituais em benefício dos pacientes, para recuperar sua alma perdida, ou para buscar o elemento curativo (Eliade, 1951/2004; Sandner & Wong, 1997). Quando os terapeutas trabalham para recuperar memórias ou integrar aspectos cindidos da personalidade, estamos praticando uma forma de resgate da alma. Quando os terapeutas lidam com um complexo e seu fundamento arquetípico, temos um pé no domínio humano e outro no domínio espiritual. Em outras palavras, a abordagem psicoterapêutica tem seus aspectos sagrados, que, em nossa época, tornaram-se obscurecidos por uma confusão de formações, credenciais e regulações técnicas.

---

80. Vários autores descreveram as similaridades entre a psicoterapia e a prática ritual; ver, por exemplo, Moore (2001) e Usandivaras (1985).

Claude Lévi-Strauss, o antropólogo estrutural, observou que enquanto pacientes e sua sociedade acreditavam no mito recitado pelos xamás, esse tinha valor terapêutico; não importava se o mito correspondia à realidade objetiva (1963). Ele assumia que a cura xamânica é efetiva devido à relação psicológica entre a doença e o que se considerava o demônio que a provocava. Do mesmo modo, os xamás permitem à pessoa expressar estados de mente inexprimíveis. A pessoa pode, então, compreender de uma forma ordenada o que, por outro lado, seria uma situação caótica, e isso induz um processo de reorganização da psicologia da pessoa. Fazemos as mesmas coisas na psicoterapia.

De acordo com Eliade (1951/2004), os xamás têm várias qualidades importantes: a intensidade de suas experiências de êxtase espiritual; a habilidade para entrar nesses estados quando desejam; e a habilidade para guiarem a alma. O processo terapêutico também envolve guiar a alma, e os terapeutas, embora não necessariamente profissionais de estados extáticos, podem ter tido a experiência de contato com a realidade transpessoal. Os futuros xamás são chamados para sua vocação, gostem ou não; e, segundo a tradição, era mortalmente perigoso ignorar o chamado. O trabalho da psicoterapia é também uma vocação; e, tal qual os xamás, os terapeutas muitas vezes sofrem uma doença prolongada que atua como uma forma de iniciação ao trabalho. Tanto para os terapeutas quanto para os xamás, o trabalho de curar uma pessoa se torna o núcleo da formação para ajudar outras. É por isso que sonhos de desmembramento ou tortura, usualmente seguidos por renovação do corpo, ocorrem tanto para estes quanto para aqueles, implicando que um sacrifício inicial é necessário antes de nos tornarmos inteiros (OC 11/3, § 448). Eliade (1951/2004) sugere que a habilidade dos xamás de curar é proporcional à severidade e duração de sua doença iniciatória. É importante compreender que esse é um processo arquetípico impessoal, que significa que visões tradicionais de sofrimento como punição por pecado podem ser substituídas pela noção de que o sofrimento é necessário para a transformação e amadurecimento da personalidade.

Em culturas tradicionais, os anciões rituais sabem como situar, utilizar e manter o espaço sagrado no qual ocorre a cura (Eliade, 1958/1994). Se vemos a psicoterapia como prática espiritual, a sala de terapia se torna um lugar sagrado. Por essa razão, parece uma violação, e mesmo um sacrilégio, expor o material emotivo que emerge durante a psicoterapia a terceiros. Esse espaço deve ser protegido, e é uma grande lástima que a profissão não tenha adotado uma posição mais firme sobre esse tema. Gibson (2000) apresenta um bom argumento sobre ver a psicoterapia pastoral como um sacramento confessional, mas há um elemento disso em todas as formas de terapia. Jung sugeria que a confissão é o primeiro estágio da psicoterapia; seu propósito é aliviar a pessoa do fardo material que a fez se sentir alienada de outras (OC 16/1). Quando a emoção intensa é revelada, quando fantasias privadas, mantidas por muito tempo em segredo, ou por memórias dolorosas, são trazidas à luz, estamos envolvidos na prática antiga dos "curandeiros de almas". Isso significa a descoberta de significado pessoal, conexão com o transpessoal e, com a graça, uma sensação da renovação da vida. Como Gibson indica em sua discussão sobre esse tema, uma confissão assim deveria funcionar como uma atividade sancionada pela comunidade; entretanto, no presente, nossos organismos de licenciamento e códigos de ética são "escassos e frágeis demais para fornecer o tipo de proteção aos consumidores e profissionais exigida pela profunda prática confessional" (Gibson, 2000, p. 179). O exemplo óbvio é a necessidade de revelar informações pessoais a terceiros.

Elementos arquetípicos da psicoterapia

O poder de envolvimento das forças arquetípicas é tão intenso que na Antiguidade eram personificados como deuses e deusas. Por vezes, na psicoterapia, um processo arquetípico particular é constelado (ativado) de forma tão intensa que os terapeutas sentem uma urgência compulsiva de comportar-se conforme uma imagem arquetípica particular. Quando a grande mãe é constelada, os terapeutas (sejam homens ou mulheres) são possuídos por uma necessidade poderosa de serem protetores[81]. Quando o arquétipo dos curandeiros assume o controle, sentem uma necessidade urgente de sugerir práticas de cura. Quando um processo arquetípico assim é constelado, ambos os participantes são tomados por uma força psicológica impessoal; não podemos mais pensar o material "dos terapeutas" ou o material "dos pacientes" – estamos em uma sopa comum de emoções e tendências à ação. Os antigos diriam que um deus ou deusa visitou a sala e fez uma certa exigência. É desnecessário dizer que, em uma situação assim, é importante não agir inconscientemente e não se identificar com a exigência arquetípica como

---

81. Por exemplo, a ênfase de Winnicott (1971a) na mãe suficientemente boa, ou na psicoterapia como duas pessoas brincando juntas, ou na ideia de que a terapia fornece um ambiente facilitador e protetor para os pacientes, sugere-me que ele trabalhou o arquétipo da mãe.

se os terapeutas *fossem* os curandeiros ou a grande mãe, mas nos tornarmos conscientes do que está afetando o campo no qual estamos trabalhando e, dessa forma, tentarmos entendê-lo.

Exceto pelas exigências específicas feitas por qualquer pessoa, os terapeutas tendem a trabalhar de um modo que é fortemente influenciado pelos processos arquetípicos particulares que são dominantes em sua alma, como a mãe, o pai, os sábios, os curandeiros ou os sacerdotes arquetípicos. Essas forças afetam radicalmente o estilo de prática dos terapeutas e são ambivalentes com seus aspectos claros e obscuros conforme todos os processos arquetípicos. Para muitos terapeutas, a imagem arquetípica dos curandeiros feridos é particularmente importante.

Terapeutas como curandeiros feridos

A vocação de uma pessoa para se tornar terapeuta tem várias fontes. Parcialmente, resulta de fatores desenvolvimentais, como a necessidade infantil de cuidar de um pai emocionalmente ferido. Se acreditamos que o sujeito tem um destino particular a trilhar, a família dele de origem não é um acidente; ela corresponde à disposição arquetípica da alma da criança. Muitas vezes, os indivíduos se tornam terapeutas porque suas feridas de infância os iniciaram em uma carreira para ajudar outras pessoas. Quando o arquétipo dos curandeiros feridos é dominante na alma de uma pessoa, o próprio sofrimento a capacita a ajudar os outros. Nossas feridas afetam o modo como trabalhamos com os outros, ou seja, sem elas, a nossa compreensão do sofrimento alheio seria superficial.

É útil usar o mito como uma analogia para esses processos contrastando duas imagens de cura da mitologia grega: Quíron, o curandeiro ferido arquetípico; e Apolo, o deus da cura. Quíron era o mais sábio dos centauros, um imortal, metade humano e metade cavalo; ele combina em um símbolo o divino, o humano e os níveis instintivos do corpo. Embora um grande curandeiro e instrutor da medicina, sofria de uma ferida incurável que o fazia claudicar. Em outras palavras, os curandeiros também necessitam de cura. Uma abordagem quirônica à cura torna os terapeutas profundamente sensíveis ao sofrimento de outras pessoas e expõe suas vulnerabilidades. Conhecemos empaticamente o sofrimento da pessoa, profundamente em nós em vez de objetivamente ou em termos de testagem psicológica. Por causa de nossas feridas, sabemos que somos limitados. Nesse nível arquetípico o ferimento é um poder numinoso, parte de nosso destino, um ferimento "do qual os curandeiros participam sempre" (Kerenyi, 1959, p. 99). Adler (1951) sugere que o propósito do ferimento dos terapeutas é torná-los conscientes de sua habilidade de cura; caso contrário, eles poderiam não descobri-la.

Quando uma pessoa busca a psicoterapia, é ativada uma curandeira interna que estimula sua habilidade de autocura intrínseca. Conforme Guggenbühl-Craig (1971) coloca, a paciente tem uma médica dentro de si, assim como há uma paciente dentro da médica. O ferimento dos terapeutas é ativado pelo contato com a pessoa angustiada. A menos que isso seja consciente, os terapeutas podem projetar seu ferimento no paciente. Os terapeutas, portanto, tentam permanecer a uma distância segura, esperando não serem afetados pelo problema. Contudo, ocorre comumente que os terapeutas sejam "infectados" pelo ferimento do paciente, por exemplo, por meio de identificação projetiva ou alguma forma de comunicação entre os inconscientes[82]. Sentimos, então, tanto o ferimento da pessoa como a necessidade de reconhecer nosso material. Muitas vezes, é isso que é necessário para sermos úteis. A própria participação dos terapeutas no processo de cura se torna então primordial, por vezes a ponto de não sabermos ao certo se estamos lidando conosco ou com o outro. Como Meier (1959) coloca, uma terceira quantidade, a imagem arquetípica dos curandeiros feridos, entra em cena, e isso afeta ambas as pessoas.

Os terapeutas não podem predizer o resultado da terapia porque curar é um processo transpessoal e essencialmente misterioso. Eles têm de estar profundamente envolvidos no trabalho, porém não identificados com a imagem de curandeiros. Uma "cura" no sentido do alívio do sintoma pode ou não ocorrer, mas a importância espiritual do trabalho é que o sofrimento da pessoa se torna significativo em vez de um tormento aleatório. Com frequência, o melhor que podemos fazer é lamentar um fato inalterável, um sofrimento ou trauma da infância que provocou uma "falha básica" na sensação do si-mesmo, conforme Balint coloca, o que "lança uma sombra sobre a vida inteira dela, e cujos efeitos infelizes nunca podem completamente se tornar bons. Embora a falha possa ser recuperada, sua cicatriz pode permanecer para sempre" (1968, p. 183).

---

82. Jung sugere que "infecções psíquicas" são os "concomitantes predestinados" desse trabalho, parte da disposição instintiva da vida dos terapeutas (OC 10/1, § 493).

Uma abordagem da sombra dos auxiliares

Os quirônicos curandeiros feridos são afetados em um nível profundo de seu ser pelo trabalho que fazem, enquanto o deus Apolo, uma imagem arquetípica da medicina técnica, fosse descrito como "mortalmente limpo" (Balint, 1968, p. 39). Apolo era uma divindade remota que não foi afetada por seu trabalho de cura, de modo que a medicina apolínea é objetiva, racional, veste um jaleco branco, pensa em termos de causa e efeito em vez de sincronicidade e não causalidade, e separa radicalmente os curandeiros dos pacientes[83]. Quando essa forma de cura é usada na psicoterapia, a psique perde seu mistério e se torna um objeto de investigação empírica, quantificação e pesquisa cerebral. O próprio ferimento dos terapeutas é reprimido e projetado nos pacientes, que se tornam os únicos doentes. Se nos identificamos excessivamente com os curandeiros, precisamos curar para manter nossa autoestima, e necessitamos de alguém no papel de doente; estamos, então, usando a outra pessoa para satisfazer uma necessidade nossa. Essa separação significa que os terapeutas devem manter uma distância dos pacientes e uma ilusão de invulnerabilidade, o que leva a uma posição de poder que reduz a capacidade de empatia (Guggenbühl-Craig, 1970, 1971). Então, também ignoramos o que Searles (1979) demonstrou: que os pacientes sofrem em prol dos terapeutas para tentar curá-los.

Uma posição apolínea é compreensível; sofrer é assustador. Muitas vezes, achamos difícil ajudar outras pessoas porque consciente ou inconscientemente nos identificamos com o sofrimento delas. Imaginamos empaticamente o que elas sentem, e projetamos aquilo que elas necessitam com base no que precisaríamos nessa mesma situação. O que a pessoa de fato sente pode ser muito surpreendente. Devido ao nosso medo, podemos não nos permitir estar completamente presentes para ela. Ficamos com medo quando não sabemos o que fazer, e odiamos nos sentir incompetentes. O sofrimento do indivíduo diante de nós pode parecer demais para ser admitido, por vezes, porque temos dificuldade em estabelecer limites ou porque o sofrimento insuportável pode levar a uma necessidade compulsiva de ajudar, exigindo muito sacrifício pessoal. Ou sentimos que a quantidade completa de sofrimento humano é tão grande que nos desesperamos para fazer qualquer diferença. Um lugar importante para a supervisão ocorre quando os

---

83. Michael Kearney (2000) estabeleceu uma distinção importante entre cura apolínea e esculápia; Quíron foi o tutor de Asclépio, e presumivelmente eles pertencem a mesma tradição.

terapeutas ficam tão imersos no sofrimento da outra pessoa que não conseguem sair dele porque isso provoca dificuldades pessoais. Podemos achar difícil estabelecer um equilíbrio entre dar aos outros e cuidar de nós, de modo que a exaustão é um perigo constante para muitos nas profissões de cuidado. Essas situações se tornam mais difíceis se nos identificamos com nossa persona profissional, baseando-nos em teoria ou técnica em vez de usá-las como um modo de focar acuradamente nossa humanidade.

Quando os terapeutas acreditam experienciar um sofrimento de intensidade similar ao que os pacientes estão experienciando, ocorre um reconhecimento mútuo que é mais profundo do que as palavras. Ambos se apercebem de que esse reconhecimento ocorreu, e de um modo misterioso isso é útil mesmo quando nada mais pode ser feito. O sofrimento de uma pessoa a torna mais receptiva ao sofrimento de outras, e nesse nível comum os aspectos técnicos da psicoterapia são muito menos importantes do que a habilidade de estarmos presentes do jeito certo. Em vez de uma técnica particular, necessitamos de uma mente que seja quieta, receptiva, atenta e alerta, não carregada de conceitos. Dentro dessa mente, sem julgamento ou desejo de mudança, podem surgir novas percepções ou intuições. É como se nesse momento o coração e a intuição tivessem olhos e ouvidos para o que devemos prestar atenção.

Quando somos capazes de ajudar, temos de atingir um equilíbrio entre satisfação razoável com um trabalho bem feito e uma inflação sutil às custas da pessoa que estamos ajudando, nesse caso, para nós terapeutas, ajudar os outros é um modo de reforçar a sensação do si-mesmo ou o de sentir-se importante ou necessário. Podemos nos tornar demasiadamente identificados com o arquétipo de curandeiros, como se curar fosse uma função do ego. Vale lembrar que, independentemente de nossas habilidades terapêuticas, podemos implementar um potencial de cura transpessoal que é autônomo. Não depende dos terapeutas a decisão de se e quando a cura ocorrerá ou a forma que ela assumirá. Se estamos identificados com o ego, de modo que pensamos que o que ocorre na terapia é apenas decorrente de nossa capacidade ou da técnica correta, ficaremos mais facilmente afetados ou com medo do sofrimento. É então como se dois de nós estivéssemos na sala; não estamos conscientes da presença do Si-mesmo.

A capacidade humana de empatia sugere que evoluímos para compartilhar nosso sofrimento. Embora possamos pensar a empatia em termos de ressonância do sistema límbico e da contratransferência, essas abordagens não levam em conta a importância espiritual da sintonia afetiva[84]. Estados afetivos compartilhados são importantes porque nos lembram de que não somos entidades separadas – participamos do mesmo campo de consciência. Se estamos conscientes de que há uma base transpessoal na qual estamos trabalhando, podemos confiar que um processo objetivo que está surgindo é de algum modo necessário para a alma. Ajudar com um estado afetivo doloroso, então, torna-se uma prática espiritual e um ato de fé fundado. Contanto que os terapeutas possam tolerar o afeto doloroso, não há necessidade de resisti-lo – fazê-lo pode piorar as coisas. Em vez disso, podemos nos permitir sofrer com a pessoa, conectando-nos com a emoção que foi induzida em nosso corpo e focar nela, como se o corpo fosse um quadro sonoro. Quando ocorre identificação projetiva, o conselho tradicional é passarmos a experiência por nossas estruturas psicológicas e dizer algo que ajudará o sujeito a "metabolizar" e assimilar a emoção. Isso nem sempre é feito verbalmente; sem dizer nada, podemos abrir o coração e permitir que a emoção se expresse da forma que quiser. Usualmente, tendo atingido um auge, a angústia aos poucos se dissipa. Os aspectos técnicos desse processo são de importância secundária apenas enquanto a experiência está em curso. Mais tarde, os terapeutas podem refletir sobre a contribuição de sua psicologia pessoal e as implicações da contratransferência, mas fazer isso durante a experiência tende a interferir no processo. Na presença de sofrimento profundo, tentar pensar formas técnicas de ser útil, por exemplo, fazendo uma interpretação no sentido tradicional, é como tentar chutar uma bola ao mesmo tempo que pensamos sobre a física do movimento.

Uma consciência da presença do Si-mesmo ajuda os terapeutas a renunciarem à sua agenda pessoal, por exemplo, a necessidade de se sentirem úteis ou de serem "curandeiros". Essa presença significa que há um plano invisível, mesmo para a situação mais desfavorável, que pode prover ajuda, iluminação ou inspiração inesperada, de modo que podemos nos encontrar dizendo ou fazendo algo que parece vir de lugar nenhum. Em situações desesperadoras, enquanto fazemos o que podemos para ajudar, o que termina acontecendo é dirigido pelo Si-mesmo, e não pelo ego. A menos que os terapeutas tenham experienciado conscientemente o Si-mesmo, pode ser impossível confiar que ele exista. Porém, quando sabemos que existe, podemos relaxar até certo ponto com a consciência de que o

---

84. Para uma discussão sobre ressonância límbica, ver Lewis, Amini e Lannon (2000).

resultado último da psicoterapia não está em nossas mãos, mas é parte do destino da pessoa. Afirmar isso é potencialmente perigoso, porque poderia nos levar a uma racionalização fácil para não fazermos esforço suficiente para ajudar ou levar a uma rejeição superficial do sofrimento como "cármico" ou irrelevante na visão maior das coisas. Entretanto, mesmo quando somos impotentes para ajudar, é sempre considerável sermos testemunhas ou companheiros com um coração aberto.

Por vezes, apenas estarmos completamente presentes e abertos ao sofrimento da outra pessoa é o bastante, embora a inabilidade de mudar a situação desafia a necessidade dos terapeutas de serem efetivos e ativa sua crítica interior. Mas ajudar é, então, a agenda dos terapeutas, e ter uma agenda cria uma exigência na outra pessoa e torna a atmosfera tensa, quando o que é necessário é a entrega ou a espontaneidade. Se o ego dos terapeutas pensa que tem de fazer todo o trabalho pesado, a exaustão é uma consequência provável. Contudo, curar não é algo que fazemos, é algo que ocorre. Não posso expressar isso mais eloquentemente do que Virginia Satir:

> O processo terapêutico inteiro deve ser dirigido à abertura do potencial de cura dentro dos pacientes ou clientes. Nada realmente muda até que esse potencial esteja aberto. Isso se dá através do encontro do si-mesmo mais profundo dos terapeutas com o si-mesmo mais profundo das pessoas, pacientes ou clientes (1987, p. 19).

Não podemos responder à pergunta de "como" isso deve ser feito, porque não é uma função do ego. Pode ou não ocorrer; na melhor das hipóteses, podemos estabelecer o estágio sendo tão conscientes, tecnicamente competentes e abertos quanto possível. Talvez, se o paradigma dos curandeiros feridos está correto, a chave para permitir que esse processo ocorra é os terapeutas estarem constantemente conscientes de sua vulnerabilidade pessoal, porque nesse nível seu ego está mais frágil, o que pode ser uma precondição para um verdadeiro contato entre pessoas. De outro modo, o ego dos terapeutas se torna um castelo, e observamos a outra pessoa através de uma janela na parede.

Um modo de dizer isso é sugerir que o trabalho de terapia é libertar a capacidade de cura da alma. Podemos perceber que isso está acontecendo quando sentimos algo poderoso, mas incompreensível ocorrendo na sala de terapia. Algo ocorre durante o trabalho que tem vida própria; quando o Si-mesmo fala por meio de nós, o resultado é inesperado. Os antigos diriam que um deus está nos visitando. É uma experiência cotidiana ver pessoas se beneficiando da terapia mesmo que os terapeutas não tenham uma ideia clara do que é útil. Alguns aspectos da mudança psicológica são tão sutis, ou tão inconscientes, que não podemos detectá-los quando estão acontecendo; só os conhecemos por meio de seus efeitos.

Sacrifício

O sacrifício da necessidade dos terapeutas de entenderem o que está acontecendo e o sacrifício de qualquer necessidade de usar o trabalho para o autoenaltecimento são aspectos importantes da prática espiritual dos terapeutas. Requer autossacrifício permanecer em uma relação terapêutica que se tornou dolorosa para ambas as partes devido a uma transferência negativa. Há um grau de autossacrifício envolvido em permanecermos na sala de terapia horas a fio, enquanto somos odiados, sentimos o ódio dirigido a nós, sem retaliar ou colapsar, aceitando que isso é necessário. O outro lado da moeda também é verdadeiro; quando a relação terapêutica é agradável, com afeição mútua em prol da terapia, os terapeutas têm de sacrificar o que percebem que poderia ter sido uma relação social, sexual ou profissional gratificante. Esses sacrifícios são feitos, dia após dia, porque nos apercebemos de que há um significado mais profundo, outro nível de realidade se expressando, e isso é mais importante do que nossas necessidades. Não podemos expressar exatamente o que é essa realidade porque a sentimos em um nível de conexão alma a alma, para a qual palavras são um meio inadequado, mas sentimos sua presença e nos entregamos a ela.

William James deixa clara a conexão entre entrega e sacrifício, observando que na vida religiosa "essa atitude pessoal que a pessoa se sente impelida a adotar para com o que considera divino [...] se mostrará uma atitude impotente e sacrificial" (1958, p. 54). De acordo com Jung, quando sacrificamos verdadeiramente algo que valorizamos bastante, o objeto deve ser abandonado tão completamente como se tivesse sido destruído (OC 11/3, § 390). Isso é importante porque é possível dar aos outros de um modo que parece um sacrifício, mas, de fato, é uma manipulação, uma forma de induzir a gratidão em outra pessoa. Não estamos, então, realmente nos doando, e sim obtendo algo para nós. Em contraste, o verdadeiro sacrifício é um ato de amor e uma expressão de nossos valores. Jung sugere que, quando abrimos mão de um objeto emocionalmente importante, até certo ponto, o sacrifício se torna um sacrifício de alguém (OC 11/3, § 397-398). Ele usa o exemplo da exigência de Deus que Abraão sacrificasse seu filho Isaac (Gn 22,1-14). Podemos imaginar que um pai, na posição de ter de matar o próprio filho, sentisse como se estivesse matando uma parte de si; e, então, fosse ao mesmo tempo aquele que sacrifica e que é sacrificado. De forma semelhante, quando o Si-mesmo me pede para que me sacrifique, o Si-mesmo, que é minha essência mais profunda, também está se sacrificando. Jung acreditava que o Si-mesmo quer que o ego permita que esse processo ocorra, o que, conforme Edinger (1986) indica, exige o sacrifício consciente do próprio ego. Se o ego aceita essa necessidade de sacrifício, pode impedir o inconsciente de se manifestar destrutivamente.

Fazer um sacrifício a um deus com um propósito particular em mente, como um autoenaltecimento ou um ganho, implica uma imagem particular sobre a ideia de divino e uma teologia correspondente. Sacrifícios humano e animal ocorreram no mundo antigo, e há muitas formas de entender essa origem. Em algumas tradições, considera-se que o divino necessita de presentes, ou se espera a reciprocidade de modo que temos de dar aos deuses a fim de receber algo em troca. Por vezes, o sacrifício é uma forma de comunicação com o plano transcendental e pode se dar por meio de uma forma de aplacamento que permite a expiação do pecado, ou reencenando um evento mítico. Imaginava-se que o Deus da Bíblia hebraica precisasse de sangue de animais, enquanto Deus sacrificou a si e seu único filho em Jesus. Para os cristãos, o sacrifício de Jesus é uma oferta pelo pecado que concede a reparação e a redenção. Esse pano de fundo arquetípico e mítico ajuda os terapeutas a entenderem religiosos que estão angustiados porque seu bom comportamento ao longo da vida, que envolvia um autossacrifício considerável, era destinado a impedir o sofrimento, o que não ocorreu. Seu desapontamento é muitas vezes o resultado de uma psicologia pautada pela punição *versus* recompensa, uma projeção antropomórfica na qual se imagina o divino como um arquivista que rastreia nossos méritos e falhas.

Como uma prática espiritual, o sacrifício pode ser usado defensivamente. Há ocasiões nas quais o si-mesmo pessoal deve ser sacrificado por um propósito mais elevado – inclusive, como algumas tradições diriam, para a manutenção da ordem cósmica. Como, então, os terapeutas podem discernir se o que parece um sacrifício corajoso é o resultado de devoção ou é um exercício masoquista disfarçado? Se a pessoa se mantém num casamento infeliz e diz a seus terapeutas que está "fazendo um sacrifício pelos filhos", como sabemos se isso é ou não uma racionalização da dependência e um medo da mudança? Ainda mais difícil: o que os terapeutas diriam a um Abraão atual que declarasse que Deus lhe disse para sacrificar o próprio filho? Kierkegaard (1843/1954) via a ação de Abraão como um exemplo de fé absoluta, de modo que poderia dar o salto e confiar totalmente na bondade de Deus. Mas agora desconfiamos de pessoas que dizem que Deus lhes diz para fazerem coisas, uma vez que isso pode racionalizar todos os tipos de desordem, desde vinganças pessoais até uma guerra santa total. A história nos mostra como, ao seguirem o que acreditavam ser a vontade de Deus, religiosos foram capazes de não sentir empatia por suas vítimas e cometer atos terríveis com a consciência limpa. O problema para os terapeutas espiritualmente orientados é, portanto, o do discernimento; como sabemos o que vem do Si-mesmo e o que vem do condicionamento social, de uma necessidade narcisista ou de um complexo patológico? É fácil solenemente entoar: "seja feita vossa vontade", mas quem conhece a natureza dessa vontade?

Vale a pena lembrar que, quando trabalhamos terapeuticamente com pessoas que estão imersas na tradição bíblica, histórias da Bíblia passam a ter influências psicológicas importantes, embora inconscientes. A história da amarração de Isaac é parte do pano de fundo mítico que influencia a tradição ocidental. Chilton (2008) documentou as formas pelas quais essa história foi usada para racionalizar o martírio e outros modos de violência religiosa no judaísmo, cristianismo e islamismo, mesmo que Abraão tenha descido do Monte Moriá sem ter matado Isaac. O contexto da história de Abraão é que, a despeito ter recebido a promessa de descendentes "tão numerosos quanto as estrelas do céu" (Ex 32,13), ele permanece sem filhos durante uma época em que a prole era particularmente importante. Isaac nasceu tarde na vida de Abraão, tornando-o especialmente precioso, de modo que a ordem para o sacrificar é inacreditavelmente terrível. Por conseguinte, Abraão é com frequência representado como uma imagem arquetípica de total obediência a Deus. A Bíblia diz que Deus o está testando (Gn 22,1), e se entende tradicionalmente a história como representando o repúdio dos Hebreus à prática pagã de sacrifício de crianças. Como Edinger (1984) indicou, a história também representa o desenvolvimento de uma imagem mais humana de Deus, uma vez que Isaac é salvo no último momento. Todos os mitos têm níveis múltiplos de significado, e hoje podemos acrescentar uma hermenêutica psicológica profunda à compreensão tradicional. Se os terapeutas tivessem de ver um Abraão contemporâneo com um olho psicodinâmico, perguntariam-se como o impulso de matar Isaac surgiu nele, e como realmente se sentiu com relação a Isaac. Também estaríamos preocupados com como seria para Isaac crescer sabendo que seu pai esteve muito próximo de matá-lo. Nada é dito na Bíblia sobre o efeito que esse episódio traumático teve sobre o filho, embora vários comentadores o vejam como conscientemente se oferecendo como um sacrifício voluntário[85]. Talvez, o conhecimento de que seu pai tivesse intenções assassinas para com ele explique por que Isaac segue rigorosamente os passos de seu pai e permanece um personagem virtuoso, mas muito impotente, durante sua vida.

---

85. Ver Kugel (1998).

6
Psicodinâmica e espiritualidade

Neste capítulo, gostaria de ilustrar algumas das relações entre fatores desenvolvimentais e psicodinâmicos e a espiritualidade da pessoa. Para esse propósito, olharei para as vidas de dois filósofos importantes com atitudes opostas à religião: Søren Kierkegaard, um existencialista religioso; e o matemático ateísta Bertrand Russell. Devo acrescentar duas advertências aqui. Uma é que estamos lidando com a análise de textos e não com os autores, e isso tem limitações óbvias. Além disso, alguns filósofos não gostam da tentativa de relacionar a filosofia de pensadores específicos aos fatores psicodinâmicos, porque acreditam que lógica e pensamento conceitual são independentes do modo como uma mente particular funciona[86]. Todavia, embora nossa abordagem a problemas filosóficos relevantes possa ser parcialmente independente de nossa psicologia, parece inconcebível que fatores psicodinâmicos não desempenhem algum papel, influenciando interesses e conclusões de autores.

Fé e desespero na vida de Søren Kierkegaard

O problema do desespero é muito importante na vida de Kierkegaard. A noção de Erikson (1964) sobre a importância da confiança básica é particularmente relevante para essa questão, que é um tema comum entre existencialistas. De acordo com Erikson, o cuidado seguro nos primeiros 18 meses de vida fornecido por cuidadores amorosos e fiáveis contribui para o desenvolvimento da confiança básica, um sentimento otimista de que muitas situações na vida darão certo. A criança, então, desenvolve um equilíbrio saudável entre confiança e níveis razoáveis de desconfiança, enquanto a falta

---

[86]. Para uma discussão sobre esse ponto, ver Sharfstein (1980). Uma discussão útil sobre a tipologia de Jung em relação a vários filósofos é a de King (1999).

de confiança básica no começo da vida leva à crença de que a vida não é segura. Há graus de sucesso nesse estágio desenvolvimental que afetam a extensão de nossa confiança de que a vida proverá aquilo que é necessário. Sem essa confiança, tendemos ao desespero, um estado mental que tende a surgir durante períodos de perda ou estresse, quando é difícil manter a esperança. Embora o desespero seja obviamente uma crise psicológica, também leva a uma crise de fé e levanta questões espirituais profundas.

Kierkegaard acreditava que existir como um sujeito autoconsciente, reflexivo, é inevitavelmente desesperar-se, pois sentimos nossa impermanência e insignificância diante da realidade. Devemos, então, tentar viver em desespero ou dar o salto de fé, uma vez que não há motivos racionais para a crença religiosa. Mesmo que ele tivesse uma poderosa função de pensamento, sabia que isso tinha de ser sacrificado, de tal maneira que falou sobre a "crucificação da compreensão" como uma forma de alcançar a fé. Kierkegaard tentou usar seu intelecto para impedir seus sentimentos desordenados, mas sem muito sucesso (Dru, 1959). Em seus diários, Kierkegaard parece um personagem depressivo, um homem que achava a vida difícil. O filósofo observa que: "Desde minha mais tenra infância uma farpa de tristeza havia se alojado em meu coração [...] se for removida, morrerei" (Rhode, 1990, p. 23). Ele é silente sobre sua mãe, porém descreve seu pai como dominador, melancólico, severo, taciturno e opressivamente religioso. A preocupação de seu pai com a culpa e com uma forma funesta de cristianismo exerceram uma poderosa influência sobre Kierkegaard. Seu pai o fez "tão infeliz quanto possível de todas as formas, [tornando sua] juventude um tormento sem par" (Rhode, 1990, p. 29). Kierkegaard descreveu um "espinho na carne" que o impedia de se relacionar com a vida e o sujeitava à consciência do pecado e da culpa. Em seus diários, escreve que sempre era "rapidamente exposto a um sofrimento ou outro, beirando a loucura" (Hong & Hong, 1976, p. 105).

Do ponto de vista psicanalítico da psicologia do si-mesmo, parece que a melancolia crônica de Kierkegaard estava relacionada às respostas constantemente debilitantes e infelizes de seus auto-objetos infantis. Ele interiorizava e se identificava com o pai deprimido, que amava profundamente, talvez, como um modo de se conectar a ele. A incerteza de Kierkegaard sobre a vida o feriu severamente; torturava-se, assim como foi emocionalmente torturado por seus auto-objetos. Voltou-se ao divino para suprir um auto-objeto constante, ou como uma figura de apego confiável, presumivelmente porque seus auto-objetos humanos se mostraram dolorosamente não confiáveis. Por que ou como fez essa virada permanece um mistério, mas sem ela o sentimento de desilusão e desespero do filósofo em relação ao mundo teria sido devastador. Kierkegaard, portanto, lidou filosófica e espiritualmente com seu sentimento de que a vida podia ser fútil ou sem sentido. Desse modo, foi capaz de afirmar o valor da vida em vez de se entregar ao desespero. Considerar sua virada para a fé um ato defensivo ou o resultado de um chamado do próprio divino é, em grande medida, uma questão de opinião.

Kierkegaard decidiu que o salto de fé também requeria uma decisão de renunciar ao mundo e romper todos os vínculos, especialmente aqueles mais apreciados. Para ele, somente a pessoa isolada era a fonte de escolha autêntica. Suspeito que essa atitude um tanto esquizoide resultasse da sensação de que a dependência com relação aos outros fosse perigosa porque era potencialmente muito dolorida. Ele também rejeitava a Igreja estabelecida, que não considerava honesta nem verdadeiramente cristã. A fim de se sentir seguro, teve de se voltar para o mundo interior, que lhe permitia focar sua experiência subjetiva do divino – a segurança de um objeto interno que é absolutamente confiável. Para Kierkegaard, a verdade subjetiva é mais importante do que a verdade objetiva. Em suas palavras: "a coisa é encontrar uma verdade que é verdadeira para mim, encontrar a ideia pela qual posso viver e morrer" (Dru, 1959, p. 15).

Se um Kierkegaard atual fosse à terapia, os terapeutas poderiam ver sua espiritualidade e a dinâmica de sua personalidade como inextricavelmente conectadas. Conforme Guntrip (1969) indicou, o problema esquizoide envolve uma fuga da vida. A atitude de Kierkegaard parece ter sido de indiferença em relação aos outros, e de fé no Absoluto. O problema de desenvolver uma conexão segura e confiável com os terapeutas seria, portanto, muito importante, mas permitir a dependência com relação a um indivíduo seria difícil, se não aterradora para esse tipo de pessoa. Essa seria uma tarefa psicológica e espiritual, uma vez que uma espiritualidade que não inclui relações humanas é somente parcial.

A espiritualidade de Bertrand Russell

Fatores psicodinâmicos podem contribuir para o desenvolvimento do ateísmo? Bertrand Russell acreditava que a existência de Deus, embora não impossível, era tão improvável que não merecia ser considerada na prática.

Russell (1927) examinou e rejeitou sistematicamente todos os argumentos-padrão da existência de Deus no sentido cristão. Ele concluiu que as pessoas acreditavam na religião por medo da morte e do misterioso. A despeito disso, dificilmente podemos dizer que Russell não tinha espiritualidade; no início de sua autobiografia, publicada aos 87 anos, falou das enormes paixões que governavam sua vida como "o anseio por amor, a busca por conhecimento e a intolerável piedade pelo sofrimento da humanidade" (1971, p. 13). Ele escreveu que sua busca se destinava a trazer êxtase, aliviar a solidão e prefigurar a visão que santos e poetas tinham do céu. Queria revelar os corações dos humanos, explicar a luz das estrelas e apreender como o número (a matemática) "predomina sobre o fluxo" (1971, p. 13). Aqui, vemos sua função de pensamento superior tentando lidar com sua tumultuosa vida emocional. Em uma extraordinária compreensão da unidade da humanidade, a piedade surgiu nele porque "ecos do sofrimento reverberam em meu ser, crianças com fome, vítimas torturadas [...]. Anseio por aliviar o mal, mas não posso, e também sofro" (1971, p. 13). Ele acreditava na bondade assim como no pensamento claro e queria "fazer o que fosse possível para criar um mundo mais feliz" (1971, p. 220). Tinha "sentimentos semimísticos sobre beleza [...] e com um desejo quase tão profundo como o de Buda de encontrar alguma filosofia que fizesse a vida humana suportável" (1971, p. 146). De um homem que se recusava a aceitar a imagem cristã de Deus, esses são sentimentos profundamente espirituais, que ele viveu plenamente como um crítico social e ativista no movimento internacional de desarmamento nuclear.

Vários fatores desenvolvimentais contribuíram para seu ativismo social e sua rejeição a uma imagem de Deus benevolente. Russell perdeu a mãe aos dois anos e o pai oito meses depois. Não se lembrava deles, porém descobriu que foram livres-pensadores radicais e ardentes reformadores sociais, o que dizia um pouco sobre a personalidade do próprio filósofo. Aparentemente, identificava-se com o que ouviu de seus pais. Foi criado pelos avós e também se identificava bastante com seus valores. Seu avô, que morreu quando Russell tinha seis anos, acreditava no progresso humano e no fim da guerra. A avó, influência mais importante, era humanitária e indiferente a opiniões sociais, embora, a despeito de sua afeição pelo neto, fosse uma pessoa difícil – austera, cáustica e puritana, com um humor que era "cheio de hostilidade" (Russell, 1971, p. 20). Ele recorda que ela o tornou extraordinariamente suscetível a um sentido de pecado, de modo que "muitas de [suas] memórias iniciais mais vívidas são de humilhação" (Russell, 1971, p. 26). Havia sido uma criança solitária, passando muitas horas no jardim da casa de seus avós:

> A parte mais vívida de minha existência foi solitária [...]. Ao longo de minha infância tive um sentimento crescente de solidão, e de desespero para encontrar alguém com quem pudesse conversar. A natureza, os livros e [mais tarde] a matemática me salvaram do completo desespero (1971, p. 30).

Particularmente na adolescência, o sofrimento da solidão o atormentou, e ele não conseguiu mitigar seu vazio e seus anseios emocionais. Russell era uma pessoa profundamente deprimida, muito por causa das perdas iniciais agravadas por um ambiente de auto-objeto apático. Muitas vezes contemplou o suicídio e foi salvo apenas por sua paixão pela matemática. Era também temeroso e sujeito a violentos pesadelos nos quais era assassinado, "usualmente por um lunático" (Russell, 1971, p. 85). Ao que tudo indica, esses sonhos refletem a qualidade patogênica de suas relações iniciais. Podemos apenas especular sobre até que ponto esse ambiente infantil severo contribuiu para a preocupação com a justiça social que o acompanhou durante sua vida. Era como se ele projetasse a tristeza interna no mundo, e trabalhasse nisso para aliviá-la – um exemplo de como as estruturas psicológicas de uma pessoa podem influenciar radicalmente sua filosofia de vida. Sua tristeza por si próprio não era diferente de sua tristeza pelo mundo. Ele exibia um poderoso sentimento de que a pessoa não é separada do mundo. Todavia, sua espiritualidade não era a de aceitar passivamente o sofrimento; em vez disso, transformou a tragédia pessoal na tarefa de ajudar outras pessoas. Assim como não sabemos a origem da virada para o divino de Kierkegaard, não sabemos a origem da virada de Russell para o ativismo social – esse é um mistério irredutível, parte do destino inescrutável do indivíduo, mas é uma afirmação profundamente espiritual do valor da vida.

Matemática e lógica eram emocional e intelectualmente importantes para Russell. A matemática era o antídoto para a insegurança e a morte. Ele escreveu que o propósito da matemática era superar seu "terrível sentimento de impotência, de fraqueza, de exílio em meio a poderes hostis" (Russell, 1959, p. 211). O filósofo inclusive esperava que a matemática ajudasse a resolver vários problemas humanos quando aplicada a outras ciências. Acho que sentia, talvez inconscientemente, que o que perdera na infância era irreversível e jamais poderia ser recuperado; encontrando, assim, uma alternativa para se fortalecer. Na ausência de relações humanas adequadas, usou a matemática, a lógica e o pensamento soberbo para se aliviar e se confortar, manter sua autoestima e dar sentido à sua vida. A lógica foi um modo de lidar com seus sentimentos caóticos, um modo de chegar à certeza em um mundo incerto. Como as relações pessoais o haviam decepcionado em uma idade tão vulnerável, ele buscou por uma verdade impessoal que o ancorava, sem risco de ser traído pela perda ou pelo abandono – por isso, sua espiritualidade impessoal. Por exemplo, acreditava-se que a melhor forma de superar o medo da morte era "tornar seus interesses cada vez maiores e mais impessoais, até que pouco a pouco as paredes do ego cedessem e sua vida se tornasse cada vez mais fundida na vida universal" (Russell, 1956, p. 52). Uma vez mais, esses são sentimentos profundamente espirituais.

Russell rejeita a imagem cristã de Deus em parte porque é muito relacional e muito pessoal, talvez muito evocativa de sua função de sentimento inferior. Em uma passagem profundamente perturbadora de sua autobiografia, diz: "Estou consciente de que a afeição humana está para mim no fundo de uma tentativa de escapar da busca vã por Deus" (1971, p. 38). Isso significa que, para ele, a afeição humana e a busca por Deus eram fúteis – presumivelmente porque não se sentia seguro em depender de alguém. Dada a não confiabilidade de seus primeiros cuidadores, dificilmente poderia se esperar que confiasse em qualquer tipo de relação, fosse com uma pessoa, fosse com Deus. Na verdade, os casos amorosos e casamentos de Russell não duraram muito; durante a maior parte de sua vida, ele não pôde encontrar o amor de que necessitava para supri-lo completamente, embora o seu quarto casamento aos 80 anos tenha sido feliz, sugerindo que sua capacidade relacional havia finalmente amadurecido. Ele não podia se voltar a um Deus pessoal porque não podia se permitir acreditar em algo para o qual não tivesse modelo de relação, experiência pessoal e prova lógica. Em vez disso, voltou-se para a segurança abstrata da matemática e da filosofia.

O antigo objetivo de Russell era descobrir se, e até que ponto, o conhecimento é possível. "Há uma grande questão", escreveu à Lady Ottoline Morrell em 1911: "Os entes humanos podem conhecer alguma coisa, e se podem, o que e como? Essa questão é realmente a mais essencialmente filosófica de todas" (Slater, 1994, p. 67). Aqui, somos lembrados da sugestão de Arieti de que algumas pessoas cronicamente deprimidas são assombradas ao longo da vida pela busca de um objetivo dominante que é onipresente, determinando suas ações. Esse propósito transcendente, que pode ser grandioso, pode se tornar uma fonte de depressão quando a pessoa se apercebe de que é inatingível. Arieti acreditava que esse objetivo representa uma busca por amor; inconscientemente, a pessoa sente que se tornará digna de amor somente se for bem-sucedida em atingi-lo. "Muitas vezes, em um nível consciente também, a busca pelo objetivo dominante coincide com a busca pelo amor perfeito" (Arieti & Bemporad, 1980, p. 141).

Se uma pessoa com a dinâmica de Russell estivesse em psicoterapia, duvido que a forma de sua espiritualidade mudasse, mesmo que a intensidade de sua dinâmica depressiva pudesse ser aliviada. Em princípio, seu vazio interno doloroso poderia ser melhorado por meio de uma relação terapêutica que desenvolvesse a estrutura interna. Contudo, seu temperamento – ele era provavelmente um pensador intuitivo – ditaria que ele seguisse um caminho de *Jnana Yoga*, uma abordagem do divino por meio do conhecimento, ceticismo e investigação[87]. Essas pessoas tendem a ter uma imagem impessoal de Deus. É irrealista imaginar que uma pessoa com a história desenvolvimental e temperamental de Russell seria atraída pela imagem cristã de Deus. Além de aliviar seu sofrimento emocional, a psicoterapia poderia se tornar a direção espiritual quando ele descobrisse que sua busca pela verdade era uma forma de prática espiritual. Os terapeutas poderiam ajudar Russell a ver que sua espiritualidade estava de acordo com sua natureza. Eles validariam sua espiritualidade como manifesta em seu pensamento e seu ativismo social, que era tão claramente uma expressão de amor quanto de prática devocional. A meu ver, Russell era um homem profundamente espiritual, tão preocupado com o destino da humanidade diante da injustiça social e da ameaça de guerra nuclear que se submeteu à prisão duas vezes por expressar essas crenças, a segunda vez aos 89 anos. Esse comportamento demonstra que não há lacuna (cartesiana) entre a alma e o mundo, entre a vocação de uma pessoa e a sua realização na ação.

Em vista de sua vida espiritual intensa, mas individualizada, é trágico e irônico que, devido à má-compreensão ou franco preconceito de alguns religiosos tradicionais, Russell fosse muitas vezes condenado por ser "irreligioso". Por exemplo, no final da década de 1930, uma oferta para Russell

---

87. O Indicador de Tipo Myers-Briggs se referiria ao temperamento de Russell como INTJ.

lecionar no City College de Nova York foi revogada após um grande número de protestos públicos. Uma decisão judicial de 1940 o declarou "moralmente inapropriado" para ensinar na instituição. De acordo com o julgamento, ele não só era um pacifista como era considerado um inimigo da religião e da moralidade. Suas opiniões sobre a natureza repressiva da sexualidade contemporânea (acreditava em sexualidade fora do casamento e no valor da masturbação) eram consideradas libertárias demais[88]. Esse preconceito tem sido com frequência o destino de pessoas com uma espiritualidade única e que não se conformam às expectativas tradicionais. Por vezes, a sociedade em geral não aceitava que a espiritualidade dessas pessoas fosse diferente, e, de tempos em tempos, estas foram vítimas de religiosos que não toleravam qualquer questionamento de suas crenças. Em uma situação assim, as respostas validadoras de terapeutas afirmariam a experiência do paciente em relação à sua própria visão espiritual particular. Se chamamos isso de psicoterapia ou direção espiritual é apenas uma diferença semântica. Em cada caso, a psicoterapia seria útil somente se os terapeutas pusessem de lado todas as preferências espirituais pessoais. Os terapeutas são, no máximo, catalisadores para um processo natural. Sentimos isso acontecendo quando a pessoa descobre uma espiritualidade que expressa sua capacidade para amar e se relacionar, que pode assumir muitas formas. Em Russell, o amor era expresso como um sentimento intenso de justiça social e um deleite na filosofia analítica. Os terapeutas que encontram em si esse amor o expressam ajudando a pessoa a encontrar e expressar amor do seu modo, não necessariamente de acordo com algum credo preexistente.

A importância espiritual do espelhamento

A importância de espelhar o estado afetivo da criança é agora bem reconhecida. Contudo, a relevância espiritual dessa necessidade é bem menos reconhecida. Espelhar uma criança significa respondê-la de uma forma sintonizada com sua vida emocional e seu sentimento de valor e autoestima. Idealmente, a criança sente alegria em sua vivacidade e contato com o mundo, prazer na experiência do corpo e um sentimento de orgulho em suas realizações. Essas emoções devem receber uma resposta adequada para que a criança seja capaz de reivindicá-las como legítimas. Para isso, Kohut acredita que a criança necessita ser o "brilho no olho da mãe", sentir-se

---

88. *Marriage and morals* (1929/1970), de Russell, foi um foco central dessa decisão.

importante para os outros e ser vista como ela realmente é. Para Kohut (1984), essa necessidade surge do grandioso si-mesmo da criança. De uma perspectiva arquetípica ou espiritual, a fonte do si-mesmo grandioso da criança – seu sentimento de valor e importância – é o Si-mesmo, a criança divina, a criança de Deus dentro da psique. Esse nível é uma presença numinosa interna. No momento em que as necessidades de espelhamento não são satisfeitas, o resultado é uma pessoa emocionalmente desprovida, com uma urgência de encontrar um auto-objeto responsivo. Quando a noção de criança divina não é identificada durante a infância, o sujeito fica privado da conexão com o Si-mesmo; o divino passa a ocupar outro lugar. De um ponto de vista humano, a personalidade ávida por espelho necessita de uma fonte contínua de apoio externo para sua autoestima, que é algo frágil. De um ponto de vista espiritual, quando espelhamos uma pessoa assim, estamos, na verdade, reconhecendo o Si-mesmo, a essência divina na personalidade.

É desnecessário dizer que, para muitas pessoas, o divino é considerado um auto-objeto refletor constante – um Ente que é consciente da própria existência. Como os salmistas dizem: "o Senhor escuta, quando eu chamo por Ele" (Sl 4,4). A dimensão espiritual da tarefa dos terapeutas é testemunhar a divindade no paciente com quem ele trabalha. Compreende-se que o espelhamento com frequência envolve somente níveis pessoais da mente, mas terapeutas espiritualmente orientados podem, ao mesmo tempo, manter uma consciência de que o Si-mesmo é também espelhado quando a vida interior da pessoa é considerada de forma séria e tratada com respeito. Aqui, reside um nível profundo da importância da empatia. Suspeito que uma variedade de ateísmo surge da falha inicial desse processo, levando ao sentimento acre de que não há alguém que realmente se importa.

Instituições religiosas tiram vantagem da necessidade humana de ser espelhada em uma variedade de formas. Elas asseguram aos seus adeptos que eles são vistos e valorizados por Deus e que serão recompensados pelo bom comportamento, ao mesmo tempo que a instituição define a natureza desse comportamento. A necessidade de sermos espelhados, portanto, fornece um ímpeto para aquiescência às regras da instituição. Algumas das pessoas que regularmente frequentam igrejas e sinagogas não são simplesmente motivadas pela urgência de cultuar; necessitam de respostas afirmativas do restante da congregação e da experiência geminada de ser como os outros. Confissão e arrependimento não só permitem algum alívio da culpa, como também um sentimento de aceitação pelo divino; diz-se que esses processos afirmam o valor básico da pessoa aos olhos de Deus. Se não podemos nos valorizar e nos aceitar, é um alívio sentir que o bom comportamento nos torna aceitáveis a Deus. É um alívio aos religiosos sobrecarregados pela culpa ouvirem que "quem escuta minha palavra [...] não é condenado" (Jo 5,24). O problema é que ler isso em um texto pode não ter o poder da experiência de sermos valorizados e aceitos pelos outros.

Outra função importante dos terapeutas é espelharem a verdadeira vocação da pessoa. Um componente bem conhecido do período da meia-idade é a tristeza que resulta da dedicação de toda uma vida a uma carreira útil em vez da descoberta de uma vocação. No início, isso soa como um problema puramente secular; mas, embora possam ser sobrepostos, uma vocação não é o mesmo que uma carreira. Podemos nos preparar para uma carreira sem muita paixão. Uma verdadeira vocação pode ser vista como parte do destino da pessoa. Jung sugere que a personalidade "sempre supõe designação [...]. Esta designação age como se fosse uma lei de Deus, da qual não é possível esquivar-se" (OC 17, § 300). Essa voz interna é muitas vezes abafada e difícil de ouvir devido a camadas da insistência social e familiar em seguir um caminho convencional na vida. A vivência dessa vocação baseia-se na fé que surge da percepção subjetiva de uma verdade que sabemos que temos de seguir – o que Jung chamava de "fidelidade à sua própria lei" (OC 17, § 295). Isso pode ser considerado parte de um projeto para o desenvolvimento da personalidade, e não meramente um resultado da interação fortuita de genes e do ambiente. Nas palavras de Jung: "personalidade é Tao", ou seja, há um "caminho por descobrir" que é como "um curso de água que se movimenta inexoravelmente para a meta final" (OC 17, § 323).

É uma tarefa espiritual importante auxiliar na descoberta desse nível da alma. Com certeza, os terapeutas têm de ser conscientes da possibilidade de inflação; a vocação é encontrada em personagens como Hitler e Gandhi, e é um traço comum de estados ilusórios paranoides. Contudo, é possível distinguir entre uma necessidade narcisista de ser dominante e um seguir autêntico do impulso do Si-mesmo. A primeira é uma defesa, uma tentativa de restituição de uma sensação do si-mesmo enfraquecida, guiada por sentimentos de vulnerabilidade e vergonha, e não leva em conta responsabilidades sociais e necessidades dos outros. Uma verdadeira vocação parece uma estrela-guia, uma tarefa devocional que atua como uma fonte interna de criatividade e paixão. Não leva a sentimentos messiânicos de eleição e privilégios especiais.

As dimensões espirituais da idealização

De acordo com Kohut, a necessidade de idealizar surge porque a criança necessita de um adulto que pareça forte e sábio, capaz de acalmá-la quando está em sofrimento. A sincronia psicológica com esse adulto é capaz de atenuar o estado de angústia. Uma figura assim, com frequência, mas não necessariamente um dos pais, também fornece um senso de direção, objetivos e valores. Quando nenhuma figura assim está disponível na infância, quando ninguém parece ser a fonte da perfeição necessária, o indivíduo cresce ávido por encontrar uma pessoa com esses atributos, e pode entrar na psicoterapia predisposto a ver os terapeutas sob uma luz idealizadora. A resposta dos terapeutas a uma transferência desse tipo depende de sua orientação terapêutica. Para algumas escolas de pensamento, a idealização dos terapeutas é uma defesa contra inveja ou hostilidade; enquanto para outros, um desvio regressivo de uma transferência edípica. A posição de Kohut é que a idealização é uma necessidade desenvolvimental inicial e primária. Quando nenhuma figura idealizável está disponível na infância, ao longo da vida a pessoa tenderá a se vincular a qualquer pessoa que pareça fornecer a força, a calma e o senso de ordem necessários. A figura idealizada passa a ser reverenciada e vista como maior do que a vida, enquanto seus defeitos não são vistos.

O resultado pode ser a idealização de uma figura indigna tal qual um líder de uma facção ou um ditador como Hitler. Políticos e outras celebridades são comumente idealizadas em nossa cultura. De um ponto de vista arquetípico, a necessidade de idealizar é uma busca pelo Si-mesmo projetado na pessoa idealizada; ela se torna uma figura divina, todo-poderosa e completamente confiável. Para os teístas, Deus é a figura idealizável suprema. Como os salmistas dizem: "Não temo as multidões do povo / que posição contra mim de todos os lados" (Sl 3,7). Sentir-se parte dessa grandeza apazigua uma pessoa e afirma sua importância, especialmente se ela sente que tem uma relação especial com Deus ou uma compreensão especial dos desejos de Deus, que é aparentemente o caso de alguns pregadores. Nesse estado de ânimo, podemos justificar todos os tipos de comportamento bestial com uma clara consciência, contanto que tenhamos a ilusão de estarmos fazendo a vontade de Deus. Essas fantasias são perigosas entre pessoas cuja violência se incorpora à sua espiritualidade.

Fundamentalistas de todas as tradições religiosas com frequência carecem das estruturas internas que lhes forneceriam objetivos e valores pessoais. Consequentemente, para evitar a turbulência psicológica, eles necessitam de um conjunto externo de regras e regulações claras como aquelas fornecidas por um texto sagrado ou por sua superestrutura teológica. Uma versão desse problema é encontrada naquelas pessoas que buscam controlar o comportamento de outras em uma tentativa de regular vicariamente os próprios impulsos. Aquiescência a um conjunto de padrões e regras preordenados que são considerados divinamente estabelecidos diminui a necessidade de tomada de decisão pessoal e dá uma ilusão de certeza. Esse consentimento requer um estreitamento da percepção da realidade que a pessoa tem e simplifica demasiadamente sua compreensão da natureza humana e da complexidade das relações humanas.

Quando trabalhamos terapeuticamente com um fundamentalista religioso, temos de ter em mente uma variedade de restrições sobre a pessoa. Não podemos supor que ela pense independentemente, se isso questionar as crenças de sua tradição. Pertencer a um sistema rígido exige submissão a um conjunto de doutrinas e a uma liderança autoritária, de modo que o ressentimento é quase inevitável, mas usualmente considerado pecaminoso. A imagem de Deus dos fundamentalistas costuma ser exigente, punitiva ou sádica e, às vezes, busca restringir o prazer (especialmente o sexual) dentro de limites prescritos. Essa imagem divina odeia aspectos sombrios da personalidade da pessoa, como ganância ou violência, de modo que esses problemas tendem a ser projetados em outros grupos.

Tipicamente, pessoas que aderem a cultos com líderes carismáticos estão buscando uma figura idealizável que parece oferecer um senso de direção e propósito na vida. Grupos religiosos são atrativos a adolescentes buscando por uma identidade, a pessoas em um momento de transição importante em suas vidas, ou aos indivíduos em busca de recriar a experiência de uma estrutura familiar, talvez em uma tentativa de suprir as necessidades emocionais que não estavam presentes em suas famílias de origem (Jacobs, 1989). Contudo, as exigências de muitos cultos se tornam excessivas, de modo que seus integrantes ficam divididos entre lealdade ao grupo e relações externas. Devido ao desapontamento com o grupo ou seus líderes, mais de 90% das pessoas que aderem a grupos religiosos os abandonam em dois anos (Levine, 1986). Alguns grupos cúlticos são perigosos e levam a danos psicológicos, sobretudo quando integrantes experienciam raiva e vergonha ao serem enganados. Sentem-se, assim, traídos por seus líderes religiosos, além do sentimento de culpa pelo tempo e pelo dinheiro investido no culto. Por um tempo, ex-integrantes de cultos podem duvidar do próprio julgamento e se tornarem desconfiados e cínicos sobre a espiritualidade em geral. A despeito de tudo isso, muitas pessoas que deixam grupos destrutivos dizem que a experiência produziu um benefício maturacional ao forçá-las a enfrentar o desafio (Vaughan, 1987). Deikman (1996) fornece uma revisão útil do tratamento psicoterápico de ex-integrantes de cultos.

Embora a pessoa esteja emocionalmente contida pelo grupo, os líderes idealizados do culto dão "respostas" e direção, e parecem ser uma fonte de força e inspiração. Os líderes se tornam uma substituição para os pais desejados, oferecendo amor, disciplina e orientação espiritual. Em troca dessas provisões, é exigida a subordinação inquestionável. Diversas comunidades religiosas prometem a seus seguidores um efeito transformador sobre sua sensação do si-mesmo, enquanto outras também prometem a transformação do mundo. Kakar (2003) indicou que muitos adeptos de gurus religiosos idealizam esses instrutores porque estão buscando algum tipo de cura emocional, não simplesmente desenvolvimento espiritual; Rajneesh, por exemplo, prometeu explicitamente a seus seguidores: "Serei parte de seu processo de cura" (Rajneesh, 1979, p. 238)[89]. Embora obviamente excêntrico e extravagante, era visto como um líder iluminado que estava criando uma nova ordem mundial. Seus adeptos acreditavam se aproximar do transcendental por meio da silente comunicação pessoal com ele (Clarke, 1985). A entrega completa a Rajneesh era exigida para esse propósito. Esse movimento era supostamente terapêutico, levando à autotransformação, com a intenção deliberada de facilitar uma fusão psicológica entre Rajneesh e seus adeptos (Rajneesh, 1985). Terapeutas e outros líderes na comunidade estimularam uma transferência massivamente idealizada para Rajneesh, que era visto como um mestre onipotente e perfeito. Seus adeptos eram encorajados a se tornarem parte de sua perfeição. Todavia, a relação era completamente unilateral. Diferentemente da situação em psicoterapia, os adeptos não têm a oportunidade de resolver uma relação idealizada com o guru e, assim, são propensos a uma desidealização traumática quando descobrem a sombra do guru. Em contraste, na psicoterapia, os terapeutas

---

89. Contudo, o grau de manipulação de seus seguidores terminou ficando claro. O grupo se degenerou na violência, abuso de drogas e fantasias paranoides até que fosse dissolvido pelo governo dos Estados Unidos. A história é contada em FitzGerald (1986).

são gradualmente desidealizados como um resultado de rupturas e falhas na relação que são reparadas e explicadas. Essa desidealização evita que a relação se torne viciante. Entretanto, se os gurus nunca se permitem parecer imperfeitos e nunca são humanizados, a idealização dos seguidores jamais poderá ser compreendida ou interpretada, tornando-se assim interminável. Esse fenômeno não está confinado a gurus orientais; também é visto na devoção de cristãos evangélicos aos seus pregadores.

Há muitos perigos aos aspirantes que idealizam instrutores espirituais inescrupulosos ou não desenvolvidos. Os adeptos abrem mão da capacidade de discriminação pessoal e podem perder o contato com um sentimento do divino, que é então projetado nos instrutores. Tornam-se vulneráveis à manipulação pela sombra dos instrutores ou pregadores. Contudo, há benefícios; às custas da autonomia pessoal, a devoção total a gurus reverenciados permite a liberação de preocupações e um sentimento de libertação. Ao pertencer a um grupo excepcional e ter uma relação com uma figura especial, a pessoa se sente importante, talvez (secretamente) espiritualmente superior, o que aumenta sua autoestima. Não é inusual que os adeptos sejam abusados nesses grupos, mas isso é com frequência racionalizado como algo necessário para o desenvolvimento espiritual. Uma transferência idealizadora é tão poderosa que mesmo o comportamento ultrajante dos líderes é racionalizado e considerado proveniente de sua consciência espiritual superior.

Ao mesmo tempo que o líder do culto é idealizado, desenvolvem-se fortes vínculos com outros integrantes, que oferecem apoio e espelhamento. Ser parte de um grupo coeso permite uma experiência geminada, a sensação de sermos como os outros e não um estranho. Pertencer a um conjunto de pessoas sustenta a sensação do si-mesmo. Contudo, integrantes de uma comunidade religiosa com líderes carismáticos em geral sentem que esses líderes estão muito acima dos mortais comuns para que possam remotamente se comparar a eles.

Jung (1928b) se referia às pessoas carismáticas como sacerdotes, curandeiros ou gurus, como personalidades-*maná*, pessoas aparentemente dotadas de uma qualidade enfeitiçadora, conhecimento mágico ou poder espiritual que aparecem em todas as culturas. *Maná* é um termo polinésio para uma força sobrenatural, que é na verdade o poder do inconsciente projetado em uma figura heroica ou ente divino que se identifica com esse poder e, por isso, sente-se especial. Uma pessoa carismática, de acordo com Kohut (1978), idealiza-se. Ela o faz, por exemplo, quando sua mãe, que, inicialmente a adorava e a idealizava enquanto criança, deixa de admirá-la. A criança, então, tem de afirmar a própria perfeição, usando a admiração de outras pessoas para manter sua autoestima. Subjetivamente, ela vê o mundo como uma extensão de seu grandioso si-mesmo. Sente que o mundo gira à sua volta, e exige o controle de seus seguidores sem consideração por sua independência. Como pessoas carismáticas muitas vezes carecem de empatia, não têm noção da vulnerabilidade dos indivíduos à sua volta e não podem reconhecer a própria vulnerabilidade, tampouco qualquer necessidade de se aproximar genuinamente dos outros. Elas estão interessadas apenas em seus ideais. Algumas delas se apercebem de que derivam sua autoestima de uma posição elevada de *status* ou autoridade, mas, ao mesmo tempo, por dentro se sentem impostoras, preenchendo seu mundo interior vazio com outras realizações. Quando são gurus, consideram-se estar em harmonia com Deus, de modo que devem parecer líderes perfeitos para aqueles que buscam uma nova vida ou que estão em meio a uma crise de fé.

Uma pessoa que foi privada de amor na infância pode se sentir poderosamente atraída por instrutores espirituais carismáticos, que prometem amor incondicional. Uma transferência intensa, idealizadora, é estimulada quando a aspirante é encorajada a meditar sobre os instrutores como uma forma do divino ou como alguém que pode transmitir energia espiritual. Os gurus pedem a devoção da pessoa, que eles afirmam merecer em função de seu nível especial de realização. No processo, seus seguidores apoiam a necessidade infantil intensa dos líderes de se sentirem especiais, enquanto tiram força de sua fusão com sua aparente grandeza. Se os líderes são políticos, a mesma dinâmica idealizadora ocorre na mente de seus admiradores, para quem os políticos parecem ter as respostas a vários problemas sociais. Como a pessoa carismática e o grupo que a segue não são inteiramente diferenciados psicologicamente entre si, os seguidores pagam um preço alto por sua idealização – arriscam sacrificar seu processo de individuação e sua capacidade de discriminação e criatividade.

Todavia, vale acrescentar que não podemos considerar o fenômeno dos gurus como apenas uma transferência idealizadora; pois, para os afortunados em busca de respostas, a descoberta de instrutores verdadeiros pode ser o que Babb (1986) chama um "encontro redentor", que faz a vida valer a pena novamente. A palavra *guru* é um termo sânscrito com várias origens etimológicas, mas, em geral, significa aquela pessoa que remove a escuridão dos estudantes, ou aquela pessoa com muito conhecimento espiritual. Instrutores espirituais autênticos são pessoas de integridade e elevada realização espiritual que não é motivada por uma necessidade narcisista de autoenaltecimento e pela exploração de seus seguidores. Eles podem despertar os estudantes para um sentimento pessoal do divino ou para sua vocação interna, e oferecer orientações que poupam o tempo e lhes permitem evitar armadilhas conhecidas. Em algumas tradições, os gurus são a corporificação do amor divino, e a experiência desse amor sob a forma humana pode despertar uma conexão com o Si-mesmo dentro dos estudantes. A capacidade dos instrutores para inspirar e meditar sobre o amor divino pode ter um efeito curador poderoso. Então, a psicopatologia da pessoa – uma mãe negativa ou um pai complexo com baixa autoestima ou autodesprezo – poderia ser ativada por meio de um desenvolvimento espiritual importante. Contudo, a necessidade desse amor pode facilmente ser explorada, razão pela qual, em algumas culturas orientais tradicionais, os estudantes são encorajados a duvidar dos instrutores e, se necessário, passar anos testando-os. Solicita-se aos estudantes que confirmem a autenticidade dos ensinamentos com experiência pessoal e não pela confiança cega. Nesse caso, o desapontamento é muito menos provável.

No contexto terapêutico, a idealização dos terapeutas surge organicamente quando o paciente precisa compensar um processo de desenvolvimento frustrado. Nesse momento, é importante para os terapeutas permitirem a idealização pelo tempo que for, enquanto permanecem conscientes da necessidade de uma experiência do divino como a verdadeira fonte de idealização e que os terapeutas são somente ocupantes temporários ou pontos intermediários para essa experiência. É considerável que os terapeutas não se tornem inflacionados com a projeção idealizada, uma vez que essa ideia não lhes pertence. Pode-se imaginar, por exemplo, a idealização sendo enviada "para cima", lugar ao qual pertence, sem rejeitá-la. Gradualmente, quando as falhas e limitações dos terapeutas se tornam evidentes, a pessoa será capaz de relembrar sua projeção idealizada e os terapeutas serão vistos sob uma luz mais comum. Isso permite à pessoa desenvolver uma conexão com o divino de um modo não centrado em um indivíduo.

A idealização, tipicamente, faz os terapeutas se sentirem especiais, de modo que muitos gostam de trabalhar na presença dessas transferências. Ocorrem exceções quando foram proibidos de se sentirem especiais na infância, ou se foram invejados ou atacados ao expressarem autoimportância; nesse caso, sentem-se desconfortáveis em ser idealizados. Inversamente,

terapeutas que necessitam da idealização para apoiar sua sensação do si-
-mesmo podem tentar estimular uma transferência idealizadora, que é uma
forma de exploração análoga ao abuso por gurus descrita acima. Esse risco
é reduzido pela compreensão da psicologia de idealização e pelo trabalho
pessoal dos terapeutas em suas vulnerabilidades narcisistas.

O desenvolvimento de uma transferência idealizadora tende a predis-
por a pessoa a ver os terapeutas como uma fonte de autoridade espiritual.
Aqui, vale a pena lembrar a contribuição salutar de Freud a essa área. Em
vários de seus últimos trabalhos, vemos a preocupação em desmistificar e
desconstruir qualquer forma de autoridade absoluta ou opressiva, apercebendo-se de que a necessidade de autoridade torna as pessoas suscetíveis à
tirania. Freud via a necessidade humana de autoridade como o resultado da
vontade de encontrar alguém que controlará nossos desejos. Para ele, essa
necessidade se tornou uma das fontes do impulso religioso. Apercebeu-se
também de que no auge da transferência seus pacientes o viam como uma
autoridade porque ansiavam por amor perfeito e pela verdade irrefutável.
Freud (1927/1961) sugeriu que a noção de divina providência ou de um
Pai perfeito fornece apenas uma ilusão. Contudo, também identificou que
somos ambivalentes sobre a autoridade; gostamos da tranquilização que a
autoridade provê, mas nos ressentimos com a restrição de nossa liberdade,
e nos apercebemos de que sua verdade pura é também simplista demais
para ser sustentada. Essa atitude não é somente aplicável às autoridades sociais, como também é um aviso sobre pretensões de autoridade espiritual.

Encontrando o mal na psicoterapia

A sensação dos terapeutas de que estão na presença do mal se torna um
desafio considerável à espiritualidade deles[90]. Se estão comprometidos com
a tradição judaica ou cristã, podem ter uma ideia clara da natureza do mal
com base nos valores tradicionais e mandamentos bíblicos. Entretanto,
muitos terapeutas não comprometidos com essas tradições acham os absolutos da Bíblia rígidos demais para serem úteis à situação de determinado
paciente. Os comportamentos proibidos da Bíblia não são suficientemente
matizados e pertencem ao tempo em que ela foi escrita. Os psicoterapeutas
que não se comprometem a uma tradição religiosa específica não consi-

---

90. Para uma discussão geral sobre o mal de um ponto de vista da psicologia profunda, ver Corbett (1996, cap. 9; 2007, cap. 5).

deram o mau comportamento em termos de um código moral absoluto que dita a natureza exata do bem e do mal. Esses terapeutas, diante de uma situação humana complexa, não têm conhecimento objetivo, absoluto, sobre o que é certo. A avaliação deles de qualquer comportamento é sempre temperada pela compreensão de que fatores inconscientes guiam o comportamento, e esses não estão sob controle consciente.

Para muitos terapeutas, decidir que algo é mau é um julgamento humano baseado no que acreditamos que deveria estar acontecendo. Assim, encontram-se diante de um dilema quando um material que parece maligno surge na sala de terapia, uma vez que se sabe que o juízo de valor é antitético à boa terapia. O julgamento é também problemático porque é afetado por fatores na psicologia dos terapeutas; estamos sujeitos ao eterno problema de condenar nos outros aquilo que não podemos tolerar em nós. O juízo dos terapeutas surge quase involuntariamente diante de expressões de ódio e violência descontrolados, crueldade gratuita, concorrência impiedosa e narcisismo maligno ou sociopatia, o que produz uma grave falta de consideração pelos outros. Esses são os tipos de comportamento aos quais a palavra *mal* se refere aqui. Todos têm origens psicodinâmicas, desenvolvimentais e societais, que podem levar ao mal radical. Contudo, acredito que Rumi esteja correto quando nega a existência do mal absoluto ou metafísico ou do mal que é primário em vez de secundário à frustração, ao medo, às necessidades não satisfeitas, à dor etc. (Nicholson, 1950).

Como terapeutas, nossa resposta ao comportamento mau depende parcialmente de nossa habilidade em tolerá-lo, o que muitas vezes depende do quanto estamos expostos ao mal em nosso desenvolvimento. Por exemplo, muitos terapeutas são sensíveis a relatos de abuso infantil, sobretudo, quando foram afetados por essa violação em sua infância. Em um caso assim, é inevitável que o reservatório de sofrimento e raiva dos terapeutas seja ativado, levando a uma revulsão de contratransferência tão intensa que pode ser difícil ou impossível compreender empaticamente um abusador infantil.

A resposta dos terapeutas ao mal também depende de suas crenças sobre a possibilidade ou não de aceitar a presença dessa manifestação como uma parte integral da realidade última. Alguns terapeutas espiritualmente orientados podem concordar com a crença de Mestre Eckhart de que, se Deus é verdadeiramente infinito, tudo que existe, incluindo o mal, existe dentro dele. Essa é uma afirmação da unidade subjacente do mundo que pode ser encontrada em todas as tradições místicas. Aceitar que as coisas são do modo como deveriam ser, é evitar fazer julgamentos sobre a realidade no conhecimento de que há uma inteligência maior operando, apesar da condição do mundo. Se concordamos ou não com Eckhart, de algum modo temos de reconciliar nossa percepção de mal com a existência dessa inteligência. Não podemos insistir que a experiência do mal seja ilusória, porém podemos ter fé que existe uma dimensão espiritual sutil que mantém o sistema inteiro unido de um modo que podemos intuir, mas não articular. Dante chamou esse nível de realidade de o "amor que move as estrelas", enquanto outros acreditam que seja impessoal. Em cada caso, terapeutas espiritualmente orientados sentem que a realidade é ordenada e não aleatória. Alternativamente, os terapeutas ateístas, talvez com uma inclinação existencialista, podem negar qualquer base espiritual à realidade, contudo ainda insistir que a vida deve ser afirmada a despeito da presença do mal, o que deve simplesmente ser enfrentado e tratado.

A noção dos terapeutas sobre a origem do comportamento mau é importante para o modo como respondem a ele. Alguns terapeutas acreditam que o mal é inato e inevitável – a abordagem da semente ruim ou *Bebê de Rosemary*. Outros acreditam que, embora possamos nascer com potencial para o mal, fatores ambientais são necessários para evocá-lo. Nesse caso, o comportamento mau é o resultado de desastres desenvolvimentais na infância. É possível sugerir que o comportamento mau seja o resultado da crueldade e do abuso na infância, tornando o mal algo derivativo, corrompendo aquilo que era potencialmente bom. Miller (1990), por exemplo, acredita que a crueldade para com os outros representa uma vingança pela crueldade que nos fizeram quando crianças. O autor acredita que pessoas más foram usualmente abusadas em sua infância, levando a um estado crônico de raiva e de ódio. Esses sentimentos não podem ser contidos; devem ser exteriorizados para outras pessoas, que são forçadas a se sentir da forma que a pessoa má se sentiu quando criança. Ao ter poder absoluto sobre outros, por ser predadores em vez de presas, identificando-se com aqueles que a atormentaram, a pessoa má evita ter de experienciar novamente o terror e o desamparo com os quais cresceu.

Os terapeutas ocasionalmente ouvem sonhos que reforçam a visão de que o mal está enraizado no sofrimento, conforme no seguinte relato:

> Estava de pé em meu banheiro, quando, repentinamente, tive uma sensação terrível de medo. Fiquei paralisada com o que estava atrás de mim, porque sabia que era mau. Também sabia que

tinha de me virar e olhá-lo no olho. Fiquei com medo de me mover e não podia respirar. Finalmente, virei-me e vi um homem de cabelos escuros. Quando olhei em seus olhos, vi uma tristeza total. Meu medo se dissipou. O peso pesado em meu corpo foi suspenso. Fui envolvida por uma sensação profunda de paz.

Esse sonho indica claramente que o mal contém em si tristeza, embora seja discutível se essa tristeza é secundária a um nível primário de maldade e não a sua causa. Esse ponto não pode ser provado de um modo nem de outro; e, portanto, permanece uma questão de compromisso pessoal. É, contudo, difícil trabalhar terapeuticamente com o comportamento mau se acreditamos que ele seja inato. É mais fácil ser empático com o mal que acreditamos ser o resultado de dificuldades desenvolvimentais que tornam impossível para a pessoa controlar suas ações. Há, assim, esperança de que a terapia possa modificar a situação. Para esse propósito, é essencial compreender a pessoa o mais profundamente possível.

Pelas lentes psicodinâmicas, podemos pensar o comportamento mau como o resultado do desenvolvimento distorcido que leva a estruturas ou complexos intrapsíquicos que provocam sofrimento. Aqui, uso o termo *complexo* no sentido de Jung, como um tipo de subsistema na psique que consiste em um agregado de memórias, pensamentos, imagens, fantasias e emoções que formam algo como um centro subsidiário de consciência e mesmo uma subpersonalidade. O complexo sempre tem sua agenda e seu modo de satisfazer as próprias necessidades. Quando o complexo é negativo, dominado por sentimentos dolorosos, leva a um comportamento que pode ser totalmente inconsistente com o comportamento da personalidade mais ampla. Vale ressaltar que vemos o mundo e as outras pessoas através das lentes de nossos complexos, o que afeta nosso sistema de crenças. Somos atraídos por doutrinas religiosas (e políticas) que são consistentes com essas estruturas mentais internas.

Usando a linguagem junguiana, quando uma pessoa está tomada por sentimentos intensos, um complexo foi constelado (OC 2). A pessoa tomada por um complexo negativo se comporta de um modo mau porque está "possuída", ou temporariamente subjugada, e mais tarde exclama: "O que me aconteceu?" Sob circunstâncias comuns, o complexo pode ser isolado do resto da psique, como se existisse em um compartimento próprio, mas, quando ativado, pode assumir o controle e se tornar autônomo, por exemplo, produzindo uma explosão de raiva. Quando um complexo produz problemas como inveja, ódio e destrutividade, forma parte do lado sombrio da personalidade, aquela parte de nós que queríamos que não fosse assim. A psicologia profunda, portanto, não vê o mal em termos de uma entidade metafísica como o demônio; isso é competência da teologia. É mais psicologicamente factível pensar o mal em termos de complexos, descontrole da raiva, um objeto interno mau ou efeitos de um auto-objeto patogênico.

Com frequência, pacientes que procuram pela terapia estão lidando sem sucesso com um complexo, sem controlá-lo completamente. O complexo é muitas vezes total ou parcialmente inconsciente e é, assim, inacessível a bons conselhos, boas intenções e ensinamentos espirituais, razão pela qual estes falham. Por exemplo, quando a noite cai, uma pessoa que se sente só e com medo acha intolerável estar sozinho. Desesperada em tentar controlar seu pânico crescente, visita um bar tentando encontrar uma pessoa que a conforte; mas, toda vez que isso ocorre, termina tendo um encontro sexual impessoal. Seu ministro lhe diz, então, que esse comportamento é pecaminoso, julgamento que os terapeutas não fariam. Vemos esse sujeito como possuído por um complexo que produz uma ansiedade incontrolável. Ele não tem uma ideia consciente da origem desenvolvimental desse problema, que foi formado pelo abandono infantil repetido. Há muitas fontes similares a isso. Sabe-se bem que um indivíduo abusado na infância pode se identificar com seu agressor e se tornar um potencial abusador infantil. Também estamos sujeitos às experiências deslocadas, intoleráveis, de nossos pais, que internalizamos quando crianças. Essas experiências podem transmitir trauma de geração para geração, produzindo efeitos cumulativos nas crianças dessas famílias nas quais o trauma subsiste como um tipo de corpo estranho psicológico. Problemas assim compelem um comportamento incontrolável e insuficientemente compreendido, cujas origens estão separadas da consciência.

Para os terapeutas espiritualmente orientados, a noção do complexo é importante porque, no modelo de Jung, o complexo consiste de material tanto pessoal quanto transpessoal[91]. O nível humano do complexo é bem

---

91. No modelo de Jung, o arquétipo é "humanizado" pelos pais da pessoa; e, dependendo de seu comportamento, pode experienciar o lado luminoso ou escuro do arquétipo. Como o arquétipo é um princípio espiritual na alma, esse modelo leva à conclusão de que o comportamento mau pode ter fundamentos espirituais, o que Jung refere como o lado escuro do Si-mesmo. Algumas pessoas rejeitam essa noção uma vez que parece colocar bem e mal no mesmo nível. A preocupação é que se ambos são aspectos do Si-mesmo, há um risco de que o mal possa de algum modo ser justificado.

descrito por teorias personalistas como a teoria da relação de objetos, a psicologia psicanalítica do si-mesmo e a terapia cognitivo-comportamental. Dependendo da teoria preferida, pode ser dito que a concha humana do complexo consiste de privação, conflito, trauma inicial, problemas de apego, vida não vivida, necessidades de auto-objeto não satisfeitas e objetos internos patogênicos. No núcleo do complexo está um processo arquetípico, de modo que as dimensões pessoal e arquetípica estão inextricavelmente entremeadas.

Para colocar juntos os níveis arquetípico e humano, considere um homem com um poderoso complexo paterno. Ele experienciou o pai como dominador, controlador, autoritário, arbitrário e punitivo. No nível arquetípico, poderíamos usar as imagens mitológicas para descrever a situação; o pai era uma figura semelhante a Zeus, que exigia ser adorado e obedecido. É como se ele se identificasse com esse arquétipo, de modo que age como se fosse a própria lei, uma autoridade tirânica última que pune o filho severamente se for desobediente, assim como Zeus pune os mortais. Devido a esse complexo, o filho cresceu com medo da autoridade.

Outro pai era um tipo de Apolo, preocupado com a verdade, racionalidade, lógica e clareza. Ele inspirou o filho a ser compulsivamente limpo e perfeccionista, algo de que seu filho só pôde escapar quando passou a viver à sombra dionisíaca não vivida de seu pai – embriaguez e vício. Os níveis pessoais desses complexos podem ser explicados em termos de teorias psicanalíticas tradicionais. Ao mesmo tempo, é importante ver o nível arquetípico, porque isso nos permite compreender o extraordinário poder envolvente do complexo e sua importância espiritual. O pai arquetípico é um princípio espiritual na psique, refletido em muitas mitologias como uma deidade pai celestial, tal como o Yahweh bíblico. Os terapeutas se apercebem de que a pessoa com um complexo paterno assim está essencialmente lidando com energias transpessoais, o que os antigos chamariam de deus, diante do qual o ego é frágil. Isso coloca seu conflito em uma perspectiva maior do que seria possível se tivéssemos de descrevê-la em termos puramente personalistas.

Para ilustrar o poder de um complexo inconsciente como uma fonte de experiência religiosa, Jung utiliza a história bíblica de Hosea, um pio profeta hebreu que foi ordenado por Deus a se casar com uma prostituta (OC 11/1, § 32). A história é com frequência vista como uma metáfora para a relação entre Israel e Deus, mas Jung argumenta que o que parecia um comando divino aos profetas da Antiguidade, nós consideraríamos ser o resultado do estímulo de um complexo. Em outras palavras, quando trabalhamos com a vida emocional de uma pessoa, estamos, ao mesmo tempo, lidando com uma dimensão espiritualmente importante da psique. A dimensão arquetípica também é relevante porque uma renovação pode surgir desse nível e não apenas por meio da relação terapêutica.

Qual seria a reação dos terapeutas se fossem obrigados a trabalhar com uma mulher que matou seus filhos, ou que estivesse pensando em fazê-lo? O drama *Medeia*, de Eurípedes, conta essa história, descrevendo um dos crimes imagináveis mais terríveis. Medeia, a filha de Eetes, o rei da Cólquida, é uma bruxa que pode fazer magia para o bem e para o mal. Ela está apaixonada por Jasão, com quem fora casada por dez anos. Ambos vivem em Corinto, onde as pessoas temem os poderes mágicos e a impiedade de Medeia. Jasão deseja o divórcio para, assim, casar-se com a filha de Creonte, o rei de Corinto, por poder e riqueza. Oportunista e apático aos sentimentos alheios, ele racionaliza seu comportamento dizendo a esposa que deseja deixá-la pelo bem de seus filhos, uma vez que foram gestados por uma mãe bárbara (não grega) e, portanto, pela lei, não seriam considerados cidadãos. Na verdade, é óbvio que Medeia não lhe serve mais; e, para piorar, não só a trai, como considera a indignação dela um julgamento inadequado. Não há nenhum senso de gratidão por parte dele; Medeia trai o próprio pai para ajudar o marido a capturar o velocino de ouro; além disso, ela também havia assassinado Pélias, tio de Jasão, e desmembrado o irmão para ajudar o marido a fugir com o velocino de ouro. Ainda assim, não se sente culpado e simplesmente supõe que isso é o que ocorre quando mulheres como Medeia se apaixonam por homens tão grandiosos quanto ele. Afinal, ele partilhou com ela seu sucesso, e a apresentou às glórias da civilização grega. Por nossos padrões, um Jasão contemporâneo seria considerado uma personalidade severamente narcisista[92]. Como resultado da

---

92. Aqui, surge o problema de julgar outra cultura por meio de nossos padrões. Em sua discussão sobre *Medeia*, de Eurípides, Vellacott nos adverte para o preconceito de Jasão, que tinha "ambições inteiramente respeitáveis" pelos padrões contemporâneos (Vellacot, 1963, p. 8). Jasão sustentou os princípios que os gregos mais valorizavam: uma vida consistente, controlada e ordenada, em oposição ao que consideravam barbarismo. Contudo, temos de nos perguntar o que inicialmente atraiu Medeia a Jasão. Talvez, possamos compreender seu apelo a ela em termos do complexo paterno de Medeia, que a levou a ser atraída por homens poderosos e impiedosos. Seu pai, Eetes, foi o rei brutal de uma raça bárbara que era hostil a estrangeiros. Quando Jasão exigiu o velocino de ouro, Eetes lhe impôs tarefas impossíveis porque um oráculo lhe disse que morreria se o velocino fosse roubado. Ele o prometeu a Jasão, se este pudesse atre-

rejeição e da traição, Medeia fica severamente deprimida, chora constantemente e deseja pela morte. Ela não só foi abandonada, como perdeu sua segurança, sente-se envergonhada e rejeitada, e teme que as pessoas riam de sua situação. O que lhe resta, então, é a vingança. Embora esteja consciente de estar fazendo algo maligno, primeiro envenena o Rei Creonte e a futura noiva de Jasão; depois, para nosso horror, esfaqueia os filhos até a morte.

No nível arquetípico do complexo, Medeia representa o tipo de demônio feminino mítico que assassina crianças; ela é o arquétipo negativo da mãe, letal e devoradora. Neumann (1949) sugeriu que o medo de ser morto pela mãe, um tema encontrado em muitas mitologias, produz um nível mais profundo de ansiedade do que os medos descritos por Freud no complexo de Édipo. Talvez essa seja uma razão para essa história ter originado tantas versões desde a aurora da civilização europeia. Segundo Claus e Johnston (1997), a história de Medeia já era antiga e popular no século VIII a.C. Desde então, essa narrativa tem sido tema de incontáveis poetas, filósofos, artistas, peças, balés e óperas. De forma interessante, conforme Claus e Johnston (1997) indicam, Sófocles e Sêneca retratam Medeia de dois modos. Ela é uma bruxa, adepta a venenos herbais e cercada por cobras, uma sacerdotisa da deusa subterrânea Hécate, que rege a magia e o extraordinário. Todavia, também tinha um lado positivo; é uma donzela-ajudante e a fundadora das cidades. De acordo com uma versão do mito, após sua morte, casa-se com Aquiles nas abençoadas Planícies Elísias, que é a morada de almas privilegiadas. Ela é, portanto, uma figura complexa, não um tipo simples, e a combinação de seus traços contribui para o nosso interesse nessa personagem. Sabemos instintivamente que algo de Medeia se esconde na alma humana, não apenas em sua capacidade de fazer qualquer coisa por amor, revelando uma fúria assassina e a necessidade de vingança, mas também em nosso medo de estar entre estranhos.

Isso ainda nos deixa com o tema do infanticídio. Por que ela mata sua "rival" e depois os seus filhos? Há de fato um aspecto premeditado nisso; ela percebe que Jasão não ama a filha de Creonte, e não ficará magoado com sua perda. Na verdade, ele não expressa tristeza alguma com a morte da prometida esposa, todavia a morte dos filhos o magoará realmente,

---

lar os búfalos que exalavam fogo em um arado, semear um campo com os dentes de dragão, e matar os homens armados que proviessem dessa semeadura. A feitiçaria de Medeia foi decisiva para que Jasão cumprisse tais tarefas, mas Eetes não cumpriu com sua promessa.

de modo que, se Medeia quer vingança, ela terá de matá-los. Ao fazê-lo, fará com que Jasão experiencie a intensidade do sofrimento que ela sente. Ao mesmo tempo, há um autoflagelamento enquanto Medeia assassina os próprios filhos, de modo que se pune por seu crime, assim como pune o ex-marido. Ao menos, agora, ela não se sente uma vítima passiva. Eu destacaria sua vulnerabilidade narcisista; ela diz que pode suportar a culpa, por mais horrível que seja, porém não pode tolerar "o riso de [seus] inimigos" (Vellacott, 1963, p. 41).

Outro motivo é sugerido pela sensibilidade feminista de Eurípides. Mesmo antes da traição de Jasão, Eurípides retrata Medeia como agudamente consciente do *status* de segunda classe das mulheres na sociedade grega. Ela tem raiva do fato de os homens controlarem tudo e se enfurece por depender deles. Reclama que preferiria lutar em batalhas a ter filhos. Preferiria ser um homem para que pudesse ser um soldado. Consequentemente, Jacobs (1998) sugere que o ódio de Medeia pelo favoritismo demonstrado aos homens lhe permitiu matar o irmão; e, ao matar os filhos, mata novamente homens que são mais amados por um homem do que ela. Medeia nos diz: "Entendo o horror do que irei fazer; mas a raiva, / A origem de todo o horror da vida, domina minha resolução" (Vellacott, 1963, p. 50). Sua raiva subjuga sua consciência.

Presumivelmente, defrontados com uma Medeia contemporânea, os terapeutas poderiam empaticamente compreender sua raiva, mesmo que não pudessem justificá-la. No nível humano, diríamos que Jasão era um auto--objeto essencial para Medeia, e a perda dele é excruciantemente dolorosa, de modo que a raiva dela é um produto da fragmentação de uma sensação desintegradora do si-mesmo. Entretanto, a história também nos dá a base arquetípica do problema que forma o núcleo do complexo com o qual ela está lidando. De acordo com o mito, o amor de Medeia por Jasão lhe foi imposto pela deusa Hera com a ajuda de Afrodite[93]. Ou seja, Medeia estava sob o domínio de forças arquetípicas sobre as quais não tinha controle. Na Antiguidade, essas forças eram personificadas como deuses e deusas. Elas descrevem qualidades espirituais particulares na alma e também aspectos da personalidade que são expressados. É importante compreender seu poder

---

93. O problema que surge aqui é que os mitos gregos surgiram em uma cultura patriarcal, de modo que são escritos através dessas lentes.

de adesão numinoso, de modo que possamos entender a intensidade das forças no núcleo do complexo que regia Medeia.

O arquétipo Hera produz uma intensa necessidade de ser esposa. A deusa em questão retrata um vínculo marital poderoso que exige lealdade e fidelidade acima de tudo. Jasão prometeu a Medeia o compromisso eterno, uma característica muito importante para compreendermos a psicologia dos acontecimentos. Na mitologia, Hera é constantemente humilhada e enraivecida pelas traições de Zeus e é vingativa para com suas amantes, porque para ela casamento não é apenas um contrato legal; casamento é sagrado, e prejudicá-lo é sacrilégio – ela necessita da mesma devoção que dá. Para piorar as coisas, Zeus não parece precisar de Hera – ele dá à luz Atena sem a assistência de Hera, assim como Jasão não parece precisar de Medeia, após tê-la usado para seus propósitos.

No mito, Medeia se apaixona por instigação de Afrodite, a deusa do amor, que opera por "encantamento" – um termo mitológico que poderia indicar processos inconscientes. Devido ao seu amor por Jasão, ela não pôde resistir a seus apelos para ajudá-lo a roubar o velocino de ouro. Eurípides faz o coro orar para que nunca sofram da "flecha inescapável" de Afrodite, a quem temem porque pode "enlouquecer [o] coração a abandonar um amor antigo por um novo" (Vellacott, 1963, p. 36). Aparentemente, a perda de um amor apaixonado, divinamente inspirado, fez Medeia se comportar de uma maneira bestial. É por isso que Jung diz: "os deuses tornaram-se doenças" (OC § 54).

O que os terapeutas diriam a uma Medeia contemporânea que viesse à terapia com essa intenção? (É claro, a Regra Tarasoff se aplicaria, mas, para os propósitos da discussão, gostaria de considerar a situação de um ponto de vista puramente terapêutico)[94]. Podemos, inicialmente, nos perguntar se ela é uma assassina em série, exceto pelo fato de que, ao contrário dos verdadeiros psicopatas, sente culpa e remorso. Psicopatas típicos não têm

---

94. A Regra Tarasoff se originou em uma decisão da Suprema Corte da Califórnia no caso Tarasoff *vs.* Regents da Universidade da Califórnia (17 Cal.3d 425 [1976]). Um paciente contou à sua terapeuta que pretendia matar uma determinada mulher e subsequentemente o fez. Seus pais processaram-na por não os avisar sobre o perigo. A Suprema Corte da Califórnia sentenciou que se os terapeutas acreditam que "pacientes representam um perigo sério de violência a outros, têm o dever de exercer o cuidado razoável para proteger a vítima futura desse perigo". Em 1985, a legislatura da Califórnia codificou a Regra Tarasoff. Os psicoterapeutas têm o dever de alertar uma terceira parte se acreditam que pacientes representam um risco de infligir dano corporal sério a uma vítima razoavelmente identificável.

capacidade para amor ou compromisso com isso, porém essas são as mesmas qualidades em Medeia que provocam o problema. Ela sofre por amor, que descreve como um "poder mau nas vidas das pessoas" (Vellacott, 1963, p. 27). Todas as ações más que executa são por amor a Jasão, amor que não pode controlar. Tornou-se instável pela intensidade de seu amor, não pela falta dele, lembrando-nos de que o amor muitas vezes instiga os cantos mais obscuros da personalidade. Contudo, Medeia assume que Jasão é o problema, e seria tarefa dos terapeutas indicar que ela também deve lidar com o que ele a fez enfrentar nela – sua capacidade para fúria assassina, que no mito é particularmente perigosa devido ao seu poder mágico. Essa história argumenta, portanto, que o poder descontrolado sobre outras pessoas tende a levar ao mal.

Seria útil aos terapeutas sermos simpáticos ao sofrimento, ódio e raiva de Medeia, se nos apercebemos de que sem suas fantasias de vingança, sentiria-se fraca e impotente, o que seria insuportável. Ela usa sua raiva e ódio para manter a calma, como uma alternativa a se sentir tal qual uma vítima passiva. Não haveria sentido em simplesmente condenar sua intenção de matar seus filhos caso o anunciasse na terapia; ela sabe muito bem quão errada sua ação seria. De nada lhe serviriam os terapeutas como juízes morais. Temos de compreender que seu amor foi divinamente inspirado, que estava sob o domínio de forças para além do controle humano. Forças arquetípicas como o amor são impessoais; não têm interesse em padrões morais humanos, e o problema para o ego é assumir uma posição em relação a eles. Medeia não pode enfrentar a intensidade afetiva das forças dentro dela. A tarefa dos terapeutas é ajudá-la a conter sua raiva e sofrimento dentro da relação terapêutica, provendo a função de auto-objeto necessária de modo que ela expresse seus sentimentos e os resolva, mas sem realizá-los. Isso é possível uma vez que os terapeutas podem ver tanto as forças humanas como as arquetípicas operando, porém não estão à mercê delas na mesma medida que Medeia.

Esperamos uma repetição de transferência de sua dificuldade na relação terapêutica, de modo que é inteiramente provável que Medeia ficará enfurecida com os terapeutas de tempos em tempos, talvez, quando sinta o sentimento de traição efetiva ou imaginada da parte deles. Dada sua capacidade de matar, a contratransferência dos terapeutas tende a ser de terror. Essa dinâmica deve ser compreendida e explicada para que os terapeutas possam ajudá-la, mas há outro nível a considerar. Na terapia, nossa Medeia contemporânea se apercebe de que devido à pressão arquetípica de Hera em sua alma, estava vendo Jasão sob uma luz idealizadora. Ela tem de vê-lo como realmente é, e abandonar o desejo de que volte a ela. Talvez, com a ajuda de terapeutas, possa diminuir a intensidade de sua crença de que ser uma esposa é o único modo de se sentir realizada. Ela pode descobrir e expressar outros aspectos de sua personalidade, especialmente as manifestações ignoradas em prol do casamento. Por exemplo, em uma versão do mito, Hera rejeita o filho Hefesto porque nasceu com pés deformados, o que a embaraçava. Contudo, Hefesto é um artista bastante dotado e apaixonadamente criativo. Esse mitologema de estrutura psicológica sugere que Hera rejeita seu produto criativo porque o julga inadequado. Se Medeia pudesse aprender a valorizar o que produziu, poderia ser capaz de canalizar ou sublimar a raiva em trabalhos criativos. Se pudesse ver o que estava sob o domínio de um padrão mítico, poderia desenvolver alguma distância dele e inclusive parar de repeti-lo. Ela não se identificaria, portanto, com essas forças arquetípicas, e não seria tão possuída por elas.

É possível, portanto, dizer que as forças arquetípicas que possuíam Medeia são verdadeiramente espirituais? Isso não é o mesmo que dizer que são elementos do divino ainda que tenham provocado um comportamento tão desastroso? Para reconhecermos isso, devemos expandir nossa noção da dimensão espiritual para incluir o fato de que podemos experienciá-lo de formas dolorosas. Todos os processos arquetípicos têm tanto um lado iluminado quanto um lado escuro, razão pela qual Jung acreditava que para o Si-mesmo ser verdadeiramente uma totalidade, deve conter aspectos iluminados e escuros[95]. Como todos os processos arquetípicos, Hera é um aspecto do Si-mesmo. O lado escuro desse arquétipo é ilustrado por seu ciúme e pela raiva dirigidos às amantes de Zeus. Portanto, quando Medeia lida com sua necessidade avassaladora de vingança, está lidando com um complexo em dois níveis: um nível humano que consiste em sua vulnerabilidade narcisista e um elemento transpessoal que consiste no lado escuro do Si-mesmo. Ela coloca seu conflito em uma perspectiva maior do que

---

95. Sugerir que o Si-mesmo tem um lado escuro é uma imagem de Deus diferente daquela proposta pelo cristianismo tradicional, que prefere ver o divino apenas como amoroso e iluminado, uma atitude que, levada ao extremo, sugere uma divisão defensiva. Todavia, a sombra do divino está presente nessa mitologia também; os anjos vingativos do Livro das revelações são sanguinários.

uma puramente pessoal. A terapia que a ajuda com suas intenções más é um processo da redenção do mal.

Parte do poder da sombra surge porque o núcleo arquetípico do complexo é uma força energética dentro da personalidade que "provoca ou compele modos definidos de comportamento ou impulsos; ou seja, sob certas circunstâncias, podem ter uma força possessiva, numinosa ou obsessiva" (Jung, 1961/1965, p. 347). Essas forças são *daimons*, uma referência à noção grega antiga de uma força autônoma e primordial. Jung chama o *daimon* de uma pessoa de "poder determinante", embora acredite que a decisão ética sobre como responder a isso seja por conta do indivíduo (OC 9/2, § 51). Quando nos relacionamos com o *daimon* com sucesso, essa energia se torna uma fonte disponível e valiosa. Os *daimons* podem ser uma musa para os artistas ou uma força motivadora para os reformadores sociais. Ou, então, podem aparecer como um processo, tal qual a sexualidade ou a raiva (von Franz, 1981). Essas forças podem ser integradas a graus variáveis, dependendo da tolerância da pessoa a estados afetivos intensos. Uma das tarefas da psicoterapia é ajudar o paciente a desenvolver a capacidade de resistir à pressão dessas manifestações arquetípicas. Por vezes, esse processo é tão intenso que o máximo que a pessoa pode esperar é conter a sombra sem realizá-la ou projetá-la sobre outro indivíduo.

Mais cedo ou mais tarde, a jornada espiritual leva a um confronto com o lado sombrio da personalidade. May considera "o discernimento do bem e do mal" como uma tarefa autenticamente espiritual, implicando que isso não seria uma parte da psicoterapia (1992, p. 16). De fato, grande parte da psicoterapia tem a ver com tornar-se consciente da sombra, sem poder modificá-la. O trabalho psicoterapêutico é, portanto, uma disciplina espiritual importante; é um trabalho anímico por excelência.

Para os terapeutas, o mal pode ser considerado o resultado de desordem emocional em vez de apenas um problema moral. No nível humano do complexo, o comportamento mau é produzido pelo desenvolvimento frustrado, uma sensação danificada do si-mesmo, ou um si-mesmo em processo de fragmentação, tentando manter-se coeso. Um grau de empatia é, então, necessário ao lidarmos com a sombra, uma vez que resulta de abuso infantil ou da negligência, ou até mesmo porque algum aspecto da criança não pôde ser expressado na família. Dessa forma, a sombra é importante para o desenvolvimento contínuo da personalidade; é a área na qual uma nova consciência pode surgir.

Quanto mais tentamos suprimi-la, mais energética ela se torna. Consequentemente, não faz sentido lutar contra essa dinâmica, já que isso apenas aumenta a intensidade de uma divisão intrapsíquica e produz mais conflitos internos, que pode ser expressado como conflito social quando a sombra é projetada em outras pessoas. Conforme Neumann sugere, necessitamos de coragem moral "para não querer ser pior ou melhor" do que de fato somos (1960, p. 111). Ele sugere um acordo com a sombra, no sentido de que por vezes podemos permitir alguma expressão por parte dela, em vez de tentarmos nos livrar inteiramente dessa situação. Se somos amigáveis a ela até certo ponto, é menos provável que se torne hostil à consciência.

Assim como suas origens em nossas vicissitudes desenvolvimentais, nossa sombra é parcialmente formada pela internalização inconsciente da sombra da sociedade na qual vivemos. Os níveis social e pessoal do mal então se interpenetram – o racismo é um exemplo. Muitos de nós têm de negociar um modo de viver com o lado obscuro da sociedade sem sucumbir totalmente a ele. Para esse propósito, temos de ser conscientes da tentação da propaganda cultural e das opiniões coletivas.

Ao lidarmos com a sombra, a abordagem terapêutica difere da abordagem religiosa tradicional, que tenta lidar com o mal usando rituais de purificação, como o sacramento da confissão ou as várias formas de punição. Como regra, esses têm somente um efeito temporário porque não mudam as estruturas intrapsíquicas que levam ao comportamento; são um reparo externo. A abordagem psicoterapêutica ao comportamento mau requer consciência e reparo das estruturas psicológicas, reformulando-as dentro da relação terapêutica.

7
Psicoterapia como uma forma de direção espiritual

Quando o sofrimento é visto como um problema tanto espiritual quanto psicológico, a psicoterapia se torna um serviço para a alma, consoante ao sentido etimológico da palavra *psicoterapia*. Nesses momentos, ela fornece uma forma contemporânea da prática tradicional de direção espiritual. A palavra *direção* é um termo infeliz quando implica que o paciente deve submeter-se à autoridade ou se entregar à responsabilidade pessoal; ou seja, nenhuma delas se adequa à atitude terapêutica. Contudo, direção em seu sentido básico significa simplesmente uma indicação de caminhos possíveis. A pessoa pode descobrir um senso de direção com a orientação de uma pessoa que conhece um certo território, ou se identificando com alguém que admira, ou durante uma transferência idealizadora. Para os terapeutas, palavras como *testemunha*, *companhia* ou *acompanhante* seriam preferíveis à palavra *direção*, mas esta já está profundamente arraigada em nossas tradições espirituais. Mesmo a palavra *espiritual* é problemática quando implica referência excessiva ao outro mundo levando à separação das necessidades materiais ou à indiferença em relação ao corpo e à realidade social. Mais apropriadamente, ser espiritual significa ser sensível à dimensão sutil ou sagrada da existência que está sempre presente na vida cotidiana.

Vários clínicos passaram a se interessar pela integração da direção espiritual na psicoterapia (Tan, 2003), porém a palavra *integração* implica que essas sejam disciplinas diferentes. Na verdade, psicoterapia é muitas vezes contrastada com direção espiritual, porque de uma perspectiva teísta tradicional o foco dessas práticas é diferente (West, 2000). Todavia, assumo a posição de que, por sua natureza, a psicoterapia inclui um elemento de direção espiritual, ao menos potencialmente, por várias razões. A psique revela ou manifesta o sagrado, por exemplo, como experiência numinosa e como um veículo de relação com o transcendental. Do mesmo modo, ela contém uma imagem ou possivelmente um elemento do divino sob a forma do Si-mesmo transpessoal. Este último também pode ser pensado como a totalidade da psique, e atua como o projeto espiritual para a evolução da personalidade. Por essas razões, não pode haver distinção firme entre nossa psicologia e nossa espiritualidade. Nenhum problema é puramente psicológico ou puramente espiritual; somente convenção e linguagem os separam. Nossas vidas psicológicas só podem ser diferenciadas de nossa espiritualidade se a definimos em termos dos ditames de uma tradição particular. Quando os terapeutas estão conscientes de estarem a serviço da alma – e essa atitude não necessita ser expressada – o *set* de terapia se torna um espaço sagrado, a hora se torna um tempo sagrado, e o processo se torna um ritual no melhor sentido dessa palavra.

Não há necessidade de vincular a noção psicoterapêutica de direção espiritual aos ditames de uma tradição particular. Por exemplo, autores teístas definem essa prática como uma ajuda a um indivíduo para que desenvolva uma relação pessoal mais profunda com Deus, aumente sua consciência religiosa, ou facilite a entrega à vontade divina, usualmente em termos da teologia de uma tradição particular (Benner, 2002)[96]. Na tradição cristã, assume-se que o Espírito Santo atua por meio da relação entre a pessoa que dirige e a pessoa dirigida. Essa abordagem é valiosa quando ambas compartilham dessa teologia. Contudo, pode não ser útil se quem dirige está comprometido com uma teologia que não reflete a experiência particular do sagrado do outro envolvido. A natureza da transferência, especialmente uma transferência idealizadora a alguém carismático, é tal que suas opiniões podem influenciar a abordagem do sagrado. Isso não leva necessariamente a uma espiritualidade pessoal autêntica. Para evitar essa dificuldade, os terapeutas devem ser receptivos a qualquer forma de espiritualidade que parece emergir organicamente. Ajudar uma pessoa a descobrir significado e propósito na vida ou a compreender as manifestações espontâneas da psique transpessoal são formas de assistência espiritual que não requerem compromisso teísta anterior.

Para a tradição junguiana, a conexão entre os níveis pessoal e transpessoal da psique é conhecida como o eixo ego-Si-mesmo. Para os propósitos da psicoterapia, assume-se que essa seja uma relação ou um diálogo em vez de um sistema de uma via. Experienciamos a relação com o Si-mesmo por meio de sonhos, sincronicidades, sintomas e experiências importantes de vida – o

---

96. Uma excelente visão geral da prática de direção espiritual é dada por Kurtz (1999).

Si-mesmo, portanto, desempenha um papel considerável no processo em questão. A tarefa dos terapeutas é ajudar o paciente a compreender essas experiências, chamar a atenção para o que está sendo ignorado; e, por vezes, ajudar a descobrir uma resposta apropriada. Se o Si-mesmo é verdadeiramente um princípio espiritual na psique, esse trabalho não é diferente da direção espiritual tradicional, que ajuda a pessoa a prestar atenção e a responder às manifestações de Deus em sua vida (Barry & Connolly, 1982). O que é diferente é que psicoterapeutas contemplativos não estão comprometidos com um dogma ou doutrina antecedente, como a ideia de que somos criaturas pecadoras que necessitam de redenção. No contexto da direção espiritual entre duas pessoas que pertencem à tradição cristã, essas ideias podem enviesar o trabalho de direção espiritual em uma direção particular, mas não desempenham um papel particular na psicoterapia a menos que o paciente esteja preocupado com elas. Devemos admitir que a teoria de psicoterapia dos terapeutas influencia o curso do trabalho, ainda que estes façam suposições psicológicas em vez de teológicas ou metafísicas.

A direção espiritual é usualmente distinta da psicoterapia na medida em que não é concebida para lidar com problemas emocionais complexos. Alguns escritores argumentam que essas são iniciativas fundamentalmente diferentes e que não é sábio arriscar "psicologizar" o processo da direção espiritual (McNamara, 1975). De algum modo, o material psicológico parece mais tangível do que o discernimento de nossa vida espiritual. A preocupação parece ser que pessoas encarregadas da direção espiritual serão distraídas pelas dificuldades psicológicas e não prestarão atenção ao material "puramente" espiritual. A tradição dessas pessoas decide o que é verdadeiramente espiritual e o que é psicológico ou secular. Em outras palavras, manter os dois campos separados é uma tentativa de legislar o que é espiritual, e essa atitude revela uma divisão injustificável entre o psicológico e o espiritual. As doutrinas e os dogmas de uma tradição particular ditam o modo pelo qual "devemos" experienciar nossa espiritualidade. A pessoa encarregada da direção espiritual teísta acredita que é capaz de auxiliar o outro na direção da compreensão ou do aprofundamento de sua relação com Deus, enquanto a abordagem espiritual da psicoterapia vê o sintoma ou o sonho como um chamado do Si-mesmo. Em ambos os casos reconhecemos a presença de um processo transpessoal, mas para terapeutas espiritualmente orientados isso não significa necessariamente que o divino seja como imaginado por uma tradição específica. Significa que prestamos atenção às manifestações do sagrado em qualquer forma que surja. A experiência sagrada pode ou não assumir uma forma judaico-cristã reconhecível; os níveis transpessoais da psique são autônomos, ou, como o Novo Testamento diz (Jo 3,8): "O vento sopra para onde bem entende". O espírito faz o que quer – presumivelmente, sem consideração por qualquer teologia.

Em uma tentativa típica de manter a direção espiritual e a psicoterapia separadas, May (1992) argumenta que, ao passo que a psicoterapia foca em pensamentos e sentimentos; a direção espiritual foca a vida de oração, a experiência religiosa e um senso de relação com Deus. Ele se opõe a rotular como espirituais a vida e as relações emocionais porque, embora reconheça que no sentido amplo toda experiência humana seja espiritual, para os propósitos da direção espiritual está interessado em não ampliar excessivamente a definição de espiritualidade. Entretanto, nossas vidas e relações emocionais são influenciadas por nossos complexos afetivos, que, na tradição junguiana, têm um nível humano e um núcleo arquetípico ou transpessoal. Durante a psicoterapia, podemos não apenas olhar para a psicodinâmica do sofrimento emocional, mas também discernir seus fundamentos arquetípicos e seu significado maior para a vida da pessoa. Estamos, então, tentando clarificar a conexão da pessoa com a dimensão transpessoal. Se chamamos isso tratamento ou direção espiritual é somente uma diferença semântica. Muitas vezes, é nossa angústia emocional que nos abre para a espiritualidade, possível motivo pelo qual vemos pessoas emocionalmente frágeis com uma fé e uma espiritualidade pessoal profundas. Se separamos direção espiritual e psicoterapia, implicamos um grau de separação entre psique e espírito que não existe, exceto em nossa linguagem e em nossas atitudes culturais. Por exemplo, sonhos, que são quintessencialmente psicológicos, podem conter material pessoal e transpessoal, e podem ser uma fonte importante de experiência pessoal[97]. Atenção aos sonhos é, portanto, uma prática espiritual por si, na ausência de qualquer inquietação emocional particular.

---

97. No judaísmo e no cristianismo, é aceito que o divino pode usar sonhos como um meio de comunicação, uma vez que há ampla referência a sonhos enviados por Deus. O Talmude faz muitas referências a esse universo, e São João Crisóstomo, Santo Agostinho e São Jerônimo foram influenciados pelo onírico. Mas, mais tarde, cristãos como Martinho Lutero viram sonhos como trabalho do diabo; acreditavam que a Igreja fosse a única intérprete da palavra de Deus, de modo que qualquer coisa dada em um sonho deveria ser demoníaca. A desaprovação pela Igreja parece vir da tradução inadequada de São Jerônimo para a palavra hebraica "bruxaria", confundindo-a com a prática de observar sonhos. Quando traduziu a Bíblia em latim aproximadamente em 382 d.C., propôs a frase "não pratiqueis a adivinhação nem a magia" (Lv 19,26) com "você não deve praticar augúrio nem observar sonhos" (Castle, 1994).

May indica que a pessoa encarregada de direção espiritual pode perder de vista o fato de que o divino opera por meio dela, assim como psicoterapeutas seculares podem acreditar que são instrumentos de cura. Contudo, quando a psicoterapia é praticada com uma sensibilidade espiritual, apercebemo-nos de que o Si-mesmo produz qualquer cura que ocorre, e não os egos dos participantes. May também sugere que a psicoterapia é concebida basicamente para ajudar a pessoa a viver melhor, enquanto a direção espiritual é mais sobre a libertação de vínculos e a entrega à vontade de Deus, opondo-se, muitas vezes, aos padrões culturais que a psicoterapia tenta incentivar. Contudo, essas distinções não são inteiramente válidas. Se prestarmos atenção aos sonhos na psicoterapia, apercebemo-nos de que vivemos em relação à consciência maior do Si-mesmo, e durante momentos de sofrimento essa relação requer rendição da posição do ego. Além disso, a psicoterapia ética estimula o processo de individuação, que pode levar a atitudes que contradizem normas culturais. A despeito de suas tentativas de separar as duas disciplinas, May terminou reconhecendo que, na medida em que a psicoterapia se torna cada vez mais holística, faz-se mais evidente um processo ministerial e cada vez menos um processo técnico.

Tanto psicoterapia quanto direção espiritual permitem às pessoas aprenderem mais sobre sua autêntica espiritualidade pela descoberta do que lhe é sagrado e dos modos como lidar com questões espirituais. Aqui, eu discordaria da opinião de Victor Frankl (1986), de que a "cura [psicoterapêutica] de almas" só pode levar os pacientes ao ponto em que desenvolvem uma disposição religiosa, isto é, ponto em que os terapeutas não têm mais um papel. A pessoa não tem que desenvolver essa disposição novamente, mas descobri-la, porque a psique tem uma função religiosa inata. Os terapeutas facilitam a emersão dessa função tentando discernir formas pelas quais a dimensão transcendente está operando na vida do paciente. Para algumas pessoas, isso pode significar um retorno à sua tradição espiritual original; para outras, a descoberta de uma abordagem inteiramente pessoal do sagrado, expressa, por exemplo, por experiências numinosas ou pela experiência de novo material simbólico em sonhos. Se tentamos forçar uma pessoa a adotar uma espiritualidade que não está de acordo com seu temperamento e suas estruturas de personalidade, violentamos a alma e a impedimos de seguir o impulso do coração. Essa atitude pode ofender aqueles que acreditam ignorar a verdade absoluta da revelação no Sinai ou a história de Cristo, uma vez que essas são consideradas aplicáveis a todos.

A abordagem psicológica é baseada na noção de que a revelação é contínua, produzindo manifestações simbólicas do sagrado cuja forma não está confinada à tradição judaico-cristã. Tanto as tradições religiosas quanto a psicologia profunda enfatizam a importância dos símbolos, embora compreendam o símbolo de formas distintas. A espiritualidade catafática tradicional (a noção de que podemos dizer algo afirmativo sobre o divino) usa imagens tais quais ícones religiosos como veículos de conexão com o sagrado. Encontramos essa perspectiva em muitas tradições. Milhões de pessoas podem achar o mesmo símbolo, como a cruz, o sagrado etc. Para profissionais da psicologia profunda, ao menos na tradição junguiana, novos símbolos podem surgir da alma espontaneamente em um sonho, conforme vimos no capítulo 2. Não temos controle sobre esse processo, e o símbolo que pode assumir uma forma única, relevante apenas à pessoa.

Em contraste, a abordagem apofática considera que o sagrado está além de todas as representações. Essa forma de espiritualidade é encontrada nas tradições místicas e naqueles momentos sem imagens, silentes, porém misteriosamente poderosos, que não são incomuns na psicoterapia. É importante que reconheçamos esses momentos pelo que são – uma experiência da presença do Si-mesmo. Tanto a forma de imagens quanto a de silêncio são valiosas. A experiência simbólica do sagrado fundamenta a experiência na memória e nos permite falar sobre ela, mas mesmo a forma de símbolos termina exigindo uma leitura apofática, porque a fonte dos símbolos sagrados está além dos símbolos em si.

Tanto os psicoterapeutas quanto os líderes espirituais tradicionais estão muito menos preocupados com diagnose do que com discernimento. May faz uma distinção útil entre esses dois processos. A diagnose se refere a uma distinção feita por meio do conhecimento ou julgamento, baseada na classificação lógica de signos e sintomas pelo uso da razão. Ela acentua uma distinção sujeito-objeto, na qual os médicos fazem uma avaliação aparentemente objetiva de pacientes. A palavra *discernimento* também se refere ao ato de separar, mas não carrega a qualidade de *logos* da palavra *diagnose*[98]. Para May, discernimento é, portanto, "um carisma agraciado [um dom divino] que se dá *através da relação* [destaque do autor]" (1992, pp. 151-152). Aqui, a intuição é importante e a intimidade é necessária; demasiada distinção sujeito-objeto ou muitas tentativas de objetividade arruínam o processo de discernimento,

---

98. Discernimento surge das raízes gregas *dis/dia*, que significa "separado", e *cernere/krisis*, que significa "separar".

embora o conhecimento tenha seu lugar nessa dinâmica. O discernimento permite a percepção da natureza das coisas, entretanto, por vezes, não pode ser posto em palavras porque seus resultados são sutis demais. May acredita que embora a diagnose busque soluções para o mistério a fim de destruí-lo, o discernimento busca uma apreciação discriminatória do mistério.

Como uma parte de sua distinção entre psicoterapia e direção espiritual, May acredita que a primeira é uma profissão para a qual podemos ser treinados, mas a segunda requer tanto uma atitude quanto uma vocação espiritual. Acredito que ele exagera nessa distinção, porque a psicoterapia também exige uma vocação e um dom particular – uma combinação de empatia e inteligência terapêutica – que só podem ser treinados se houver um potencial na personalidade. A atitude dos terapeutas para com a psicoterapia parece ter pouca relação com seu histórico acadêmico. Embora o treinamento técnico seja essencial para a prática da psicoterapia, ele não é suficiente, razão pela qual conceder graus, licenças e outras credenciais não garante que uma pessoa se tornará um bom terapeuta. Entre os desenvolvimentos mais importantes que podemos esperar de um treinamento formal está o aumento da expressão da habilidade natural do sujeito treinado. Na supervisão, vemos aspirantes à terapeutas que obviamente têm um dom terapêutico natural prejudicado pelo treinamento profissional que os forçam a trabalhar de um modo inadequado. Alguns tipos de treinamento produzem a habilidade de gerenciar pessoas de um modo que impede o contato autêntico. Da mesma forma, alguns aspirantes com uma atitude natural para trabalhar com material espiritualmente importante são orientados a ignorar esse tema ou a tratá-lo como se fosse defensivo.

Ministros religiosos tradicionais são incumbidos da interpretação da vontade de Deus para sua congregação na estrutura de um conjunto particular de suposições teológicas. Contudo, os terapeutas podem estar trabalhando com um paciente em sofrimento que não tenha conexão emocional ou intelectual com qualquer tradição, e então não há essa estrutura da qual os terapeutas podem depender. Podemos somente recorrer à relação terapêutica e à experiência particular do sagrado da pessoa. Essa situação tem a desvantagem de ser imprevisível, mas a vantagem de ser específica à pessoa.

Além da imprevisibilidade, há ao menos dois outros problemas com uma abordagem da psicologia profunda. O primeiro é que mesmo quando o sintoma evidente, tal qual uma dor crônica, parece ser compreendido e ter servido psicologicamente a seu propósito, ele pode não desaparecer. Gerhard Adler sugere, e acredito corretamente, que nesses casos o sintoma atua como uma fonte constante de estímulo "sem o qual o nível de consciência recém-conquistado se perderia novamente" (Adler, 1979, p. 70). Ou então o destino da pessoa é ter uma saúde perpetuamente ferida. Outro enigma é que algumas pessoas se sentem melhor com o resultado da psicoterapia, sem que o significado de seu sintoma ou por que se recuperaram tenha sido entendido. Presumivelmente, algo essencial foi fornecido em um nível inconsciente do contato entre as duas pessoas, mas não fomos sensíveis o bastante para discerni-lo, ou não temos a linguagem teórica para descrevê-lo. Ou ainda, podemos apenas admitir que a dimensão transpessoal apresenta uma dinâmica própria que não pode ser compreendida pelo ego.

O nível transpessoal da relação terapêutica

Escolas tradicionais de psicoterapia descrevem a relação terapêutica em termos de dinâmica pessoal. Do ponto de vista da psicoterapia contemplativa, essa relação é também uma forma de conexão espiritual. Jung indicava que a transferência-contratransferência apresenta tanto um nível transpessoal quanto um nível pessoal porque tem um núcleo arquetípico numinoso que contribui para seu poder. De acordo com Jung, o processo arquetípico que fundamenta a transferência é o *coniunctio*, termo em latim para "união", um casamento secreto que é uma imagem de totalidade e da unidade de opostos (OC 14/1, § 1). Essa união espiritual intrapsíquica é a tentativa da alma de se unir com outra para encontrar o que está faltando, para conquistar paz e repouso. A noção de Kohut de auto-objeto, uma experiência intrapsíquica do outro como parte de si, descreve o nível humano desse processo, mas sempre que somos fortemente atraídos por outra pessoa, por exemplo, quando um processo poderoso de transferência está operando, não estamos lidando apenas com o material pessoal. Fomos afetados pelo poder numinoso da *coniunctio*. Esse termo foi usado por alquimistas medievais para descrever a união de substâncias diferentes, que é a metáfora de Jung para o processo de psicoterapia no qual ambos os participantes são mudados, como se uma reação química tivesse ocorrido. O ego não tem escolha nisso, de acordo com Jung, porque nos tornamos:

> vítima de uma decisão, que foi tomada independentemente de nossa cabeça e de nosso coração. Nisto se manifesta a força numinosa do si-mesmo, que dificilmente poderia ser experimentada de outra maneira. *Por isso a vivência do si-mesmo significa uma derrota do eu* [destaque do autor] (OC 14/2, § 433).

Os terapeutas participam desse nível do trabalho, porém não o controlam, e somente seus níveis pessoais podem ser analisados em termos da infância. Há também uma dimensão que aponta adiante, para o desenvolvimento futuro da personalidade, cujo objetivo final é desconhecido.

As duas pessoas na sala de terapia se sentem separadas; mas, de fato, são parte de um processo unitário subjacente, que nos tempos medievais era referido como o *unus mundus*, ou "um mundo". Nosso nível consciente de aparente divisão e o nível inconsciente de um contínuo indiviso, que é o nível do Si-mesmo, estão ligados de formas sutis difíceis de discernir. Vemos a ligação entre eventos aparentemente separados muito de maneira mais clara no fenômeno da sincronicidade, quando um evento no mundo material corresponde à predisposição psicológica dos sujeitos de uma forma que não é causal, porém significativa.

Os terapeutas sentem como se operassem no nível da separação, usando conhecimento, teoria, habilidades e experiência prévia. Ocasionalmente, durante a psicoterapia, todos esses fatores desempenham um papel; contudo, por vezes, ocorrem mudanças de formas que não entendemos. É um lugar-comum na psicoterapia que intuições, sabedoria, consciência pré-cognitiva e percepções inesperadas surjam de uma fonte desconhecida; essas podem ser consideradas erupções do contínuo unitário. Essas experiências parecem mais atos de graça do que algo explicável em termos de psicologia desenvolvimental ou teoria psicodinâmica. Compreender esse aspecto misterioso da relação terapêutica requer uma mudança radical em nosso ponto de vista usual, que está pesadamente condicionado pela noção de que somos entidades separadas e pelo tipo de pensamento que a ciência tradicional ocidental considera ser racional. Para sermos sensíveis à presença do contínuo unitário, temos de parar de pensar em termos de causa e efeito, abrir mão do determinismo como a única explicação para fenômenos e parar de ver uma divisão radical entre nós e o mundo, e entre psique e natureza. Em vez disso, podemos pensar em termos de sincronicidade, não causalidade, não localidade e padrões invisíveis de relação que podem ser análogos ao entrelaçamento quântico descrito por físicos de partículas[99]. Esse tema será discutido posteriormente no capítulo 8.

---

99. O entrelaçamento quântico se refere à conexão entre duas partículas cujos estados quânticos, tal qual sua direção de rotação, estão ligados. Uma partícula não pode ser descrita sem levar em conta sua contrapartida, mesmo que os objetos estejam amplamente separados no espaço. Essa conexão leva a correlações não locais entre eles.

Conexão com a dimensão transcendente na psicoterapia

A necessidade de uma conexão com a dimensão transcendente se intensifica em meio a uma crise existencial. Tradições religiosas oferecem ensinamentos e práticas para esse propósito; entretanto, se falta uma estrutura preexistente, pode ser difícil articular nossa experiência em nível transcendente. Muitas vezes, podemos dizer apenas que parece uma presença, um saber interior, uma intuição ou um sentimento, que pode satisfazer os terapeutas com uma sensibilidade espiritual, mas não seria uma abordagem convincente para aqueles comprometidos com o positivismo ou o empirismo estrito. Contudo, durante o processo de psicoterapia, uma pessoa em sofrimento que não está comprometida com qualquer tradição religiosa particular pode levantar o problema de sua relação com o domínio transpessoal.

O paciente pode sentir que os terapeutas estão dispostos a considerar as dimensões tanto espiritual quanto psicológica de sua situação. Os terapeutas se defrontam com a necessidade da dimensão psicoterapêutica da direção espiritual sempre que a pessoa pergunta sobre o significado de seu sofrimento ou questiona se isso é aleatório ou o resultado de uma inteligência maior. Nessa situação, se os terapeutas não estão comprometidos com uma tradição particular, não há autoridade espiritual absoluta ou texto sagrado do qual possam depender. Cada situação humana exige sua única resolução, embora os sábios das tradições do conhecimento ofereçam ensinamentos que podem ser úteis.

Nesse contexto, pacientes podem perguntar aos terapeutas sobre o valor da oração. Uma função importante é nos abrir para o domínio transcendente, mas orar pode ser impossível por diversas razões psicodinâmicas, que podem ser tratadas psicoterapeuticamente. Pode haver poderosas barreiras emocionais ao amor, à confiança e à gratidão, ou pode haver ódio excessivo, e tudo isso dificulta a possibilidade de oração. Uma atitude desdenhosa em relação a isso pode se correlacionar com um ambiente infantil irresponsivo no qual pedir ajuda era invariavelmente inútil. Ou, então, a pessoa pode ter dificuldade de expressar sentimentos na oração por vergonha. Uma pessoa pode contar aos terapeutas que ora por ajuda, porém não está certa de que haja uma resposta; ou, se o que parece ser uma resposta interna, está vindo do Outro ou de sua mente. Uma aparente falta de resposta à oração pode significar que a resposta não ocorre de uma forma que a pessoa compreende ou espera. Os terapeutas, portanto, têm de estar conscientes das formas possíveis pelas quais a resposta pode ocorrer. Na tradição junguiana, é axiomático que uma resposta possa ocorrer sob a forma de sonhos, eventos sincrônicos, experiências numinosas e imagens lúcidas espontâneas. Logo, como não surgem do ego, são sempre surpreendentes.

A menos que levemos em conta essas manifestações do inconsciente, o paciente pode sentir que não há resposta à sua prece, de modo que um evento sincrônico, por exemplo, pode ser descartado como mera coincidência. De fato, um sonho pode comentar sobre uma situação importante de vida, ou podemos sentir uma resposta a uma oração quando uma situação de crise se encaminha para uma direção inesperada. Dependendo de nossos compromissos metafísicos, uma virada assim pode ser sentida como resultado do acaso, coincidência, de nossas ações, da sincronicidade ou da intervenção divina, e esses não são fáceis de desentrelaçar. Em situações de dúvida, não é incomum que pessoas usem algum método de divinação – uma tentativa de discernir a intenção divina – usando métodos oraculares como o *I Ching*, cartas de tarô ou astrologia, os quais dependem da sincronicidade. Os terapeutas podem ser solicitados a comentar o resultado, algo confortável se estiverem à vontade com essas abordagens, mas que por outro lado requer tato terapêutico. Quando parece não haver resposta à oração, o máximo que podemos fazer é esperá-la. Nessa situação, é importante suspender a descrença e o ceticismo; se estivermos verdadeiramente em uma relação com o Outro, aceitaremos que o que quer que ocorra é a resposta.

Quando estão trabalhando com uma pessoa que está sofrendo intensamente, a espiritualidade dos terapeutas inevitavelmente virá à tona, de forma articulada ou não. Nessas situações, muitas vezes já fui questionado diretamente sobre minhas crenças. Mesmo para profissionais analiticamente orientados, essa provavelmente não é a ocasião certa para evitar uma resposta direta em favor de explorar o significado da pergunta em termos de transferência. Fazer isso seria evasivo, especialmente se os terapeutas tiverem algo útil para oferecer. Ao mesmo tempo, temos de estar conscientes dos efeitos da transferência-contratransferência de uma resposta baseada nas convicções ou na confissão de incerteza dos terapeutas. A pessoa pode concordar com a atitude espiritual dos terapeutas devido à identificação com eles, ou para manter a harmonia da relação, ou como como parte de uma transferência idealizadora. Da mesma forma, o acordo com os terapeutas pode ser problemático, e o paciente pode discordar como parte de um padrão maior de resistência ou de uma transferência negativa.

Algumas pessoas estão particularmente interessadas no modo pelo qual os terapeutas lidam com seu sofrimento pessoal e no modo como isso se relaciona com a espiritualidade deles. Essa questão surge se o paciente sabe que os terapeutas estão experienciando, ou experienciaram, uma crise pessoal difícil, tal qual a doença ou o luto. Pode ser uma fonte de conforto, para um indivíduo em intenso sofrimento, sentir que a espiritualidade dos terapeutas tem sido importante no processo terapêutico. Se os terapeutas experienciaram períodos de escuridão e puderem recorrer à fé com base nessa experiência pessoal, isso os ajuda a lidar melhor com o sofrimento dos outros. De algum modo misterioso, essa fé pode ser comunicada ao paciente, talvez, não verbalmente.

8
A perspectiva não dual em psicoterapia

A abordagem não dual da psicoterapia, ainda incipiente em nossa literatura (Blackstone, 2007; Prendergast, Fenner, & Krystal, 2003; Prendergast & Bradford, 2007), está baseada em uma antiga filosofia espiritual encontrada em Advaita Vedanta, taoísmo, sufismo, budismo e alguns místicos cristãos (Loy, 1997). A emersão contemporânea da perspectiva não dual na psicoterapia pode estar relacionada à afinidade entre a filosofia não dual e a visão mecânica quântica da realidade.

No modelo não dual de realidade, a separação que parece existir entre pessoas é verdadeira apenas num nível relativo. No nível absoluto, todos nós e tudo que ocorre são aspectos de uma unidade subjacente[100]. Ambos os participantes da psicoterapia estão confinados em um campo maior, indiviso, superordenado da consciência. A noção de um campo no qual o par terapêutico está profundamente conectado se tornou popular entre vários autores (Mansfield & Spiegleman, 1996; Smith & Smith, 1996). Para escritores junguianos, esse campo não é simplesmente o produto de duas pessoas na sala; a consciência do Si-mesmo transpessoal é uma presença abrangente[101]. A noção de Jung do Si-mesmo é um modo psicológico de

---

100. Para muitos místicos, não só a realidade é indivisa como não há divisão essencial entre o divino e o mundo. Todavia, embora místicos de diferentes tradições tendam ao consenso sobre muitos temas, podem diferir sobre essa questão, e os terapeutas podem ser mais atraídos a uma ou outra dessas visões. Alguns místicos, particularmente na tradição judaico-cristã, consideram o divino distante do universo. Para eles, o divino é verdadeiramente o Outro, transcendente, que se comunica com o mundo por meio de revelação, mas ainda assim fora dele, embora paradoxalmente também imanente ao mundo. Podemos experienciar a união, mas não a unidade absoluta. Alguns místicos são dualistas relativos, e acreditam que, embora haja uma diferença essencial entre o mundo e o divino, há uma participação mútua entre eles. Na doutrina do panenteísmo, o divino é completamente imanente como uma presença em todos os entes, mas os entes não estão no próprio divino.

101. Junguianos falam em geral do eixo ego-Si-mesmo, significando que o ego está em relação transpessoal com o Si-mesmo. Contudo, várias vezes, Jung também falou do Si-mesmo como

falar sobre o Atman-Brahma da tradição indiana ou da consciência não local, na qual não há fronteiras nem si-mesmos separados. Essa abordagem é mais ampla do que a noção de que a psicoterapia ocorre em um campo intersubjetivo produzido entre duas pessoas separadas.

No nível mais fundamental da realidade, o modelo não dual não vê separação entre terapeutas e pacientes, que são expressões de uma totalidade maior. Obviamente, estamos separados no nível do corpo, do ego e da realidade convencional, mas a tradição não dual argumenta que ambos participam em um nível subjacente de consciência transpessoal, onde não estamos separados. Os terapeutas e os pacientes são expressões do Si-mesmo, que nesse caso é o mesmo em ambos. (Esse talvez seja um significado do dito de Jesus: "todas as vezes que fizestes isso a um desses meus irmãos menores, a mim o fizestes" (Mt 25,40).)

À primeira vista, parece contraintutivo ou levemente absurdo dizer que no nível da consciência não somos pessoas separadas ou que não há outros; isso soa como uma afirmação ultrajante que contradiz o senso comum. Primeiro, descrevo algumas evidências para essa afirmação, e depois indico as implicações do modelo não dual para a prática da psicoterapia.

As evidências para nossa conectividade

Conexões sincrônicas sutis

A prática clínica oferece evidências de que estamos profundamente conectados. É um axioma nos círculos junguianos que as pessoas com quem trabalhamos refletem aspectos nossos e trazem material com o qual os terapeutas também necessitam lidar. Com efeito, quando terapeutas estão se divorciando, vários pacientes que vão à terapia também estão com questões matrimoniais, e assim por diante. Acredito que esse fenômeno epelha um nível profundo de simetria na natureza na qual psique e mundo – que não são separados – refletem-se mutuamente. Dois exemplos indicam a sutileza dessas conexões sincrônicas no par terapêutico, que podem levar um tempo para se tornarem evidentes.

---

a totalidade da consciência, em que aquilo que chamamos ego pode ser apenas uma parte do Si-mesmo. Não pode haver interação de um com outro se não são diferentes; há somente interação aparente no nível do ego. Nas tradições esotéricas, postula-se que a totalidade pode ter níveis diferentes, como níveis sutis, causais e psíquicos, dos quais o último interage com o ego. Mas, para propósitos psicológicos e especialmente terapêuticos, essa é uma metafísica especulativa, sem valor, a menos que esses níveis sejam experienciados.

No primeiro, uma mulher está há dois anos comigo em terapia semanal. Estabelecemos uma boa relação, e as coisas parecem ir bem, mas está claro para ambos que é necessário continuarmos com o processo terapêutico. A discórdia em sua família está aumentando, de modo que seu marido e sua filha também necessitam de terapia. Como resultado, as finanças ficam afetadas, e ela sente que não pode mais arcar com a despesa das sessões regulares. Sinto que seria prejudicial parar nesse ponto, e visitas esparsas não ajudarão. Ofereço vê-la por um valor reduzido. Ela fica embaraçada com a oferta, e fico surpreso com quão perturbada e chateada a paciente fica.

Como sempre foi uma pessoa generosa, ela ficou desconfortável com a ideia de que alguém queria lhe doar algo. Quando criança, seus cuidadores eram insaciavelmente exigentes e ela era constantemente obrigada a trabalhar e cuidar dos irmãos mais novos e da mãe. Se não trabalhasse, era insultada e criticada, de modo que desenvolveu a crença patogênica de que seu ingresso para estar no mundo era comprado com sua dedicação aos outros. De outro modo, sentia-se inútil e sem propósito. Logo, o fato de ter reduzido o valor da minha sessão colocou-a em uma posição precária. A paciente teme que ficarei zangado e ressentido. Teme também que a situação se torne muito íntima, porque enquanto estiver me pagando temos uma relação profissional; mas, se não lhe cobro o valor integral, temos uma relação ainda mais pessoal. Ela pode realmente se permitir acreditar que de fato me importo com *ela*, em vez de com o trabalho que faz e com o dinheiro que me dá? Se a paciente expõe sua necessidade de ser valorizada por si, o risco de ficar desapontada e abandonada por mim é grande. Ela pode se refugiar no fato de que está pagando por meu cuidado, porém saber que me importo com o bem dela é demais, é excessivamente estimulante. Tenho de adotar outra agenda. De qualquer modo, a paciente sente que não merece que eu faça algo como isso por ela; não se sente digna o bastante. Em sua mente, deve pagar integralmente para conquistar seu caminho na vida.

Ela sonha que há uma crise, talvez, uma guerra. Necessita de refúgio e vem à minha casa em busca de ajuda. Digo-lhe que pode ficar. Então, estamos juntos na cama. Ambos usamos pijamas de flanela, abotoados de cima a baixo. Estamos deitados lado a lado, muito desconfortáveis, preocupados em manter uma distância própria na cama e em sermos muito corretos, ansiosos por manter um limite. Não há sentimento sexual. Então, estamos na sala de terapia, quando entra um bebê de cerca de dois anos. Ele tem um pênis enorme, de 30 cm, e dança, feliz, pela sala.

Assim como ela, tenho o mesmo problema em receber. Também fui criado para me dedicar aos outros, e sempre tive dificuldades em aceitar que pessoas quisessem me dar algo. Até me tornar consciente disso, sentia-me muito mais confortável dando do que recebendo, de modo que ela traz à tona meu problema. Não é por acaso que trabalho com essa paciente; da perspectiva não dual, ela representa aquela parte de mim que prefere dar a receber.

A criança de dois anos sugere a extensão da relação, que originou um novo potencial criativo. O sonho conosco na cama é certamente um sonho de transferência que nos diz algo sobre o estado de nossa relação, entretanto ele também se aplica a mim. Também fico desconfortável em estar muito próximo àquela parte de mim que tem problemas com generosidade alheia. Aquele aspecto de mim tem estado em uma guerra, e também necessita de refúgio. Em outras palavras, o sonho da paciente é relevante para ambos, razão pela qual, talvez, Jung tenha dito que sonhamos o que se encontra entre nós.

O segundo caso é sobre outra mulher, uma psicoterapeuta que tenta me tornar mais ativo na terapia. Ela diz que quer que eu diga mais, dê-lhe mais minhas opiniões, mais sobre o que estou pensando sobre ela, e quer que eu faça mais apontamentos. Envolvido nesse desafio ao meu narcisismo, começo diligentemente a fazer interpretações. Nas várias seções seguintes, sugiro que há nela uma preocupação por eu estar escondendo o fato de que realmente não gosto dela ou que me sinto demasiadamente crítico em relação ao processo terapêutico. Também suponho que ela esteja preocupada por não lhe dizer que gostaria de me livrar dessa relação terapêutica, e que não sei exatamente o que está acontecendo, mas que estou retendo informações para mantê-la sob meu controle. Além disso, sugiro que estou mantendo minha superioridade ao reter as informações compartilhadas em sessão, e que secretamente desdenho de sua ignorância e estupidez, e assim por diante. Nenhuma dessas sugestões produz qualquer impressão nela.

Um dia, a paciente me diz: "Só queria que você fosse mais *como* eu. Quero saber o que está ocorrendo em você para que possa ver se é o mesmo que ocorre em mim, de modo que saiba que você é *como* eu". Ela quer geminação, um sentimento de identidade comigo. Quando criança, sempre sentiu que não pertencia à sua família, não se enquadrava, era uma estranha. Esse é um sentimento ainda pervasivo. Quer saber o que estou pensando porque necessita saber se sinto o mesmo que ela ou se somos de fato muito diferentes. Quer que eu seja como ela para que possa se sentir mais humana e não tão sozinha no mundo.

Cresci com o mesmo problema; também sempre me senti alheio. Lidei com esse problema de um modo diferente, razão pela qual, parcialmente, não pude à primeira vista identificar as necessidades de minha paciente. Enquanto ela manteve viva a esperança de ser como outras pessoas, eu desisti, logo quando criança, de tentar me enquadrar. Ao me tornar analista, encontrei um modo de ser que me permitia permanecer de alguma forma separado, um estrangeiro, mas ao mesmo tempo relacionado aos outros pela compreensão do que estavam sentindo, e pensando enquanto mantinha comigo meus pensamentos e sentimentos. Para ambos, compreender o outro é uma forma de permanecermos conectados e de nos ajudarmos a lidar com o sentimento de não pertencimento. Esse parece um modo seguro de se relacionar com pessoas, enquanto ao mesmo tempo permanecemos separados. Esses encontros de terapeutas com pessoas sofrendo de dificuldades similares são sincronicamente relacionados; estão ligados por um significado comum em vez de serem causalmente conectados.

A importância espiritual da empatia

Como Kohut descrevia, empatia é a capacidade de "se pensar e se sentir na vida interior de outra pessoa" (1984, p. 82). Há vários níveis nos quais uma conexão empática pode ocorrer (Hart, 1999). Muito superficialmente, reconhecemos o que a outra pessoa está experienciando, entretanto permanecemos fora da experiência, talvez porque não queiramos ser muito profundamente afetados por seu sofrimento. Em um nível mais profundo de empatia, sentimos como é estar no lugar da outra pessoa, mas mantemos nossa sensação de identidade pessoal. Finalmente, ao menos por momentos na sala de terapia, é possível entrar tão profundamente no mundo da outra pessoa que temos a experiência de "nos tornar a outra pessoa e de formar um si-mesmo fundido" (Kohut, 1984, p. 119). Em uma série de livros e trabalhos, Mahrer sugeriu que estamos então além da empatia no sentido clínico da palavra; em vez de abolimos de fato qualquer dicotomia sujeito-objeto (Mahrer, Boulet, & Fairweather, 1994). Nesses momentos não é incomum para um de nós dizer exatamente o que a outra pessoa está pensando e sentindo. É como se a ideia ou a emoção estivesse no ar, e um de nós a articula, porém ela não se origina necessariamente em uma ou outra pessoa independentemente. Em vez disso, é como se ambas estivessem sendo afetadas por uma imagem ou emoção autônoma que surge no campo ao nosso redor, e é impossível dizer onde a experiência se origina. No nível unitário de consciência, os problemas que surgem na terapia são individuais; são humanos. Nesses momentos, na sala de terapia, não há sensação de separação. Não é simplesmente o caso de nos colocarmos de lado, temporariamente, para nos sentirmos na vida interior da outra pessoa, nem de inferirmos nossa compreensão dela com base em nossa própria compreensão. Em vez disso, temporariamente, não há mais qualquer divisão entre uma pessoa e a outra porque ambas participam de uma base compartilhada de consciência, o que foi denominado uma *unidade psíquica*. Hart (1997) empresta o termo *empatia transcendental* de Husserl para descrever essa experiência. Sprinkle se refere à fusão psicológica dos participantes como "ressonância psicológica" (Sprinkle, 1985, p. 206). Empatia é um estado de consciência no qual estamos conectados uns aos outros no campo maior do Si-mesmo. Como nos sentimos fragmentados enquanto o Si-mesmo representa um todo, começamos a entender por que a empatia tem um efeito útil.

Estados de profunda conexão empática não podem ser deliberadamente induzidos, ocorrem espontaneamente quando um processo arquetípico – a *coniunctio*, um estado de união psicológica e espiritual – determina o processo do trabalho. A presença dessa união é marcada por sensações corporais mutuamente experienciadas, imagens e percepções compartilhadas, um senso mútuo de significado ou de conhecimento, ou a experiência de amor ou atemporalidade durante a terapia. Embora breve, essa experiência de ser parte de um nível unitário de consciência pode ser mais próxima da verdade das coisas do que nosso estado de separação comum, limitado pelo ego. Contudo, habilidade e tato terapêuticos são necessários para trabalhar em situações assim porque uma experiência poderosa da perda dos limites psicológicos pode apresentar tanto perigos quanto vantagens terapêuticas.

O nível unitário parece ser uma dimensão da realidade que não acessamos por meio de nosso aparato perceptual comum. Mesmo que esse nível sempre esteja presente, só podemos nos tornar conscientes dele durante aqueles momentos de encontro intenso que foram chamados momentos presentes, momentos do agora, momentos de encontro, ou momentos de conhecimento relacional implícitos, que são experiências breves da *coniunctio*[102]. Essas experiências de união profunda na sala

---

102. Em *The present moment in psychotherapy and everyday life* (2004), Stern descreve momentos de conexão e intimidade profundamente compartilhadas nas salas de consultas entre analistas e pacientes. Muitos autores personalistas não consideram o nível transpessoal dessas interações.

de terapia podem ter importância curativa. Ocorre então um conhecimento mútuo que não envolve processos conscientes. Todos os terapeutas (retrospectivamente) reconhecem períodos nos quais estão tão absortos no trabalho que o ego é suspenso. Eles estão, portanto, em um estado de consciência não dual, e respostas emergem espontaneamente, como se falassem por meio deles. Esses ficam distraídos desse estado quando seu material pessoal é ativado ou quando ficam ansiosos ou aborrecidos. Então, as preocupações do ego-consciência obscurecem o nível sutil de consciência que está presente o tempo inteiro.

Falar sobre conexão empática com outra pessoa é fácil, sobretudo em termos como introspecção vicária ou identificação projetiva; mas, de fato, isso reflete um mergulho na não localidade. A conexão nesse nível ocorre no âmbito transcendente ou não dual da realidade. Sabemos que estamos nesse patamar quando as palavras da outra pessoa só poderiam igualmente vir de nós, como se não houvesse diferença real entre quem fala e quem escuta. Renunciamos a todos os pensamentos e inferências privados sobre o que está ocorrendo, sobre como dizer algo e o que a pessoa quer dizer com esse algo. Renunciamos a todos os papéis e identidades, incluindo o desejo de ajudar. Essa atitude requer submissão à situação, porém não representa um escapismo defensivo do sofrimento dos pacientes, e, de modo algum, é o mesmo que indiferença, uma vez que os terapeutas permanecem profundamente conectados com o indivíduo em sofrimento. Há consciência de uma dimensão transpessoal na sala, entretanto nenhuma evasão sobrenatural do nível humano. Não há técnica que nos permita induzir esse nível transpessoal à vontade; repentinamente, encontramo-nos nele como um ato de graça. Como nesse campo não há sensação separada do si-mesmo, só podemos reconhecê-lo retrospectivamente; logo, não faz sentido dizer: "você e eu estamos agora nesse nível", uma vez que no nível da totalidade não há divisão dos sujeitos.

Os analistas céticos podem tentar reduzir descrições de estados de união a tentativas regressivas de recapturar um estado perdido de fusão infantil com a mãe ou apenas a identificação projetiva. A identificação projetiva é usualmente descrita como um processo no qual os conteúdos de uma mente são projetados no de outra. Contudo, se ambas participam de um nível compartilhado de consciência, não há separação entre elas, e, assim, nenhuma projeção além de uma fronteira está envolvida.

A origem da sensação do si-mesmo

A questão de nossa verdadeira natureza

Para os terapeutas espiritualmente orientados, a natureza do paciente é um tema central[103]. O modo como praticamos será diferente se acreditamos que pessoas têm uma natureza essencialmente espiritual e que há um nível transcendente de nosso interlocutor que afeta nosso destino. Isso é especialmente verdadeiro se também acreditamos que o nível transcendente é importante no processo terapêutico, podendo mesmo guiá-lo.

No que segue, em função de conveniência e brevidade, uso os termos *ego* e *si-mesmo* como se fossem intercambiáveis – um uso que não é estritamente correto. O significado da palavra *ego* depende da literatura que estamos usando; para Jung, significa o que quer que seja consciente; enquanto para Freud o ego não é inteiramente consciente e é contrastado com o id e o superego. Como a palavra *ego* implica a psicologia pulsão-defesa, que ele estava tentando evitar, Kohut usou o termo *si-mesmo* para referir-se à pessoa. Uso a expressão "sensação do si-mesmo" para sugerir que o si-mesmo é uma experiência subjetiva em vez de uma entidade ontológica.

Como a experiência de uma sensação do si-mesmo parece negar a realidade de um nível unitário de conexão entre pessoas, é importante compreender como a sensação do si-mesmo surge. Nesta seção, recorro muito aos pensadores das tradições não duais. Eles nos dizem que – no nível mais profundo da realidade, que é uma unidade – não há divisão. Todavia, essa parece ser uma afirmação sem sentido, devido ao fato de que experienciamos a separação. Além disso, desordens narcisistas, que são patologias do ego ou do si-mesmo pessoal, provocam enorme sofrimento e destrutividade. Por essas razões, é importante que compreendamos a natureza do sentimento de "mim".

A questão "quem sou eu?" é imperativa na história do pensamento tanto oriental quanto ocidental, no qual a natureza do si-mesmo tem sido debatida interminavelmente. Nossa sensação do si-mesmo é difícil de explorar porque parece ser muito fundamental. Em uma típica sociedade ocidental, crescemos com a sensação de que somos pessoas autocontidas, e que nossa consciência parece ser privada e pessoal. Sentimo-nos como criaturas restritas, delimitadas dentro de uma pele, e parece haver um mundo interior e um mundo exterior. O corpo parece ser o receptáculo para a

---

103. A literatura nessa área é abundante; ver, por exemplo, Levin (1992) ou Glover (1988).

personalidade. O ego saudável pode distinguir a realidade interna da externa, e tem a capacidade de se diferenciar de outros. Sem essa capacidade seríamos psicóticos e incapazes de lidar com nosso ambiente, razão pela qual é ilusório fingir que o ego não é importante. O problema é descobrir suas funções e limitações verdadeiras. Nossos maiores instrutores espirituais, como Buda e Jesus Cristo, puderam tolerar o enorme sofrimento que experienciaram somente porque tinham um ego firme.

O desenvolvimento de nossa sensação do si-mesmo é bastante condicionado por uma variedade de fatores. Além de nossa constituição genética; na infância, nossa sensação do si-mesmo é aumentada pelo acúmulo e pela internalização de experiências com nossos cuidadores iniciais. Interações com os outros se tornam os elementos fundamentais para o desenvolvimento da personalidade; o desenvolvimento da autoestima, por exemplo, é dependente do modo como os auto-objetos tratam a criança. Consequentemente, a sensação do si-mesmo é basicamente constituída de relações. O bebê recebe um nome, que se torna parte inicial da própria identidade consciente – sentimos gradualmente como se fôssemos esse nome. A criança é, então, tratada como uma parte separada de um todo, e essa divisão é estimulada quando lhe dizem que certos objetos são "seus", e outros são "de outra". Em culturas ocidentais, a criança começa a usar a palavra *eu* ou *meu* entre oito meses e três anos de idade, muitas vezes como um resultado da competição por um objeto com outras pessoas. O desenvolvimento de uma sensação do si-mesmo também é ampliado por um aumento da sensação de agência; a criança se apercebe de que pode fazer coisas acontecerem e controlar objetos. Ela também se compara com outras pessoas em termos de capacidades e atitudes e, assim, desenvolve um senso de singularidade, a sensação de que suas experiências são diferentes das experiências dos outros. Quando crescemos, a sensação de quem somos é também radicalmente condicionada por nossa cultura, nossa tradição religiosa, nossa mitologia, opiniões e ideias às quais somos expostos, gostos, aversões, preferências, relações, memórias, experiências, atitudes tribais, identificação com nacionalidade, e assim por diante. Gradualmente, a criança também se apercebe de que pertence a um conjunto de papéis ou categorias sociais, como irmão ou irmã, filho ou filha, e se apercebe de que tem um gênero. A influência do gênero é um bom exemplo do modo pelo qual a cultura afeta nossa sensação do que somos. Escritoras feministas indicaram os modos pelos quais a sensação feminina do si-mesmo tem sido historicamente subordinada em nossa cultura, tanto que o paradigma para o autodesenvolvimento no Ocidente tem sido derivado da experiência de homens brancos, heterossexuais, economicamente poderosos, que não levam em conta a experiência das mulheres.

Durante o desenvolvimento, encontramos modos de sustentar nossa sensação do si-mesmo diante de exigências ambientais. Denominamos esse processo de desenvolvimento de caráter, que diz respeito ao modo particular pelo qual nos adaptamos, mantemo-nos coesos, preservamos a autoestima e reduzimos a ansiedade. Para proteger e aumentar nossa sensação do si-mesmo, lutamos por sucesso, conhecimento e *status*. Como nosso ambiente inicial nunca é perfeito, o si-mesmo invariavelmente se sente, de certa forma, incompleto; e, assim, desenvolvemos sistemas de crenças como ideologias e religiões que fortalecem o si-mesmo e nos ajudam a nos defender contra a ansiedade de fragmentação. Um certo grau de ansiedade em relação à sobrevivência parece ser uma propriedade inerente do si-mesmo. Quanto mais vulnerável o si-mesmo se sente, mais se torna defensivo e combativo. Outra fonte de condicionamento reside no inconsciente, que contém algum material que é o resultado de experiência pessoal reprimida e que é arquetípico ou inato. O que chamamos de personalidade resulta da interação de todos esses fatores.

Gradualmente, desenvolvemos uma imagem mental de quem somos e nos identificamos com essa imagem que parece nos representar. Essa imagem é contínua ao longo do tempo devido à memória. Vemos o mundo de um ponto de vista consensual, no qual outros si-mesmos parecem separados. Ficamos totalmente identificados com os conteúdos de nossas mentes, ou, conforme Krishnamurti (1975) coloca, o si-mesmo é criado pelo pensamento, ou "não há pessoa pensante separada do pensamento" no qual *pensamento* é um termo geral que inclui emoções e outros conteúdos mentais (1975, p. 252). Nossa vida mental e grande parte de nosso comportamento surgem desse condicionamento intenso, que se torna uma história pessoal sobre quem somos. Portanto, não é verdade dizer que o ego não é real; é real em seu nível, que é o nível da imagem mental. A sensação do si-mesmo separada é também uma ideia, uma crença, um conjunto de memórias, e uma sensação percebida; a ilusão é imaginar que isso é *tudo* que somos. Em poucas palavras, minha história pessoal me diz quem sou com base em minha biografia; não me diz qual é minha verdadeira natureza, tampouco o que sou espiritualmente. Várias tradições espirituais orientais indicam que, quando olhamos para além de nossa história pessoal, o que encontramos é que nossa sensação do si-mesmo é como uma cebola, camada após camada, sem nada no centro. Eles indicam que dizer "Eu sou" não é o mesmo que dizer "Eu sou essa ou aquela pessoa particular". Perceber que o que chamamos de si-mesmo, ou de "eu", é uma história, uma imagem condicionada na mente, ajuda a reduzir nossa identificação com essa imagem, mas esse não é o tipo de imagem que pode ser dissolvida rapidamente.

A ideia de que a sensação do si-mesmo se refere a uma imagem mental em vez de a uma entidade independente nos parece estranha porque nossas teorias políticas e psicológicas enfatizam o indivíduo, e a sociedade parece ser constituída desse fator. As tradições não duais se opõem a essa noção de divisão, indicando que não pode haver um "eu" sem um "você", de modo que não podemos ser independentes uns dos outros, da mesma forma que ninguém existe independentemente do ambiente. Não podemos estar separados da totalidade, tal qual os polos norte e sul de um ímã não poderiam existir individualmente. A separação aparente do corpo é uma ilusão, porque esta só pode ser pensada no contexto de seu mundo, com o qual constantemente troca material. É necessário o oceano inteiro para produzir qualquer onda, assim como é necessário o universo inteiro para produzir "você" ou "eu". De fato, o "eu" é apenas um lugar particular no qual o universo se expressa. Em vez de ver a pele como uma fronteira entre o mundo e o indivíduo, a pele pode ser vista como o lugar no qual estamos conectados. O fato de que o corpo parece ser uma entidade sólida é o resultado da lenta velocidade com que se modifica. Um redemoinho parece uma entidade fixa, porém está em constante movimento; a chama de uma vela é um fluxo de gás quente queimando que apenas parece uma "coisa". De forma parecida, o corpo é um processo, não uma coisa isolada. Incidentalmente, não há necessidade de nos preocuparmos com qualquer perda de individualidade. Cada floco de neve tem uma forma diferente, mas são todos feitos do mesmo material, de modo que podemos discernir sem diferença substancial.

Na psicologia profunda, o ego é muitas vezes tratado como se fosse uma entidade devido a um conjunto de circunstâncias históricas. Descartes iniciou uma tradição de pensar o si-mesmo como uma substância, um tipo de entidade não espacial[104]. Nos primeiros escritos de Freud, o termo

---

104. A origem de nossa mitologia do individualismo antecede Descartes. Pode ter começado como uma reação ao sistema feudal, no qual havia uma rígida hierarquia e uma pessoa não podia escapar da sua posição social porque essa era determinada já no nascimento. Similarmente, o advento do protestantismo permitiu uma relação individual com Deus que não exigia a mediação da Igreja. Nessas formas, a noção de individualidade foi estimulada, e com ela a ideia de direitos legais e políticos.

ego era aproximadamente um sinônimo para o si-mesmo (mental). No pensamento psicanalítico após 1923, o ego era considerado um conjunto de funções, como controle do movimento corporal, controle de pulsões instintivas, percepção, memória, capacidade de protelar impulsos, pensamento, defesas contra ansiedade e testagem da realidade. Ponderava-se que o ego tinha uma função sintética que integrava todos esses processos. Era inicialmente uma entidade hipotética que Freud usou para explicar o comportamento. Gradualmente, contudo, em vez de permanecer um postulado, foi considerado um agente causal. Mas não podemos provar a existência de uma entidade teórica usando as mesmas observações que a teoria tenta explicar; isso seria um argumento circular e assumiria a existência do que necessita ser provado. Usar o ego para explicar o comportamento é confundir postulação com explicação. A noção de ego como um agente é baseada na suposição de que, se o pensamento está ocorrendo, deve haver uma entidade que está pensando; de fato, o ego *é* seus pensamentos e sentimentos. Com o devido respeito a Descartes, não há "eu" separado pensando e sentindo. Citando, uma vez mais, Krishnamurti, no nível do ego, *somos* nossa tristeza, preocupações, solidão, sofrimento, alegria, medo e prazer.

Ver que no nível de nossa humanidade comum não há "eu" e "você" separados requer uma profundidade de sentimento e de compreensão que não vêm automaticamente, e é inútil como conceito puramente intelectual. Exige que nos apercebamos de que o conflito resulta da separação, porque todos fomos condicionados de forma diferente e, portanto, temos opiniões e desejos diferentes. Quando nos sentimos separados nos comparamos com os outros, não nos sentimos seguros, e os problemas começam (Krishnamurti, 1984).

A noção de um si-mesmo insubstancial é encontrada não apenas na filosofia oriental, mas também no pensamento pós-moderno, que sugere que a sensação do si-mesmo é o resultado do discurso – uma versão particular dos eventos (Burr, 1995). Ou, então, a sensação do si-mesmo é constituída de linguagem e de formas narrativas culturalmente disponíveis; nossa habilidade de contar histórias nos dá nossa sensação de identidade. Desenvolvemos essas histórias para dar sentido à própria experiência.

Diferentes culturas constroem o si-mesmo de diversos modos, e atitudes culturais para com o si-mesmo variam bastante (Burkitt, 2008). Algumas sociedades orientais desaprovam o individualismo e a autoexpressão que o Ocidente valoriza; essas atitudes são vistas como não civilizadas. Culturas como a japonesa preferem a ideia de que somos interdependentes. Similarmente, o Si-mesmo hindu, o átma, não é o mesmo que o si-mesmo pessoal que tem desejos e pensamentos. Na cultura indiana tradicional, o si-mesmo pessoal não é tão importante quanto no Ocidente (Marsella, 1989). No Ocidente, professamos crença na independência e autonomia, embora na realidade nossos pensamentos e comportamento sejam radicalmente afetados e muitas vezes homogeneizados por publicidade, propaganda do governo, televisão e mitologia popular.

O ego é essencial para a sobrevivência material, para lidarmos com o ambiente e para o progresso tecnológico. É também a base para todos os tipos de ideias opressivas tanto religiosas quanto políticas. Vemos o resultado de um investimento excessivo no ego em nossas guerras constantes. Milhões de pessoas têm morrido por causa da grandiosidade do ego, de seus medos, da insistência em sua imagem de Deus, de sistema político favorito, da necessidade de território, e assim por diante. Em termos desses processos, todos esses egos são semelhantes – apenas têm conteúdos diferentes. Após uma terapia bem-sucedida, terminamos com o ego ou o si-mesmo em um estado mais confortável, porém ele ainda sofre, porque permanece com medo de perda, deterioração e dor. Ou seja, a felicidade do ego é sempre transiente e sujeita a mudanças repentinas. Experimentamos poder, drogas, *status* e dinheiro para apoiá-lo, mas o ego jamais fica satisfeito por muito tempo.

O ego é dependente do funcionamento do cérebro, que é o resultado de um longo período de evolução. Nosso cérebro moderno é o mesmo dos primeiros *Homo sapiens*, nossos ancestrais que apareceram há cerca de 100 mil anos – um curto período em nossa história evolucionária – exceto pelos efeitos plásticos de nossa cultura na estrutura cerebral. Desde então, nossa espécie desenvolveu diferentes cores de pelo, línguas e costumes locais; entretanto, em um nível mais profundo, todos os egos humanos têm essencialmente os mesmos problemas; todos experienciam os mesmos sentimentos de tristeza, confusão, pesar, preocupação com sobrevivência, brutalidade e violência. Todos temos o mesmo prazer ao nos sentirmos especiais, importantes e únicos. As causas de sofrimento e felicidade podem ser diferentes, mas nossa experiência subjetiva desses estados é exatamente a mesma. Krishnamurti intitulou seu livro *You are the world* (1973), no qual indica que, a menos que vejamos essa identidade, construímos barreiras ao nosso redor, iniciando a divisão e o conflito. Por termos medo, erguemos muros ao nosso redor para que possamos nos sentir seguros, e nosso medo é mitigado se temos poder e prestígio. Não há outra razão para termos poder sobre os outros. O medo dos outros, que é baseado em fatores como ansiedade do predador, é reforçado pelo senso de separação, e esse medo, por sua vez, produz a agressão[105].

Vários profissionais da psicologia profunda abordaram a noção de que há um nível de realidade do qual todos participamos. Esses autores sugerem um ofuscamento intrapsíquico dos limites entre as pessoas que pode assumir muitas formas. Balint é adepto da tradição das relações objetais e sugere que os terapeutas não deveriam "insistir em manter limites rígidos, mas que devemos permitir o desenvolvimento de um tipo de confusão entre os pacientes e nós mesmos" (Balint, 1968, p. 145). O conceito de auto-objeto na contemporânea psicologia psicanalítica do si-mesmo chega o mais próximo de reconhecer que sem o outro não há o eu. Essa é a relevância da experiência do auto-objeto para a não dualidade; o si-mesmo é constituído de relações com os outros, e sustentado por essa conexão. A teoria do auto-objeto questiona o mito do individualismo, insistindo que jamais podemos ser radicalmente independentes dos outros. Contudo, termos como *sintonia afetiva* ou *espelhamento* são abstrações, distantes da conexão sincera que ocorre durante a psicoterapia.

Consciência como o fator unificador da experiência humana

Nada nos é mais familiar do que nossa consciência; todavia, não temos uma teoria adequada sobre ela. Abordagens materialistas compreendem a consciência como uma secreção do cérebro. A visão alternativa é que ela é um princípio irredutível e superordenado, o oceano comum no qual nadamos, a mente maior além da mente pessoal. Para essa visão, o ponto crítico é que a consciência não pode ser dividida, de modo que no nível mais profundo todos participamos da mesma consciência.

Há várias fontes de evidências para essa ideia. Uma delas é o tipo de experiência que não poderia ser explicada se a consciência fosse meramente o resultado da função cerebral. As assim chamadas experiências anômalas ou não ordinárias, como sincronicidades, telepatia, precognição e clarividência sugerem que há conexões profundas, mas invisíveis, entre pessoas e entre estas últimas e o mundo material.

---

105. Por milênios, nossos ancestrais hominídeos foram presas de animais selvagens. A ansiedade do predador evoluiu para nos mantermos seguros, mas agora é uma das fontes dos medos paranoides e da desconfiança com relação aos estranhos.

As evidências da física quântica

A psicologia profunda leva em conta que o materialismo, o positivismo, o mecanicismo e o realismo tradicionais têm sido questionados pelos avanços na física quântica, que faz muitas afirmações contraintuitivas. Nossas suposições sobre a natureza básica da realidade estão sendo revisadas à luz da nova compreensão que a teoria quântica vem revelando. Por exemplo, sugerir que todos estamos profundamente conectados em um campo unitário de consciência está de acordo com ideias contemporâneas segundo as quais o universo é um todo unificado, no qual todas as partes estão conectadas.

Um dos aspectos mais difíceis da teoria quântica é a noção de não localidade, que desafia a ideia do senso comum de que objetos estão isolados no espaço. Não localidade significa que objetos que parecem estar separados estão de fato conectados de formas que transcendem o tempo e o espaço. O físico John Bell mostrou que um par de partículas quânticas conectadas que estiveram antes em contato permanecem conectadas independentemente de quão longe estejam. O teorema de Bell mostra que fenômenos individuais parecem locais, mas há uma realidade profunda abaixo da superfície fenomenal que é mantida por uma conexão quântica cuja influência é não mediada e imediata. Objetos e pessoas são manifestações visíveis que emergem de um nível oculto da realidade quântica, o nível da função de onda, um campo subjacente de energia.

Argumenta-se com frequência que os efeitos dessas conexões quânticas são tão pequenos que podem ser ignorados para propósitos práticos no nível macro de nossa realidade. Portanto, não podemos fazer afirmações sobre uma pessoa apelando a fenômenos de nível quântico. Aqui, temos um dilema. De fato, pode ser um erro tentar fundamentar a teoria psicológica nas evidências da física quântica; entretanto, também parece um erro o fato de a psicologia ignorar o que a física nos diz sobre a estrutura profunda da realidade. Afinal, para propósitos práticos e locais, podemos assumir que a Terra é plana. Se isso importa ou não depende de quão longe queremos viajar.

O problema da teoria na psicoterapia

Uma teoria é elaborada pelo pensamento conceitual, e, como Krishnamurti indicava, não podemos descobrir o que está *além* do pensamento *usando* o pensamento. O problema para nossas teorias de psicoterapia é que há um nível transcendente em nós que não pode ser posto em palavras ou conceitos. Nossas teorias nunca serão capazes de articulá-lo completamente. Teoria em psicoterapia tem vantagens e desvantagens. É importante estar arraigado em uma disciplina intelectual, e é útil ter uma perspectiva unificadora de modo que possamos ensinar várias habilidades e saber por que estamos fazendo aquilo que fazemos. Uma teoria pode ter valor durante períodos confusos. Mas quando nos faz ver a outra pessoa através de uma tela de palavras e conceitos, é um obstáculo à nossa experiência da essência espiritual da pessoa. Ter um compromisso com uma teoria pode nos deixar muito confiantes de que compreendemos o que está ocorrendo. A teoria, então, atua para *impedir* a mudança. Qualquer coisa que esteja determinada se torna mecânica, e há um risco de que a acumulação de teorias e de técnicas que impomos em nossa formação possa produzir uma imagem restrita da pessoa ou uma rotina que possa impedir os terapeutas de verem o que de fato está acontecendo. É por isso que Jung indicou que cada paciente em terapia necessita de sua teoria, e é por isso que Kohut alertou que os analistas devem resistir à tentação de restringir suas compreensões dos pacientes às preconcepções teóricas (Kohut, 1984, p. 67).

Ao mesmo tempo que reconhecemos suas limitações, temos de reconhecer o paradoxo de que a teoria gradualmente nos ajuda a compreender a personalidade empírica. Ela nos auxilia a articular os modos pelos quais fomos condicionados e como nossa mente está funcionando. Mas é arriscado para os terapeutas tentarem mudar as coisas em termos de uma teoria particular de saúde ou de desenvolvimento mental. Cada um de nós tem uma teoria favorita, porém cada teoria é somente uma perspectiva sobre a pessoa. Um sujeito freudiano pode descobrir o complexo de Édipo, um junguiano descobrirá o nível arquetípico da psique, uma kleiniano descobrirá a destrutividade infantil, psicanalistas do *self* descobrirão a transferência de auto-objeto, e assim por diante. O movimento em direção a qualquer teoria particular pode ser uma fuga da realidade geral. Quando recorremos às nossas memórias para saber o que fazer, quando tentamos lembrar o que os livros dizem, distanciamo-nos do que está diante de nós. Quando recorremos à nossa base de conhecimento para tentar entender o que está acontecendo durante a terapia, a mente fica agitada em vez de tranquila, todavia, para ter clareza de percepção, a mente deve estar sossegada. Seria ideal ver a outra pessoa sem a interferência da teoria, mas, durante momentos difíceis na sala de terapia, temos uma tendência de recorrer aos cânones em vez de permanecermos completamente envolvidos na situação.

Argumentou-se muitas vezes que não há percepção imaculada, e que ver algo requer uma teoria sobre o que é importante, sobre o que deve ser o foco de atenção. Contudo, podemos estar na posição de um músico que incorporou tanto seu conhecimento que nenhuma teoria musical aparece quando ele toca. Por outro lado, na medida em que deliberadamente aplicamos a teoria, somos pegos no pensamento conceitual, e não somos realmente livres para ver o que está diante de nós porque vemos a pessoa por meio de uma imagem preconcebida. Isso se torna uma fonte adicional de distorção junto à contratransferência.

Mesmo quando imagens da pessoa ou de sua situação emergem espontaneamente do inconsciente, por exemplo, em sonhos, uma ênfase exagerada nessas imagens nos impede de compreender o todo da pessoa. Imagens são fragmentos, ou são como um fino raio de luz em um quarto escuro que nos permite enxergar uma pequeníssima área, mas tende a ignorar o restante da sala. Um foco excessivo em imagens fragmenta a personalidade. Uma imagem é inerentemente dualista e desagregadora porque é tão específica que diz "isso e não aquilo", de modo que identificar as outras pessoas por meio de uma imagem não é se relacionar com a totalidade delas.

Duvido que avanços na teoria psicoterapêutica resolvam completamente esse problema. A realidade espiritual de uma pessoa não pode ser organizada, classificada ou mesmo articulada. A verdade está sempre viva e em mudança, entretanto teorias são inertes, só olham para partes da pessoa e tentam traduzir o problema em seus termos. É por isso que as limitações de todas as novas teorias de psicoterapia são gradualmente expostas. A psicoterapia baseada em teoria se torna uma ideologia, e, por sua natureza, ideologias são sempre desagregadoras. Tive a experiência de tratar terapeutas que tinham orientações teóricas diferentes da minha, e nossas expectativas diferentes provocaram insatisfação mútua. A fim de ver uma pessoa, necessitamos estar internamente livres, e o pensamento conceitual não pode ser livre porque sempre será um produto de compromissos com aquilo que já é conhecido e determinado.

Ao mesmo tempo, paradoxalmente, também é verdade que sem um conjunto de habilidades, não poderíamos praticar. Há ocasiões em que nada é mais prático do que uma teoria com utilidade. Nesse contexto, gostaria de descrever uma abordagem minimalista que inclui a teoria da não dualidade combinada à ênfase de Krishnamurti (2001) na atenção total sem julgamento, avaliação ou comparação. Acredito que Bion (1967) tenha chegado a esse ponto quando recomendou aos terapeutas não terem memória, desejo, conhecimento ou compreensão, porque esses elementos tentam mudar a realidade em vez de aceitá-la. Essa atitude é baseada na ideia de que esses fatores prejudicam a percepção. Somente se vejo realmente a outra pessoa posso compreendê-la, e somente a real compreensão da outra pessoa origina a ação e as respostas necessárias. Bion se apercebeu de que a memória não é um registro acurado porque é distorcida por forças inconscientes. O desejo, como o desejo de que a pessoa mude, afeta o julgamento. A memória nos dá uma impressão de que o que pensamos aconteceu, enquanto o desejo nos mostra o que gostaríamos que tivesse acontecido; ambos interferem em nossa experiência do que está de fato acontecendo no momento. Isso pode parecer uma assembleia de perfeição, uma vez que temos algum tipo de lente por meio da qual enxergamos as pessoas, mas o ponto de Bion é que o que já sabemos pode ser obsoleto ou falso. O aspecto importante de qualquer sessão é o desconhecido. Quando os terapeutas comparam o que ouvem com seu padrão de correção, estão no passado, e não com a outra pessoa no momento. Conforme Bion: "Em qualquer sessão ocorre evolução. Fora da escuridão e da amorfia algo evoluiu" (1967, p. 18).

Para ilustrar a importância da percepção acurada, Krishnamurti (2001) usa a metáfora do que ocorre quando vemos uma cobra venenosa ou uma criança prestes a cruzar o caminho de um carro. Não precisamos pensar sobre o que fazer. Quando a ação surge da percepção clara, não há escolha nem conflito; ação e percepção emergem juntas.

Como, então, posso olhar para outra pessoa sem teoria, conhecimento e memória prévios? A mente dos terapeutas pode ser livre de conceitos? Devemos *tentar* não usar essa abordagem. Se fizermos um esforço, reforçamos o ego, e a distorção tende a ocorrer sempre que o ego se envolve. O que é necessário é a atenção completa, mas sem esforço. Isso é uma questão de permitir em vez de fazer. A atenção completa requer o que Krishnamurti (2001) chama de consciência sem escolha, que é a consciência sem preferências. Consciência sem escolha permite a liberdade de ver a realidade do que está presente. A atenção total usa a mente e o corpo inteiro, o ser por completo da pessoa, sem qualquer motivo e sem resistência ou preferência, sem prestar atenção a coisa alguma em particular. Quando estamos completamente atentos, não há "eu". Então, há uma consciência maior operando, e uma compaixão real pode surgir.

A disciplina necessária é experienciar a outra pessoa sem palavras ou conceitos, como fazemos quando olhamos em silêncio, quando nos comunicamos não verbalmente, e compreendemos com coração, corpo e alma. Para isso ocorrer, devemos ver a pessoa não como alguém de quem gostamos, ou não; mas como de fato ela é. Por exemplo, se vejo ódio e imediatamente o condeno, meu julgamento impede a percepção clara, sem o que não há real compreensão. A consciência aberta não tem opinião. Ela ouve a partir do silêncio, não do pensamento.

Compreendermos a pessoa e estarmos totalmente envolvidos na situação pode ser mais útil do que a análise baseada em teorias. Em muitas sessões de psicoterapia, movemo-nos entre teoria e envolvimento total. Assim que digo a mim mesmo: "essa é uma reação de transferência", minha percepção passa a ser condicionada pela teoria e não vejo o imediatismo da pessoa. Sem essa interferência cognitiva, o espaço entre nós desaparece, ou pelo menos não estou consciente dele. Não há observadores e observados, e temos as mesmas esperanças e medos, raiva, dor, ambição, inveja, e assim por diante. Quando me movo fora desse estado para pensar sobre a pessoa, de modo que há um observador e um observado, não estou totalmente envolvido. Se, depois, volto à atenção total, esse espaço desaparece e ocorre uma percepção que não é afetada pelo ego. É importante prestar atenção sem qualquer expectativa particular; neste caso, podemos espontaneamente experienciar uma sensação energética desse contato, uma sensação corporal da presença da outra pessoa (Reed, 1996; Schwartz-Salant, 1988). Por vezes, isso assume a forma de uma contratransferência corporificada, o estímulo de sensações corporais particulares nos terapeutas (Field, 1989). Por exemplo, durante uma sessão com uma paciente regredida, a terapeuta relata a sensação de "do leite descendo" em seus seios, como se estivesse amamentando. Com certeza, podemos compreender esse tipo de experiência como o resultado da identificação projetiva. Contudo, essa frase tende a implicar uma operação defensiva ou uma comunicação sutil entre dois participantes separados. De outro ponto de vista, esses fenômenos profundamente empáticos refletem uma participação mútua em um nível não dual de consciência, no qual os cuidados maternais estão ocorrendo em um nível arquetípico e pessoal.

Em um nível assim, vejo algo sobre a outra pessoa que não pode ser colocado em palavras, mas é tão vital, tão verdadeiro, que o sinto fortemente. Isso não ocorre se estiver preso na teoria. Se estiver trabalhando a partir da teoria, sei o que deveria ser em vez do que de fato é. Esse é um perigo da análise em seu sentido tradicional. No momento em que analiso outra pessoa, um espaço se abre entre nós, e contato e relação autênticos passam a ser inibidos. A análise é a resposta do passado, de meu conhecimento e de meu aprendizado e experiência acumulados, os quais afetam minha resposta ao que está diante de mim. Consequentemente, a noção de perspectivas de escuta pode ser problemática; uma perspectiva só nos permite ouvir uma parte da pessoa em vez de seu todo – prestamos atenção *a* algo em vez de simplesmente ouvirmos *a* pessoa. Então, posso apenas descobrir o que minha perspectiva me diz haver, e a psicoterapia não é uma busca pelo que já é conhecido, mas pelo que não conhecemos. Todas as teorias são parciais, entretanto as pessoas são complexas e inteiras. Qualquer problema psicológico é uma função da inteireza de um paciente.

Não faz sentido perguntar o que fazer durante a terapia se ideias teóricas vêm à nossa mente. Isso envolveria a busca por outra teoria, outra fórmula e outra autoridade, o que perpetuará o problema. Não há um "como fazer" para evitar a interferência da teoria. Na melhor das hipóteses, podemos ser conscientes do problema e observá-lo acontecendo. Tentar parar de pensar sobre teoria é como tentar não pensar sobre elefantes cor-de-rosa, e leva a um conflito interno. Quando vemos que somos arrastados para a teoria, há uma pausa natural no pensamento e a mente fica em silêncio enquanto observamos as postulações. Se fizermos qualquer coisa além de estarmos conscientes de que o pensamento conceitual está ocorrendo, podemos confundir novamente a imagem. É importante não ter motivo particular quando prestamos atenção desse modo, porque motivos representam uma parte do egocentrismo. Simplesmente nos apercebemos de que se começarmos a pensar teoricamente sobre a outra pessoa, nossos pensamentos abrirão uma lacuna psicológica entre nós. Ou seja, é somente por meio de uma consciência mínima que as nossas mentes ficarão quietas novamente. Assim, é importante não reagir *contra* o nosso condicionamento e as nossas teorias; isso apenas produz mais conflitos. Similarmente, temos de ser cuidadosos para não pensarmos "se eu fizer isso, serei uma terapeuta melhor".

Os terapeutas não podem ser compassivos se forem ambiciosos, invejosos, gananciosos, competitivos, inflacionados, temerosos ou se estiverem buscando poder pessoal. Todavia, muitos de nós sofrem de alguma combinação dessas qualidades. Quando surgem na sala de terapia, queremos nos distanciar delas e as deixamos pertencer ao analisando. Da mesma forma, é difícil lidar com o medo e o desespero do paciente, porque em algum lugar esses sentimentos também nos pertencem. Quando eles surgem, podemos ser capazes de interpretá-los do modo tradicional, ou podemos ser capazes apenas de sustentar um silêncio receptivo, sem julgamento ou comentário. Esse tipo de silêncio no *setting* terapêutico invoca uma qualidade especial de espaço no qual não existe você e eu, na verdade, não existe divisão alguma. Nesse espaço, pode ocorrer aquilo que está além do pensamento. Se formos verdadeiramente abertos, pode ocorrer um processo que Krishnamurti (1991) chama de "percepção sobre o-que-é". Aqui, a palavra *percepção* não é usada no sentido psicanalítico tradicional, em que significa compreender a dinâmica própria de uma pessoa. Percepção, no sentido de Krishnamurti (1991), significa uma percepção totalmente nova do modo que as coisas de fato são, não baseadas em conhecimento prévio. Essa percepção provê uma compreensão instantânea e uma consciência interna que envolve o corpo e a mente. A presença da teoria impede o surgimento desse tipo de percepção porque a mente pode então identificar somente aquilo que já se tem conhecimento.

Render-se a o-que-é: uma abordagem não dual ao sofrimento na psicoterapia

Todos os psicoterapeutas trabalham com pessoas que enfrentam situações de sofrimento, como doenças crônicas, perdas e outras situações que não podem ser alteradas. Especialmente nesses momentos, os terapeutas não podem recorrer a teoria alguma. Eles enfrentam os pacientes somente com a própria humanidade e a visão de mundo pessoal. A perspectiva não dual leva a uma atitude particular para com essas situações de vida. Essa estratégia é útil na vida dos analistas e também ajuda na habilidade de ter empatia ao sofrimento alheio. É desnecessário dizer que essa atitude não precisa ser articulada no *setting* de terapia.

A suposição subjacente da perspectiva não dual é que o universo está em perfeita ordem, e o que quer que esteja acontecendo é parte da ordem maior e, assim, deve ser como é, mesmo que não gostemos de uma situação particular ou que não a compreendamos. A abordagem não dual do sofrimento, com efeito, sugere entregarmo-nos a o-que-é, ou o que é tradicionalmente chamado de "renunciar". Isso significa aceitação radical do que quer que seja a realidade presente. Aceitação radical não implica passividade, inação, tolerância relutante, submissão ou resignação na qual simplesmente nos sentimos como uma vítima indefesa. Aceitação significa compreender a futilidade de tentar escapar da situação e acolhê-la, reconhecer que uma dimensão transcendente está operando. O sofrimento de uma pessoa não é aleatório; é uma parte de um processo maior. Qualquer ação necessária surge dessa atitude e não da rejeição a o-que-é. Longe de ser passivo, o ato de nos entregarmos pode, de fato, melhorar nossa habilidade de lidar com uma situação e permite a emergência de uma perspectiva maior. Tendo feito o que quer que possa ser feito, a aceitação radical permite, então, que a situação se desdobre, apercebendo-se de que o ego não está no controle. A aceitação não é, portanto, heroica, tampouco é uma questão de domínio. Em contraste, se nossa ação resulta da resistência a o-que-é, podemos criar mais dificuldades. Na medida em que respondemos ao sofrimento com raiva ou medo, corremos o risco de provocar mais sofrimento, embora a ação que surge de nossa aceitação reduza a fricção e nos permita ser pacíficos internamente. É desnecessário dizer que, conforme ocorre em todas as práticas espirituais, é possível usar a noção de rendição defensiva como uma forma de evitar a ação necessária ou de falhar em assumir a responsabilidade quando seria apropriado fazê-lo. É importante também, para os terapeutas, distinguir o processo de rendição transformadora do masoquismo. Isso produz inconscientemente sofrimentos autoinfligidos, como uma cadeia de perdas financeiras, relações ruins e acidentes recorrentes[106].

Embora os terapeutas possam sentir que um problema particular requer uma rendição, isso não é algo que o ego possa decidir fazer, mesmo que concordemos com a ideia. Pois a rendição do ego reforçaria ele próprio e, no máximo, levaria à submissão. Compreender a necessidade da entrega

---

106. Freud cunhou o termo *masoquismo moral* para descrever a ideia de permitir o sofrimento em favor do que parece ser um bem maior. O termo *masoquismo* nesse sentido psicodinâmico não é uma acusação de que a pessoa desfruta do sofrimento, e não é um modo de culpar a vítima como se tirasse prazer perverso do abuso. Uma esposa espancada não gosta de ser espancada. Ela permanece no casamento porque em seu inconsciente há um bem maior envolvido; parece que tolerar abuso realizará outro propósito que justifica o sofrimento, como não ser abandonada ou manter a família unida. Pode ser que, de um ponto de vista externo, sua permanência no casamento seja mais destrutiva e perigosa do que se saísse dele, mas ela sente que seu bem-estar é contingente à sua tolerância ao abuso. Ou, então, foi habituada desde a infância a acreditar que abuso é o preço que tem de pagar por um relacionamento. Esse padrão ocorre em famílias quando as crianças aprendem que o melhor ou o único modo de ter atenção é se meter em encrencas ou estar em sofrimento.

pode facilitá-la, mas o autêntico renunciar só pode acontecer espontaneamente como um ato de graça. Reconhecer isso é em si uma forma de aceitação. Além disso, não se pode aceitar radicalmente uma situação a fim de mudá-la – isso seria autocontraditório, uma forma de tentar restabelecer controle. Por exemplo, após anos de debilitação física, sofrimento e depressão, uma mulher com dores crônicas descobre que, de forma involuntária, deixa de desejar uma melhora; após isso, sua angústia diminui, ainda que a dor seja a mesma. Não há razão consciente para isso; ocorre ao acaso, não pelo esforço egoico.

A rendição é particularmente difícil para pessoas que são temerosas, sobretudo porque cresceram em famílias perigosas, uma vez que necessitam controlar o ambiente para se sentirem seguras – falta-lhes a confiança básica. A entrega também é difícil ou impossível para pessoas que não podem tolerar estados afetivos dolorosos. Sem um trabalho psicoterapêutico preliminar que fortaleça a tolerância ao afeto, uma atitude não dual seria construída sobre a areia, porque uma rendição transformadora provocaria muita ansiedade de fragmentação. Todavia, quando a tolerância ao afeto se desenvolveu de tal modo que a fragmentação seja menos provável, a abordagem não dual se torna uma possibilidade terapêutica. Por vezes, sobre a rendição se diz que só se pode dar aquilo que se tem, de modo que se a personalidade ou o ego for frágil ou pouco desenvolvido, jamais poderá ter uma entrega (Hidas, 1981). Contudo, acho que isso não é necessariamente verdadeiro; podemos dar o que quer que tenhamos para dar de nós. Muitas pessoas emocionalmente perturbadas têm uma profunda espiritualidade e uma grande fé para oferecer.

Devo reconhecer que a própria ideia de rendição é antitética à nossa atitude cultural de autodeterminação e autopromoção autônomas. Apoiamos falsamente o valor da humildade, mas essa não é amplamente encorajada. Também ensinamos que o esforço é necessário para o sucesso. Todavia, para a abordagem não dual, para a entrega, o esforço é contraprodutivo. Para nos entregarmos, nada *fazemos*; somos receptivos e permitimos. Não podemos dominar a prática da rendição, porque o ego não pode renunciar a si. Em vez disso, a entrega ocorre espontaneamente quando compreendemos a situação na qual estamos. De qualquer modo, para uma interpretação não dual, o si-mesmo separado é ilusório. O sofrimento, portanto, não pertence a ninguém em particular – está simplesmente ocorrendo e não necessita ser visto como mau ou como meu (Parsons, 2002). Essa compreensão é considerada o remédio último para o sofrimento, porém está obviamente fora do alcance da maioria de nós.

Parte do valor do trabalho terapêutico sobre a personalidade empírica é que, olhando para as estruturas da personalidade, vendo como se desenvolvem, tornamo-nos mais capazes de renunciar à identificação com nossa história. Vemos que traços da personalidade proeminente, como uma intensa necessidade de sucesso e reconhecimento, são muitas vezes uma tentativa de incorporar, imitar ou compensar qualidades que perdemos no desenvolvimento devido à falha do auto-objeto. Não é útil rejeitar esses aspectos de nossa personalidade, uma vez que esse julgamento produz um conflito interno entre partes do si-mesmo que desaprovam outras de suas partes. É útil compreender que nossa história se desenvolveu como se desenvolveu por necessidade, mas a personalidade empírica não é nossa natureza essencial.

Como é difícil tolerar o sofrimento de outra pessoa, os terapeutas podem desejar ver um resultado particular da terapia ou aliviar um problema característico. Pode ser necessário também sermos efetivos como um modo de apoiar nossa autoestima, já que desfrutamos de gratificação legítima quando somos úteis. Contudo, as necessidades dos terapeutas podem interferir em uma abordagem não dual da psicoterapia. Para os analistas, entregar-se significa que, tendo feito tanto quanto podemos, renunciamos a qualquer investimento narcisista no resultado da terapia. Não determinamos o resultado do trabalho. Os terapeutas desejam o melhor para a pessoa e querem ajudá-las, entretanto essas são preocupações do ego, e os analistas não podem saber o que é certo para a alma da pessoa. Não conhecemos o *telos* da personalidade do paciente. Portanto, do ponto de vista da alma, a ideia de um plano de tratamento derivado do ego é presunçosa, senão absurda, sem mencionar o fato de que o paciente terá de submeter-se à agenda do terapeuta, o que pode reproduzir uma situação de infância de submissão à agenda dos pais.

Há outros caminhos espirituais que levam a uma aceitação radical do sofrimento. Pessoas que são temperamentalmente do tipo devocional, em um caminho de amor e culto ao divino, podem aceitar o sofrimento como um "convite" necessário do divino[107]. O resultado final desse ca-

---

107. Um bom exemplo é o poema intitulado "Um convite divino", de Hafiz (Ladinsky, 1996): Você foi convidado para / encontrar O Amigo. / Ninguém pode resistir a um Convite Divino. / Isso limita todas as nossas escolhas / A apenas duas: / Podemos ir a Deus / Vestidos para dançar, / Ou / Sermos levados em uma maca / À Guarda de Deus.

minho pode ser o mesmo que uma abordagem não dual, porque se nos rendemos completamente ao divino, não há mais a quem se entregar, apenas uma fusão completa. Nas palavras de Kabir, "a via do amor é muito estreita; não pode acomodar dois". Ou seja, os caminhos da não dualidade, da sabedoria e da discriminação, e o caminho do amor não são, em última instância, diferentes.

Escrevendo sobre sua experiência com a natureza unitária da realidade, Bernadette Roberts diz:

> Para mim, essa revelação ocorreu no simples gesto empírico de um sorriso pelo qual o próprio sorriso, aquilo que sorria, e aquilo ao que sorria eram conhecidos como idênticos [destaque do autor]. Na proximidade dessa forma de conhecer, os três aspectos do Um ficaram claros (Roberts, 1984, p. 152).

9
O sofrimento e a descoberta do significado na psicoterapia

Significado e sofrimento

Um componente relevante da psicoterapia envolve ajudar pessoas a lidarem com o sofrimento. Para esse fim, gostaria de discutir o valor da descoberta de significado no sofrimento, um processo que pode ser importante para pessoas com uma sensibilidade espiritual. Há algo desconfortável em falar sobre o significado do sofrimento, porque, quando estamos sofrendo, pode parecer que nada ajuda, muito menos a abordagem verbal. Entretanto, é útil ter uma estrutura que nos permita estar com o sofrimento em um grau de serenidade, seja o nosso sofrimento, seja o da pessoa com quem trabalhamos.

É importante reconhecer que não há uma diferença entre a perspectiva não dual do sofrimento discutida no capítulo anterior e uma busca pelo significado do sofrimento. A filosofia não dual não encorajaria essa busca, com base no fato de que em última instância a essência espiritual da pessoa não sofre; esse nível transcendente da pessoa é totalmente incondicionado e, portanto, nenhuma história pode ser aplicada a ele. Ser, incluindo sofrer, pode ser experienciado como é, sem necessidade de comentário. Desse ponto de vista não dual, o significado que derivamos do sofrimento é um conjunto de conceitos criados apenas pelo inconsciente, uma história, entre outras, que não tem realidade absoluta ou significado intrínseco. A busca por significado pode se tornar um modo de evitar a realidade de uma experiência, ou a história que desenvolvemos pode condicionar mais a mente ou nos manter vinculados a nosso sofrimento. Contudo, a experiência de muitos pacientes na psicoterapia é que eles estão muito longe de compreender o nível incondicionado de consciência ou a percepção amorfa que é sua verdadeira natureza. Elas não podem se beneficiar de uma visão não dual que faz a pergunta tradicional "quem está sofrendo", a fim de começar um processo de investigação sobre a natureza do si-mesmo. Essa abordagem sugere que a pessoa se unifique com o sofrimento sem se envolver em pensamentos sobre por que isso está ocorrendo. Essa atitude é muitas vezes impraticável e inútil porque o sofrimento da pessoa é muito intenso. Não podemos permanecer na consciência incondicional quando estamos com muita dor. Nessas situações, a descoberta de um novo significado é útil para nos libertarmos de histórias que provocaram dor.

O sofrimento é um dos grandes desafios para qualquer tipo de espiritualidade. O sofrimento nos força a descobrir nossa espiritualidade real em vez de aceitar o que nos disseram. Se um terapeuta está trabalhando com uma pessoa que está comprometida com uma tradição religiosa particular, quando essa explicação da tradição para o sofrimento é satisfatória, o analista necessita apenas reconhecer isso, caso o tema surja. O foco do trabalho passa a ser, então, o processo da psicoterapia no sentido usual, e as crenças religiosas do analisando apenas fornecerão um pano de fundo útil. Contudo, para pessoas que não acham úteis as explicações religiosas tradicionais para o sofrimento, algo mais é necessário. Muitos pacientes consideram que simplesmente há sofrimento demais no mundo para acreditar nas explicações teológicas tradicionais para isso. Uma resposta assim é inútil quando quem sofre sente que estão lhe oferecendo trivialidades, ou quando a tradição religiosa não lida da melhor forma com a especificidade da situação. As explicações tradicionais podem falhar quando quem sofre, como o Jó bíblico, sente que seu sofrimento é desproporcionado.

Quando sofremos, pode ser difícil manter a sensação de que vivemos em relação a uma realidade espiritual, ou que a vida tem algum significado, quanto mais um plano transcendente. O sofrimento provoca uma crise espiritual que pode fragmentar a fé na noção de um Deus benevolente e protetivo, porque é difícil acreditar que um Deus assim permitiria as coisas terríveis que ocorrem. O sofrimento pode, portanto, levar a uma rejeição das imagens padrão de Deus encontradas nas tradições monoteístas. Nesse caso, o par terapêutico deve descobrir uma estrutura alternativa de referência para tentar compreender o sofrimento da pessoa. Quando isso é bem-sucedido, entendemos por que se diz que a religião é para pessoas que temem ir para o inferno, ao passo que a espiritualidade é para pessoas que já estiveram lá.

É útil se a pessoa encontra uma abordagem particular para enfrentar o sofrimento, mas a longo prazo não se pode lidar com o sofrimento explicando cada um de seus exemplos individuais, porque mesmo que um problema seja resolvido, cedo ou tarde outro surgirá. Temos de lidar com o problema maior do próprio sofrimento. Independentemente do tipo de sofrimento, há alguma atitude que seja útil em relação a ele? Ou necessitamos de uma abordagem diferente para o sofrimento físico distinta daquela para o sofrimento psicológico – a dor da doença corporal em vez de problemas como solidão, perda e desespero? Há um modo de impedir que o sofrimento nos corrompa, a fim de não nos tornarmos amargos e zangados? Isso pode ser feito sem recorrermos a paliativos, como a crença em uma vida após a morte, na qual tudo ficará bem? O que fazemos quando todas as nossas distrações e tentativas de evitar o sofrimento terminam decepcionando-nos? O que fazer quando nos apercebemos de que não há escapatória, tentando negar o sofrimento, racionalizá-lo, ou meramente nos resignar a ele? Durante qualquer doença grave, tendemos a perguntar: Por que isso está acontecendo comigo? Quando essa pergunta surge durante a psicoterapia, ficamos preocupados em oferecer uma resposta coerente à estrutura do caráter da pessoa. Fazer isso requer atenção à especificidade da situação sem aplicar ideias preconcebidas. Por vezes, podemos discernir um significado simbólico para o sofrimento, enquanto outras vezes o sofrimento parece não ter sentido e somente a relação terapêutica é capaz de sustentar a pessoa.

Se uma pessoa em sofrimento perdeu a fé na religião tradicional, uma série de perguntas pode surgir na psicoterapia. Há algum pano de fundo espiritual ou significado no universo, ou o cosmos é meramente o resultado de uma série de eventos impessoais determinados pelas leis da física? Há um significado objetivo para nossas vidas, que recebemos de uma fonte espiritual, ou nossa sensação de que uma experiência dolorosa é significativa é apenas um desejo reprimido, uma ilusão defensiva ou, na melhor das hipóteses, apenas uma verdade subjetiva? A vida é apenas uma "história contada por um idiota", já que os eventos simplesmente ocorrem ao acaso?

A pergunta se a vida é intrinsecamente significativa ou se inventamos o significado é controversa, mas não incomumente feita na sala de terapia. Como Frankl coloca, somos criaturas "que buscam significado" (1975, p.

112). Para os terapeutas, há uma variedade de formas de ajudar uma pessoa a encontrar o significado maior de uma situação dolorosa. Podemos descobrir sua conexão com outros aspectos da vida da pessoa, de modo que ela pode discernir um padrão reconhecível. O paciente pode compreender como eventos e relações da infância contribuíram para a situação presente. Seu sofrimento pode parecer significativo porque move a pessoa em uma direção particular que ela de outro modo não seguiria. Ou a situação permite que a pessoa descubra um objetivo particular que faz com que sinta que há algo que vale a pena fazer na vida. Independentemente do modo como chegamos nisso, estamos buscando um significado que provoque um estado mental no qual nos sintamos emocionalmente satisfeitos ou profundamente movidos, de modo que seja permitido afirmar a vida apesar de suas dificuldades. A descoberta de significado permite nos sentirmos relacionados à vida como um todo, em vez de sermos entidades isoladas. Podemos ser capazes de ver nosso sofrimento em um contexto maior, de modo que o compreendemos como algo necessário. Esse tipo de significado permite uma sensação subjetiva de sentido e de valor. Uma vida significativa nos permite sentir que temos algum trabalho ou vocação que é relevante, algumas pessoas importantes para nós e alguma razão para estarmos aqui vivendo uma existência cotidiana banal.

Um tema que surge aqui é se verdadeiramente se chega ao significado acordado pelo par terapêutico em um processo de explicação mútua, de modo que um aspecto autêntico do destino da pessoa é revelado, ou se o significado é simplesmente construído pela explicação de uma experiência nos termos da orientação teórica dos analistas. O ideal, é claro, é que uma explicação teórica espelhe com precisão a realidade da pessoa, mas há tantas abordagens teóricas que não podemos estar certos de que esse é o caso. Ao insistir em um modelo particular de terapia, os terapeutas podem contribuir inadvertidamente para o significado que pensam estar descobrindo, assim como teólogos podem explicar o significado do sofrimento em termos de suposições teológicas preconcebidas, tal qual a noção de que o sofrimento é uma punição para o pecado.

Apesar dessa cilada, o propósito deste livro é que, para muitas pessoas, a psicoterapia preenche um vazio cultural que costumava ser ocupado pela religião, porque hoje as pessoas vão à terapia por razões como crise existencial ou mal-estar que tradicionalmente as levava a visitarem sacerdotes. O significado que surge na psicoterapia ilustra o fato de que nossa espiritualidade não necessita de uma instituição tradicional. Uma sensação de significado na vida pode surgir do trabalho com a psicologia da pessoa, como uma experiência individual do sagrado, ou por meio de novas abordagens como programas de 12 passos no tratamento do vício. Em vez de ser visto como sem sentido, um problema como o vício pode ser percebido como tendo dimensões espirituais ou como uma desordem. Jung indicou que o alcoolismo poderia ser considerado um problema espiritual se a ânsia por álcool fosse considerada uma forma de "nível inferior" de sede espiritual (1976, p. 624). Grof (1993) desenvolveu a noção de vício como uma crise espiritual. Em um nível, o vício pelo álcool ou por narcóticos pode ser visto como um modo de lidar com dor emocional intolerável; em outro, pode ser visto como um modo primitivo de dissolver o ego e fundi-lo na totalidade ou como uma busca por união extática com o divino. Aperceber-se disso dá outro nível de significado para o tratamento do vício.

Uma sensação dolorosa de falta de sentido ou de alienação pode ou não ser auxiliada por uma tradição religiosa particular. Tipicamente, as tradições fornecem ensinamentos espirituais que são coletivamente significativos; porém, mesmo quando aderimos a essas doutrinas, podemos também ter de encontrar significado pessoal adicional na vida. Frankl chama isso de o significado certo ou verdadeiro para a vida da pessoa, que ele acredita ser "algo encontrado", algo "descoberto em vez de inventado", algo que não pode ser dado pelos terapeutas (1988, p. 62). Com certeza, é difícil saber se encontramos o significado autêntico de nossa vida, no sentido de ser dado por uma sabedoria maior ou pela própria vida, ou se estamos meramente projetando uma fantasia pessoal de significado transcendente à nossa situação. Mas a noção de que o significado é descoberto e não inventado está de acordo com a noção de Jung segundo a qual a personalidade tem seu *telos*, objetivo, em direção ao qual os eventos da vida nos movem. Também concorda com sua sugestão segundo a qual sonhos e experiências sincrônicas têm seu significado intrínseco ou *a priori*, existindo fora da pessoa (OC 8/3, § 942). Não é necessário estar em terapia para encontrar esse significado; muitas pessoas o encontram em trabalho, religião, relações, buscas criativas etc. Outros tentam lidar com a sensação de que suas vidas não têm sentido, preenchendo seu tempo com várias atividades. A indústria do entretenimento fornece distrações intermináveis para sentimentos desconfortáveis de vazio.

Uma sensação persistente de falta de sentido é muitas vezes associada a uma desordem do si-mesmo, uma distimia crônica ou depressão vazia (Tolpin & Tolpin, 1996). Segundo Jung (1952b), uma sensação dessa é uma forma de "estagnação espiritual", e a tarefa dos terapeutas é ajudar a pessoa a encontrar o que Jung (OC 11/6) chamou de o "significado que acelera", uma sensação *individual* de significado. Conforme ele sugere: "O sem sentido inibe a completude da vida e é, portanto, equivalente à doença. O significado torna muitas coisas suportáveis – talvez, tudo" (1961/1965, p. 340). Se podemos encontrar um lar espiritual em uma das tradições religiosas estabelecidas, o significado é *a priori* uma certeza, porque cada tradição afirma ter a verdade absoluta. Contudo, muitas pessoas hoje são incapazes de acreditar nessas afirmações de verdade em larga escala e preferem encontrar um significado mais particular. Mesmo na ausência de um sofrimento evidente, a menos que algum tipo de significado na vida seja encontrado, vivemos em um vácuo espiritual.

É necessário um nível elevado de realização espiritual e confiança na dimensão do sagrado para renunciarmos à necessidade de significado e pararmos de fazer perguntas quando sofremos. Para muitos de nós, a necessidade de significado se torna aguda na presença de uma crise existencial. Problemas como dor crônica, ansiedade ou depressão prejudicam a qualidade de vida e parecem completamente sem sentido. A tradição da psicologia profunda sugere que podemos descobrir o significado desses sintomas estudando as manifestações do inconsciente como sonhos, visões, eventos sincrônicos e transferência. Assim, embora seja verdadeiro que as pessoas procurem a terapia para se livrar desses sintomas, como se fossem corpos estranhos na personalidade, essas manifestações também podem ser vistas como sinais de que algo precisa de atenção. Há um nível mais profundo de sofrimento do que o sintoma visível. Podemos descobrir, por exemplo, que na meia-idade nos identificamos inconscientemente com objetivos e valores coletivos, e somos agora forçados por nossa depressão a descobrir mais valores pessoais. Podemos achar que nossos relacionamentos estão minguando, que nossa carreira parece vazia ou que o objetivo de uma vida há muito valorizado parece estar se esvaindo. Nessas situações, nosso sofrimento, conforme Jung, é provocado pelo Si-mesmo, que é uma fonte superior de sabedoria e de conhecimento. O sofrimento pode, portanto, apontar para a frente; apresenta um significado em termos de desenvolvimento e realização da personalidade. Não é por acidente que a jornada de heróis míticos muitas vezes começa com um período de intenso sofrimento que dispara a jornada de descoberta dos heróis para romper as limitações pessoais (Campbell, 1968). É como se nossa vida estivesse indo na direção errada, ou nossa consciência tivesse se tornado muito estreita, de modo que o Si-mesmo provoca sintomas porque uma correção de curso se faz necessária. O sofrimento nos força a nos abrirmos para o inconsciente, e suas intenções para nós. Dessa forma, paradoxalmente, a fonte do problema e o potencial de cura estão ambos no inconsciente.

Perguntar-se sobre o significado e o propósito do sofrimento é uma reação humana típica a ele. Algumas almas estoicas com uma inclinação existencialista simplesmente aceitam o seu sofrimento de forma filosófica, como parte do lado difícil da vida[108]. Todavia, esse não é apenas um debate metafísico; há evidências empíricas de que, para pessoas que sofrem de doenças graves, a descoberta de significado e o entusiasmo pela vida beneficiam a cura, embora o desespero persistente afete o prognóstico[109]. Já foi demonstrado que estados prolongados de desmoralização e outros estados emocionais negativos ativam a recorrência de doenças; por exemplo, o sentimento de impotência e o ressentimento. Inversamente, estados de esperança, propósito, gratidão e alegria parecem proteger contra a recorrência de muitas doenças, presumivelmente por seus efeitos positivos sobre o sistema imune.

Ficamos impressionados com o testemunho daqueles que sofreram e descobriram algum significado nesse processo. Em *Man's search for meaning*, Frankl (2006) insiste que, independentemente de quão pouco controle tenhamos em uma situação terrível, temos escolha sobre como reagiremos. Em campos de concentração nazistas, não havia liberdade e os

---

108. Refiro-me à filosofia do niilismo existencial, que diz que não há significado último para o sofrimento, resposta específica a ele ou consolo metafisicamente baseado. O significado é apenas uma criação arbitrária. O significado da vida é que ela não tem sentido. Outras pessoas assumem uma posição de significado limitado, sugerindo que podemos viver como se houvesse significado sem acreditar que o significado que atingimos é absoluto ou objetivo, mesmo que isso seja somente uma ilusão. Ou podemos simplesmente escolher viver significativamente e desfrutar disso, uma vez que a vida é o que fazemos dela.

109. Por exemplo, LeShan (1994) sugere que os pacientes com câncer que encontram significado na vida, uma vocação sobre a qual são entusiastas e um estilo de vida prazeroso evoluem de forma mais adequada do que pacientes que não encontram nenhum significado. Ter uma razão para viver parece mobilizar a cura. O potencial problema desse argumento é a culpa, caso a pessoa se sinta pessoalmente responsável pela própria doença. Essa culpa não é realmente justificada, uma vez que o ego não pode influenciar essas situações – o problema costuma estar no inconsciente.

prisioneiros não tinham controle sobre suas vidas. As pessoas eram tratadas de forma abominável. Todavia, de acordo com o autor, escolhas eram feitas: algumas pessoas desistiam, outras se comportavam mal com outros prisioneiros, mas havia aquelas que compartilhavam o que podiam, ou sacrificavam a própria vida pelos outros[110]. Alguns, inclusive, tinham um senso de humor. Para ele, a busca por significado é tão importante que a vontade de viver depende dela. Além disso, sugeriu que de algum modo "o sofrimento cessa de ser sofrimento quando encontramos um significado" (Frankl, 2006, p. 135), porque o significado tem um efeito terapêutico. Frankl acreditava que temos uma "vontade de significado" que nos faz buscá-lo constantemente, e o grau em que achamos a vida significativa é um indicador confiável de saúde mental[111].

Para Jung, também, "o sem sentido inibe a plenitude da vida e é, portanto, equivalente à doença" (Jung, 1961/1965, p. 340). Ele descobriu que cerca de um terço das pessoas que o procuravam para psicoterapia não sofriam de uma desordem clinicamente definível. O principal problema era que essas vidas pareciam sem sentido ou sem objetivo. Essas pessoas eram muitas vezes capazes e corajosas, mas sofriam da "neurose geral de nosso tempo" (Jung, 1961/1965, p. 340), uma sensação de futilidade, de ausência espiritual e de ausência de um mito crível, uma história pela qual pudessem viver. Muitas pessoas estão em um estado semelhante hoje. Algumas são infelizes porque sentem que a vida não tem sentido, enquanto outras ficam deprimidas por inúmeras razões e são incapazes de descobrir algum significado na própria depressão. Infelizmente, nossa cultura não nos permite ver a depressão como uma reação potencialmente produtiva para uma crise existencial, que aponta para a necessidade de introspecção, de distanciamento da rotina e de uma reavaliação da situação. Em vez disso, a depressão foi transformada em um problema médico para o qual antidepressivos são a principal linha de tratamento. Seria preferível usá-los como coadjuvantes, para aliviar o sofrimento des-

---

110. Observe que essa posição é discutível. Pode ser que as pessoas sintam que estão escolhendo, enquanto de fato estão apenas reagindo conforme seu condicionamento.

111. A imagem heroica de Frankl foi enfaticamente criticada com base no fato de que transmite equivocadamente a impressão de que esteve em Auschwitz por algum tempo, quando na verdade esteve lá apenas por alguns dias. Ele também havia sido criticado por ser pomposo, autoritário, essencialista e redutivo, e que a logoterapia não pode lidar com pessoas que acham a vida sem sentido (Pytell, 2006).

necessário enquanto a pessoa está tentando compreender o significado da depressão. Usados sem prescrição, antidepressivos adaptam o paciente a uma situação que pode levar a apatia, sem nada mudar.

Muitas pessoas que parecem bem-ajustadas e bem-sucedidas em suas vidas atingem um ponto em que começam a perguntar "isso é tudo que há?". Perguntam-se se o sucesso realmente significa algo. Jung acreditava que as pessoas chegavam nesse ponto porque procuravam de forma inadequada pelo significado, ou porque se contentavam com respostas equivocadas para as questões da vida. Buscam *status*, dinheiro e sucesso, porém permanecem infelizes mesmo quando tudo isso é obtido, porque estão "confinadas em um horizonte espiritual muito estreito" (Jung, 1961/1965, p. 140). Caso se desenvolvessem em "personalidades mais espaçosas", sua dificuldade desapareceria (Jung, 1961/1965, p. 140). Para Jung, conforme Frankl, "o significado torna muitas coisas suportáveis – talvez, tudo" (Jung, 1961/1965, p. 340). Esse processo é tão importante que Jung acreditava que seus pacientes na segunda metade da vida não poderiam receber ajuda a menos que encontrassem uma perspectiva religiosa. Entretanto, com isso, ele não se referia à crença em um credo ou tradição de fé, mas à descoberta de um mito pessoal de significado que pudesse surgir da experiência numinosa direta e de uma conexão com o Si-mesmo. Esse tipo de significado permite uma nova perspectiva. Segundo Jaffé (1983), Jung elevou a importância do significado a um *status* mítico, sugerindo que a tarefa metafísica da humanidade, o que torna nossas vidas significativas, é a expansão contínua da consciência. Essa resposta o satisfazia, todavia é somente um exemplo; cada um de nós necessita de uma abordagem pessoal.

A questão acerca de se a vida é aleatória ou significativa é especialmente difícil para pessoas cuja religião coletiva perdeu seu poder. No Ocidente, o cristianismo e o judaísmo institucionais costumavam fornecer sistemas de crenças que tratavam de todos os problemas da vida, porém isso não ocorre mais. Muitos de nós devem buscar significado individualmente. Não vivemos mais no paraíso de certezas *a priori*, de modo que a busca por significado muitas vezes envolve uma crise de fé. Para algumas pessoas isso é muito difícil; tornam-se fundamentalistas, apegando-se a um conjunto pré-formado de respostas às dificuldades da vida. Contudo, algumas atitudes fundamentalistas pioram as coisas em virtude do significado que atribuem ao sofrimento. Por exemplo, uma crítica cristã fundamentalista à psicoterapia refere-se à psicologia como "irreligiosa" (Bobgan & Bobgan,

1987, p. 6)[112]. Esses autores sugerem que o sofrimento se deve à nossa separação de Deus devido à condição humana pecadora e devido à presença do pecado no mundo após a queda de Adão (Bobgan & Bobgan, 1987). Para eles, Jesus é o único modo de restabelecer uma relação com Deus. Há somente um caminho para a redenção, e a psicoterapia é potencialmente destrutiva, porque o portão da salvação é estreito (Mt 7,13-14) (Bobgan & Bobgan, 1987). Essa atitude pode provocar um considerável sentimento de culpa, que deve ser aliviado pela crença nos ensinamentos tradicionais, em cujo caso a tradição provoca a doença para a qual só ela tem a cura. Dizer que o sofrimento é resultado do pecado pode levar à interpretação de que a pessoa nessa condição foi abandonada por Deus ou que está sendo punida pelo pecado, o que aumenta o fardo de sua responsabilidade. De um modo geral, sugerir que uma tradição espiritual particular é a abordagem exclusivamente correta do sofrimento, simplesmente vai contra as evidências. Essas atitudes tradicionais são baseadas em conceitos preexistentes sobre a relação do humano e do divino, mas não podemos nos livrar do sofrimento nos apoiando em doutrinas; temos de conviver e entender o que emerge dele.

Se as respostas tradicionais nos decepcionam quando sofremos, podemos encontrar significado pessoal autêntico na situação como resultado de uma experiência numinosa, que é autoautenticadora e não necessita da validação de uma autoridade espiritual. Um significado autônomo desse tipo pode surgir de vários modos. Uma fonte surge por meio de um sonho, tal qual no relato a seguir, que ocorreu a um psicoterapeuta que estava experienciando um período de angústia e de dúvidas quanto ao próprio trabalho, temendo estar desperdiçando sua vida.

> Houve uma catástrofe de grandes proporções, talvez um terremoto ou uma guerra. Muitas pessoas feridas estão deitadas em catres em um enorme prédio que está sendo usado como um hospital provisório. Uma mulher desconhecida está me conduzindo ao redor. Ela me instrui a simplesmente tocar várias pessoas feridas e estar com elas. Fico surpreso em descobrir que isso as ajuda.

Esse sonho provocou uma mudança radical de atitude; era óbvio que ele podia ser útil sem fazer qualquer coisa particularmente complicada. No sonho, nada de seu conhecimento técnico era exigido. Ele se permite ser conduzido por uma figura da alma, e ajuda com o simples contato e testemunho.

---

112. Isso é especialmente irônico, uma vez que a psique é um veículo para experienciar o numinoso, e estudá-la pode ser um modo de observar uma forma na qual o divino se apresenta.

Encontros transcendentais também são úteis. Uma mulher morrendo de câncer passou o último ano de sua vida tentando compreender sua infância, especialmente o conflito ressentido entre seus pais, que havia lançado uma sombra sobre sua família. Mesmo que estivesse no fim da vida, parecia-lhe importante tentar enfim obter alguma perspectiva sobre esse problema. Pouco antes de morrer, acordou numa manhã com a forte sensação de que seus pais, já falecidos, estavam de pé ao lado de seu leito, embora não os pudesse ver fisicamente. Para surpresa e alívio, eles pareciam estar juntos de um modo pacífico. Um pequeno pote dourado então apareceu em seu leito. O pote estava cheio de óleo, e centelhas douradas pareciam emanar dele. Seus pais lhe comunicaram esta mensagem: "Você tem de usar isso para abençoar os outros". O óleo parecia sagrado e curativo, e ela o associou à tradição bíblica da unção[113]. O significado dessa experiência numinosa surge devido ao poder emocional, sobretudo quando reverbera com um tema que desempenha um papel importante na vida de uma pessoa.

A descoberta de significado autêntico ajuda a fortalecer a sensação do si-mesmo da pessoa. Contudo, há respostas defensivas ao sofrimento que evitam o problema real. Os terapeutas devem ser cuidadosos com soluções que parecem "transcender" a situação ou "ir além" do sofrimento da pessoa; quando, na verdade, estão apenas negando a gravidade da situação. Transcendência real significa que experienciamos completamente a situação e a digerimos tanto quanto possível. Desenvolvemos uma atitude madura para com o sofrimento e talvez sintamos seu significado mais profundo. Só então podemos dizer que de fato o deixamos para trás.

Os terapeutas serão capazes de discernir se uma atitude para com o sofrimento é defensiva ou é autêntica. Uma atitude que ajuda uma pessoa a lidar realisticamente com o sofrimento produz benefícios como um novo sentido de direção na vida, uma reorientação de valores, uma autoconsciência mais profunda e mais compaixão pelos outros. Esses efeitos benéficos podem não ocorrer se atribuirmos algum significado masoquista ao sofrimento, como "só posso estar conectado com Deus se sofrer", ou se desenvolvermos um significado ilusório, como "sou o novo servo sofredor de Deus". Esses tipos de semissoluções ao sofrimento deixam a personali-

---

113. Nos tempos bíblicos, ungir com óleo era um sinal de benção. Menciono esse episódio porque ela pediu-me para contar a tantas pessoas quanto possível sobre a visão, uma vez que ela não poderia fazê-lo.

dade frágil porque meramente ocultam as fissuras. Soluções neuróticas são tentativas de escorar uma sensação frágil do si-mesmo, enquanto soluções ilusórias são tentativas de dar sentido ao sofrimento insuportável e ao caos. Essas tentativas evitam lidar com o problema ao mesmo tempo que mantém a personalidade afundada nele.

O significado que descobrimos nem sempre pode ser generalizado para outras pessoas; pode ser puramente pessoal, ou pode ser baseado em ideias tradicionais como carma e reencarnação, ou em noções de que o mundo é uma escola para o desenvolvimento da alma[114]. Como qualquer ideia tradicional, a doutrina do carma pode ser usada defensivamente, por exemplo, para apoiar uma personalidade masoquista. Idealmente, a ideia de carma não é usada para evitar responsabilidades ou a serviço da negação, da inação e da indiferença aos outros. Exceto por essas reservas, esse conceito pode nos ajudar a lidar com uma situação difícil com alguma tranquilidade. Por exemplo, uma atitude tradicional ao carma doloroso é que o ego desempenha um papel em um drama e deve executar sua parte, enquanto o verdadeiro Si-mesmo não é afetado pelo sofrimento. A ideia de carma é típica daquelas noções míticas que satisfazem nossa curiosidade espiritual, mas deixam aberta a questão de sua verdade literal, já que não podem ser conclusivamente provadas ou refutadas. É importante estarmos certos de que, quando uma pessoa em sofrimento a adote, esse conceito ressoe profundamente em um nível intuitivo ou de sentimento, em vez de uma forma de racionalização. A descoberta de um significado autêntico assim provoca ressonância emocional nos terapeutas, enquanto atitudes puramente intelectuais para com o sofrimento não têm profundidade emocional. Assim, apelos ao carma ou à vontade de Deus simplesmente disfarçam a resignação e a frustração. Ainda que os terapeutas possam empaticamente sentir a diferença entre uma resposta defensiva e uma autêntica ao sofrimento, pode ser necessário conspirar com uma solução defensiva se há pouca esperança de que o problema possa ser tratado de outro modo.

---

114. A noção antiga de carma sugere que a alma, ou um fluxo de consciência com um conjunto particular de qualidades, aparece periodicamente em um novo corpo a fim de continuar a se desenvolver. Os problemas específicos que temos nesta vida são resultado de nossa necessidade de encontrarmos experiências criadas no passado. Essa ideia sugere que, como cada ação tem uma reação, ou nessa vida ou na outra, terminaremos colhendo o que plantamos. Em qualquer vida, temos de trabalhar conforme nossos padrões cármicos básicos.

A presença de uma conexão útil com outra pessoa pode fazer uma diferença decisiva na determinação de se o sofrimento termina sendo benéfico ou prejudicial. Mesmo que não haja alguém a que possamos nos dirigir durante um período de sofrimento, podemos eventualmente nos basear na memória das experiências infantis nas quais necessitamos de ajuda e alívio, quando a presença da pessoa certa (ou mesmo de um animal de estimação) fazia toda a diferença. É como se, então, a experiência de pais amorosos, por exemplo, vivesse dentro de nós como um recurso e uma fonte de força. Uma vivência assim torna mais provável que a pessoa seja capaz de fazer uso da relação terapêutica quando está sofrendo. A consequência de nossas experiências de infância com o sofrimento resulta em uma certa atitude para com ele que tende a persistir na vida adulta.

Quando nos recuperamos de um período de sofrimento, podemos descobrir que nosso sofrimento criou um tipo de espaço dentro de nós que nos permite conter empaticamente a dor dos outros. Por vezes, o maior significado do sofrimento surge com a descoberta de que, com o resultado dele, podemos ajudar os outros. Isso comumente ocorre no caso de dependentes químicos ou de vítimas de abuso infantil que estão em recuperação e, então, apercebem-se de que são chamados para trabalhar com outros que sofrem da mesma dificuldade. Por exemplo, uma mulher que sofre de um distúrbio alimentar pode sentir muito desconforto e angústia em relação ao próprio corpo. Ela percebe que o sofrimento não é apenas dela; ela tem o ônus de tornar consciente e resolver a patologia de gerações que seus antepassados, pais e avós, legaram-lhe, e que está determinada a não legar para as suas filhas. Um problema de distúrbio alimentar também reflete uma pressão estética sobre as mulheres, de modo que ela luta com um problema tanto pessoal quanto social. Isto é, questões como maternidade, alimentação e estética são muito significativas para ela. Como é terapeuta, é uma curadora de feridas; e, dessa forma, pode usar a consciência de seu ferimento para ajudar outras pessoas. Ou seja, todos carregamos uma parcela da carga coletiva incrustada na nossa, e nossa experiência é significativa quando a usamos para o benefício coletivo. Essa atitude envolve um grau de transcendência da pessoa, que requer a habilidade de se pôr de lado a serviço a outros. Isso envolve uma renúncia temporária das próprias necessidades, um sacrifício que só pode ser feito sem ressentimento caso tenhamos uma sensação madura do si-mesmo.

Variedades de sofrimento

Para Jung, sintomas como ansiedade e depressão são a tentativa do Si-mesmo de estimular maior consciência de aspectos negligenciados da personalidade (OC 7/2, § 438). Ciência e senso comum não substituem essa descoberta. Ele acreditava que a neurose é, na verdade, a tentativa de cura do Si-mesmo; ansiedade e depressão nos dizem que algo necessita de atenção. São o equivalente psicológico da dor física, de modo que é importante saber o que indicam; por exemplo, podemos estar evitando uma tarefa desenvolvimental considerável. Essa abordagem progressiva contrasta com abordagens que olham apenas para o passado da origem desses sintomas.

Para ilustrar o modo pelo qual o significado pode aparecer durante uma doença física, gostaria de usar o exemplo de um homem que me consultou com depressão e dor crônica após uma cirurgia cardíaca. Por meses após a cirurgia, sofreu dores severas e constantes em seu esterno. A dor havia sido inicialmente mal diagnosticada e, por meses, esse paciente recebeu o tratamento errado[115]. Por fim, verificou-se que o problema se devia à dificuldade de cicatrização do esterno. Uma tentativa de suturar o esterno não foi bem-sucedida e a dor persistiu. Uma segunda tentativa de unir o osso cerca de nove meses depois da cirurgia inicial também não ajudou; e, um ano mais tarde, o paciente ainda sofria com a dor. Por muitos meses ele havia sido incapaz de trabalhar, e em diversas ocasiões perdeu a esperança de algum dia recuperar sua saúde.

O pai desse homem morreu quando ele tinha dez anos. Sua mãe se envolveu completamente na própria tristeza e foi extremamente insensível ao filho. Ela o fez sentir-se responsável por seu bem-estar emocional. O menino tentou tudo o que pôde para fazê-la se sentir melhor, mas nada parecia ajudá-la. O paciente à época havia sido incapaz de se proteger dos ataques da mãe e constantemente se sentia culpado e vulnerável às críticas dirigidas a ele. Por fim, passou a exercer uma profissão de cuidado, na qual deveria sempre estar disponível aos outros, sem se importar consigo mesmo. Como tinha pouca capacidade de se proteger contra a intrusão das necessidades de outras pessoas, continuou com um padrão que estabelecera no início da vida.

---

115. A dor foi erroneamente considerada como um evento decorrente de uma inflamação do pericárdio conhecido como síndrome de Dressler.

No nível físico, o esterno protege o coração. A falha do osso em cicatrizar era correlata à sua incapacidade de proteger sua vida emocional, o que ele jamais aprendeu a fazer. Sincronicamente, na época da cirurgia, o paciente estava em uma relação com uma mulher que fazia exigências semelhantes às de sua mãe. É desnecessário dizer que ele não podia se proteger das constantes intrusões vindas de sua parceira. Observou que toda vez que ela o atacava, a dor em seu esterno piorava. Sentia culpa sempre que ela estava infeliz e achava que tinha de cuidar dessa pessoa vulnerável, mas crítica. Como resultado do trabalho terapêutico, ele foi capaz de se libertar dessa relação e ver suas conexões com o problema de sua mãe. Ao mesmo tempo que isso ocorria, aprendeu a dizer "não", a proteger seus sentimentos e a se defender. Ele finalmente recebeu o tratamento cirúrgico definitivo para seu esterno, que começou a cicatrizar. A situação se expressou no corpo como uma dor no osso que protege o coração, e na psique como uma incapacidade de impedir a intrusão. O significado dessa dor crônica parecia ser um chamado para que se tornasse consciente disso tudo[116]. Sua experiência exemplifica o fato de que o significado que surge do sofrimento está tão unicamente relacionado à personalidade individual que é útil apenas à própria pessoa.

O fato de que um reparo cirúrgico bem-sucedido do esterno desse homem e uma melhora em seu estado mental coincidiram é um bom exemplo de sincronicidade, no qual um evento no mundo material corresponde ao estado mental da pessoa. Revela-se, então, um nível de significado, que percebemos ser latente na situação, mas não consciente. Esse significado parece ser descoberto e não construído pela pessoa. O evento sincrônico parece ter um propósito: ser parte de um padrão maior na vida de uma pessoa, com a advertência de que a interpretação correta do evento é importante para que seu significado verdadeiro surja (von Franz, 1992).

---

116. Sontag (1977) argumentou convincentemente que "a doença não é uma metáfora" e que é resistente ao pensamento metafórico. A autora questiona explicações psicológicas para doenças, sugerindo que essas abordagens minam a realidade da doença e parece culpar a vítima. A autora prefere um foco puramente nos aspectos físicos da doença. Como a abordagem *New Age* que ela critica, e na verdade como grande parte da medicina psicossomática, Sontag compreendeu mal a relação entre doença física e a psicologia da pessoa em sofrimento. É equivocado dizer que a mente provoca a doença no corpo, como se corpo e mente fossem entidades apartadas. Corpo e mente são uma unidade, embora os vivenciamos de forma diferente. Ambos se refletem. O caso que cito é um exemplo de como a situação psicológica e a física expressam o mesmo problema de maneiras distintas. "Falha em proteger o coração" é uma metáfora possível para descrever a situação, mas isso não significa que a situação não seja desesperadamente real e não implica que o problema psicológico provoque o problema físico; eles estão correlacionados entre si.

Os efeitos do sofrimento na personalidade

O sofrimento pode ser útil ou prejudicial ao desenvolvimento da personalidade, e os terapeutas podem ser capazes de pender a uma direção favorável. Pessoas que experienciaram dor e angústia, nas palavras de Albert Schweitzer, nunca são as mesmas novamente; conforme o autor propõe, elas pertencem à "irmandade daquelas que portam a marca da dor" (Joy, 1947, pp. 287-288). O sofrimento muitas vezes muda prioridades e nos faz questionar nossos valores e compromissos usuais. Quando sofremos, perdemos quaisquer fantasias de invulnerabilidade que possamos ter tido, e sentimos medo. Se estivermos dispostos à mudança, poderemos ser iniciados em um novo estado de ser; contudo, devido ao nosso medo da mudança, poderemos tentar manter nossas formas existentes de lidar com a situação. Ele pode causar mudanças radicais em nós e em nossa visão do mundo, ou pode confirmar que estávamos certos o tempo todo sobre a vida. Esse sentimento nos força a escolhas que, de outro modo, evitaríamos, podendo mudar radicalmente o curso de nossas vidas.

Pode nos forçar a desenvolver um nível de sabedoria e compreensão que, de outra maneira, pode ser inatingível. Tende a revelar a estrutura do caráter, o lado luminoso e o lado obscuro da natureza humana. Nossa capacidade para sacrifício, coragem, resiliência e compaixão pode vir à tona, mas nosso egoísmo, nossa disposição em sacrificar os outros, nosso ressentimento e cinismo também podem aparecer. O sofrimento pode nos levar a novas compreensões sobre como queremos viver e sobre o que realmente nos importa. Por exemplo, quando uma doença grave ocorre, pessoas que eram excessivamente motivadas podem se aperceber de que devem desacelerar e reavaliar suas vidas, por vezes transformando-as radicalmente. Não é incomum que a doença faça as pessoas saírem de trabalhos dos quais não gostam, abandonarem parceiros que as esgotam, prestarem atenção àquilo que antes negligenciaram ou descobrirem partes de si que não tiveram uma chance para viver. Nesse processo, podem dar vazão a tristeza e a raiva pelas oportunidades e erros perdidos. A libertação de tudo isso pode levar a uma transformação profunda.

Acredito que podemos dizer que o sofrimento foi útil quando resulta em desenvolvimentos como os seguintes:
- Aumento da empatia e compaixão pelo sofrimento dos outros;
- Melhora da qualidade das relações;

- Dissolução de problemas narcisistas como arrogância e indiferença aos outros;
- Novas experiências de dimensão transpessoal;
- Aumento de sabedoria;
- Reestruturação de valores;
- Autoconhecimento aprofundado.

O sofrimento não nos permite permanecer como somos. Como um exemplo desses efeitos transformadores, considere a pessoa que tenta controlar a tudo e a todos como um modo de lidar com o sentimento de impotência e vulnerabilidade que sentia na infância. O sofrimento que deixa essa pessoa desamparada não lhe permite sentir-se responsável por tudo. Quanto maior a resistência, pior a queda, de modo que normalmente vemos uma depressão severa em um indivíduo assim quando ele fica doente e dependente. Seu terror subjacente emerge quando o controle não é mais possível. Sua necessidade de dominar outras pessoas não é adaptativa ao lidar com o sofrimento; parece humilhante ter de confiar e depender de outras pessoas com maior conhecimento e poder. Similarmente, o caráter narcisista nunca foi empático com o sofrimento de outras pessoas, porque ter empatia exige que coloquemos nosso si-mesmo de lado, o que é impossível se nossa sensação do si-mesmo for frágil e estiver sendo escorada por defesas como a grandiosidade. Consequentemente, algumas pessoas são impermeáveis umas às outras, até que o efeito atenuante do sofrimento as torne mais empáticas.

As emoções que provocam sofrimento: o arquétipo no corpo

Nos últimos 300 anos da tradição ocidental, temos considerado mente e corpo como elementos radicalmente diferentes[117]. Isso não surpreende, uma vez que os experienciamos de formas diferentes. Sentimo-nos afetados no corpo, que produz efeitos como suor, boca seca, pupilas dilatadas, coração pulsante, tensão muscular, enrubescimento ou palidez e arrepios, produzidos pelo afluxo de hormônios. Em contraste, pensamento, fantasia e memórias parecem puramente mentais. Contudo, é possível compreender mente e corpo como duas perspectivas em uma realidade unitária, ou

---

117. Isso tem sido verdadeiro desde o século XVII, graças a Descartes, que distinguia mente e corpo com base no fato de que, enquanto a matéria ou o corpo ocupa espaço, a mente é puro material pensante que não ocupa espaço, como se fosse um ponto matemático.

a mesma realidade percebida por intermédio de canais diferentes. É, então, equivocado dizer que a mente afeta o corpo ou o corpo afeta a mente como se fossem entidades diferentes[118]. Nossa linguagem diferencia corpo e mente porque necessitamos de ambos os termos para descrever nossa experiência. Mas, assim como os físicos devem por vezes descrever a luz como uma partícula ou uma onda, dependendo de como é observada; diferentes descrições não implicam necessariamente entidades diferentes. Uma imagem ou um pensamento na mente, e a emoção que lhe pertence, normalmente surgem ao mesmo tempo, a menos que exista alguma forma de separação corpo-mente[119]. Complexos dolorosos produzem sentimentos como vergonha, culpa, ansiedade ou depressão, que se expressam como sensações corporais e imagens mentais. Tendemos a pensar nossos complexos como psicológicos, por exemplo, quando dizemos que uma pessoa tem um complexo de inferioridade. Todavia, quando um complexo é ativado, a emoção invariavelmente irrompe, e é sentida no corpo. A presença de emoção intensa torna a situação automaticamente significativa.

Quando um complexo é ativado, o arquétipo em seu núcleo também é. Isso significa que o arquétipo não é apenas uma presença psicológica; ele é sentido no corpo sob a forma de emoções geradas pelo complexo. Como corpo-mente é uma unidade, a metáfora de Jung para o arquétipo é a do espectro de luz, que podemos dividir em cores mesmo que a luz seja apenas luz (OC 9/1).

Extremo vermelho do espectro	Extremo azul do espectro
Emoções no corpo; Excitação física; Aumento dos batimentos, tensão muscular, sudorese etc.	Imagens, pensamentos, fantasias etc.

---

118. Conforme a tradição Zen pergunta: "Onde você gostaria de cortar o gato?" – o que significa que não há lugar para dividir o todo.

119. A separação corpo-mente pode ocorrer quando, por exemplo, uma criança não tem permissão para ter sentimentos como raiva, que são, portanto, separados ou rejeitados quando a pessoa tem imagens mentais sem os sentimentos que normalmente estariam vinculados a elas. As emoções que ela não se permite sentir existem em um setor isolado da personalidade que pode ser difícil de acessar. Um sujeito que sofre dessa divisão pode falar sobre uma memória muito perturbadora da infância, com alguns sentimentos conscientes sobre ela. Ou então pode ficar ansioso ou deprimido, mas não faz ideia do porquê, pois imagens e pensamentos que permitiriam compreender o sentimento não lhe vêm à mente.

Nessa metáfora, o extremo azul do espectro é análogo a tudo que é mental. Já o extremo vermelho do espectro representa aquilo que é corporal. A emoção, no extremo vermelho do espectro, é o efeito do arquétipo do corpo, ao passo que imagens são o efeito do arquétipo na mente, no extremo azul. Quando um complexo é negativo, nossas imagens e sonhos sobre ele são desagradáveis e seu tom emocional é doloroso, de modo que o corpo sente o distresse.

A teoria de complexos nos fornece um modo psicológico de descrever o que costumava ser pensado em termos de possessão espiritual. A Bíblia descreve como o Rei Saul tinha inveja de Davi pelo seu sucesso na guerra. Um dia, enquanto Davi estava tocando sua lira, "o espírito mau de Deus tomou conta de Saul, de modo que ele teve um acesso de fúria na sua casa" (1Sl 18,10). Tomado por um ataque de raiva e inveja, Saul tentou matar Davi com uma lança. Psicólogos diriam que o impulso assassino de Saul se deveu à possessão de um complexo destrutivo que subjugou a personalidade do rei. O "espírito mau" é o arquétipo no centro desse complexo negativamente matizado. Quando um complexo é ativado, como ocorreu com o Rei Saul, nosso comportamento pode ser dominado pelas exigências do complexo. Mais tarde, ao olharmos em retrospecto para o modo como nos comportamos quando o complexo nos afetou, dizemos: "Não sei o que deu em mim".

Os profetas do Antigo Testamento muitas vezes eram possuídos por emoções poderosas que experienciavam como a presença de Deus instando-os a falarem ou a se comportarem de formas particulares. As injustiças e as falhas que viam ao seu redor provocavam seu ultraje. Era então um pequeno passo para os profetas projetarem esses sentimentos em uma divindade externa, dizendo que Deus está zangado, sem se aperceberem de que eram tomados por um elemento numinoso dentro de suas personalidades. A intensidade emocional dessa experiência dá a ela significado e a torna importante para a pessoa, mas essa ênfase na emoção não significa que a experiência religiosa seja irracional. Sentir é tão racional quanto pensar; o sentimento simplesmente avalia o mundo conforme seus critérios.

Quando falam sobre o arquétipo, alguns profissionais da psicologia profunda focam nas imagens que ele produz porque assumem que imagens e símbolos são os produtos mais fundamentais da psique, ou que a imagem é a linguagem básica da psique. Entretanto, a emoção é exatamente tão primária quanto a imagem, e um foco exclusivo na imagem às custas da emoção pode estimular um tipo de divisão corpo-mente, talvez, de forma inconsciente, perpetuando uma preferência pela mente em detrimento do corpo. Jung deixou claro que imagem e afeto são efeitos igualmente importantes do arquétipo, e que a emoção é uma ponte pela qual o arquétipo entra no corpo. A implicação disso para a psicoterapia é que tanto a erupção de uma emoção intensa quanto a produção de uma imagem onírica vívida são manifestações do arquétipo.

Vale a pena reiterar que o arquétipo é um princípio espiritual que se incorpora sob a forma de experiência emocional importante, que é um modo pelo qual o espírito entra no corpo. Esse processo é decisivo no desenvolvimento, à medida que o Si-mesmo gradualmente encarna um conjunto de potenciais arquetípicos para afirmar um si-mesmo pessoal. Esses potenciais são análogos ao DNA na semente de uma planta, fornecendo informações para o desenvolvimento. Contudo, para os potenciais da criança encarnarem, ela tem de ser ajudada com a intensidade das emoções associadas a elas. Idealmente, a criança é ajudada a lidar com emoções intensas pelos seus cuidadores, de modo que essas emoções não sejam fortes demais. Mas, por vezes, os pais da criança não ajudam na integração de estados afetivos, e os sentimentos da criança são fortes demais para suportar. Então, as emoções têm de ser divididas ou colocadas em suspensão, isoladas do resto da personalidade porque parecem perigosas ou aterradoras demais, ou ameaçadoras demais para o relacionamento com um dos pais. Como resultado, algum aspecto da alma da criança não é incorporado. É então como se um pedaço da alma se perdesse, ou permanecesse em animação suspensa. Psicoterapeutas tentam ajudar o paciente a lidar com esses sentimentos insuportáveis de modo que mais dos potenciais de sua alma possam ser incorporados[120].

Às vezes, os potenciais da alma de uma criança simplesmente não têm uma chance de se encarnar, porque o ambiente não oferece uma oportunidade para que isso ocorra. Uma pessoa com o potencial para se tornar músico pode jamais assistir aulas de música ou ser encorajada a tocar algum instrumento. Poetas ou artistas potenciais podem ser forçados por seus pais a "fazerem algo prático". Parte da alma dessa pessoa então não pode

---

120. Esse é um processo de "restauração da alma", que é bem conhecido das culturas xamânicas. A diferença é que os xamãs viajam ao mundo espiritual onde veem a alma sob a forma de um ente efetivo que deve ser trazido de volta. Os psicoterapeutas trabalham com emoções divididas e o comportamento deve ser reintegrado.

ser incorporada. Uma pessoa assim seria de algum modo espiritualmente empobrecida, até que o sofrimento produzido por uma depressão na meia-idade fizesse com que se apercebesse de que tinha uma vida não vivida, como se um pedaço de sua alma precisasse ser recuperado. Parte da tarefa do desenvolvimento na idade avançada, e parte do processo psicoterapêutico, é auxiliar na encarnação desses potenciais não utilizados.

A relevância espiritual do sofrimento

Devido à sua numinosidade, Jung se referia aos arquétipos como os "órgãos" ou "instrumentos" de Deus. Como o arquétipo encarna ou entra no corpo como emoção, o que pode ser doloroso, Jung sugere que o sofrimento pode ser considerado nossa experiência subjetiva do Si-mesmo tentando encarnar-se em nós. Ou seja, quando somos tomados pela emoção intensa de um complexo, seja negativo ou positivo, o numinoso se faz presente. Portanto, emoções têm uma importância transpessoal ou arquetípica; na linguagem tradicional, são um influxo divino. Logo, trabalhar em nossos complexos dolorosos aprofunda nossa conexão com o numinoso em seu centro. Isso é importante porque durante períodos de sofrimento, as pessoas muitas vezes perguntam onde está o divino, sem notar que as próprias emoções dolorosas são manifestações do numinoso.

A incorporação do numinoso por meio da emoção nos capacita a compreender um mecanismo pelo qual uma experiência numinosa pode ser útil. Quando é positiva, seu efeito emocional é tão forte que neutraliza os sentimentos negativos produzidos pelo complexo. Quando o numinoso trata diretamente um complexo particular, o tom emocional do complexo é alterado. Uma experiência emocional poderosa dá um novo significado a um problema antigo, e esse é um dos modos pelos quais a cura ocorre. Posteriormente, a reflexão sobre a experiência nos influencia em um nível mais cognitivo e coloca o problema sob uma nova luz.

Quando prestamos atenção a um complexo, ou às emoções que ele provoca, estamos simultaneamente atentando a uma dificuldade psicológica e a uma manifestação do arquétipo. Isso significa que um problema psicológico é também um problema espiritual. Portanto, o que é chamado psicopatologia – um complexo ou uma neurose – é também um dos modos pelos quais experienciamos as forças espirituais que nos movem.

Outro modo de dizer isso é que o espírito se dirige a nós por meio de nosso sofrimento, de maneira que a atenção às nossas dificuldades emocionais é uma forma de prática espiritual. De fato, essas dificuldades são um bom lugar para começar a busca espiritual. Por outro lado, há uma tendência para tentar suprimir nossas dificuldades emocionais, impondo uma lista de regras sobre boa conduta. Essa abordagem de cima para baixo pode ser impossível de implementar de forma individual, sobretudo quando um ensinamento espiritual mina um caráter de defesa importante. Por exemplo, uma pessoa desesperadamente ávida por dinheiro devido a uma infância desprovida, ou que usa dinheiro para fortalecer uma sensação enfraquecida do si-mesmo, estremecerá com o ensinamento de Jesus de que deveria vender tudo que tem e doar aos pobres porque é mais fácil um camelo passar pelo buraco de uma agulha do que um uma pessoa rica entrar no Reino de Deus (Lc 18,22-25).

Descrições míticas do sofrimento

A mitologia é importante para os profissionais da psicologia profunda porque histórias míticas descrevem situações arquetípicas e suas verdades psicológicas e espirituais. Nós nos identificamos com essas histórias porque seus temas ainda ocorrem – sentimo-nos como Sísifo. Podemos por vezes situar nossa história em um mito, ou situar temas míticos em nossa vida, e pode ser útil vincular a situação de uma pessoa a uma experiência humana, de modo que não se sinta sozinha. O tema mítico da descida ao mundo subterrâneo é muitas vezes usado como uma metáfora para a entrada em um período de sofrimento ou de profunda exploração pessoal[121]. Essas histórias descrevem metaforicamente a necessidade da personalidade consciente de entrar em domínios desconhecidos do inconsciente. Quando o processo vai bem, os protagonistas retornam com algum tipo de tesouro ou conhecimento, indicando que uma descida assim, embora perigosa, pode resultar em uma descoberta preciosa. A descida pode ocorrer sem aviso. Perséfone é uma garota inocente repentinamente capturada e arrastada para o domínio do Hades, o senhor do mundo subterrâneo, que ocorre a

---

121. Ulisses desceu ao mundo subterrâneo para consultar Tirésias; Dante foi levado ao subterrâneo por Virgílio; e Fausto, por Mefistófeles. De sua tristeza por sua esposa morta, Orfeu desceu para tentar persuadir o Hades a libertar Eurídice. Osíris, Adônis, Dionísio e muitos outros deuses da Antiguidade, muito antes de Cristo, fizeram essa descida.

quem quer que seja estuprado, assaltado ou inesperadamente violado de qualquer modo. Metaforicamente, o mundo subterrâneo representa uma camada da psique que contém muito do que nos é subdesenvolvido ou desconhecido, incluindo as veias profundas do significado. Se não somos capazes de negociar a jornada, podemos não ser capazes de retornar dela. Mas aqueles que retornam são radicalmente transformados.

Um mito muito claro de descida é o de Inanna, uma história escrita em tabuinhas de barro cerca de 3000 a.C. Inanna (também conhecida como Ishtar e mais tarde relacionada a Vênus) era a rainha suméria do céu e da terra, uma deusa dos grãos, da guerra, do amor, da fertilidade e da sexualidade. A história começa quando ela ouve um chamado do "Grande Abismo", presumivelmente um nível mais profundo dela. Um chamado assim aparece como a sensação de que algo em nós necessita de atenção. Por vezes, as pessoas na meia-idade que parecem completamente estáveis e bem-sucedidas ouvem esse chamado quando compreendem que não estão vivendo sua verdadeira vida. Querem, então, mudar as coisas radicalmente, voltar a estudar ou começar uma nova carreira.

Quando Inanna ouve o chamado, anuncia que estará presente ao funeral do marido de sua irmã. Ereshkigal, rainha do mundo subterrâneo, é a irmã obscura, sombra de Inanna. Psicologicamente, Ereshkigal e Inanna poderiam ser consideradas dois aspectos da mesma personalidade, com uma delas vivendo na luz, tal qual uma gloriosa rainha; enquanto a outra é rejeitada e consignada à escuridão. Ereshkigal não tem relações. É sozinha, não amorosa, não amada, abandonada e cheia de raiva; ganância e solidão desesperada. Para compensar isso, é sexualmente insaciável – uma história fala sobre um deus com quem ela fez sexo por seis dias e seis noites. Quando ele deixa o mundo subterrâneo no sétimo dia, ela ainda não está saciada. Ou seja, a sombra de Inanna contém uma sexualidade compulsiva que tenta compensar os medos da solidão e do abandono. Aparentemente, Inanna sente a necessidade de conhecer essa parte dela. Quando descemos ao mundo subterrâneo, descobrimos aspectos de nós que foram reprimidos, ignorados ou que estão dormentes[122].

Quando Inanna chega aos portões do mundo subterrâneo, Ereshkigal não fica feliz em ver sua irmã, que é descrita como "toda branca". Ereshkigal está cheia de raiva por ter sido ignorada, e tem inveja

---

122. É interessante que outro nome para Hades (ou Pluto) era senhor dos ricos – aquele que conhecia o local das joias escondidas.

da glória e do esplendor de Inanna, enquanto ela vive em um lugar escuro, comendo barro e bebendo água suja. Como um objeto interno, Ereshkigal representa algo em Inanna que tem inveja de seu sucesso. Inanna é a deusa do amor, uma estrela brilhante, e Ereshkigal quer que a irmã saiba como é ser rejeitada. Consequentemente, Ereshkigal insiste em tratar Inanna segundo as regras que valem para qualquer um que entre em seu domínio, que se "incline" diante dela.

Há sete portões para o mundo subterrâneo, um número tradicional para expressar ciclos, o fim de um período e o começo de outro. Portanto, o número sete é muitas vezes associado a um processo de iniciação em um novo *status*. Em cada portão, Inanna tem de pagar um preço para entrar, sacrificando um dos itens de sua vestimenta. A cada vez, ela fica chocada e indignada, e pergunta "o que é isso?", mas lhe dizem para não questionar os costumes do mundo subterrâneo. Assim, ela remove, um por um, o adorno de cabeça, o colar de lazúli, os fios de contas, o peitoral, o anel e a vara de medição. No último portão, seu robe lhe é tomado de modo que a deusa está totalmente nua. Em outras palavras, todos os símbolos de poder e prestígio são removidos. Psicologicamente, isso nos lembra de como o sofrimento nos faz renunciar a nossa personalidade, ao nosso modo usual de aparecer ao mundo. Ereshkigal ordena que Inanna seja deixada à morte, pendurada em um gancho até que seu corpo se transforme em um pedaço de carne podre, uma metáfora vívida para o sofrimento intenso. Nesse ponto da história, para nossa surpresa, descobrimos que Ereshkigal está, na verdade, em trabalho de parto; e, portanto, poderíamos considerá-la uma parte de Inanna que quer dar à luz algo novo. Essa é uma parte da dor que Inanna ouve e que a induz a descer ao subterrâneo.

Antes de Inanna descer, instruiu sua assistente, Ninshubur, a apelar aos deuses-pai caso não retornasse em três dias. O primeiro desses deuses, Enlil, é quem rege a racionalidade; não quer ter nada a ver com ela no mundo subterrâneo. O segundo deus-pai, Nanna, também não pode compreender por que Inanna fez a jornada; ambos estão zangados com ela e não a ajudarão. Não é incomum para o grupo social dominante, os guardiões do que é considerado senso comum, terem pouca simpatia pela necessidade de mudança radical. Mas Enki, o deus da sabedoria e da cura, valoriza sua jornada e compreende sua importância. Da sujeira sob as unhas de seus dedos, ele criou duas criaturas assexuais que se tornaram enlutados profissionais que empaticamente espelharam a dor de Ereshkigal. Quando ela gemia, eles gemiam; eles ecoam sua dor e angústia, o que a toca profundamente, em uma cena que é um profundo testemunho do efeito curativo da empatia, Ereshkigal lhes oferece presentes, porém apenas lhe pedem que liberte Inanna, embora usualmente ninguém jamais tenha permissão para deixar o mundo subterrâneo. Contudo, Inanna não havia apenas visitado; havia morrido e ressuscitado lá, e assim novas regras foram feitas. Ela tem permissão para deixar o mundo subterrâneo caso ofereça alguém para tomar seu lugar. Consequentemente, os demônios do mundo subterrâneo a devolvem ao mundo superior para encontrar alguém para substituí-la. Esses demônios são impiedosos, dispostos a despedaçar maridos e esposas, pais e filhos. As exigências do inconsciente são implacáveis.

Em seu retorno, Inanna descobriu que seus servos e filhos haviam se enlutado por ela, mas seu marido Dumuzi mal percebeu que havia partido; não derramou uma lágrima por ela nem a saudou em seu retorno. É como se ignorasse sua jornada espiritual, recusasse-se a ajudá-la e não mostrasse qualquer compaixão por ela. Em vez disso, tornou-se mais poderoso. Inanna o amaldiçoou e fez com que os demônios do mundo subterrâneo o capturassem, com isso, forçando-o a encontrar os aspectos obscuros dela. Como resultado de um sonho, Dumuzi percebeu que teria de descer ao mundo subterrâneo, todavia sua irmã em benevolência decidiu compartilhar o destino do irmão, de modo que cada um teve de ficar lá por meio ano.

No processo de encontrar a parte dela que sofria, Inanna teve de morrer para seu antigo si-mesmo, porém terminou sendo trazida de volta à vida e espiritualmente transformada. Ela agora conhece a escuridão, e retorna mais poderosa e assertiva de seus direitos, determinada a sobreviver. A história de Inanna sob alguns aspectos prefigura a história de Jesus, que também é humilhado, torturado e pendurado para morrer; Inanna é, portanto, uma imagem antiga de uma deidade que morre e ressuscita.

Ereshkigal, a rainha do mundo subterrâneo, é uma metáfora para partes inconscientes de nós que só podem ser compreendidas com dificuldade, e apenas por meio de uma "jornada de descida". O mito diz que ela estava zangada e triste ao mesmo tempo que dava à luz. Muitas vezes, há muita tristeza no inconsciente, que podemos evitar até sofrermos de forma intolerável. Somos então confrontados por essa tristeza sob a forma de arrependimento e de dor devido às oportunidades perdidas, aos erros que cometemos e aos sacrifícios necessários. Essa história sugere que encontrar tudo isso pode resultar em uma transformação. A permanência de Inanna no mundo subterrâneo a transforma, porque, agora que conhece sua irmã-sombra, pode integrar melhor esse aspecto seu.

A história de Inanna é uma representação mítica do que nos ocorre quando sofremos. O sofrimento produz perda de autoridade e de poder pessoal, e com frequência também provoca algum dano à dignidade e à personalidade. Quando nosso modo usual de estar no mundo não funciona mais para nós, podemos mergulhar em uma depressão, metaforicamente representada como o submundo mitológico. Nesse momento, nossas distrações favoritas, como álcool, religião, trabalho ou entretenimento, deixam de ser úteis. Mas esse mundo subterrâneo da alma ao qual descemos é uma parte de nós, uma área que até agora conseguimos evitar. Muitas vezes, períodos de intenso sofrimento revelam outros aspectos de nossas vidas que não estão funcionando, tal qual um trabalho não compensador ou um casamento que necessita de atenção. No caso de doença crônica, pode levar anos para a descida ao mundo subterrâneo ocorrer. A doença gradualmente muda nossa identidade e aparência; pense nas mudanças produzidas pela radiação e pela quimioterapia.

O tipo de descida que Inanna experienciou é uma iniciação aos mistérios profundos da alma. Atingir esses níveis requer um sacrifício de nossas atitudes usuais do ego a fim de recuperar certos valores dos quais não somos conscientes. O sofrimento faz o ego enfrentar o que tem ignorado, e nos faz prestar atenção a partes de nós que nunca tiveram uma chance de se manifestar. Durante períodos de sofrimento, a hegemonia do ego é reduzida, de modo que é habitual experiências numinosas de realidade não comum.

Como vimos, o sofrimento pode ser entendido como um tipo de alerta do Si-mesmo, instando-nos a prestarmos atenção a partes ignoradas ou negligenciadas de nós. Infelizmente, o que o Si-mesmo insiste em fazer é muitas vezes contrário às preferências do ego, e essa tensão leva a um sofrimento considerável. De um ponto de vista estritamente religioso, tudo que ocorre tem de ser do modo como ocorre, mas isso é verdadeiro *apenas* da perspectiva da alma, que não é a mesma que a perspectiva da personalidade empírica. Por vezes, o sofrimento ocorre quando o Si-mesmo provoca mudanças que vínhamos evitando há tempo. Resistir a essas mudanças é como tentar se agarrar ao cais enquanto o navio está partindo. Em situações em que um problema está verdadeiramente além do nosso controle, é preferível abandonar o cais e ver para onde o navio vai. Porém, só conseguimos confiar nesse processo se sentimos que o que está em curso é uma experiência transpessoal, além de nossa capacidade de compreensão. Para algumas pessoas, isso ocorre por meio de uma sensação intuitiva de conexão com o Si-mesmo. Para outras pessoas, a confiança é baseada em uma experiência do numinoso, enquanto algumas afortunadas têm o dom da fé. Independentemente do modo como a confiança necessária surge em sua presença, podemos nos permitir ser afetados pela experiência do sofrimento enquanto tentamos descobrir sua intenção para a alma. Isto requer aceitação e receptividade, e a tradicional "renúncia" da dominância do ego, que o coloca em um terrível crisol. O ego tem de renunciar a seus juízos sobre o que é bom e mau, e se aperceber de que suas preferências e aversões são irrelevantes.

O sofrimento ocorre quando eventos e perdas dolorosas questionam radicalmente nossa noção de como as coisas deveriam ser. Descobrimos que não somos o que pensávamos ser, e que o mundo não é do modo como gostaríamos que fosse. Muitas vezes, a verdadeira ferida é uma fantasia ou imagem grandiosa de nós, difícil de renunciar. Mas, no fim, para continuarmos vivendo, temos de nos reconciliar com a discrepância entre o que nosso sofrimento nos diz ser necessário mudar e o condicionamento produzido pela família e pela cultura.

Piorando as coisas

Os terapeutas podem notar atitudes particulares que não são úteis quando estão trabalhando com uma pessoa em sofrimento. É importante se conscientizar dessas dinâmicas. Uma atitude de resignação passiva tende a ser um vestígio de uma relação com um pai (ou mãe) dominador, que fez da submissão a si a principal condição para permitir que a criança tivesse qualquer relação com ele. Ou, então, a pessoa pode assumir que está sofrendo porque foi má, e, portanto, responsabiliza-se por coisas sobre as quais não tem controle.

A reação do paciente ao sofrimento pode complicar o problema primário que causa a aflição, piorando a situação. Reações típicas são as de excessiva autopiedade; autorreprovação desproporcional; atribuição de culpa irrazoável aos outros; reclamações sem sentido sobre a injustiça da situação; prolongada ponderação do tipo "se ao menos"; ou fantasias da pior consequência possível. Aumentamos também nossa dificuldade fazendo as pessoas à nossa volta sofrerem, por exemplo, ficando tão zangados com um problema que a atmosfera ao nosso redor se torna difícil para aqueles que tentam nos ajudar. Eventualmente, parece que reações como raiva, inveja e ódio atuam como proteções para sentimentos de vulnerabilidade. Às vezes, esses problemas secundários são usados de forma inconsciente para desviar quem sofre do problema principal e de suas implicações. Essas reações são automáticas e inconscientes porque foram aprendidas na infância, e podem ter sido o único recurso em um lar no qual ninguém realmente se importava com os sentimentos da criança. Em algumas famílias, para proteger os sentimentos dos pais, a criança é culpada pelo que quer que dê errado. Ela desenvolve diálogos internos inconscientes como: "Tenho de me culpar porque não ouso culpar meu pai – isso seria muito perigoso" ou "É melhor culpar outras pessoas quando as coisas dão errado, porque é muito doloroso sentir-me responsável" ou "Devo ser má pessoa para que essas coisas ruins estejam acontecendo comigo" ou "Talvez se me culpar, não me odiarão tanto" ou "É melhor para mim ser má pessoa do que ter maus pais". Essas atitudes persistem na vida adulta como uma forma inapropriada de lealdade aos pais. Outra crença inconscientemente sustentada pode ser: "De todo modo, nada de bom jamais me acontece". Esses esquemas ou crenças patogênicas inconscientes podem atrasar ou impedir qualquer possibilidade de alívio a situações dolorosas.

Outro tipo comum de reação depressiva ocorre quando o sofrimento nos faz renunciar a fantasias que costumávamos recorrer para fortalecer nossa autoestima. A origem dessas fantasias é encontrada em nosso condicionamento social inicial sobre o que é importante e desejável na vida. A perda de vários sustentáculos de nossa autoimagem – por exemplo, nossas realizações e posição na vida – aumenta nosso sofrimento, mas também nos força a fazer perguntas sobre quem realmente somos, e nos faz examinar nossos valores reais.

Teorias de punições religiosas tradicionais vistas na psicoterapia

Na prática psicoterapêutica, muitas vezes vemos atitudes para com o sofrimento que não só provêm da família de origem do paciente como também de sua formação religiosa inicial. Essas atitudes arraigadas são difíceis de mudar porque parecem ter por trás de si a autoridade de Deus ou da Igreja. Quando trabalhamos com um indivíduo que sofre por essas atitudes, é útil para os analistas compreenderem as raízes disso na tradição judaico-cristã.

Pelo fato de o sofrimento ser tão difícil de conciliar com uma imagem benevolente de Deus, a Bíblia tem muitas explicações para sua existência, que pode ser compreendido como provocado por Deus, como um ato de julgamento, ou como purificação ou punição pelo pecado (Ez 7,3; 14,21). Nas palavras dos salmistas: "Antes de ser humilhado, eu andava extraviado, mas agora guardo tua promessa" (Sl 119,67): É dito que Deus nos põe à prova (Sl 66,10-11); todavia, no fim, Ele melhora as coisas porque nos purifica com o sofrimento: "removerei as tuas escórias como se faz com a potassa e tirarei todas as tuas impurezas (Is 1,25), "te refinei [...], provei-te na fornalha da tribulação" (Is 48,10). Similarmente, o Novo Testamento nos diz que o sofrimento produz resistência (Rm 5,3), exibe o trabalho de Deus (Jo 9,3), e nos mantém humildes diante da revelação (2Cor 12,7). Tiago acredita que sofrer é um teste de fé que produz estabilidade (2Cor 1,3-4). São Paulo escreve que o sofrimento "produz perseverança, perseverança prova a fidelidade e a fidelidade comprovada produz a esperança" (Rm 5,3-4). São Paulo está feliz em sofrer por Cristo, "Pois quando me sinto fraco, então é que sou forte" (2Cor 12,10), e ele nos diz que Deus sempre trabalha pelo bem (Rm 8,28). Se sofrermos com Cristo, seremos glorificados com Ele (Rm 8,17). A Carta aos Hebreus nos diz que a disciplina dolorosa terminará levando ao fruto pacífico da retidão (Rm 12,11-13), e Jesus diz que se sofrermos pela razão certa seremos abençoados e recompensados com o Reino dos Céus (Mt 5,10-11).

Essas tentativas de dar sentido ao problema invariavelmente envolvem a suposição de que o divino trabalha da mesma forma que os humanos. Podemos, portanto, pensar nessas noções como projeções que tentam explicar a situação em termos humanos. Por exemplo, a noção comum de que o sofrimento é um teste de fé é uma fantasia humana que perpetua uma projeção pedagógica no divino. O problema é que conceitos doutrinais, tal qual a noção de que o sofrimento é uma punição pelo pecado, têm o potencial de provocar mais sofrimento ao induzir a culpa. Contudo, explicações desse tipo parecem ser necessárias para muitos religiosos, a fim de preservarem uma imagem particular de Deus. Em todas as disciplinas, manobras intelectuais são eventualmente usadas para apoiar uma teoria diante de achados que tendem a negar sua validade. Assim como cientistas, religiosos tradicionais têm formas para preservar suas doutrinas favoritas. Os autores bíblicos propuseram suas explicações para o fato de Deus permitir o mal e o sofrimento, a fim de manter a imagem de um Deus benevolente, que é totalmente justo. Insistiram nessa imagem a todo custo, mesmo que as evidências exigissem uma modificação para reconhecermos que, como Jó, podemos não experienciar o divino como benevolente. Por vezes, nossa experiência do divino parece muito sombria devido ao sofrimento que Ele permite ou provoca; Jung se refere a isso como o lado escuro do Si-mesmo. Com o tato adequado, essa ideia pode ser introduzida na terapia quando parecer importante, para o paciente, modificar a imagem de Deus.

Sofrimento como liminaridade

Nossa resposta espiritual e psicológica ao sofrimento deve ser complexa, em muitas camadas, embora deva ser reconhecido que qualquer resposta psicologicamente baseada também seja uma projeção humana em um mistério. Necessitamos de uma perspectiva que seja ampla o bastante para ajudar as pessoas, e que também seja capaz de guiar nossa resposta cultural ao sofrimento. Seria útil considerar o sofrimento como uma transição de vida essencial com importantes efeitos psicológicos e consequências desenvolvimentais. Podemos compreender o sofrimento como um novo estado de ser e uma iniciação em um nível de consciência inabitual. A parte mais difícil desse processo envolve um estágio temporário conhecido pelos antropólogos como liminaridade, que é uma característica do estágio intermediário dos ritos de passagem vistos em culturas tribais. No estágio liminar, os iniciados ou a pessoa em sofrimento não está completamente fora do estado antigo (de estar feliz e bem), tampouco está no novo. Não está em um nem em outro, está em uma situação de mudança radical, de modo que estados liminares produzem incerteza e ansiedade sobre o futuro. Durante esse período, perdemos nossa sensação usual de quem somos, mas não temos ideia alguma de para onde vamos. Esse estágio envolve ambiguidade e confusão.

O antropólogo Victor Turner chama uma pessoa em um estágio assim de um "ente-transição". Turner considera a liminaridade um estado de "pura possibilidade, da qual novas configurações de ideias e relações podem surgir" (1987, p. 7). Ele sugere que a iniciação pode gerar um novo pensamento, e isso é certamente importante para quem está em sofrimento. Em culturas tribais, durante o período liminar de iniciação, iniciados são encorajados a pensar sobre sua sociedade, sua mitologia e os poderes que os sustentam. Para o paciente em sofrimento, também, a liminaridade pode se tornar um estágio de reflexão sobre a própria vida. As doenças graves têm esse potencial; não só produzem dor e incapacidade, como também colocam em xeque: valores e compromissos; métodos para lidar com estresse; esperança no futuro; sentimento de autocontrole; e senso de propósito. Essas transições são, portanto, momentos de perigo potencial, mas também uma oportunidade para o desenvolvimento da personalidade, e as pessoas precisam de ajuda para lidar com tal situação. Se somos afortunados, o sofrimento nos ajuda a compreender mais sobre nós e atua como uma ponte para uma nova orientação em relação à vida, ou seja, para a pessoa que podemos nos tornar. Podemos necessitar nos transformar em um ente inteiramente novo. Por fim, se a iniciação é bem-sucedida, desenvolvemos um novo sentido ao nosso destino, do qual não tínhamos consciência.

Contudo, há alguns obstáculos formidáveis para esse fim, e uma vez mais podemos aprender com culturas pré-tecnológicas. Turner indicou que culturas tribais tendem a considerar a pessoa no estado liminar como algo tóxico, razão pela qual os iniciados são sempre separados do restante da tribo ou disfarçados com máscaras ou costumes. As pessoas não gostam do que não é claro e contraditório aos seus valores usuais. Em culturas tribais, os iniciados no período liminar estão em um estado de pobreza sagrada; não têm direitos nem propriedade – são estruturalmente invisíveis às suas sociedades. Em nossa cultura também, pessoas em sofrimento tendem a ser negligenciadas ou não recebem um lugar adequado, exceto em instituições como comunidades terapêuticas, que podem ser consideradas espaços sagrados.

Temos muito a aprender sobre o valor do sofrimento, embora nossa cultura tenda a querer se livrar dele tão logo quanto possível, como se não tivesse valor nem propósito. Isso se deve parcialmente à falta de empatia; e é em parte o resultado de nosso medo de sofrer. Devido a essas dinâmicas, as pessoas podem evitar aqueles que sofrem, como se esse sentimento fosse infeccioso, ou porque indivíduos nessa situação nos lembram do que nos pode ocorrer[123]. Porque a aflição pode fazer uma pessoa se sentir imperfeita,

---

123. A indiferença ou hostilidade de alguns políticos para com pessoas em assistência social parece decorrer da noção inconsciente de que o sofrimento é contagioso ou de que, negando-o em outras pessoas, jamais lhes ocorrerá.

aquelas que são afligidas podem se sentir desvalorizadas. Pessoas afligidas podem também invejar aquelas que não sofrem e isso, combinado ao ressentimento, pode tornar desconfortável estar ao seu redor. Por essas razões, ignoramos ou naturalizamos o sofrimento provocado pela pobreza, pela doença mental, pela solidão, pela fome, pela ausência de moradias e pela velhice, e não temos estruturas sociais adequadas para ajudar pessoas que estão nessas condições. A psicoterapia é, portanto, um de nossos melhores receptáculos para as almas em sofrimento.

Coda

A busca por significado pode ser uma difícil jornada obscura. Mas, quando sofrem, mesmo pessoas que sempre foram excessivamente racionais, tornam-se abertas a experiências transpessoais, que poderiam ser rejeitadas em outras circunstâncias. Um homem sonhou que estava ao pé da cruz no momento da crucificação. Olhou para baixo e descobriu que calçava sapatos caros, que gosta de usar para exibir sua condição econômica. Enquanto olhava, seus sapatos se transformaram nos sapatos do Louco, arcano maior do baralho de tarô. Assim, ele disse para a figura na cruz: "Que louco fui em rejeitar você". A imagem arquetípica do Louco representa o potencial espiritual, o início de uma nova jornada que oferece ao sujeito uma escolha para avançar os aspectos não desenvolvidos de sua personalidade. Um sonho como esse representa a sabedoria da psique. Esse contato com a dimensão transpessoal parece automaticamente dar uma sensação de significado. Então, sentimo-nos parte de uma ordem maior de realidade, sentimos que há um arranjo supraordenado operando, e vemos que a vida tem um padrão, que não somos uma consciência isolada.

Os terapeutas espiritualmente orientados não precisam se preocupar se as ideias convencionais da tradição insistem em tratar a psicoterapia como uma busca secular. O filósofo Henri Bergson indicou que a humanidade foi sempre cercada pela eletricidade, mas levou milênios para reconhecê-la. De forma parecida, há forças espirituais na psique que guiam nossas vidas, e a psicologia ocidental está apenas começando a descobri-las. Quando nos apercebemos de que estão presentes, praticamos psicoterapia com uma sensibilidade espiritual.

Referências

Adams, J. E. (1973). *The Christian Counselor's manual.* Presbyterian and Reformed Publishing.

Adler, G. (1951). Notes regarding the dynamics of the self. *British Journal of Medical Psychology, 24*, 97-106.

Adler, G. (1979). *Dynamics of the self.* Coventure.

Agosin, T. (1992). Psychosis, dreams and mysticism in the clinical domain. In F. R. Halligan, & J. J. Shea (orgs.), *The fires of desire* (pp. 41-65). Crossroad.

Albaugh, J. A. (2003). Spirituality and life-threatening illness: A phenomenologic study. *Oncology Nursing Forum, 30*(4), 593-598.

Albee, G. W. (2000). The Boulder model's fatal flaw. *American Psychologist, 55*(2), 247-248.

Alliance of Psychoanalytic Organizations. (2006). *Psychodynamic diagnostic manual.* Task Force.

Allman, L. S. et al. (1992). Psychotherapists' attitudes towards clients reporting mystical experiences. *Psychotherapy, 29*, 564-569.

Alston, W. P. (1991). *Perceiving God: The epistemology of religious experience.* Cornell University Press.

American Psychiatric Association. (2000). *Diagnostic and statistical manual of mental disorders* (4. ed.).

Anandarajah, G., & Hight, E. (2001). Spirituality and medical practice: Using the HOPE questions as a practical tool for spiritual assessment. *American Family Physician, 63*(1), 81-89.

Arieti, S., & Bemporad, J. (1980). *Severe and mild depression: The psychotherapeutic approach.* Tavistock Publications.

Ash, M. G. (1992). Historicizing mind science: Discourse, practice, subjectivity. *Science in Context, 5*, 193-197.

Aziz, R. (1990). *C. G. Jung's psychology of religion and synchronicity.* SUNY Press.

Babb, L. A. (1986). *Redemptive encounters.* University of California Press.

Bach, S. (1966). Spontaneous paintings of severely ill patients. In *Acta psychosomatica* (Vol. 8). Documenta Geigy.

Bachelard, G. (1964). *The psychoanalysis of fire* (A. C. M. Ross, Trad.). Beacon Press. (Obra original publicada em 1938.)

Balint, M. (1968). *The basic fault: Therapeutic aspects of regression.* Brunner/Mazel, 1979.

Barnhouse, R. T. (1986). How to evaluate patients' religious ideation. In L. Robinson (ed.), *Psychiatry and religion: Overlapping concerns* (pp. 89-106). American Psychiatric Press.

Bobgan, M., & Bobgan, D. (1987). *Psychoheresy: The psychological seduction of Christianity.* East Gate.

Bogart, G. (1997). *The nine stages of spiritual apprenticeship.* Dawn Mountain Press.

Bollas, C. (1989). *The forces of destiny.* Free Association Press.

Boorstein, S. (1996). Transpersonal techniques and psychotherapy. In B. W. Scotton, A. B. Chinen, & J. R. Battista (eds.), *Textbook of transpersonal psychiatry and psychology* (pp. 282-292). Basic Books.

Boris, H. (1976). On hope: Its nature and psychotherapy. *International Review of Psychoanalysis 3*, 139-150.

Bowker, J. (1973). *The sense of God: Sociological, anthropological, and psychological approaches to the origin of the sense of God.* Oxford University Press.

Bradford, D. T. (1985). A therapy of religious imagery in paranoid schizophrenic psychosis. In M. H. Spero (ed.), *Psychotherapy of the religious patient* (pp. 154-180). Thomas.

Bromberg, W. (1975). *From shaman to psychotherapist: A history of the treatment of mental illness.* Henry Regnery.

Bromiley, G. V. (1967). *An introduction to the theology of Karl Barth.* T. and T. Clark.

Bronheim, H. (1998). *Body and soul: The role of object relations in faith, shame, and healing.* Jason Aronson.

Buber, M. (1952). *Eclipse of God: Studies in the relation between religion and philosophy.* Harper and Row.

Burkitt, I. (2008). *Social selves.* Sage.

Burr, V. (1995). *Introduction to social constructivism.* Routledge.

Caird, D. (1987). Religion and personality: Are mystics introverted, neurotic, or psychotic? *British Journal of Social Psychology, 26*, 345-346.

Campbell, J. (1968). *The hero with a thousand faces.* Princeton University Press.

Camus, A. (2018). *O mito de Sísifo.* Record.

Cannon, W. B. (1932). *The wisdom of the body.* Norton.

Capps, D. (1997). *Men, religion, and melancholia: James, Otto, Jung, & Erikson.* Yale University Press.

Cardeña, E., Lynn, S. J., & Krippner, S. C. (2000). *Varieties of anomalous experience.* American Psychological Association.

Casement, P. (1985). *On learning from the patient.* Guilford Press.

Castle, R. van. (1994). *Our dreaming mind.* Aquarian Press.

Chalmers, D. J. (1996). *The conscious mind: In search of a fundamental theory.* Oxford University Press.

Chilton, B. (2008). *Abraham's curse: The roots of violence in Judaism, Christianity, and Islam.* Doubleday.

Christou, E. (1976). *The logos of the soul.* Spring.

Clarke, R. O. (1985). The teachings of Bhagwan Shree Rajneesh. *Sweet Reason: A Journal of Ideas, History, and Culture, 4*, 27-44.

Claus, J. J., & Johnston, S. I. (eds.). (1997). *Medea.* Princeton University Press.

Cloninger, C. R. (2004). *Feeling good: The science of well being.* Oxford University Press.

Cohen, J. M., & Phipps, J.-F. (1967). *The common experience.* Jeremy Tarcher.

Corbett, L. (1996). *The religious function of the psyche.* Brunner-Routledge.

Corbett, L. (2006). Varieties of numinous experience. In A. Casement (ed.), *The idea of the numinous* (pp. 53-67). Brunner-Routledge.

Corbett, L. (2007). *Psyche and the sacred.* Spring.

Corbin, H. (1969). *Creative imagination in the Sufism of Ibn al-'Arabi* (R. Manheim, Trad.). Princeton University Press.

Corbin, H. (1972). *Mundus imaginalis or the imaginary and the imaginal* (pp. 1-9). Spring.

Cornett, C. (1998). *The soul of psychotherapy: Recapturing the spiritual dimension in the therapeutic encounter.* The Free Press.

Crick, F., & Mitchison, G. (1983). REM sleep and neural nets. *Nature, 304,* 111-114.

Crick, F., & Mitchison, G. (1986). The function of dream sleep. *Journal of Mind and Behavior, 7*(2-3), 229-249.

Dante, A. (2017). *A divina comédia* (I. E. Mauro, Trad., 4. ed.). Editora 34. (Obra original publicada em 1314.)

Deikman, A. (1996). Treating former members of cults. In B. Scotton, A. B. Chinen, & J. R. Battista (eds.), *Textbook of transpersonal psychiatry and psychology.* Basic Books.

deMause, L. (2002). *The emotional life of nations.* Karnac Books.

Diamond, E. L. (1982). The role of anger in essential hypertension and coronary heart disease. *Psychological Bulletin, 96,* 410-433.

Dickinson, E. (1976). *The complete poems of Emily Dickinson.* Little, Brown.

Dourley, J. P. (1981). *Psyche as sacrament: A comparative study of C. G. Jung and Paul Tillich.* Inner City Books.

Dourley, J. P. (1994). Jung's conversations with Buber and White. In J. Ryce-Menuhin (ed.), *Jung and the monotheisms* (pp. 125-148). Routledge.

Downie, R. S. (1965). Forgiveness. *Philosophical Quarterly, 15,* 128-134.

Dru, A. (1959). *The journals of Kierkegaard,* 1834-1854. Oxford University Press.

D'Souza, R. F., & Rodrigo, A. (2004). Spiritually augmented cognitive behavioral therapy. *Australasian Psychiatry, 12*(2), 148-152.

Edinger, E. F. (1984). *The creation of consciousness: Jung's myth for modern man.* Inner City Books.

Edinger, E. F. (1986). *The Bible and the psyche: Individuation symbolism in the Old Testament.* Inner City Books.

Edinger, E. F. (1992). *Transformation of the God image.* Inner City Books.

Edinger, E. F., Cordic, D. D., & Yates, C. (1996). *The new God-image: A study of Jung's key letters concerning the evolution of the Western God-image.* Chiron.

Eigen, M. (1995). Stones in a stream. *Psychoanalytic Review, 82*(3), 371-390.

Eigen, M. (1998). *The psychoanalytic mystic.* Free Association Books.

Eigen, M. (1999). The area of faith in Winnicott, Lacan, & Bion. In S. A. Mitchell & L. Aron (eds.), *Relational psychoanalysis* (pp. 1-37). Analytic Press.

Einstein, A. (2001). *The world as I see it.* Citadel Press. (Obra original publicada em 1949.)

Eliade, M. (1994). *Rites and symbols of initiation* (W. R. Trask, Trad.). Spring. (Obra original publicada em 1958.)

Eliade, M. (2004). *Shamanism: Archaic techniques of ecstasy* (W. R. Trask, Trad.). Princeton University Press. (Obra original publicada em 1951.)

Ellenberger, H. F. (1970). *The discovery of the unconscious: The history and evolution of dynamic psychiatry*. Basic Books.

Emmons, R. A., & McCullough, M. E. (2003). Counting blessings versus burdens: An experimental investigation of gratitude and subjective well-being in daily life. *Journal of Personality and Social Psychology, 84*(2), 377-389.

Engel, G. L. (1962). *Psychological development in health and disease*. Saunders.

Erikson, E. (1950). *Childhood and society*. W. W. Norton.

Erikson, E. (1964). *Insight and responsibility*. W. W. Norton.

Fallot, R. D., & Heckman, J. P. (2005). Religious/spiritual coping among women trauma survivors with mental health and substance use disorders. *Journal of Behavioral Health Services and Research, 32*(2), 215-226.

Fava, G. A. et al. (1998a). Well-being therapy: A novel psychotherapeutic approach for residual symptoms of affective disorders. *Psychological Medicine, 28*(2), 475-480.

Fava, G. A. et al. (1998b). Prevention of recurrent depression with cognitive behavioral therapy: Preliminary findings. *Archives of General Psychiatry, 55*(9), 816-820.

Fava, G. A. et al. (2005). Well-being therapy of generalized anxiety disorder. *Psychotherapy and Psychosomatics, 74*(1), 26-30.

Ferenczi, S. (1995). *The clinical diary of Sandor Ferenczi* (M. Balint & N. Z. Jackson, Trad.). Harvard University Press.

Ferenczi, S. (2000). *Further contributions to the theory and technique of psychoanalysis* (J. I. Suttie, Trad.). Karnac Books. (Obra original publicada em 1926.)

Field, N. (1989). Listening with the body: An exploration in the countertransference. *British Journal of Psychotherapy, 5*(4), 512-522.

FitzGerald, F. (1986, set. 22). Rajneeshpuram. *The New Yorker*. https://www.newyorker.com/magazine/1986/09/22/i-rajneeshpuram

Fowler, J. W. (1981). *Stages of faith: The psychology of human development and the quest for meaning*. Harper and Row.

Frank, J. (1963). *Persuasion and healing*. Schocken Books.

Frank, J. (1968). The role of hope in psychotherapy. *International Journal of Psychotherapy, 5*, 383-395.

Frank, J. (1974). Psychotherapy: The restoration of morale. *American Journal of Psychiatry, 131*, 271-274.

Frank, J. (1982). Therapeutic components shared by all psychotherapies. In J. H. Harvey & M. M. Parks (eds.), *The master lecture series: Vol. 1. Psychotherapy Research and Behavior Change* (pp. 5-38). American Psychological Association.

Frankl, V. E. (1975). *The unconscious God*. Simon and Schuster.

Frankl, V. E. (1986). *The doctor and the doul: From psychotherapy to logotherapy*. Random House Vintage Books.

Frankl, V. E. (1988). *The will to meaning: Foundations and applications of logotherapy*. New American Library.

Frankl, V. E. (2006). *Man's search for meaning*. Beacon Press.

French, T. M. (1952). *The integration of behavior*. University of Chicago Press.

Freud, S. (1913). *The interpretation of dreams* (A. A. Brill, Trad.). Macmillan. (Obra original publicada em 1900.)

Freud, S. (1959). Obsessive actions and religious practices. In J. Strachey (ed.), *The standard edition of the complete psychological works of Sigmund Freud* (Vol. 9, pp. 115-127). Hogarth Press. (Obra original publicada em 1907.)

Freud, S. (1961). The future of an illusion. In J. Strachey (ed), *The standard edition of the complete psychological works of Sigmund Freud* (Vol. 21, pp. 1-56). Hogarth Press. (Obra original publicada em 1927.)

Fromm, E. (1950). *Psychoanalysis and religion*. Yale University Press.

Fromm, E. (1956). *The art of loving*. Harper and Row.

Fromm, E. (1968). *The revolution of hope: Towards a humanized technology*. Harper and Row.

Frye, N. (1990). *Fearful symmetry: A study of William Blake*. Princeton University Press.

Gallese, V. et al. (1996). Action recognition in the premotor cortex. *Brain, 119*(2), 593-609.

Gallup, G. (1995). *Fifty years of Gallup surveys on religion (The Gallup Report No. 36)*. The Gallup Organization.

Garrison, V. (1977). The "Puerto Rican Syndrome" in psychiatry and *espiritismo*. In V. Crapanzano & V. Garrison (eds.), *Case studies in spirit possession* (pp. 383-449). John Wiley and Sons.

Gay, P. (1988). *Freud: A life for our time*. Norton.

Geertz, C. (1966). Religion as a cultural system. In M. P. Banton (ed.), *Anthropological approaches in the study of religion* (pp. 1-46). Tavistock.

Germer, C. K., Siegel, R. D., & Fulton, P. R. (eds.). (2005). *Mindfulness and psychotherapy*. Guilford Press.

Gersten, D. (1997). *Are you getting enlightened or losing your mind?* Harmony Books.

Gibson, K., Lathrop, D., & Stern, E. M. (1986). *Carl Jung and soul psychology*. The Haworth Press.

Gibson, T. (2000). Wholeness and transcendence in the practice of pastoral psychotherapy from a Judeo-Christian perspective. In P. Young-Eisendrath & M. E. Miller (eds.), *The psychology of mature spirituality* (pp. 177-180). Brunner-Routledge.

Glickauf-Hughes, C., & Wells, M. (1991). Current conceptualizations on masochism: Genesis and object relations. *American Journal of Psychotherapy, 45*, 53-68.

Glover, J. (1988). *I: The philosophy and psychology of personal identity*. Penguin.

Goldbrunner, J. (1966). *Individuation: A study of the depth psychology of Carl Gustav Jung*. University of Notre Dame Press.

Gollwitzer, H. (ed.). (1956). *Dying we live* (R. Kuhn, Trad.). Pantheon Books.

Good, M. J. D. (1992). *Pain as a human experience*. University of California Press.

Gordon, R. (1973). Moral values and analytic insights. *British Journal of Medical Psychology, 46*(1), 1-11.

Greeley, A. (1975). *The sociology of the paranormal: A reconnaissance* (Vol. 3). Sage.

Greenberg, D., & Witztum, E. (1991). Problems in the treatment of religious patients. *American Journal of Psychotherapy, 45*, 554-565.

Greyson, B. (1997). The near-death experience as a focus of clinical attention. *Journal of Nervous and Mental Diseases 185*(5), 327-334.

Greyson, B. (2000). Near-death experiences. In E. Cardeña, S. J. Lynn, & S. C. Krippner (eds.), *Varieties of anomalous experience* (pp. 315-352). American Psychological Association.

Griffin, D. R. (2000). *Religion and scientific naturalism: Overcoming the conflicts.* SUNY Press.

Griffith, J. L., & Griffith, M. E. (2002). *Encountering the sacred in psychotherapy.* Guilford Press.

Griffiths, B. (1977). *Return to the center.* Templegate.

Grof, C. (1993). *The thirst for wholeness: Addiction, attachment, and the spiritual path.* HarperCollins.

Grof, S., & Grof, C. (1989). *Spiritual emergency: When personal transformation becomes a crisis.* Penguin Putnam.

Group for the Advancement of Psychiatry. (1976). *Mysticism: Spiritual quest or mental disorder?* (Vol. 9).

Guggenbühl-Craig, A. (1970). *Must analysis fail through its destructive aspect?* Spring.

Guggenbühl-Craig, A. (1971). *Power in the helping professions* (M. Gubitz, Trad.). Spring.

Guntrip, H. (1956). *Mental pain and the cure of souls.* Independent Press.

Guntrip, H. (1969). *Schizoid phenomena, object relations, and the self.* International Universities Press.

Hadon, H. (1995). The hidden God. In J. M. Spiegleman (ed.), *Protestantism and Jungian psychology* (pp. 50-65). New Falcon.

Hall, J. A. (1993). *The unconscious Christian.* Paulist Press.

Hannah, B. (2001). *Encounters with the soul.* Chiron Publications.

Hannah, B. (2011). *The animus: The spirit of inner truth in women.* Chiron Publications.

Hardy, A. (1979). *The spiritual nature of man: A study of contemporary religious experience.* Clarendon Press.

Hart, T. (1997). Transcendental empathy in the therapeutic encounter. *Humanistic Psychologist 25*(3), 245-270.

Hart, T. (1999). The refinement of empathy. *Journal of Humanistic Psychology, 39*(4), 111-125.

Hastings, A. (1983). A counseling approach to parapsychological experience. *Journal of Transpersonal Psychology, 15*(2), 143-167.

Hauser, M. D. (2006). *Moral minds: How nature designed our universal sense of right and wrong.* HarperCollins.

Heisig, J. W. (1979). *Imago Dei: A study in C. G. Jung's psychology of religion.* Associated University Press.

Hesse, M. (1980). *Revolutions and reconstruction in the philosophy of science.* Indiana University Press.

Hidas, A. (1981). Psychotherapy and surrender: A psychospiritual perspective. *Journal of Transpersonal Psychology, 13*(1), 27-32.

Hillman, J. (1972). *The myth of analysis.* Northwestern University Press.

Hillman, J. (1975). *Re-visioning psychology.* Harper and Row.

Hillman, J. (1989). Peaks and vales. In T. Moore (ed.), *A blue fire* (pp. 118-20). HarperPerennial.

Hillman, J. (1991). *Healing fiction.* HarperCollins.

Hoge, D. R. (1996). Religion in America: The demographics of belief and affiliation. In E. P. Shafranske (ed.), *Religion and the clinical practice of psychology* (pp. 21-41). American Psychological Association Press.

Hogenson, G. E. (2007). Reply to Whitmont: "The destiny concept in psychoanalysis". *Journal of Jungian Theory and Practice, 9*(1), 39-45.

Holmgren, M. R. (1993). Forgiveness and the intrinsic value of persons. *American Philosophical Quarterly, 30,* 341-352.

Hong, H. V., & Hong, E. H. (1976). *Kierkegaard's journals and papers* (Vol. 1). Indiana University Press.

Hood, R. W. (1974). Psychological strength and the report of intense religious experience. *Journal for the Scientific Study of Religion, 13,* 65-71.

Horney, K. (1942). *Self-analysis.* W. W. Norton.

Horney, K. (1945). *Our inner conflicts.* W. W. Norton.

Horsbrugh, H. J. (1974). Forgiveness. *Canadian Journal of Philosophy, 4,* 269-289.

Hunt, H. T. (1995). *On the nature of consciousness.* Yale University Press.

Huppert, F. A., & Whittington, J. E. (2003). Evidence for the independence of positive and negative well-being: Implications for quality of life assessment. *British Journal of Health Psychology, 8*(1), 107-122.

Huxley, A. (1970). *The Perennial Philosophy.* Harper Colophon. (Obra original publicada em 1970.)

Jackson, S. W. (1992). The listening healer in the history of psychological healing. *American Journal of Psychiatry, 149*(12), 1.623-1.632.

Jacobs, J. L. (1989). *Divine disenchantment.* University of Indiana Press.

Jacobs, J. W. (1998). Euripides' Medea: A psychodynamic model of severe divorce pathology. *American Journal of Psychotherapy, 2,* 308-319.

Jacoby, R. (1993). Some conceptual considerations on hope and stress. *Stress Medicine, 9*(1), 61-69.

Jaffé, A. (1983). *The myth of meaning in the work of C. G. Jung* (R. F. C. Hull, Trad.). Daimon Verlag.

James, W. (1958). *The varieties of religious experience.* New American Library.

Jaspers, K. (1963). *General psychopathology.* University of Chicago Press.

Jaynes, J. (1990). *The origin of consciousness in the breakdown of the bicameral mind.* Mariner Books.

Jenkins, R. A., & Pargament, K. I. (1988). Cognitive appraisals in cancer patients. *Social Science and Medicine, 26,* 625-633.

Jensen, J. P., & Bergin, A. E. (1988). Mental health values of professional therapists: A national interdisciplinary survey. *Professional Psychology: Research and Practice, 19,* 290-297.

Jones, S. L. (1996). A constructive relationship for religion with the science and profession of psychology: Perhaps the boldest model yet. In E. P. Shafranske (ed.), *Religion and the clinical practice of psychology* (pp. 113-147). American Psychological Association.

Josephson, A. M. (1993). The interactional problems of Christian families and their relationship to developmental psychopathology: Implications for treatment. *Journal of Psychology and Christianity, 12,* 112-118.

Josephson, A. M., & Wiesner, I. S. (2004). Worldview in psychiatric assessment. In A. M. Josephson & J. R. Peteet (eds.), *Handbook of spirituality and worldview in clinical practice* (pp. 15-30). American Psychiatric Publishing.

Joy, C. R. (ed.). (1947). *Albert Schweitzer: An anthology.* Beacon Press.

Jung, C. G. (1965). *Memories, dreams, reflections* (A. Jaffé, Ed.). Random House. (Obra original publicada em 1961).

Jung, C. G. (1970). *Analytical psychology: Its theory and practice*. Vintage Books.

Jung, C. G. (1976). *Letters of C. G. Jung: Vol. 2. 1951-1961* (G. Adler & A. Jaffé, Eds., R. F. C. Hull, Trad.). Princeton University Press.

Jung, C. G. (2011). *Aion. Estudo sobre o simbolismo do si-mesmo* (Obra Completa, Vol. 9/2, 8. ed.). Vozes.

Jung, C. G. (2011). *A prática da psicoterapia* (Obra Completa, Vol. 16/1, 13. ed.). Vozes.

Jung, C. G. (2011). *A vida simbólica* (Obra Completa, Vol. 18/2, 3. ed.). Vozes.

Jung, C. G. (2011). *Civilização em transição* (Obra Completa, Vol. 10/3, 4. ed.). Vozes.

Jung, C. G. (2011). *Escritos diversos: (dos volumes 10 e 11)* (Obra Completa, Vol. 11/6, 2. ed.). Vozes.

Jung, C. G. (2011). *Estudos alquímicos* (Obra Completa, Vol. 13, 2. ed.). Vozes.

Jung, C. G. (2011). *Estudos experimentais* (Obra Completa, Vol. 2, 2. ed.). Vozes.

Jung, C. G. (2011). *Interpretação psicológica do Dogma da Trindade* (Obra Completa, Vol. 11/2, 8. ed.). Vozes.

Jung, C. G. (2011). *Mysterium Coniunctionis* (Obra Completa, Vol. 14/1, 5. ed.). Vozes.

Jung, C. G. (2011). *Mysterium Coniunctionis* (Obra Completa, Vol. 14/2, 2. ed.). Vozes.

Jung, C. G. (2011). *O eu e o inconsciente* (Obra Completa, Vol. 7/2, 22. ed.). Vozes.

Jung, C. G. (2011). *O desenvolvimento da personalidade* (Obra Completa, Vol. 17, 11. ed.). Vozes.

Jung, C. G. (2011). *Os arquétipos e o inconsciente coletivo* (Obra Completa, Vol. 9/1, 7. ed.). Vozes.

Jung, C. G. (2011). *Presente e futuro* (Obra Completa, Vol. 10/1, 6. ed.). Vozes

Jung, C. G. (2011). *Psicologia e alquimia* (Obra Completa, Vol. 12, 5.ed.). Vozes.

Jung, C. G. (2011). *Psicologia e religião* (Obra Completa, Vol. 11/1, 9. ed.). Vozes.

Jung, C. G. (2011). *Psicologia e religião oriental* (Obra Completa, Vol. 11/5, 7. ed.). Vozes.

Jung, C. G. (2011). *Resposta a Jó* (Obra Completa, Vol. 11/4, 8. ed.). Vozes.

Jung, C. G. (2011). *Sincronicidade* (Obra Completa, Vol. 8/3, 16. ed.). Vozes.

Jung, C. G. (2011). *Tipos psicológicos* (Obra Completa, Vol. 6, 4. ed.). Vozes.

Jung, C. G. (2012). *A natureza da psique* (Obra Completa, Vol. 8/2, 9. ed.). Vozes.

Jung, C. G. (2012). *O símbolo da transformação na missa* (Obra Completa, Vol. 11/3, 7. ed.). Vozes.

Kaiser, R. M. (1988). Postcritical religion and the latent Freud. *Zygon, 25*(4), 433-447.

Kakar, S. (2003). Psychoanalysis and Eastern spiritual healing traditions. *Journal of Analytical Psychology, 48*(5), 659-678.

Kandel, E. R., Schwartz, J. H., & Jessell, T. M. (2008). *Principles of neural science* (5. ed.). McGraw-Hill.

Karcher, S. (2003). *Total I Ching: Myths for change*. Time Warner Books.

Kast, V. (1991). *Joy, inspiration, and hope*. Texas A & M University Press.

Katz, S. T. (ed.) (1978). *Mysticism and philosophical analysis*. Oxford University Press.

Kearney, M. (2000). *A place of healing*. Oxford University Press.

Keats, J. (1958). *Selected poems and letters* (D. Bush, Ed.). Harcourt Brace.

Kelly, T. A., & Strupp, H. H. (1992). Patient and therapist values in psychotherapy. *Journal of Clinical and Consulting Psychology, 60,* 34-40.

Kelsey, M. T. (1974). *God, dreams, and revelation*. Augsburg.

Kerenyi, C. (1959). *Asklepios: Archetypal image of the physician's existence*. Pantheon Books.

Kernberg, O. (1995). *Love relations: Normality and pathology*. Yale University Press.

Kierkegaard, S. (1954). *Fear and trembling* (W. Lowrie, Trad.). Doubleday. (Obra original publicada em 1843.)

King, T. M. (1999). *Jung's four and some philosophers*. University of Indiana Press.

Kirkpatrick, L. A. (1997). An attachment-theory approach to the psychology of religion. In B. Spilka & D. N. McIntosh (eds.), *The psychology of religion* (pp. 114-133). Westview Press.

Kirkpatrick, L. A., & Shaver, P. R. (1990). Attachment-theory and religion: Childhood attachments, religious beliefs and conversions. *Journal for the Scientific Study of Religion, 29,* 315-334.

Koenig, H. G., McCullough, M. E., & Larson, D. B. (2001). *Handbook of religion and health*. Oxford University Press.

Kohut, H. (1978). Creativeness, charisma, group psychology. In P. Ornstein (ed.), *The search for the self* (Vol. 2). International Universities Press.

Kohut, H. (1984). *How does analysis cure?* University of Chicago Press.

Krishnamurti, J. (1973). *You are the world*. HarperCollins.

Krishnamurti, J. (1975). *The first and last freedom*. Harper and Row.

Krishnamurti, J. (1984). *The flame of attention*. Harper San Francisco.

Krishnamurti, J. (1991). *Explorations into insight*. Victor Gollancz.

Krishnamurti, J. (2001). *Choiceless awareness*. Krishnamurti Publications of America.

Kübler-Ross, E. (1969). *On death and dying*. Macmillan.

Kugel, J. (1998). *Traditions of the Bible*. Harvard University Press.

Kung, H. (1990). *Freud and the problem of God*. Yale University Press.

Kurtz, E. (1999). The historical context. In W. R. Miller (ed.), *Integrating spirituality into treatment*. American Psychological Association Press.

Ladinsky, D. (1996). *I heard God laughing: Renderings of Hafiz*. Mobius Press.

Larson, D., & Larson, S. (1994). *The forgotten factor in physical and mental health: What does the research show?* National Institute for Healthcare Research.

Larson, D. B. et al. (1986). Systematic analysis of research on religious variables in four major psychiatric journals, 1978-1982. *American Journal of Psychiatry, 143,* 329-334.

Leavy, S. (1990). Reality in psychoanalysis and religion. In J. H. Smith & S. Handelman (eds.), *Psychoanalysis and religion: Psychiatry and the humanities* (pp. 43-55). Johns Hopkins University Press.

LeShan, L. (1994). *Cancer as turning point*. Penguin.

Leuba, J. H. (1925). *The psychology of religious mysticism*. Harcourt Brace.

Levin, J. D. (1992). *Theories of the self*. Hemisphere Publishing.

Levine, S. (1986). *Divine disenchantment*. University of Indiana Press.

Lévi-Strauss, C. (1963). *Structural anthropology* (C. Jacobson and B. Schoepf, Trad.). Basic Books.

Lewin, R. A. (1996). *Compassion: The core value that animates psychotherapy*. Jason Aronson.

Lewis, C. A. (1994). Religiosity and obsessionality: The relationship between Freud's "religious practices". *The Journal of Psychology, 128*(2), 189-196.

Lewis, C. S. (1996). *The problem of pain*. HarperCollins. (Obra original publicada em 1940.)

Lewis, M. (1980). On forgiveness. *Philosophical Quarterly, 30*, 236-245.

Lewis, T., Amini, F., & Lannon, R. (2000). *A general theory of love*. Vintage Books.

Lichtenberg, J. D., Lachmann, F. M., & Fosshage, J. L. (1992). *Self and motivational systems*. Routledge.

Lindberg, D. C., & Numbers, R. L. (eds.). (1986). *God and nature: Historical essays on the encounter between Christianity and science*. University of California Press.

Linley, A. P., & Joseph, S. (eds.). (2004). *Positive psychology in practice*. John Wiley and Sons.

Lommel, P. van. et al. (2001). Near-death experience in survivors of cardiac arrest: A prospective study in the Netherlands. *Lancet, 358*(9298), 2039-2045.

London, P. (1985). *The modes and morals of psychotherapy*. Hemisphere Books.

Lovinger, R. J. (1984). *Working with religious issues in therapy*. Aronson.

Loy, D. (1997). *Nonduality: A study in comparative philosophy*. Humanity Books.

Lukoff, D. (1985). The diagnosis of mystical experience with psychotic features. *Journal of Transpersonal Psychology, 17*(2), 155-181.

Lukoff, D. (1988). Transpersonal therapy with a manic-depressive artist. *Journal of Transpersonal Psychology, 20*(1), 10-20.

Lynch, W. F. (1965). *Images of hope: Imagination as healer of the hopeless*. Helicon.

Mahrer, A. R., Boulet, D. B., & Fairweather, D. R. (1994). Beyond empathy: Advances in the clinical theory and methods of empathy. *Clinical Psychology Review, 14*, 183-189.

Mancia, M. (2006). *Psychoanalysis and neuroscience*. Springer.

Mansfield, V., & Spiegelman, J. (1996). On the physics and psychology of the transference as an interactive field. *Journal of Analytical Psychology, 41*, 179-202.

Marcel, G. (1962). *Homo viator: Introduction to a metaphysic of hope* (E. Craufurd, Trad.). Harper Torchbooks.

Marsella, A. J. (ed.). (1989). *Culture and self: Asian and Western perspectives*. Routledge.

Maslow, A. H. (1964). *Religions, values, and peak experiences*. Ohio State University Press.

Maslow, A. H. (1970). Religious aspects of peak experiences. In W. A. Sadler (ed.), *Personality and religion* (pp. 168-179). Harper and Row.

Maslow, A. H. (1971). *The farther reaches of human nature*. Viking Press.

Masson, J. (1990). *Final analysis: The making and unmaking of a psychoanalyst*. Addison-Wesley.

Matthews, D. A., & Clark, C. (1998). *The faith factor*. Penguin.

May, G. M. (1992). *Care of mind, care of spirit*. HarperCollins.

McCarley, R. W., & Hobson, J. A. (1977). The neurobiological origins of psychoanalytic dream theory. *American Journal of Psychiatry, 134*(11), 1211-1221.

McCullough, M. E., Pargament, K. I., & Thoreson, C. E. (2000). *Forgiveness: Theory, research, and practice*. Guilford Press.

McCullough, M. E., Worthington, E. L., & Rachal, K. C. (1997). Interpersonal forgiving in close relationships. *Journal of Personality and Social Psychology, 73*, 321-336.

McFague, S. (1987). *Models of God*. Fortress Press.

McGrath, A. (2007). *The Dawkins delusion*. SPCK.

McNamara, W. (1975). Psychology and the Christian mystical tradition. In C. Tart (ed.), *Transpersonal psychologies*. Harper and Row.

Meier, C. A. (1959). Projection, transference, and the subject-object relation in psychology. *Journal of Analytical Psychology, 4*(1), 21-34.

Meissner, W. W. (1984). *Psychoanalysis and religious experience*. Yale University Press.

Meissner, W. W. (1987). *Life and faith: Psychological perspectives on religious experience*. Georgetown University Press.

Meissner, W. W. (1992). The pathology of belief systems. *Psychoanalysis and Contemporary Thought, 15*, 99-128.

Meissner, W. W. (1996). The pathology of beliefs and the beliefs of pathology. In E. P. Shafranske (ed.), *Religion in the clinical practice of psychology* (pp. 241-267). American Psychological Association.

Meng, H., & Freud, E. L. (eds.). (1963). *Psychoanalysis and faith: The letters of Sigmund Freud and Oskar Pfister*. Basic Books.

Menninger, K. (1959). Hope. *American Journal of Psychiatry, 116*, 481-491.

Miller, A. (1990). *For your own good*. Farrar, Straus and Giroux.

Miller, D. L. (2005). *Three faces of God*. Spring.

Miller, W. R. (ed.). (1999). *Integrating spirituality into treatment*. American Psychological Association.

Milton, J. (2016). *Paraíso perdido* (D. Jonas, Trad.). Editora 34. (Obra original publicada em 1667.)

Mintz, E. E. (1983). *The psychic thread: Paranormal and transpersonal aspects of psychotherapy*. Human Sciences Press.

Mitchell, S. (1993). *Hope and dread in psychoanalysis*. Basic Books.

Moore, R. L. (2001). *The archetype of initiation: Sacred space, ritual process, and personal transformation*. Xlibris Publishing.

Morris, T. V. (ed.). (1994). *God and the philosophers: The reconciliation of faith and reason*. Oxford University Press.

Murphy, M., & Donovan, S. (1994). *The physical and psychological effects of meditation*. Noetic Sciences Press.

Myers, D. G., & Diener, E. (1996). The pursuit of happiness. *Scientific American, 274*(5), 70-72.

Natterson, D. L. (1996). Love in psychotherapy. *Psychoanalytic Psychology, 20*, 509-521.

Neumann, E. (1949). *The origins and history of consciousness*. Princeton University Press.

Neumann, E. (1960). *Depth psychology and a new ethic*. Hodder and Stoughton.

Neumann, E. (1968). Mystical man. In J. Campbell (ed.), *The mystic vision* (pp. 375-415). Princeton University Press.

Nicholson, R. A. (1950). *Rumi, poet and mystic*. Allen and Unwin.

Nietzsche, F. W. (1996). *Human, all too human: A book for free spirits*. (R. J. Hollingdale, Trad.). Cambridge University Press. (Obra original publicada em 1878.)

Nobel, K. D. (1987). Psychological health and the experience of transcendence. *The Counseling Psychologist, 15*, 601-614.

Ogden, T. (1979). On projective identification. *International Journal of Psychoanalysis, 60*, 357-374.

Ornstein, A. (1991). The dread to repeat: Comments on the working-through process. *Journal of the American Psychoanalytic Association, 39*, 377-398.

Otto, R. (1917). *The idea of the holy* (J. Harvery, Trad.). Oxford University Press.

Oxman, T. E., Freeman, D. H., & Manheimer, E. D. (1995). Lack of social participation or religious strength and comfort as risk factors for death after cardiac surgery in the elderly. *Psychosomatic Medicine, 57*(1), 5-15.

Panikkar, R. (1979). *Myth, faith, and hermeneutics*. Paulist Press.

Pargament, K. I. (1997). *The psychology of religion and coping*. The Guilford Press.

Parsons, T. (2002). *As it is*. Inner Directions Publishing.

Perry, J. (1974). *The far side of madness*. Prentice-Hall.

Peteet, J. R. (1994). Approaching spiritual problems in psychotherapy. *Journal of Psychotherapy Practice and Research, 3*, 237-245.

Peteet, J. R. (2004). *Doing the right thing: An approach to moral issues in mental health treatment*. American Psychiatric Association.

Pickering, W. S. F. (ed.). (1975). *Durkheim on religion: A selection of readings with bibliographies*. Routledge.

Pollner, M. (1989). Divine relations, social relations, and well-being. *Journal of Health and Social Behavior, 30*, 92-104.

Prendergast, J. J., & Bradford, G. K. (eds.). (2007). *Listening from the heart of silence: Nondual wisdom and psychotherapy*. Paragon House Publishers.

Prendergast, J. J., Fenner, P., & Krystal, S. (eds.). (2003). *Sacred mirror: Nondual wisdom and psychotherapy*. Omega Books.

Prinz, J. J. (2007). Is morality innate? In W. Sinnott-Armstrong (ed.), *Moral Psychology: Vol. 1. The evolution of morality: Adaptations and innateness*. Oxford University Press.

Pruyser, P. W. (1976). *A Dynamic psychology of religion*. HarperCollins.

Pruyser, P. W. (1997). The seamy side of current religious belief. *Bulletin of the Menninger Clinic, 41*, 329-348.

Pytell, T. (2006). Transcending the angel beast: Victor Frankl and humanistic psychology. *Psychoanalytic Psychology, 23*(3), 490-503.

Racker, H. (1968). *Transference and countertransference*. International Universities Press.

Radin, D. I. (1997). *The conscious universe*. Harper San Francisco.

Rajneesh, B. S. (1979). *The Buddha disease: A Darshan diary*. Rajneesh Foundation.

Rajneesh, B. S. (1985). *Glimpses of a golden childhood*. Rajneesh Foundation International.

Ramachandran, V. S. et al. (1997). *Neural basis of religious experience*. Society for Neuroscience.

Reading, A. (2004). *Hope and despair: How perceptions of the future shape human behavior*. Johns Hopkins University Press.

Rector, L. (2001). Mystical experience as an expression of the idealizing selfobject need. In A. Goldberg (ed.), *Progress in self psychology: Vol. 17. The narcissistic patient revisited* (pp. 179-196). Analytic Press.

Reed, E. S. (1997). *From soul to mind*. Yale University Press.

Reed, H. (1996). Close encounters in the liminal zone: Experiments in imaginal communication. *Journal of Analytical Psychology, 41*, 81-116.

Reymond, L. (1972). *To live within: A woman's spiritual pilgrimage in a Himalayan hermitage*. Rudra Press.

Rhode, P. R. (1990). *The diary of Søren Kierkegaard*. Citadel Press.

Richards, P. S., & Bergin, A. E. (2005). *A spiritual strategy for counseling and psychotherapy*. American Psychological Association.

Rizzuto, A.-M. (1979). *The birth of the living God: A psychoanalytic study*. University of Chicago Press.

Roberts, B. (1984). *The experience of no-self*. Shambhala.

Rochlin, G. (1965). *Griefs and discontents: The forces of change*. Little, Brown.

Rolls, E. T. (2005). *Emotions explained*. Oxford University Press.

Roseborough, D. J. (2006). Psychodynamic psychotherapy: An effectiveness study. *Research on Social Work Practice, 16*(2), 166-175.

Rubin, J. B. (1996). *Psychotherapy and Buddhism*. Plenum Press.

Rubin, J. B. (2004). *The good life: Psychoanalytic reflections on love, ethics, creativity, and spirituality*. SUNY Press.

Russell, B. (1927). *Why I am not a Christian*. The Truth Seeker Company.

Russell, B. (1956). *Portraits from memory*. Simon and Schuster.

Russell, B. (1959). *My philosophical development*. George Allen and Unwin.

Russell, B. (1970). *Marriage and morals*. W. W. Norton. (Obra original publicada em 1929.)

Russell, B. (1971). *The autobiography of Bertrand Russell*. George Allen and Unwin.

Samuels, A. (2001). *Politics on the couch*. Other Press.

Sandner, D. F., & Wong, S. H. (eds.), (1997). *The sacred heritage: The influence of Shamanism on analytical psychology*. Routledge.

Sanella, L. (1987). *The Kundalini experience*. Integral.

Sanford, J. A. (1989). *Dreams: God's forgotten language*. Harper San Francisco. (Obra original publicada em 1951.)

Satir, V. (1987). The therapist story. *Journal of Psychotherapy and the Family, 3*(1), 17-25.

Scarry, E. (1985). *The body in pain*. Oxford University Press.

Schaer, H. (1950). *Religion and the cure of souls in Jung's psychology*. Pantheon Books.

Schott, G. D. (1993). Penfield's homunculus: A note on cerebral cartography. *Journal of Neurology, Neurosurgery, and Psychiatry, 56*, 329-333.

Schwartz-Salant, N. (1988). Archetypal foundations of projective identification. *Journal of Analytical Psychology, 33*(1), 39-64.

Searles, H. F. (1979). The patient as therapist to his therapist. In *Countertransference and related subjects* (pp. 380-459). International Universities Press.

Seligman, M. (2002). *Authentic happiness: Using the new positive psychology to realize your potential for lasting fulfillment*. Free Press.

Seligman, M., & Csikszentmihalyi, M. (2000). Positive psychology: An introduction. *American Psychologist*, 55, 5-14.

Shafranske, E. P. (ed.). (1996). *Religion in the clinical practice of psychology*. American Psychological Association.

Shafranske, E. P., & Malony, H. (1990). Clinical psychologists' religious and spiritual orientations and their practice of psychotherapy. *Psychotherapy*, 27(1), 72-78.

Shakespeare, W. (2019). *Medida por medida* (6. ed.). Nova Fronteira. (Obra original publicada em 1604.)

Shand, A. F. (1920). *Foundations of character: Being a study of the tendencies of the emotions and sentiments*. Macmillan.

Shapiro, A. K. (1978). Placebo effects in medical and psychological therapies. In S. L. Garfield & A. E. Bergin (eds.), *Handbook of psychotherapy and behavior change: An empirical analysis* (pp. 439-473). John Wiley.

Sharfstein, B.-A. (1980). *The philosophers*. Oxford University Press.

Shaw, D. (2003). On the therapeutic action of analytic love. *Contemporary Psychoanalysis*, 39, 252-278.

Shideler, M. M. (1962). *The theology of romantic love: A study in the writings of Charles Williams*. Harper and Brothers.

Slater, J. G. (1994). *Bertrand Russell*. Thoemmes Press.

Slife, B. D., Hope, C., & Nebeker, R. S. (1999). Examining the relationship between religious spirituality and psychological science. *Journal of Humanistic Psychology*, 39, 51-85.

Smith, C. M. (1995). *Psychotherapy and the sacred*. Center for the Scientific Study of Religion.

Smith, N. L., & Smith, L. L. (1996). Field theory in science: Its role as a necessary and sufficient condition in psychology. *Psychological Record*, 46, 3-19.

Sontag, S. (1977). *Illness as metaphor*. Farrar, Straus and Giroux.

Spanos, N. P., & Moretti, P. (1998). Correlates of mystical and diabolical experiences in a sample of female university students. *Journal for the Scientific Study of Religion*, 27, 105-116.

Spero, M. H. (1984). *Psychotherapy of the religious patient*. Charles C. Thomas.

Spero, M. H. (1985). The reality of the God image in psychotherapy. *American Journal of Psychotherapy*, 39, 75-85.

Spero, M. H. (1987). Identity and individuality in the nouveau-religious patient: Theoretical and clinical aspects. *Psychiatry*, 50, 55-71.

Spero, M. H. (1990). Parallel dimensions of experience in psychoanalytic psychotherapy of the religious patient. *Psychotherapy*, 27(1), 53-71.

Sperry, L., & Shafranske, E. P. (eds.). (2005). *Spiritually oriented psychotherapy*. American Psychological Association.

Sprinkle, R. L. (1985). Psychological resonance: A holographic model of counseling. *Journal of Counseling and Development*, 64, 206-208.

Stace, W. (1960). *The teachings of the mystics*. Mentor Books.

Stark, R. A. (1965). A taxonomy of religious experience. *Journal for the Scientific Study of Religion, 5,* 97-116.

Stein, H. F. (1981). Review of A.-M. Rizzuto, The birth of the living God: A psychoanalytic study. *Psychoanalytic Quarterly, 50,* 125-130.

Stephens, B. D. (2001). The Martin Buber-Carl Jung disputations: Protecting the sacred in the battle for the boundaries of analytical psychology. *Journal of Analytical Psychology, 46,* 455-491.

Stern, D. N. (2004). *The present moment in psychotherapy and everyday life.* Norton.

Sternberg, R. J., & Barnes, M. L. (eds.). (1988). *The psychology of love.* Yale University Press.

Sternberg, R. J., & Weis, K. (eds.). (2006). *The new psychology of love.* Yale University Press.

Stevens, A. (1993). *The two-million-year-old self.* Texas A & M Press.

Suttie, I. D. (1935). *The origins of love and hate.* Free Association Books, 1999.

Szasz, T. (1978). *The myth of psychotherapy.* Doubleday.

Tan, S.-Y. (2003). Integrating spiritual direction into psychotherapy: Ethical issues and guidelines. *Journal of Psychology and Theology, 31*(1), 14-23.

Tan, S.-Y., & Johnson, B. W. (2002). Spiritually oriented cognitive behavioral therapy. In L. Sperry & E. P. Shafranske (eds.), *Spiritually oriented psychotherapy* (pp. 77-103). American Psychological Association.

Targ, E., Schlitz, M., & Irwin, H. (2000). Psi-related experiences. In E. Cardeña, S. J. Lynn, & S. C. Krippner (eds.), *Varieties of anomalous experience* (pp. 219-252). American Psychological Association.

Thompson, C. (1943). The therapeutic technique of Sandor Ferenczi: A comment. *International Journal of Psychoanalysis, 24,* 64-66.

Tjeltveit, A. C. (1986). *Ethics and values in psychotherapy.* Routledge.

Tolpin, P., & Tolpin, M. (1996). *Heinz Kohut: The Chicago Institute lectures.* The Analytic Press.

Turner, V. (1987). The liminal period in rites of passage. In L. C. M. Mahdi, S. Foster, & M. Little (eds.), *Betwixt and between: Patterns of masculine and feminine initiation.* Open Court Publishing.

Ulanov, A. B. (1986). *Picturing God.* Cowley.

Ullman, C. (1989). *The transformed self: The psychology of religious conversion.* Plenum.

Usandivaras, R. J. (1985). The therapeutic process as a ritual. *Group Analysis, 28,* 1-17.

Vaughan, F. (1987). A question of balance: Health and pathology in new religious movements. In D. Anthony, B. Ecker, & K. Wilber (eds.), *Spiritual choices: The problem of recognizing authentic paths to inner transformation.* Paragon House.

Vellacott, P. (1963). *Euripides: Medea and other plays.* Penguin.

Vergote, A. (1969). *The religious man.* Pflaum.

Vergote, A., & Tamayo, A. (eds.). (1981). *The parental figures and the representation of God: A psychological and cross-cultural study.* Mouton.

von Franz, M.-L. (1980). *Projection and re-collection in Jungian psychology: Reflections of the soul.* Open Court.

von Franz, M.-L. (1981). Daimons and the inner companions. *Parabola, 6*(4), 36.

von Franz, M.-L. (1989). *Number and time: Reflections leading towards a unification of depth psychology and physics*. Northwestern University Press.

von Franz, M.-L. (1992). *Psyche and matter*. Shambhala.

Walsh, B. T. et al. (2002). Placebo response in studies of major depression: Variable, substantial, and growing. *Journal of the American Medical Association, 287*(14), 1840-1847.

Wapnick, K. (1969). Mysticism and schizophrenia. *Journal of Transpersonal Psychology, 1*(2), 49-67.

Watts, A. (1964). *Beyond theology*. Pantheon Books.

Welwood, J. (2002). *Toward a psychology of awakening: Buddhism, psychotherapy, and the path of personal and spiritual transformation*. Shambhala.

West, W. (2000). *Psychotherapy and spirituality: Crossing the line between therapy and religion*. Sage.

Wheeler, J. A. (1983). Law without law. In J. Wheeler & W. Zureck (eds.), *Quantum theory and measurement*. Princeton University Press.

White, W. A. (1916). *Mechanisms of character formation*. Macmillan.

Whitmont, E. C. (2007). The destiny concept in psychotherapy. *Journal of Jungian Theory and Practice, 9*(1), 23-37.

Williams, C. (1990). *Outlines of romantic theology*. William B. Eerdmans.

Winnicott, D. W. (1955). The depressive position in normal emotional development. *British Journal of Medical Psychology, 28*, 89-100.

Winnicott, D. W. (1958). Hate in the countertransference. In *Collected papers: Through pediatrics to psychoanalysis* (pp. 194-203). Basic Books. (Obra original publicada em 1947.)

Winnicott, D. W. (1971a). *Playing and reality*. Routledge.

Winnicott, D. W. (1971b). *Therapeutic consultations in child psychiatry*. Hogarth Press.

Winson, J. (1990). The meaning of dreams. *Scientific American, 263*(5), 42-48.

Wong, P. T., & Fry, P. (1998). *The human quest for meaning*. Erlbaum Associates.

Worthington, E. L., Jr. (ed.). (1998). *Dimensions of forgiveness*. Templeton Foundation Press.

Wulff, D. M. (2000). Mystical experience. In E. Cardeña, S. J. Lynn, & S. C. Krippner (eds.), *Varieties of anomalous experience* (pp. 397-440). American Psychological Association.

Yahine, C. E., & Miller, W. R. (2006). Evoking hope. In W. R. Miller (ed.), *Integrating Spirituality into Treatment* (pp. 217-233). American Psychological Association.

Zaehner, R. C. (1961). *Mysticism sacred and profane*. Oxford University Press.

Zieger, A. (1946). *Plays of the Greek dramatists*. Biblo and Tannen.

Zinnbauer, B. J. et al. (1997). Religion and spirituality: Unfuzzying the fuzzy. *Journal for the Scientific Study of Religion, 36*(4), 549-564.

Zock, H. (1990). *A psychology of ultimate concern: Erik H. Erikson's contribution to the psychology of religion*. Rodopi.

Índice

A

Aborto 36, 47, 48, 53, 56
Abraão 186, 187, 188
Abusada 35, 102, 105
Abuso espiritual 54
Abuso infantil 172, 207, 218, 269
Aconselhamento cristão 50
Adams, J. E. 50, 51
Adler, G. 180, 226
Advaita Vedanta 232
Afeto 108, 119, 146, 184, 254, 276
Afrodite 214, 215
Agosin, T. 83
Albaugh, J. A. 30
Albee, G. W. 29
Alcoolismo 261
Alma 20, 22, 27, 29, 33, 58, 61, 64, 65, 66, 67, 70, 97, 100, 110, 120, 123, 124, 127, 128, 130, 144, 150, 153, 155, 156, 157, 158, 159, 160, 161, 162, 163, 165, 169, 170, 177, 178, 180, 184, 185, 186, 196, 199, 210, 213, 214, 217, 220, 221, 224, 225, 227, 250, 255, 266, 268, 276, 282
Alquimia 66
Alston, W. P. 58, 71, 77
Amadurecimento espiritual, correlatos psicológicos 120
Amini, F. 33, 95, 183

Amor 16, 40, 43, 46, 52, 63, 64, 69, 71, 78, 80, 84, 89, 94, 95, 96, 97, 98, 99, 100, 109, 114, 124, 125, 127, 137, 138, 146, 147, 152, 155, 156, 159, 160, 162, 164, 169, 171, 173, 186, 193, 195, 196, 197, 202, 204, 205, 206, 208, 213, 214, 215, 216, 229, 237, 255, 279, 280
Analítica 197
Anandarajah, G. 37
Animais 187, 245
Animais, divinos e em sonhos 132
Anima mundi 161
Ansiedade do predador 245
Apolo 180, 181, 211
Aquino, Tomás de 109
Arieti, S. 196
Aristóteles 24
Arquétipo 65, 134, 160, 174, 179, 180, 183, 210, 211, 217, 274, 275, 276, 277
Arquétipo Hera 215, 217
Arquétipo Mãe negativo 213
Árvores sagradas 133
Ash, M. G. 141
Ateísmo 42, 45, 141, 148, 192, 198
Atma-Brahma 233
Autoestima 46, 53, 101, 102, 104, 105, 138, 147, 154, 182, 195, 197, 203, 204, 205, 240, 241, 255, 284

Autoridade 31, 38, 41, 54, 63, 70, 153, 169, 204, 206, 211, 220, 229, 251, 266, 282, 284
Avaliação espiritual, formal, na terapia 30
Aziz, R. 72

B

Babb, L. A. 204
Bachelard, G. 117
Bach, S. 109
Balint, M. 181, 182, 245
Bandeja de areia 167
Barnes, M. L. 95
Barnhouse, R. T. 80
Barra, D. 121
Barreiras 100, 229, 244
Barry, W. A. 89, 222
Barth, Karl 43, 69, 126
Baumeister, R. F. 101
Bell, John, teorema 172, 246
Belluardo, P. 19
Bem e mal 210
Bemporad, J. 196
Benner, D. G. 167, 221
Benson, P. L. 138
Berenbaum, H. 78
Berger, P. L. 142
Bergin, A. E. 16, 19, 36, 42, 46, 47, 48, 50, 141, 166, 167, 168
Bergson, Henri 288
Bettelheim, B. 144
Betz, B. J. 113
Bion, W. 13, 93, 248, 249
Blackstone, J. 232
Blake, William 160, 169
Blatt, S. J. 152
Bloch, Ernst 109
Bloom, H. 72
Bobgan, M. e D. 51, 265, 266
Bollas, C. 111
Boorstein, S. 168
Boris, H. 115, 118
Boulet, D. B. 236
Bowker, J. 139
Bradford, D. T. 81
Bradford, G. K. 232

Bromberg, W. 17
Bronheim, H. 41
Buber, Martin 75
Buda 34, 69, 104, 193, 240
Budismo 232
Burkitt, I. 243
Burr, V. 243

C

Caird, D. 79
Caldeirão sagrado 11
Campbell, J. 263
Campos de concentração 108, 263
Camus, Albert 110
Câncer 35, 39, 40, 263, 267
Cannon, W. B. 109
Capps, D. 172, 173
Cardeña, E. 61, 78
Carma 29, 268
Casamento 36, 49, 58, 109, 187, 195, 197, 215, 217, 227, 253, 282
Casement, P. 112
Cérebro 21, 23, 47, 62, 66, 86, 142, 158, 161, 244, 245
Ceticismo 42, 44, 61, 62, 196, 230
Chalmers, D. J. 21
Chilton, B. 45, 188
Christou, E. 161, 162, 163
Ciência 13, 24, 43, 44, 61, 93, 141, 145, 162, 228
Clark, C. 166
Clarke, R. O. 202
Claus, J. J. 213
Cloninger, C. R. 19, 24
Codificada no cérebro 47
Códigos profissionais de comportamento e ética 46
Cohen, J. M. 95, 97
Complexo autônomo 60
Complexo de Édipo 213, 247
Complexo de pai 211, 212
Complexos 24, 25, 56, 60, 82, 124, 160, 165, 174, 176, 209, 210, 211, 222, 223, 274, 275, 277
Comportamentalismo clássico 29
Comportamento humano 155

Comportamento humano baseado puramente no cérebro 23
Comportamento mau 210
Comportamento obsessivo-compulsivo 144
Condicionamento religioso 15, 20
Conexão com o sagrado 67
Conexões sincrônicas, no par terapêutico 233
Confiança 43, 53, 91, 92, 111, 112, 128, 146, 148, 154, 190, 205, 229, 254, 262
Confissão 51, 178, 219, 230
Coniunctio 227, 237
Connolly, W. J. 89, 222
Consciência 14, 16, 21, 23, 24, 27, 33, 44, 46, 51, 52, 58, 62s, 63, 64, 67, 71, 73, 74, 76, 80, 82, 86, 87, 96, 99, 103, 108, 114, 119, 120, 123, 124, 126, 127, 128, 141, 144, 156, 158, 161, 163, 164, 167, 170, 184, 188, 191, 198, 200, 203, 209, 210, 214, 218, 219, 221, 224, 227, 228, 232, 233, 237, 238, 239, 245, 246, 249, 250, 251, 252, 258, 263, 265, 268, 269, 270, 286, 287, 288
Conselho espiritual, e estrutura de caráter 176
Contemplação 124
Contratransferência 43, 49, 98, 105, 114, 168, 183, 207, 216, 227, 230, 248, 250
Conversão religiosa 78, 148
Corbett, L. 24, 63, 82, 154, 164, 206
Corbin, H. 72, 169
Cordic, D. D. 131
Cornett, C. 36, 138, 145
Corpo 14, 22, 23, 29, 32, 33, 39, 55, 60, 63, 67, 78, 80, 104, 130, 152, 153, 156, 158, 159, 160, 161, 162, 165, 169, 178, 180, 184, 197, 209, 210, 220, 233, 239, 242, 249, 250, 252, 268, 269, 271, 273, 274, 275, 276, 277, 280
Crença religiosa 41, 44, 53, 140, 145, 151, 191

Crenças 14, 16, 18, 20, 29, 32, 34, 36, 37, 40, 41, 42, 44, 45, 47, 49, 50, 51, 52, 53, 55, 59, 61, 70, 77, 79, 81, 82, 83, 85, 91, 121, 123, 139, 140, 141, 143, 145, 148, 166, 167, 168, 177, 196, 197, 201, 207, 209, 230, 241, 258, 265, 284
Crenças violentas 53
Criança divina 69, 198
Crianças 42, 49, 61, 105, 109, 131, 148, 151, 153, 173, 188, 193, 208, 210, 213, 253
Crick, F. 66
Crise 17, 18, 30, 36, 37, 59, 83, 86, 122, 124, 125, 127, 143, 148, 168, 191, 204, 229, 230, 231, 234, 258, 260, 262, 264, 265
Crise espiritual 17, 124, 125, 127, 258, 261
Crise existencial 127, 229
Cristã 24, 35, 40, 52, 58, 65, 66, 68, 100, 109, 124, 125, 132, 146, 167, 192, 193, 195, 196, 206, 221, 222, 265
Cristãos 20, 24, 34, 51, 52, 59, 67, 68, 88, 102, 125, 134, 153, 187, 203, 223, 232
Cristianismo 16, 24, 25, 65, 102, 157, 169, 188, 191, 217, 223, 265
Csikszentmihalyi, M. 19
Cultos 201, 202
Curandeiros 17
Curandeiros feridos 180, 181, 185

D

Daimon 218
Dante 96, 208, 278
Dawkins, Richard 45
Definições 65
Deikman, A. 202
DeMause, L. 47
Depressão 19, 22, 37, 38, 101, 108, 125, 126, 146, 151, 172, 196, 254, 262, 264, 270, 273, 274, 277, 282
Descartes 242, 273
Descartes, René 242, 243
Desenvolvimento espiritual 100

Desesperança 39, 107, 108, 109, 110, 114, 115, 121, 125
Desespero 18, 22, 38, 39, 53, 78, 107, 108, 110, 115, 117, 118, 126, 128, 190, 191, 192, 194, 252, 259, 263
Desordem dissociativa 79
Desvio espiritual 106
Determinismo 23, 29, 141, 228
Deus 14, 16, 21, 25, 30, 32, 33, 34, 35, 36, 37, 38, 40, 41, 42, 43, 45, 50, 51, 53, 56, 58, 59, 62, 65, 66, 67, 69, 70, 71, 72, 74, 75, 76, 79, 80, 84, 85, 86, 89, 96, 99, 102, 124, 126, 128, 129, 130, 131, 132, 134, 135, 136, 137, 138, 139, 140, 142, 143, 144, 147, 148, 149, 150, 153, 159, 166, 167, 169, 173, 174, 186, 187, 188, 192, 193, 195, 196, 198, 199, 200, 201, 204, 207, 211, 217, 221, 222, 223, 224, 226, 242, 244, 255, 258, 266, 267, 268, 275, 277, 278, 284, 285
Deus absconditus 126
Diagnose 225
Diamond, E. L. 101
Dickinson, Emily 110
Diener, E. 19
Dimensão transpessoal
    Ver também psique, níveis transpessoais 14
Discernimento 33, 79, 85, 188, 218, 222, 225
Distresse emocional 14, 19, 20, 79, 223
Divinação 230
Divino 13, 14, 16, 17, 24, 25, 27, 29, 34, 37, 43, 51, 55, 58, 59, 65, 66, 67, 68, 69, 71, 75, 76, 77, 79, 80, 85, 87, 89, 94, 96, 98, 99, 104, 107, 109, 120, 121, 123, 124, 125, 126, 127, 128, 129, 130, 131, 132, 134, 137, 138, 139, 143, 147, 149, 152, 154, 159, 160, 165, 173, 174, 180, 186, 187, 191, 192, 194, 196, 198, 203, 204, 205, 211, 217, 221, 222, 223, 224, 225, 232, 255, 261, 266, 277, 285

Doença 17, 20, 30, 38, 39, 40, 59, 60, 66, 80, 84, 112, 118, 176, 177, 178, 231, 252, 259, 262, 263, 264, 266, 270, 271, 272, 282, 287, 288
    como metáfora 271
Dogma 21, 26, 31, 32, 51, 120, 145, 152, 222
Donovan, S. 119
Dor crônica 32
Dourley, J. P. 11, 25, 75
Downie, R. S. 101
Dru, A. 191, 192
D'Souza, R. F. 24
Dualismo 160
Durkheim, Émile 142

E

Eckhart 16, 150, 207
Ecopsicologia 161
Edinger, E. F. 131, 138, 187, 188
Ego 38, 60, 63, 69, 70, 74, 75, 76, 78, 79, 80, 85, 86, 87, 96, 100, 106, 110, 111, 112, 117, 120, 122, 124, 126, 128, 131, 132, 134, 144, 157, 161, 163, 165, 169, 171, 183, 184, 185, 187, 195, 211, 216, 221, 224, 227, 230, 232, 233, 237, 238, 239, 240, 241, 242, 244, 249, 250, 253, 254, 255, 261, 263, 268, 282
Eigen, M. 64, 88, 94
Einstein, A. 144
Eixo ego-Si-mesmo 221, 232
Eliade, M. 17, 177, 178
Elias 72
Ellenberger, H. F. 17
Emergência espiritual 79, 82, 83
Emersão espiritual 82
Emmons, H. F. 20
Emoção 32, 67, 108, 160, 165, 178, 184, 236, 274, 275, 277
Empatia 23, 33, 45, 61, 100, 104, 126, 164, 182, 183, 188, 198, 218, 226, 236, 272, 273, 281, 287
Encaminhamentos a clérigos 167
Energia kundalini 82

Engel, George 111
Enteógenos 63, 167
Enteógenos (agentes psicodélicos) 63
Envelhecimento 36
Erikson 146
Escândalos sexuais e financeiros entre clérigos 31
Escapismo espiritual 121
Escrituras 24, 36
Espelhamento 146, 152, 164, 198, 203, 245
Esperança 20, 40, 91, 92, 107, 108, 109, 110, 111, 112, 113, 114, 115, 116, 117, 118, 124, 146, 166, 169, 177, 191, 209, 236, 263, 268, 270, 285, 287
Espírito 14, 23, 26, 59, 60, 65, 66, 68, 73, 89, 101, 156, 158, 159, 160, 161, 162, 165, 171, 177, 223, 275, 276, 278
Espiritualidade 13, 14, 15, 17, 18, 19, 20, 24, 25, 26, 27, 29, 30, 31, 32, 33, 34, 35, 36, 37, 41, 42, 43, 44, 45, 54, 55, 57, 69, 70, 80, 90, 99, 106, 107, 120, 121, 124, 125, 127, 131, 136, 137, 139, 141, 142, 143, 144, 147, 148, 149, 150, 151, 154, 155, 157, 158, 159, 166, 168, 172, 174, 176, 190, 192, 193, 194, 195, 196, 197, 200, 202, 206, 221, 222, 223, 224, 225, 230, 231, 254, 258, 259, 260
Ésquilo 110
Esquizofrenia 60, 87
Essência espiritual, nomes para 104
Ética de trabalho puritana ou calvinista 153
Eurípides, Medeia 212, 214, 215
Evolução 17, 47, 130, 142, 221, 244, 249
Evolução, debates sobre 25
Existência de Deus 14, 38, 69, 76, 173, 192, 193
Existencial 44, 260, 262, 264
Exline, J. J. 101
Experiência de quase-morte 63
Experiência espiritual 22, 26, 32, 35, 38, 58, 85, 149, 165

Experiência mística 22, 24, 63, 70, 86, 87, 143, 147
Experiência paranormal 61
Experiência sagrada
  Ver também experiência espiritual numinosa 21
Experiências extáticas 59
Experiências fora-do-corpo 82

F

Fairweather, D. R. 236
Fallot, R. D. 29
Fava, G. A. 19
Fé 25, 30, 34, 37, 38, 39, 41, 44, 51, 52, 69, 70, 75, 91, 92, 93, 94, 107, 109, 117, 122, 125, 139, 149, 154, 155, 166, 167, 169, 170, 184, 187, 191, 192, 199, 204, 208, 223, 231, 254, 258, 259, 265, 283, 285
Felicidade 19, 30, 40, 76, 244
Fenner, P. 232
Fenômenos parapsicológicos 61
Ferenczi, S. 98
Field, N. 250
Figuras oníricas 158
Filosofia moral 162
Filosofia não dual 232, 257
Filosofia Perene 16
Física quântica 22, 73, 162, 172, 246
Fosshage, J. L. 155
Fowler, J. W. 92
Frank, J. 61, 109, 113
Frankl, V. E. 109, 170, 224, 259, 261, 263, 264, 265
Freeman, D. H. 30
French, T. M. 111
Freud, E. L. 143
Freud, S. 48, 97, 111, 137, 143, 144, 145, 149, 155, 173, 206, 213, 239, 242, 243, 253
Fromm, E. 95, 98, 111, 145, 149, 150
Frye, N. 169
Fry, P. 19
Fulton 164
Fundamentalismo 51, 153
Fundamentalistas 44, 51, 52, 135, 152, 201, 265

G

Gallese, V. 23
Gallup, G. 151
Gandhi, Mohandas 44, 199
Garrison, V. 60
Gay, P. 145
Geertz, C. 142
Geminação 89, 147, 235
Gênero 159, 240
Germer, C. K. 164
Gersten, D. 166
Gibson, K. 159
Gibson, T. 178, 179
Glickauf-Hughes, C. 51
Glover, J. 239
Goldbrunner, J. 68
Gollwitzer, H. 109
Goodenough, Erwin R. 87
Good, R. 39
Gordon, R. 46
Greeley, A. 84
Greenberg, D. 81, 144
Greyson, B. 79
Griffin, D. R. 77
Griffith, J. L. e M. E. 39, 40
Griffiths, B. 67
Grof, C. 79
Grof, S. 79, 82, 261
Grupo para o Avanço da Psiquiatria (GAP) 87
Guggenbühl-Craig, A. 181, 182
Guntrip, H. 146, 192
Guru 78, 202, 204

H

Hades 278, 279
Hadon, H. 126
Hafiz, J. A. 255
Hall, J. A. 131
Hannah, B. 60, 168
Hardy, A. 84
Hart, T. 236, 237
Hastings, A. 82
Hauser, M. D. 48
Heckman, J. P. 29
Hefesto 217
Heisig, J. W. 150
Hesse, M. 142
Hidas, A. 254
Hight, E. 37
Hillman, J. 159, 175
Hilton, Walter 97
Hipótese de Deus 21
Histeria 60, 79, 87, 143
Hobson, J. A. 66
Hoge, D. R. 151
Hogenson, G. E. 172
Holmgren, M. R. 105
Homossexualidade como pecado 49
Hong, H. V. e E. H. 191
Hood, R. W. 79
Hope, C. 141
Horney, K. 112
Horsbrugh, H. J. 101
Hosea 211
Humanistas éticos 47
Hunt, H. T. 76
Huppert, F. A. 19
Husserl, Edmund 237
Huxley, A. 16

I

I Ching 11, 230, 298
Idealização 99
Idealização dos terapeutas 200
Identificação projetiva 38, 115, 117, 181, 184, 238, 250
Igreja cristã 67
Iluminação 124, 184, 202
Iluminismo 25, 44, 45
Imagem de Deus 37, 130, 135, 136, 137, 138, 139, 140, 244, 286
Imagem de Deus da criança 137
Imaginação 24, 46, 71, 117, 136, 159, 161, 162, 167, 168
Imaginação ativa 167, 168
Imagos parentais 34, 49, 135
Imanência 75
Impessoal 159, 171, 178, 179, 195, 196, 208, 210

Importância espiritual 15, 67, 107,
    127, 181, 183, 211
Inanna 127, 279, 280, 281, 282
Inconsciente 23, 25, 26, 28, 33, 35, 38,
    56, 60, 65, 66, 68, 70, 74, 75, 76,
    79, 87, 101, 106, 108, 111, 113,
    117, 127, 131, 132, 150, 152, 153,
    158, 167, 168, 169, 174, 176, 187,
    203, 210, 211, 219, 227, 228, 230,
    241, 248, 253, 257, 262, 263, 276,
    278, 281, 284, 287
Individuação 46, 47, 66, 77, 85, 90, 98,
    125, 171, 174, 204, 224
Individualismo 242, 243, 245
Infanticídio 213
Infantis 116, 121, 136, 137, 143, 191,
    269
Inflação 26, 86, 183, 199
Ioga 24, 159, 165
Irwin, H. 82
Isaque 186, 188

J

Jackson, S. W. 170
Jacobs, J. L. 201
Jacobs, J. W. 214
Jacoby, R. 109
Jaffé, A. 265
James, William 26, 63, 64, 71, 124, 131,
    150, 154, 172, 186, 285
Jaspers, Karl 44
Jaynes, J. 86
Jenkins, R. A. 34
Jensen, J. P. 42, 46
Jessell, T. M. 21
Jesus 25, 34, 51, 52, 62, 68, 69, 80, 89,
    100, 132, 135, 148, 167, 171,
    187, 233, 266, 278, 281, 285
Johnson, B. W. 24
Johnston, S. I. 213
Jones, S. L. 44
Jornada xamânica 167
Joseph, S. 19
Josephson, A. M. 18, 151
Joy, C. R. 272
Judaico-cristã 45, 67, 144, 225, 232, 285

Jung 11, 22, 23, 25, 27, 29, 33, 35, 48, 52,
    65, 66, 68, 69, 70, 71, 72, 73, 74,
    75, 76, 87, 93, 96, 100, 117, 129,
    131, 133, 134, 137, 138, 145, 149,
    150, 156, 158, 160, 163, 169, 171,
    172, 174, 178, 181, 186, 190, 199,
    203, 209, 210, 211, 215, 217, 218,
    227, 232, 235, 239, 247, 261, 262,
    264, 265, 270, 274, 276, 277, 286

K

Kabir, 259 256
Kaiser, R. M. 145
Kakar, S. 202
Kandel, E. R. 21
Kant, Emmanuel 94
Kast, V. 110
Katz, S. T. 70
Kearney, Michael 182
Keats, John 159
Kelly, T. A. 45
Kelsey, M. T. 67
Kerenyi, C. 180
Kernberg, O. 98
Kerns, J. 78
Kierkegaard, Søren 187, 190, 191, 192, 194
King, Martin Luther, Jr. 44
King, T. M. 190
Kirkpatrick, L. A. 148
Koenig, H. G. 17
Kohut, H. 146
Krippner, S. C. 61, 78
Krishnamurti, J. 94, 96, 241, 243, 244,
    246, 248, 249, 252
Krystal, S. 232
Kübler-Ross, E. 109
Kung, H. 148
Kurtz, E. 221

L

Lachmann, F. M. 155
Ladinsky, D. 255
Lannon, R. 33, 95, 183
Larson, D. B. 17, 30
Larson, D. e S. 151
Lathrop, D. 159

Leavy, S. 137
LeShan, L. 263
Leuba, J. H. 143
Levine, S. 201
Levin, J. D. 239
Lévi-Strauss, Claude 177
Lewin, R. A. 97
Lewis, C. A. 144
Lewis, C. S. 40
Lewis, M. 101
Lewis, T. 33, 95, 183
Liberdade pessoal 56
Lichtenberg, J. D. 155
Líderes carismáticos 201, 203
Liminaridade 286
Lindberg 44
Linley, A. P. 19
Livre-arbítrio 56
Livre-arbítrio versus determinismo 171
Logoterapia 264
Lommel 79
London, P. 50
Loucura 87
Lovinger, R. J. 55
Loy, D. 232
Lukoff, D. 17
Lynch, W. F. 113, 116
Lynn, S. J. 61, 78

M

Mãe, como objeto perdido 173
Mahrer, A. R. 236
Mal 26, 27, 29, 38, 42, 52, 59, 66, 83, 107, 114, 151, 193, 206, 207, 208, 209, 210, 212, 216, 218, 219, 260, 264, 270, 271, 281, 286
Malony, H. 42
Mancia, M. 23
Mandala 133
Manheimer, E. D. 30
Mansfield, V. 232
Maomé 34
Marcel, G. 113
Marsella, A. J. 244
Maslow, A. H. 13, 63, 149
Masoquismo 53, 127, 253

Masson, J. 145
Matemática 193
Materialismo 19, 22, 23, 44, 62, 141, 246
Matthews, D. A. 166
May, G. M. 120, 121, 126, 135, 218, 223, 224, 225, 226
McCarley, R. W. 66
McCullough, M. E. 17, 20, 30, 101, 105
McFague, S. 130
McGrath, A. 45
McNamara, W. 222
Meditação 24, 79, 83, 119, 121, 128, 133, 159, 166, 167
Meier, C. A. 181
Meissner, W. W. 109, 110, 140, 145, 151
Memória 33, 77, 93, 225, 241, 243, 249, 269, 274
Memórias de abuso 101
Meng, H. 143
Menninger, K. 111
Miller, A. 208
Miller, D. L. 65
Miller, W. R. 19
Milton, John 94
Mintz. E. E. 61
Misticismo patologizado 87
Místicos 59, 63, 68, 70, 88, 94, 125, 128, 129, 147, 193, 232
Mitchell, S. 116
Mitchison, G. 66
Mitologia 70, 176, 180, 215, 217, 240, 242, 244, 278, 287
Mitologia pessoal 41, 44
Mito pessoal 30, 74, 172, 265
Modelo não dual 232, 233
Módulo de Deus 86
Moisés 34
Montanhas sagradas 133
Moore, R. L. 177
Moretti, P. 79
Morris, T. V. 69
Morte 30, 35, 36, 41, 58, 60, 61, 79, 82, 85, 109, 110, 111, 126, 135, 139, 143, 146, 149, 193, 194, 213, 259, 280
Morte vodu 109

Mundo subterrâneo, descida ao 127, 278, 279, 280, 281, 282
Murphy, M. 119
Myers, D. G. 19

N

Na literatura 13, 36, 78, 98, 109, 157
Não-localidade 22, 73, 228, 238, 246
Narcisismo 54, 76, 122, 124, 140, 207, 235
Narcisista 86, 87, 103, 104, 138, 140, 147, 175, 188, 199, 205, 212, 214, 217, 255, 273
Natterson, D. L. 98
Naturalismo 41, 141
Natureza como uma manifestação do divino 67
Nebeker, R. S. 141
Negativo 74, 209, 213, 275, 277
Neumann, E. 70, 213, 219
Neurônios-espelho 23
Neurose 112, 144, 145, 264, 270, 277
Nicholson, R. A. 207
Nietzsche, Friedrich 110, 130
Niilismo existencial 263
Níveis transpessoais 25, 35, 82, 150, 158, 223
Nobel, K. D. 88
Noite escura da alma 124, 126
Numbers, R. L. 44
Numinoso 22, 64, 65, 69, 70, 72, 75, 76, 77, 79, 84, 87, 88, 119, 123, 132, 163, 173, 176, 180, 215, 227, 275, 277, 283

O

"O" (de Bion) 93, 94
Ódio 46, 97, 101, 105, 156, 160, 165, 186, 207, 208, 210, 214, 216, 229, 250, 284
Ogden, T. 115
Orientação espiritual 33, 59, 161, 166, 202
Ornstein, A. 114
Otto, Rudolph 62, 64, 71, 172
Oxman, T. E. 30

P

Pacifismo 45
Panenteísmo 67, 232
Panikkar, R. 91
Panteísmo 67
Paranoia 90
Pargament, K. I. 14, 18, 34, 101
Parsons, T. 254
Patologia 49, 53, 98, 104, 106, 122, 269
Patologia de caráter 53, 104
Payne, I. R. 46
Pecado
 Ver também sofrimento, como uma punição para o pecado 29, 34, 36, 49, 51, 78, 152, 153, 173, 178, 187, 191, 193, 260, 266, 285
Penfield, Wilder 86
Percepção mística 71
Perry, J. 83, 84
Peteet, J. R. 36, 48
Phipps, J.-F. 95, 97
Pickering, W. S. F. 142
Plásticos 244
Platão 94, 99
Poder 22, 54, 61, 63, 71, 82, 92, 94, 95, 98, 100, 130, 132, 147, 160, 168, 179, 180, 182, 199, 203, 208, 211, 212, 214, 216, 218, 227, 244, 245, 251, 265, 267, 273, 280, 282
Pollner, M. 79
Positivismo 41, 141, 229, 246
Positivo 213, 277
Possessão 59, 60, 275
Potencial de cura 183, 185, 263
Prece 40, 88, 230
Predadores sexuais 105
Prendergast, J. J. 232
Princípio espiritual na psique 211, 222
Prinz, J. J. 48
Processo onírico 25
Processo terapêutico 13, 15, 19, 38, 52, 53, 91, 94, 178, 185, 231, 234, 235, 239
Propósitos defensivos 139

Pruyser, P. W. 87, 151
Psicobiologia 24
Psicologia do si-mesmo 147, 152, 191
Psicologia junguiana 29, 65, 160
Psicologia tradicional 170
Psicólogos, tipicamente não religiosos 41
Psicopatas 104, 215
Psicopatologia 20, 52, 60, 63, 78, 79, 80, 83, 151, 156, 160, 163, 165, 172, 174, 205, 277
Psicose 78, 79, 81, 83, 84, 87
Psicoterapeutas pastorais 42
Psique 11, 14, 16, 17, 21, 24, 25, 26, 27, 35, 46, 48, 52, 68, 69, 70, 73, 74, 75, 76, 83, 93, 97, 116, 119, 129, 131, 132, 134, 141, 144, 149, 150, 155, 156, 158, 160, 161, 163, 165, 168, 174, 182, 198, 209, 211, 212, 220, 221, 223, 224, 228, 233, 247, 266, 271, 275, 279, 288
Psiquiatria tradicional 60, 87
Punitivo 151, 211
Purgação 123
Pytell, T. 264

Q

Quiron 180, 182

R

Rachal, K. C. 105
Racismo 31, 219
Racker, H. 98
Radin, D. I. 61
Raghavan, C. 78
Rajneesh, B. S. 202
Ramachandran, V. S. 86
Reading, A. 110
Rector, L. 147
Reed, E. S. 162
Reed, H. 250
Reencarnação 268
Regra Tarasoff 215
Relação terapêutica 33, 50, 56, 100, 166, 168, 175, 186, 196, 212, 216, 219, 226, 227, 228, 235, 259, 269

Relativismo ético 46
Renúncia 137, 154, 269, 283
Ressacralização 13
Ressonância do sistema límbico 32, 183
Resultado do trabalho 17, 255, 271
Resultados do tratamento 19
Reymond, L. 32
Rhode, P. R. 191
Richards, P. S. 16, 19, 36, 46, 48, 50, 141, 166, 167, 168
Richard Wilhelm 11
Rituais religiosos 101, 144
Rituais xamânicos de cura 177
Rizzuto, A.-M. 135, 136, 137
Roberts, B. 128, 256
Rochlin, G. 111
Rodrigo, A. 24
Rolls, E. T. 23
Romântico 98, 99
Roseborough, D. J. 19
Rubin, J. B. 98, 119, 165
Rumi 207
Russell, Bertrand 190, 193, 194, 195, 196, 197

S

Sacerdotes e sacerdotisas 17
Sacrifício 122, 178, 182, 186, 187, 188, 269, 272, 282
Salvação 16, 38, 52, 145, 146, 153, 171, 266
Samuels, A. 47
Sandner, D. F. 177
Sanella, L. 82
Sanford, J. A. 25, 67, 131
Santo Inácio de Loyola 89
São João da Cruz 124, 127
São Paulo 89, 94, 109, 285
Satir, Virginia 185
Saul 62, 171, 275
Scarry, E. 39
Schaer, H. 150
Schlitz, M. 82
Schott, G. D. 86
Schwartz, J. H. 21
Schwartz-Salant, N. 250
Schweitzer, Albert 272

Searles, H. F. 182
Seligman, M. 19
Sem-sentido 262, 264
Sêneca 213
Sensação do si-mesmo 51, 103, 106, 107, 108, 138, 146, 147, 155, 161, 174, 175, 181, 183, 199, 202, 203, 206, 239, 240, 241, 242, 243, 267, 273
Separação corpo-mente 274
Sexualidade 20, 36, 37, 56, 68, 84, 145, 152, 155, 197, 218, 279
Shafranske, E. P. 36, 39, 42, 167
Shakespeare, William 109
Shand, A. F. 111
Shapiro, A. K. 177
Sharfstein, B.-A. 190
Shaver, P. R. 148
Shaw, D. 98
Shelley, Percy Bysshe 110
Shideler, M. M. 99
Siegel, R. D. 164
Símbolos 70, 130, 133, 134, 137, 158, 225, 275, 280
Si-mesmo 14, 15, 29, 46, 48, 50, 52, 68, 78, 86, 93, 98, 104, 107, 108, 111, 113, 114, 116, 123, 128, 131, 133, 140, 146, 147, 154, 156, 165, 170, 173, 175, 176, 185, 187, 198, 204, 211, 214, 218, 227, 236, 238, 239, 240, 241, 242, 243, 244, 245, 254, 255, 258, 262, 268, 269, 273, 276, 278, 281
Si-mesmo transpessoal 16, 46, 54, 66, 76, 93, 122, 130, 137, 165, 221, 232
Sincronicidade 72, 73, 74, 82, 182, 228, 230, 271
Sísifo 110, 278
Slater, J. G. 195
Slife, B. D. 141
Smith, C. M. 76
Smith, N. L. e L. L. 232
Sobre religião 11, 45
Sófocles 213
Sofrimento 14, 17, 18, 19, 20, 21, 29, 30, 32, 33, 34, 35, 38, 40, 41, 46, 51, 54, 66, 72, 77, 95, 97, 102, 104, 105, 115, 116, 142, 153, 159, 163, 164, 169, 170, 171, 176, 178, 180, 181, 182, 183, 184, 185, 187, 191, 193, 194, 196, 200, 207, 208, 209, 214, 216, 220, 223, 224, 226, 229, 231, 236, 238, 239, 240, 243, 244, 252, 253, 254, 255, 257, 258, 259, 260, 262, 263, 264, 265, 267, 268, 269, 271, 272, 273, 277, 278, 280, 282, 283, 284, 285, 286, 287
Somatização 40
Sombra 46, 52, 98, 123, 124, 181, 202, 203, 211, 217, 218, 219, 267, 279, 282
Sommer, K. L. 101
Sontag, S. 271
Spanos, N. P. 79
Spero, M. H. 45, 121
Sperry, L. 36, 39
Spiegleman, J. 232
Sprinkle, R. L. 237
Sri Anirvan 32
Stace, W. 68
Starbuck, Edwin 78
Stark, R. A. 58
Stein, H. F. 137
Stephens, B. D. 75
Sternberg, R. J. 95
Stern, D. N. 237
Stern, E. M. 159
Stevens, A. 60
Strupp, H. H. 45
Sufismo 72, 232
Superego 34, 36, 47, 60, 101, 104, 151, 153, 154, 239
Suttie, I. D. 98
  sobre religião 146
Szasz, Thomas 157

T

Tamayo, A. 143
Tan, S.-Y. 24, 166, 167
Taoísmo 232
Targ, E. 82
Teísmo 16
Teologia romântica 99
Teoria do apego 148, 149

Thompson, C. 98
Thoreson, C. E. 101
Tillich, Paul 92
Tjeltveit, A. C. 46
Tolpin, P. e M. 262
Trabalho de respiração holotrópica 167
Tradição junguiana 16, 24, 25, 30, 66,
    131, 174, 221, 223, 225, 230
Tradicional 14, 16, 21, 28, 30, 35, 38, 43,
    44, 60, 66, 68, 70, 75, 78, 84, 87,
    89, 93, 101, 118, 119, 128, 130,
    140, 154, 157, 159, 160, 165, 170,
    172, 184, 188, 217, 219, 220, 222,
    225, 228, 244, 251, 252, 258, 259,
    261, 268, 277, 280, 283
Transcendência 33, 75, 99, 170, 269
Transcendente 21, 25, 27, 31, 32, 44,
    55, 63, 68, 73, 75, 76, 77, 93, 122,
    129, 130, 134, 149, 150, 160, 163,
    177, 196, 224, 229, 232, 238, 239,
    246, 253, 257, 258, 261
Transferência 50, 97, 98, 105, 120, 166,
    168, 186, 200, 202, 203, 204,
    206, 216, 220, 221, 227, 230,
    235, 247, 250, 262
Transferência idealizadora 50, 166,
    168, 203, 204, 206, 220, 221, 230
Tribalismo 90
Turner, Victor 286, 287

U

Ulanov, A. B. 131
Ullman, C. 78, 147
União com o divino 68, 128, 129, 147
Unidade psíquica 237
Unus mundus 73, 228
Usandivaras, R. J. 177
Útil 20, 29, 30, 33, 37, 41, 42, 44, 50, 53,
    54, 55, 65, 74, 76, 79, 80, 81, 82,
    94, 104, 107, 115, 117, 118, 122,
    123, 128, 129, 138, 157, 160, 164,
    166, 168, 174, 176, 180, 183, 184,
    185, 190, 197, 199, 202, 216, 221,
    225, 230, 237, 247, 250, 252, 255,
    257, 258, 259, 266, 269, 271, 272,
    277, 278, 285, 286

V

Valores 30, 34, 44, 46, 47, 48, 49, 50,
    52, 54, 63, 121, 123, 140, 141,
    146, 149, 155, 163, 166, 186,
    193, 200, 206, 262, 267, 272,
    273, 282, 284, 287
Van de Castle, R. 223
Vaughan, F. 202
Vellacott, P. 212, 214, 215, 216
Verdade 26, 31, 69, 85, 92, 93, 94, 104,
    127, 137, 140, 145, 147, 192,
    195, 196, 199, 206, 211, 224,
    237, 248, 262, 264, 268, 271
Vergote, A. 135, 143
Vício 211, 261
Violência 22, 31, 45, 91, 151, 188, 200,
    201, 202, 207, 215, 244
Visões 35, 50, 59, 63, 69, 79, 108, 178,
    232, 262
Visões reducionistas 143
Visualização 167
Vocação 17, 54, 85, 178, 180, 196, 199,
    226, 260, 263
Von Franz, M.-L. 60, 74, 218, 271
Vozes 59, 79, 86, 163

W

Walsh, B. T. 19
Wapnick, K. 80
Watts, A. 116
Weis, K. 95
Wells, M. 51
Welwood, J. 106
West, W. 166, 220
Wheeler, J. A. 172
Whitehead, Alfred North 76
White, William Alanson 111
Whitmont, E. C. 171
Whittington, J. E. 19
Wiesner, I. S. 18
Williams, Charles 99
Winnicott, D. W. 97, 111, 136, 179
Winson, J. 67
Witztum, E. 81, 144
Wong, P. T. 19

Wong, S. H. 177
Worthington, E. L, Jr. 101, 105
Wulff, D. M 78, 84, 86

X

Xamãs 17, 177, 178, 276

Y

Yahine, C. E. 110
Yates, C. 131

Z

Zaehner, R. C. 67
Zeus 211, 215, 217
Zieger, A. 110
Zinnbauer, B. J. 14
Zock, H. 146

Conecte-se conosco:

- facebook.com/editoravozes
- @editoravozes
- @editora_vozes
- youtube.com/editoravozes
- +55 24 2233-9033

www.vozes.com.br

Conheça nossas lojas:
www.livrariavozes.com.br

Belo Horizonte – Brasília – Campinas – Cuiabá – Curitiba
Fortaleza – Juiz de Fora – Petrópolis – Recife – São Paulo

  Vozes de Bolso

EDITORA VOZES LTDA.
Rua Frei Luís, 100 – Centro – Cep 25689-900 – Petrópolis, RJ
Tel.: (24) 2233-9000 – E-mail: vendas@vozes.com.br